Houghton Mifflin

Matemáticas
para Texas

yardas

HOUGHTON MIFFLIN   BOSTON

ISBN-13: 978–0–618–89138–2

ISBN-10: 0–618–89138–2

1 2 3 4 5 6 7 8 9 - RRD - 15 14 13 12 11 10 09 08 07

Houghton Mifflin
Matemáticas para Texas
Autores y asesores/ Authors & Consultants

Autores/Authors

Kay Frantz
Math Consultant
Frisco, TX

Mary Alice Hatchett
K-12 Math Consultant
Georgetown, TX

Dr. Matt Larson
Curriculum Specialist for
Mathematics
Lincoln Public Schools
Lincoln, NE

Dr. Miriam A. Leiva
Bonnie E. Cone Distinguished
Professor Emerita
Professor of Mathematics Emerita
University of North Carolina
Charlotte, NC

Dr. Jean M. Shaw
Professor Emerita of Curriculum and
Instruction
University of Mississippi
Oxford, MS

Dr. Lee Stiff
Professor of Mathematics Education
North Carolina State University
Raleigh, NC

Dr. Bruce Vogeli
Clifford Brewster Upton Professor of
Mathematics
Teachers College, Columbia
University
New York, NY

Asesores/Consultants

Mental Math Strategies

Greg Tang
Author and Mathematics Consultant
Belmont, MA

Newcomers

Dr. Joyce F. Fischer
Principle Investigator,
Mathematics for English
Language Learners Initiative
Assistant Professor of Mathematics
Texas State University San Marcos
San Marcos, TX

Dr. Russell M. Gersten
Executive Director, Institutional
Research Group & Professor
Emeritus
College of Education, University of
Oregon
Long Beach, CA

Language and Vocabulary

Dr. Shane Templeton
Foundation Professor, Department
of Educational Specialties
University of Nevada at Reno
Reno, NV

Special Projects

Catherine Valentino
Author-in-Residence
Houghton Mifflin
West Kingston, Rhode Island

Strategic Consultant

Dr. Liping Ma
Senior Scholar
Carnegie Foundation for the
Advancement of Technology
Palo Alto, California

Revisores/Reviewers

Grado K

Theresa Burke-Garcia
Walnut Creek Elementary
School
Austin, TX

Wendi Groves
McWhorter Elementary School
Lubbock, TX

Jana Hughey
McWhorter Elementary School
Lubbock, TX

Elizabeth Maynes
Baskin Academy
San Antonio, TX

Kimberly Smith
Quest Academy
McAllen, TX

Mary Zinno
DeZavala Elementary School
Fort Worth, TX

Grado 1

Juanita Evans
Walzem Elementary School
San Antonio, TX

Lindsay Loucks
Lee Britain Elementary School
Irving, TX

Priscilla O'Connor
Olmos Elementary School
San Antonio, TX

Sara Puente
Castaneda Elementary School
McAllen, TX

Robin Randall
Quest Academy
McAllen, TX

Grado 2

Jessica Martinez
Japhet Elementary School
San Antonio, TX

Jana Underwood
Waverly Park Elementary
School
Fort Worth, TX

Grado 3

Ashley Adamson
McWhorter Elementary School
Lubbock, TX

Dinorah Bores
Pecan Springs Elementary
School
Austin, TX

Reba Brown
Alief Independent School
District
Houston, TX

Kerry Haupert
Martha Mead Elementary
School
San Antonio, TX

Idida McCasland
Quest Academy
McAllen, TX

Kelly Miksch
Longs Creek Elementary
School
San Antonio, TX

Los revisores trabajan junto con los autores, los asesores y los editores para asegurarse de que los problemas no tengan errores, que las instrucciones sean útiles y que este libro salga lo mejor posible.

Revisores/Reviewers

Grado 4

Elizabeth Flores-Vidales
Glen Cove Elementary School
El Paso, TX

Kasie Kline
Mittelstädt Elementary School
Spring, TX

Theresa Luera
Castaneda Elementary School
McAllen, TX

Toni Pouttu
Martha Reid Elementary School
Arlington, TX

Grado 5

Rana Boone
School at Post Oak
Houston, TX

Mathilda Griffith
Will Rogers Elementary School
San Antonio, TX

José Márquez
Cedar Grove Elementary School
El Paso, TX

Maria Romero
North Hi Mount Elementary
School
Fort Worth, TX

Norma Vogel
McAuliffe Elementary School
McAllen, TX

Revisores generales/Across Grades

Nicola Britton
UT Austin
Austin, TX

Diann Dillon
Viking Hills Elementary School
Waco, TX

Maria Jazinski
McAuliffe Elementary School
McAllen, TX

Donna Johnson
Sam Rosen Elementary School
Fort Worth, TX

Matthew Osher
Mary Hull Elementary School
San Antonio, TX

Virginia Robertson-Baker
Carver Academy
Amarillo, TX

Nancy Sipes
Bonham Elementary School
Midland, TX

Bonnie Vangsnes
Quest Academy
McAllen, TX

Los revisores son maestros de matemáticas, directores y otras personas que trabajan con mucha dedicación para ayudar a los niños a aprender matemáticas.

TEKS significa *Texas Essential Knowledge and Skills* (Conocimientos y destrezas esenciales de Texas). Los TEKS son conceptos y destrezas que aprenderás en matemáticas durante este año. TAKS significa *Texas Assessment of Knowledge and Skills* (Evaluación de conocimientos y destrezas de Texas). Sirve para comprobar qué TEKS has aprendido y cuántos conocimientos de matemáticas tienes.

¿Cómo te puede ayudar este libro a tener éxito?

Es tan fácil como contar hasta tres.

1. Haz tu mejor trabajo. Haz preguntas que te ayuden a entender.

2. Usa las siguientes tablas de TEKS para hallar las lecciones que pueden ayudarte a repasar las destrezas que has aprendido.

3. Usa la práctica de Éxito en TAKS de las páginas TS1 a TS20 como ayuda para estudiar y practicar para el examen.

¡Obtener buenas notas es excelente!

Números, operaciones y razonamiento cuantitativo

TEKS que aprenderás	Dónde buscarlos
(4.1) El estudiante utiliza el valor de posición para representar números enteros y decimales. Se espera que el estudiante:	
(A) utilice el valor de posición para leer, escribir, comparar y ordenar números enteros hasta el lugar de los millones; y	Lecciones 1.1, 1.2, 1.3, 1.4, 2.1, 2.2, 2.3, 2.4, 2.5
(B) utilice el valor de posición, para leer, escribir, comparar y ordenar con objetos concretos y modelos pictóricos decimales usando los décimos y los centésimos, e incluyendo el dinero.	Lecciones 18.1, 18.2, 18.4, 18.5, 19.3, 19.4, 20.1; Edición del maestro, págs. 382A, 408A, 444A; ¡Matemáticas divertidas!, págs. 18.4, 25.4; Repaso frecuente, pág. 435
(4.2) El estudiante describe y compara partes fraccionarias de objetos enteros o de conjuntos de objetos. Se espera que el estudiante:	
(A) genere fracciones equivalentes utilizando objetos concretos y modelos pictóricos;	Lecciones 17.1, 17.3; Edición del maestro, pág. 376; Preparación para TAKS y repaso frecuente, pág. 519
(B) dé ejemplos de fracciones cuyas cantidades son mayores que uno utilizando objetos concretos y modelos pictóricos;	Lecciones 17.3, 17.5, 19.2
(C) compare y ordene fracciones utilizando objetos concretos y modelos pictóricos; y	Lecciones 17.2, 17.5, 19.1, 19.2; Tecnología, pág. 399
(D) determine la relación entre decimales y fracciones que representan décimos y centésimos utilizando objetos concretos y modelos pictóricos.	Lecciones 17.4, 18.1, 18.2, 19.5
(4.3) El estudiante suma y resta para resolver problemas relevantes en los que se usan números enteros y decimales. Se espera que el estudiante:	
(A) utilice la suma y resta para resolver problemas en los que se usan números enteros; y	Lecciones 4.1, 4.2, 4.3, 4.4, 4.5, 5.1, 5.2, 5.3
(B) sume y reste decimales hasta el lugar de los centésimos utilizando objetos concretos y modelos pictóricos.	Lecciones 20.1, 20.2, 20.3, 20.4; Edición del maestro, págs. 440A, 446A, 450A
(4.4) El estudiante multiplica y divide para resolver problemas relevantes en los que se usan números enteros. Se espera que el estudiante:	
(A) dé ejemplos de factores y productos utilizando arreglos y modelos de áreas;	Lecciones 7.1, 7.3, 7.4, 8.1, 8.2, 9.1
(B) represente con dibujos, palabras y números situaciones en que se usa la multiplicación y la división;	Lecciones 7.1, 7.3, 7.4, 8.1, 8.4, 9.1, 9.2, 9.4, 10.2, 10.3, 10.4, 10.5, 11.5, 12.2, 13.3
(C) recuerde y aplique las tablas de multiplicación hasta el 12 x 12;	Lecciones 7.1, 7.2, 7.3, 7.4, 7.5
(D) utilice la multiplicación para resolver problemas (no más de dos dígitos multiplicados por dos dígitos y sin tecnología); y	Lecciones 8.1, 8.2, 8.3, 8.4, 9.1, 9.2, 9.3, 9.4
(E) utilice la división para resolver problemas (divisores de no más de un dígito y dividendos de tres dígitos sin tecnología).	Lecciones 10.1, 10.2, 10.3, 10.4, 10.5, 11.1, 11.2, 11.3, 11.4, 12.2

TEKS que aprenderás	Dónde buscarlos
(4.5) **El estudiante estima para determinar resultados razonables. Se espera que el estudiante:**	
(A) redondee números enteros a la decena, centena o millar más cercanos para llegar a un resultado razonable en la resolución de problemas y	Lecciones 2.2, 2.4, 5.1, 9.3, 11.2
(B) utilice estrategias que incluyen el redondeo y los números compatibles para estimar soluciones a problemas de multiplicación y división.	Lecciones 9.3, 9.4, 9.5, 11.1, 11.2, 11.3, 11.4

Objetivo 2 de **TAKS**

Patrones, relaciones y razonamiento algebraico

TEKS que aprenderás	Dónde buscarlos
(4.6) **El estudiante utiliza patrones en la multiplicación y división. Se espera que el estudiante:**	
(A) utilice patrones y relaciones para desarrollar estrategias para recordar operaciones básicas de multiplicación y división (tales como los patrones en oraciones numéricas relacionadas de multiplicación y división {familias de operaciones} tales como 9 x 9 = 81 y 81 ÷ 9 = 9); y	Lecciones 7.2, 7.3, 7.4, 11.1; Edición del maestro, pág. 264A
(B) utilice patrones para multiplicar por 10 y por 100.	Lecciones 8.1, 8.2, 8.3, 9.1, 9.2, 9.3, 9.4, 11.1
(4.7) **El estudiante utiliza estructuras de organización para analizar y describir patrones y relaciones. Se espera que el estudiante**	
describa la relación entre dos conjuntos relacionados de datos, por ejemplo, pares ordenados en una tabla.	Lecciones 3.1, 3.2, 3.3, 8.5, 11.4, 13.2, 18.3, 22.4

Geometría y razonamiento espacial

TEKS que aprenderás	Dónde buscarlos
(4.8) El estudiante identifica y describe atributos de figuras geométricas utilizando lenguaje geométrico formal. Se espera que el estudiante:	
(A) identifique y describa los ángulos rectos, agudos y obtusos;	Lecciones 15.2, 15.3, 15.4, 15.5
(B) identifique y describa líneas paralelas e intersecantes (incluyendo líneas perpendiculares) usando objetos concretos y modelos pictóricos; y	Lecciones 15.1, 15.3, 15.4, 15.5; Edición del maestro, pág. 326A
(C) utilice atributos esenciales para definir figuras geométricas de dos y tres dimensiones.	Lecciones 15.3, 15.4, 15.5, 23.1, 23.2, 23.3
(4.9) El estudiante relaciona transformaciones con congruencia y simetría. Se espera que el estudiante:	
(A) demuestre traslaciones, reflexiones y rotaciones utilizando modelos concretos;	Lecciones 16.1, 16.2, 16.3, 22.1, 22.3
(B) utilice traslaciones, reflexiones y rotaciones para verificar que dos figuras sean congruentes; y	Lecciones 16.2, 16.3, 22.2
(C) utilice reflexiones para verificar que una figura tenga simetría.	Lecciones 16.4, 22.2; Excursión por Texas, pág. 356
(4.10) El estudiante reconoce la relación entre números y sus propiedades y puntos en una recta. Se espera que el estudiante:	
localice y nombre los puntos en una recta numérica utilizando números enteros; fracciones, como mitades y cuartos, y decimales como décimos.	Lecciones 2.1, 2.2, 2.3, 19.1, 19.2, 19.3, 19.4, 19.5

Medición

TEKS que aprenderás	Dónde buscarlos
(4.11) El estudiante aplica los conceptos de medición. Se espera que el estudiante estime y mida para resolver problemas relacionados con longitud (incluyendo perímetro) y área. El estudiante usa instrumentos de medición para medir capacidad/volumen y peso/masa. Se espera que el estudiante:	
(A) estime y utilice instrumentos de medición para determinar longitud (incluyendo perímetro), área, capacidad y peso/masa usando unidades del sistema internacional (SI o métrico) y el sistema inglés (usual);	Lecciones 12.1, 12.3, 12.4, 12.5, 13.1, 13.5, 14.1, 14.3, 21.1, 21.2, 21.3; Edición del maestro, págs. 284A, 286A, 418A; Resolver problemas de TAKS, pág. 475; Reto, pág. 425; ¡Matemáticas divertidas!, pág. 469; Excursión por Texas, pág. 156; Preparación para TAKS y repaso frecuente, págs. 299, 315, 343, 365, 519, 561; Conexión con las ciencias, pág. 306
(B) realice conversiones sencillas entre diferentes unidades de longitud, entre diferentes unidades de capacidad y entre diferentes unidades de peso en el sistema de medida inglés (usual);	Lecciones 12.2, 12.5, 13.3, 14.1, 14.2, 17.3; Excursión por Texas, pág. 156; Reto, pág. 289; ¡Matemáticas divertidas!, pág. 307
(C) utilice modelos concretos de unidades cúbicas estándares para medir volumen;	Lecciones 23.3, 23.4; Edición del maestro, pág. 508A
(D) estime volumen en unidades cúbicas; y	Lecciones 23.3, 23.5; Excursión por Texas, pág. 356; Preparación para TAKS y repaso frecuente, pág. 543
(E) explique la diferencia entre peso y masa.	Lecciones 13.2, 13.5; Edición del maestro, págs. 286A, 294A
(4.12) El estudiante aplica los conceptos de medición. El estudiante mide el tiempo y la temperatura (en grados Fahrenheit y Celsius). Se espera que el estudiante:	
(A) utilice un termómetro para medir temperatura y cambios en temperatura; y	Lecciones 6.1, 6.2, 19.3; Edición del maestro, pág. 262A
(B) utilice instrumentos tales como un reloj con engranajes o un cronómetro para resolver problemas relacionados con tiempo trascurrido.	Lecciones 6.3, 6.4, 6.5

Objetivo 5 de *TAKS*

Probabilidad y estadística

TEKS que aprenderás	Dónde buscarlos
(4.13) El estudiante resuelve problemas reuniendo, organizando, presentando e interpretando conjuntos de datos. Se espera que el estudiante:	
(A) utilice objetos concretos o dibujos para hacer generalizaciones que determinen todas las combinaciones posibles de un conjunto de datos u objetos en un problema; y	Lecciones 25.1, 25.2, 25.3, 25.4
(B) interprete gráficas de barras.	Lecciones 2.4, 24.1, 24.3; Conexión con la información, pág. 10.4

Objetivo 6 de *TAKS*

Procesos fundamentales y herramientas matemáticas

TEKS que aprenderás	Dónde buscarlos
(4.14) El estudiante aplica las matemáticas del 4.º grado para resolver problemas relacionados con experiencias diarias y actividades dentro y fuera de la escuela. Se espera que el estudiante:	
(A) identifique las matemáticas en situaciones diarias;	Las lecciones muestran las matemáticas aplicadas a la vida diaria. Lecciones 2.5, 3.2, 6.3, 8.2, 13.3, 15.1, 19.2, 22.4, 24.2; Conexión con la información, págs. 15, 29, 33, 60, 75, 146, 153, 174, 288, 328, 401, 421, 468, 477, 533, 535; ¡Matemáticas divertidas!, págs. 79, 151, 197, 225, 307, 381, 407, 449, 469, 489, 557; Conexión con las ciencias, págs. 38, 56, 105, 126, 129, 196, 216, 244, 267, 306, 311, 335, 360, 386, 398, 427, 448, 488, 510, 556; Conexión con los estudios sociales, págs. 9, 78, 102, 168, 190, 227, 240, 273, 406, 424, 442
(B) resuelva problemas que incorporen la comprensión del problema, hacer un plan, llevarlo a cabo y evaluar lo razonable de la solución;	Manual para resolver problemas, págs. PS1–PS10; Lecciones 1.5, 2.4, 3.1, 3.4, 4.5, 5.4, 6.2, 10.3, 11.5, 13.4, 21.4, 24.4, 25.2; Resolver problemas con ayuda, págs. 75, 125, 167, 189, 239, 351, 467
(C) seleccione o desarrolle un plan o una estrategia de resolución de problemas apropiado en el que haga un dibujo, busque un patrón, adivine y compruebe sistemáticamente, haga una dramatización, elabore una tabla, resuelva un problema más sencillo o trabaje desde el final hasta el principio para resolver un problema; y	Manual para resolver problemas, págs. PS1–PS10; Lecciones 3.3, 7.5, 8.5, 9.5, 12.5, 14.4, 15.5, 16.3, 18.3, 19.5, 21.4, 25.2; Reto, pág. 241

TEKS que aprenderás	Dónde buscarlos
(D) utilice herramientas tales como objetos reales, manipulativos y tecnología para resolver problemas.	Lecciones 1.1, 2.1, 4.1, 5.1, 6.1, 7.1, 8.1, 9.1, 10.1, 11.1, 12.1, 12.4, 13.1, 13.2, 13.5, 14.1, 14.3, 15.1, 16.1, 17.1, 18.1, 19.1, 20.1, 20.3, 21.1, 22.1, 23.1, 23.2, 23.3, 24.1, 25.1; Tecnología, págs. 61, 147, 175, 191, 217, 245, 267, 353, 387, 399, 421, 443, 556
(4.15) El estudiante es capaz de comunicar las matemáticas del 4.º grado utilizando un lenguaje informal. Se espera que el estudiante:	
(A) explique y anote observaciones utilizando objetos, palabras, dibujos, números y tecnología; y	Lecciones 12.1, 12.4; Escribir matemáticas, págs. 53, 143, 165, 349, 505, 507; Hablar de matemáticas, págs. 55, 123, 383, 401; Reto, pág. 175; Tecnología, págs. 61, 197
(B) relacione el lenguaje informal con el lenguaje y los símbolos matemáticos.	Las páginas de vocabulario que están al comienzo de cada capítulo enseñan el Vocabulario de TAKS. Lecciones 1.2, 10.2, 12.3, 13.1, 13.5, 14.1, 14.3, 15.1, 15.2, 15.3, 15.4, 16.1, 21.1, 23.1, 23.2, 24.1
(4.16) El estudiante utiliza razonamiento lógico. Se espera que el estudiante:	
(A) haga generalizaciones de patrones o de conjuntos de ejemplos y contraejemplos; y	Lecciones 3.2, 3.3, 8.3, 15.1, 18.3, 23.1
(B) justifique por qué una respuesta es razonable y explique el proceso de la solución.	En las secciones Hablar de matemáticas y Repaso del capítulo justificarás tus razonamientos. Lecciones 3.1, 5.2, 5.3, 8.4, 9.1; Resolver problemas con ayuda, págs. 17, 189, 401, 405, 429

Unidad 1

Usa estas páginas después de completar la Unidad 1 de tu libro.

---

1 ¿Qué punto representa mejor un número mayor que 500 pero menor que 800?

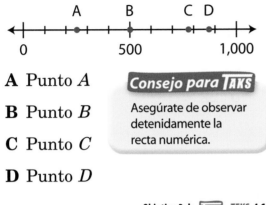

A Punto A

B Punto B

C Punto C

D Punto D

> **Consejo para TAKS**
> Asegúrate de observar detenidamente la recta numérica.

Objetivo 3 de TAKS TEKS 4.10

---

2 El lunes, George leyó 24 páginas de un libro. El martes leyó 18 páginas, el miércoles leyó 34 páginas y el jueves leyó 17 páginas. ¿Cuál es el número total de páginas que leyó George durante los dos primeros días?

F 24

G 42

H 76

J 93

> **Consejo para TAKS**
> Recuerda que debes ignorar la información adicional.

Objetivo 6 de TAKS TEKS 4.14C

---

3 ¿Qué oración numérica se puede usar para hallar el número total de canicas?

A $7 - 4 = 3$

B $4 + 7 = 11$

C $4 \times 6 = 24$

D $4 \times 7 = 28$

Objetivo 6 de TAKS TEKS 4.15B

---

4 ¿Qué valor representa mejor el punto V de la recta numérica?

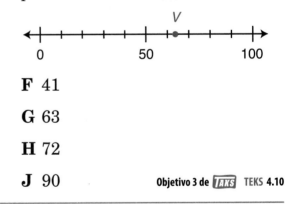

F 41

G 63

H 72

J 90

Objetivo 3 de TAKS TEKS 4.10

---

5 **Respuesta con cuadrícula**
Redondea 784 a la decena más cercana.

Objetivo 1 de TAKS TEKS 4.5A

6 Jonelle vendió 45 tarjetas de saludos en una feria escolar. Kira vendió 28 tarjetas. ¿Cuál de las opciones muestra cuántas tarjetas de saludos vendieron Jonelle y Kirk?

A 45 − 28

B 45 + 28

C 45 × 28

D 45 ÷ 28   Objetivo 6 de ***TAKS*** TEKS **4.15B**

---

7 Rory está jugando a buscar el equivalente de oraciones numéricas. ¿Qué oración numérica significa lo mismo que la que se muestra aquí?

$$4 + 4 + 4 + 4 = 16$$

F $16 ÷ 4 = 4$

G $16 ÷ 2 = 8$

H $4 × 4 = 16$

J $16 + 4 = 20$ Objetivo 6 de ***TAKS*** TEKS **4.15B**

---

8 Tres amigos jugaron a un juego de cartas. Jake obtuvo 22 puntos, Marta obtuvo 59 puntos y Ann obtuvo 76 puntos. ¿Cuántos puntos más que Marta obtuvo Ann?

A 17

B 27

C 37

D 54   Objetivo 6 de ***TAKS*** TEKS **4.14B**

---

9 En un autobús viajan 12 pasajeros. En la primera parada, se bajan 3. En la segunda parada, se suben 7. ¿Cuántos pasajeros hay ahora en el autobús?

F 2

G 7

H 16

J 22

Objetivo 6 de ***TAKS*** TEKS **4.14B**

---

10 ¿Cuál de las siguientes opciones es otra manera de escribir seis millones veinte mil quinientos cuatro?

A 62,254

B 6,200,540

C 6,002,504

D 6,020,504

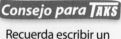

Consejo para TAKS

Recuerda escribir un 0 cuando necesitas un indicador de posición.

Objetivo 1 de ***TAKS*** TEKS **4.1A**

Unidad 2

Usa estas páginas después de completar la Unidad 2 de tu libro.

1 Imagina que 2,650 personas van el viernes a un concierto y 3,005 van a uno el sábado. ¿Cuál es la mejor estimación para el total de personas que fueron a ambos conciertos?

A menos de 5,000

B más de 10,000

C entre 2,000 y 3,000

D entre 5,000 y 6,000

Objetivo 1 de **TAKS** TEKS **4.5A**

2 La siguiente gráfica de barras muestra las galletas que vendió la clase de cuarto grado en la feria del otoño.

Venta de galletas

¿Qué tipo de galleta se vendió más?

F avena

G chocolate

H azúcar

J mantequilla

Consejo para TAKS

Lee detenidamente los rótulos de la gráfica.

Objetivo 5 de **TAKS** TEKS **4.13B**

3 Tristán tiene tres grupos de cubos. La tabla muestra el número de cubos y el número de caras.

Cubos	4	8	12
Caras	24	48	72

¿Qué opción describe mejor la relación entre los cubos y las caras?

A número de cubos + 20 = número de caras

B número de cubos + 40 = número de caras

C número de cubos × 6 = número de caras

D número de cubos × 8 = número de caras

Objetivo 2 de **TAKS** TEKS **4.7**

4 **Respuesta con cuadrícula** ¿Qué dígito está en el lugar de los millares en el número 12,564?

Objetivo 1 de **TAKS** TEKS **4.1**

5 **Respuesta con cuadrícula** Para el día de apertura, el equipo de béisbol vendió 6,622 boletos. El último partido de la temporada, vendió 7,389 boletos. Aproximadamente, ¿cuántos boletos más se vendieron para el último partido que para el primero?

Objetivo 1 de **TAKS** TEKS **4.5A**

6 ¿Cuál es la forma normal de 1,000,000 + 20,000 + 6,000 + 800 + 30 + 1?

A 1,026,831

B 1,026,813

C 126,831

D 12,683

Objetivo 1 de *TAKS* TEKS 4.1A

7 El señor Shelly vende figuras talladas en madera en una feria artesanal. El último fin de semana vendió 7 figuras. Le sobran 28 figuras. La señora Shelly quiere saber cuántas figuras más tenía el señor Shelly al comienzo.

¿Qué operación debe usar para resolver el problema de arriba?

F suma

G resta

H multiplicación

J división

Objetivo 6 de *TAKS* TEKS 4.14B

8 ¿Qué opción muestra los siguientes números en orden de menor a mayor?

2,368   992   1,279   2,111

A 2,368; 2,111; 1,279; 992

B 992; 2,111; 1,279; 2,368

C 992; 1,279; 2,111; 2,368

D 1,279; 992; 2,368; 2,111

Objetivo 1 de *TAKS* TEKS 4.1A

9 Esta gráfica de barras muestra el número de estudiantes que hay en las clases de baile.

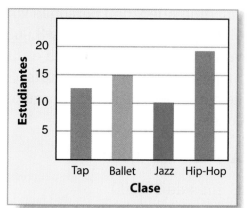

¿Qué clase es más probable que tenga 13 estudiantes?

F Tap

G Ballet

H Jazz

J Hip-Hop

> **Consejo para *TAKS***
> Al leer una gráfica de barras, es posible que tengas que estimar.

Objetivo 5 de *TAKS* TEKS 4.13B

10 **Respuesta con cuadrícula**
Unos jugadores acumulan puntos lanzando saquitos de arena en círculos de colores. La tabla muestra la puntuación del juego.

Círculo de color	Puntos
Verde	5
Amarillo	10
Azul	25
Rojo	50

¿Cuántos puntos obtendrías en total si cayeras en 2 círculos rojos, 1 círculo verde y 1 círculo amarillo?

Objetivo 6 de *TAKS* TEKS 4.14C

Unidad 3 Usa estas páginas después de completar la Unidad 3 de tu libro.

1   ¿Qué punto representa 1,750 en la recta numérica?

A Punto *A*

Consejo para TAKS

Presta atención a la escala de la recta numérica.

B Punto *B*

C Punto *C*

D Punto *D*   Objetivo 3 de TAKS   TEKS 4.10

2   La siguiente tabla muestra las libras de papel que recicló una escuela desde 2003 hasta 2006.

Reciclaje de papel	
Año	Libras de papel
2003	59,374
2004	58,982
2005	60,875
2006	60,678

¿En qué año recicló más papel la escuela?

F 2003

G 2004

H 2005

J 2006   Objetivo 1 de TAKS   TEKS 4.1A

3   **Respuesta con cuadrícula** ¿Qué número es la forma normal de 800 + 40 + 8?

Objetivo 1 de TAKS   TEKS 4.1A

4   Danielle tiene 1,433 monedas en su colección. Enzo tiene 1,299 monedas en su colección. ¿Qué valor de posición deben comparar para hallar quién tiene más monedas?

A unidades

B decenas

C centenas

D millares   Objetivo 1 de TAKS   TEKS 4.1A

5   La tabla muestra la altura de cuatro de las montañas más altas de los Estados Unidos.

Montaña	Altura
Monte McKinley	20,320 pies
Monte St. Elias	18,008 pies
Monte Foraker	17,400 pies
Monte Bona	16,500 pies

¿Cuál es la mejor estimación de cuántos pies más alto es el monte McKinley que el monte St. Elias?

F 600 pies

G 2,300 pies

H 3,000 pies

J 3,500 pies

Objetivo 1 de TAKS   TEKS 4.5A

6 Donna compró 19 cajas de cuentas para hacer collares. Esta tabla muestra el contenido de las cajas.

Número de cajas	Número de cuentas
2	30
4	60
6	90
7	▨

Según el patrón de la tabla, ¿cómo puede Donna hallar el número total de cuentas de cerámica?

A sumar 30

B sumar 7 a 90

C multiplicar 7 por 15

D dividir 7 entre 15

Objetivo 2 de *TAKS* TEKS 4.7

---

7 En el mercado había 316 manzanas rojas, 267 manzanas amarillas y 213 manzanas verdes. Aproximadamente, ¿cuántas manzanas había en el mercado en total?

F 800 **H** 780

G 796 **J** 700

Objetivo 2 de *TAKS* TEKS 4.5A

---

8 **Respuesta con cuadrícula** ¿Qué número representa el punto *Q*?

Objetivo 3 de *TAKS* TEKS 4.10

9 La señora Henry envuelve canastas de galletas para la venta de pasteles de los exploradores. Cada canasta tiene el mismo número de galletas. Ya envolvió 7 canastas. Le sobran 36 galletas. ¿Qué información necesitas para hallar el número de galletas que hay en cada canasta?

A de qué está hecha cada galleta

B cuántas galletas sobran

C cuántas canastas adicionales hay

D con cuántas galletas comenzó

Objetivo 6 de *TAKS* TEKS 4.14C

---

10 Los números del Conjunto A se relacionan de la misma manera con el número de la derecha del Conjunto B.

Conjunto A	Conjunto B
3	27
5	45
7	63
8	72

Si se escoge un número del Conjunto A, ¿cuál es una de las maneras de hallar el número relacionado del Conjunto B?

F Se suma 2.

G Se resta 24.

H Se multiplica por 9.

J Se divide entre 9.

> **Consejo para *TAKS***
> Piensa en cómo cambian los números de la primera columna a la segunda.

Objetivo 2 de *TAKS* TEKS 4.7

Unidad 4

Usa estas páginas después de completar la Unidad 4 de tu libro.

---

1 Carmen bebe 48 onzas de agua y 8 onzas de jugo de naranja por día. ¿Cuántas onzas de agua bebe en 7 días?

A 41 **C** 336

B 55 **D** 350

Objetivo 1 de TAKS TEKS 4.4D

---

2 Luis mira la hora antes de comenzar su tarea de ciencias. Vuelve a mirar el reloj cuando termina. Los siguientes relojes muestran las horas.

Comienzo   Fin

¿Cuánto tardó Luis en terminar su tarea de ciencias?

F 5 min

G 25 min

H 55 min

J 1 h 55 min

> **Consejo para TAKS**
>
> Cuando trabajas con la hora, intenta contar de 5 en 5.

Objetivo 4 de TAKS TEKS 4.12B

---

3 Marcos escribió un número con los dígitos 4, 8, 5, 9, 7. Colocó el 5 en el lugar de las decenas y con el resto de los dígitos escribió el número más pequeño posible. ¿Qué número formó?

A 45,789   **C** 47,589

B 47,859   **D** 98,754

Objetivo 1 de TAKS TEKS 4.1A

---

4 Taisha tenía 364 estampillas en su colección. Su tía le regaló una caja de 285 estampillas. ¿Cuántas estampillas tiene Taisha ahora?

F 79   **H** 549

G 121   **J** 649

Objetivo 1 de TAKS TEKS 4.3A

---

5 **Respuesta con cuadrícula** La tabla muestra los puntos que anotaron las familias durante un concurso.

	Día 1	Día 2
Familia Farley	415 puntos	545 puntos
Familia Martin	385 puntos	600 puntos

¿Cuántos puntos más anotó la familia ganadora?

Objetivo 1 de TAKS TEKS 4.3A

6 ¿Qué par de números completa mejor la oración numérica?

■ × 100 = ■

A 15 y 150

B 15 y 1,500

C 15 y 15,000

D 15 y 150,000

Objetivo 2 de TAKS TEKS 4.6B

7 Abel, Nadir, Allie y Terell recogen caracoles. La tabla muestra cuántos caracoles tiene cada persona.

Persona	Número de caracoles
Abel	37
Nadir	56
Allie	47
Terell	43

Si Nadir le regala 8 caracoles a Abel, ¿cuál de las oraciones es verdadera?

F Abel tendrá el mayor número de caracoles.

G Abel y Terell tendrán el mismo número de caracoles.

H Abel tendrá más caracoles que Nadir.

J Abel tendrá más caracoles que Terell.

Objetivo 6 de TAKS TEKS 4.16A

8 Esta gráfica muestra cuántos gatos adoptó un refugio.

Adopción de gatos

¿Cuántos gatos menos se adoptaron en febrero que en abril?

A 15   **B** 20   **C** 30   **D** 55

Objetivo 5 de TAKS TEKS 4.13B

9 El club de Kira hizo 310 grullas de origami para decorar las mesas de una fiesta. Quieren colocarlas en grupos de 4. ¿Cuántas grullas más deben hacer para que les alcance para 78 mesas?

F 2

G 4

H 74

J 312

Consejo para TAKS

Lee los problemas en palabras detenidamente. Ignora la información adicional.

Objetivo 6 de TAKS TEKS 4.14B, 4.14C

10 **Respuesta con cuadrícula**
Carlos cobra $12 por cortar el césped. El mes pasado, cortó el césped en 17 jardines. ¿Cuánto dinero ganó Carlos el mes pasado?

Objetivo 3 de TAKS TEKS 4.4D

Unidad 5

Usa estas páginas después de completar la Unidad 5 de tu libro.

---

1 ¿Qué punto de la recta numérica está más cerca del valor del modelo?

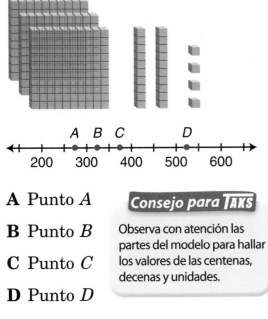

A Punto *A*

B Punto *B*

C Punto *C*

D Punto *D*

Consejo para TAKS

Observa con atención las partes del modelo para hallar los valores de las centenas, decenas y unidades.

Objetivo 3 de TAKS   TEKS 4.10

---

2 La biblioteca tenía 1,452 mochilas para regalar para un curso de lectura. Se inscribieron exactamente 1,398 niños. Aproximadamente, ¿cuántas mochilas sobraron?

F 40

G 50

H 60

J 70

Objetivo 1 de TAKS   TEKS 4.5A

---

3 **Respuesta con cuadrícula**
Erica y su abuelo plantaron un jardín de verduras. El diagrama muestra la forma y las medidas del jardín.

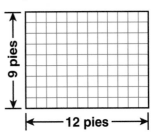

¿Cuál es el área del jardín en pies cuadrados?

Objetivo 4 de TAKS   TEKS 4.11A

---

4 **Respuesta con cuadrícula** El diagrama muestra un piso de losetas.

¿Cuántas losetas se usaron?

Objetivo 4 de TAKS   TEKS 4.11A

5 ¿Qué punto de la recta numérica representa mejor 575?

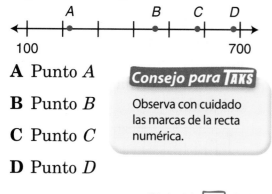

100   700

A Punto *A*

B Punto *B*

C Punto *C*

D Punto *D*

Consejo para TAKS

Observa con cuidado las marcas de la recta numérica.

Objetivo 3 de **TAKS** TEKS 4.10

---

6 **Respuesta con cuadrícula** Una clase hizo una encuesta sobre el número de letras que tienen los nombres. La gráfica de barras muestra los resultados.

¿Cuántos estudiantes tienen un nombre con 6 letras?

Objetivo 5 de **TAKS** TEKS 4.13B

---

7 **Respuesta con cuadrícula** ¿Qué número está mejor representado por el punto *G* de la recta numérica?

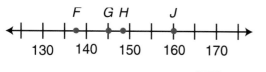

130   140   150   160   170

Objetivo 3 de **TAKS** TEKS 4.10

---

8 La tabla muestra cuántos niños fueron al campamento Horizontes.

Año	1	2	3	4
Niños	1,468	1,499	1,581	1,623

¿Cuál es la mejor estimación de cuántos niños asistieron en total?

A 4,000   **C** 6,170

B 5,900   **D** 6,200

Objetivo 1 de **TAKS** TEKS 4.5A

---

9 La clase de la maestra Darcy hizo esta gráfica.

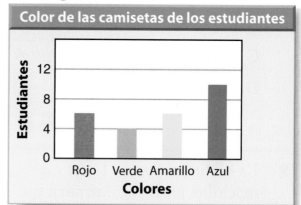

Según la gráfica de barras, ¿cuál de las siguientes oraciones **NO** es verdadera?

F Hay más estudiantes vestidos de azul que de cualquier otro color.

G Hay más estudiantes vestidos de rojo que de verde.

H El mismo número de estudiantes están vestidos de rojo y de amarillo.

J El mismo número de estudiantes están vestidos de amarillo y de verde.

Objetivo 5 de **TAKS** TEKS 4.13B

Éxito en TAKS

Unidad 6

Usa estas páginas después de completar la Unidad 6 de tu libro.

1 ¿Qué operación de división muestra este arreglo?

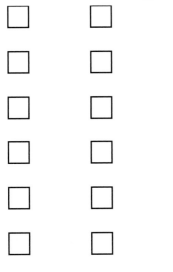

A $6 \div 3 = 2$

B $3 \div 3 = 1$

C $9 \div 3 = 3$

D $18 \div 3 = 6$

Objetivo 1 de TAKS   TEKS 4.4B

---

2 ¿Qué número completa el patrón?

$12 \times 9 = 108$

$12 \times 10 = 120$

$12 \times 11 = 132$

$12 \times 12 = $ ▨

F 148   **H** 134

G 144   **J** 124

Objetivo 2 de TAKS   TEKS 4.6A

3 Después de la actuación, cada bailarín recibió un ramo de 6 rosas. En total había 144 rosas y no sobró ninguna. ¿Cuántos bailarines había?

A 24

B 138

C 150

D 864

Objetivo 1 de TAKS   TEKS 4.4E

---

4 El partido de béisbol de Jessica comenzó a las 11:00 a.m. Terminó a las 12:45 p.m.

Comienzo   Fin

¿Cuánto duró el partido?

F 45 min

G 1 h 30 min

H 1 h 45 min

J 2 h

Consejo para TAKS

Cuando quieras saber cuánto tiempo pasó, usa las 12 en punto como referencia.

Objetivo 4 de TAKS   TEKS 4.12B

---

5 **Respuesta con cuadrícula** Alí hace 25 marionetas por día, ¿cuántas marionetas hace en 1 semana?

Objetivo 1 de TAKS   TEKS 4.4D

TS11

6 ¿Qué temperatura muestra el termómetro?

A 30 °C

B 25 °C

C 20 °C

D 0 °C

Consejo para TAKS

Lee detenidamente el termómetro. Busca los puntos medios entre las marcas rotuladas de los grados.

Objetivo 4 de TAKS TEKS 4.12A

---

7 La siguiente tabla muestra los precios de juegos de video nuevos y usados.

Juego	Nuevo	Usado
Distant Planet	$19.95	$11.95
SodBusters	$16.95	$8.95
Surf's Up	$23.00	$15.00
Hidden Treasure	$29.95	$21.95

¿Qué opción describe mejor el descuento que se ofrece para los juegos usados?

F descuento de $3 para un juego usado

G descuento de $8 para un juego usado

H llevar 2 usados al precio de 1 nuevo

J comprar 1 nuevo y llevar 1 juego usado gratis

Objetivo 2 de TAKS TEKS 4.7

---

8 ¿Qué número hace que esta oración numérica sea verdadera?

■ ÷ 9 = 9

A 0

B 18

C 27

D 81

Objetivo 1 de TAKS TEKS 4.4C

---

9 Estos termómetros muestran las temperaturas máximas de cuatro días.

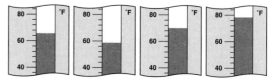

Lunes   Martes   Miércoles   Jueves

¿Qué día hizo la temperatura más alta?

F lunes

G martes

H miércoles

J jueves

Objetivo 4 de TAKS TEKS 4.12A

---

10 **Respuesta con cuadrícula** En la tienda de mascotas de la señora Fisher hay 5 peceras. La señora Fisher colocó 7 peces en cada pecera. ¿Cuántos peces tiene en total?

Objetivo 1 de TAKS TEKS 4.4C

Unidad 7

Usa estas páginas después de completar la Unidad 7 de tu libro.

1 Escoge la estimación más razonable.

$$654 \div 8 = \blacksquare$$

A 8

B 50

C 80

D 100

Objetivo 1 de *TAKS* TEKS 4.5B

2 Emilia tiene 25 números para una rifa. Los divide por igual entre 6 personas. ¿Cuántos números le sobran?

F 5

G 4

H 1

J 0

Objetivo 1 de *TAKS* TEKS 4.4E

3 ¿Qué grupo de números está ordenado de menor a mayor?

A 1,295; 1,166; 1,312; 2,000

B 2,000; 1,312; 1,295; 1,166

C 1,166; 1,295; 2,000; 1,312

D 1,166; 1,295; 1,312; 2,000

Objetivo 1 de *TAKS* TEKS 4.1A

4 Tienes 84 monedas de un centavo. Las repartes en partes iguales entre 6 amigos y tú. ¿Cuál de las oraciones es verdadera?

F Cada persona recibe 14 monedas de un centavo.

G Cada persona recibe 12 monedas de un centavo.

H Cada persona recibe menos de 10 monedas de un centavo.

J Cada persona recibe más de 20 monedas de un centavo.

Objetivo 1 de *TAKS* TEKS 4.4E

5 El maestro Cruz tiene 32 naranjas para su clase de 26 estudiantes. ¿Cuántas naranjas le sobrarán si cada estudiante recibe el mismo número de naranjas?

F 6

G 12

H 26

J 32

Objetivo 1 de *TAKS* TEKS 4.4E

6 **Respuesta con cuadrícula** En la clase del maestro Kutcher hay 30 estudiantes. El maestro Kutcher le pidió a la clase que trabajara en grupos de 5. ¿Cuántos grupos se formaron?

Objetivo 1 de *TAKS* TEKS 4.4C

7 ¿Cuál es la mejor estimación para 3 × 88?

A 200

B 240

C 270

D 300

Objetivo 1 de **TAKS** TEKS 4.5B

---

8 Omar pesó 3 paquetes. Cada paquete pesaba entre 8 y 12 kilogramos. ¿Cuál es un peso total razonable?

F menos de 20 kg

G entre 18 y 22 kg

H entre 24 y 36 kg

J más de 36 kg

Objetivo 1 de **TAKS** TEKS 4.5B

---

9 **Respuesta con cuadrícula**
¿Cuál es el número más grande que puedes escribir usando los dígitos 3, 9 y 5?

Objetivo 1 de **TAKS** TEKS 4.1A

---

10 ¿Cuál es la longitud del sujetapapeles a la media pulgada más cercana?

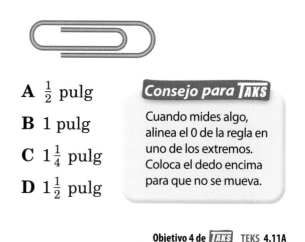

A $\frac{1}{2}$ pulg

B 1 pulg

C $1\frac{1}{4}$ pulg

D $1\frac{1}{2}$ pulg

> **Consejo para TAKS**
>
> Cuando mides algo, alinea el 0 de la regla en uno de los extremos. Coloca el dedo encima para que no se mueva.

Objetivo 4 de **TAKS** TEKS 4.11A

---

11 Emily y Lin pagaron $9 para jugar mini golf. Compraron una bolsa de palomitas de maíz para las dos y pagaron $2 por dos cartones de jugo. ¿Qué información necesitas para hallar la cantidad total de dinero que gastaron Emily y Lin?

F el costo de la bolsa de palomitas de maíz

G el costo de un cartón de jugo

H cuánto tiempo se quedaron en el campo de golf

J el costo de un juego de golf

Objetivo 6 de **TAKS** TEKS 4.14A

Unidad 8

Usa estas páginas después de completar la Unidad 8 de tu libro.

1 ¿Qué opción muestra una traslación o una reflexión?

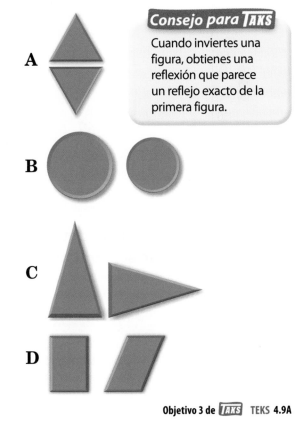

A

Consejo para TAKS

Cuando inviertes una figura, obtienes una reflexión que parece un reflejo exacto de la primera figura.

B

C

D

Objetivo 3 de TAKS   TEKS 4.9A

2 ¿Qué ángulo de la figura representa mejor un ángulo recto?

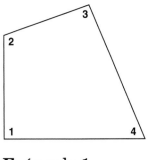

F ángulo 1

G ángulo 2

H ángulo 3

J ángulo 4

Objetivo 3 de TAKS   TEKS 4.8A

3 ¿Qué casillero puede ser reemplazado por el número 7 para que la oración sea verdadera?

A $5 \times \blacksquare = 35$

B $35 \div 7 = \blacksquare$

C $\blacksquare + 7 = 35$

D $35 - \blacksquare = 5$

Objetivo 1 de TAKS   TEKS 4.4C

4 Luis mide 4 pies 3 pulgadas de alto. Karen, la prima de Luis, mide 47 pulgadas de alto. ¿Cuánto más alto es Luis que Karen?

F 2 pulgadas

G 3 pulgadas

H 4 pulgadas

J 5 pulgadas

Objetivo 4 de TAKS   TEKS 4.11B

5 **Respuesta con cuadrícula** La serpiente más larga que se encontró fue una serpiente pitón. Medía 396 pulgadas. ¿Cuántos pies de largo medía la serpiente?

Consejo para TAKS

Para cambiar de pulgadas a pies, divide entre 12.

Objetivo 4 de TAKS   TEKS 4.11B

6 ¿Qué oración numérica está en la misma familia de operaciones que $32 \div 8 = \blacksquare$?

A $8 + \blacksquare = 32$

B $\blacksquare - 8 = 32$

C $8 \times \blacksquare = 32$

D $8 \times 32 = \blacksquare$

Objetivo 2 de TAKS TEKS 4.6A

7 Diana, César, Santos y Cecilia lanzaron pelotas de béisbol a un blanco. La tabla muestra la cantidad de veces que cada uno de los jugadores acertó en el blanco y el total de puntos.

Jugador	Aciertos	Total de puntos
Diana	3	15
César	5	25
Santos	5	25
Cecilia	6	30

¿Cuántas puntos anotarías si acertaras al blanco una vez?

F 3   **H** 6

G 5   **J** 15

Objetivo 2 de TAKS TEKS 4.7

8 **Respuesta con cuadrícula** En un salón de clases de cuarto grado hay 308 libros. En otro salón de clases hay 478 libros. Aproximadamente, ¿cuántos libros hay en los dos salones de clases en total? Estima a la decena más cercana.

Objetivo 1 de TAKS TEKS 4.5A

9 La gráfica muestra el número de DVD alquilados por día, durante cinco días.

Alquileres de DVD

¿Qué día se alquiló la mitad de DVD de los que se alquilaron el viernes?

A lunes

B martes

C miércoles

D jueves

> **Consejo para TAKS**
>
> Primero elimina las respuestas que son obviamente incorrectas.

Objetivo 5 de TAKS TEKS 4.13B

10 Unos voluntarios de la carrera de 5 kilómetros prepararon 12,625 botellas de agua para los corredores. Al final del día, sobraron 38 botellas. ¿Cuántas botellas de agua bebieron los corredores?

F 11,583   **H** 12,625

G 12,587   **J** 12,663

Objetivo 1 de TAKS TEKS 4.3A

Unidad 9

Usa estas páginas después de completar la Unidad 9 de tu libro.

1 ¿Cuál es la cantidad total de dinero que se muestra aquí?

A $15.52

B $25.70

C $30.45

D $35.75

Objetivo 1 de **TAKS** TEKS **4.1B**

2 ¿Cuántos ejes de simetría tiene esta figura?

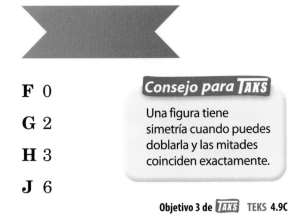

F 0

G 2

H 3

J 6

> **Consejo para TAKS**
>
> Una figura tiene simetría cuando puedes doblarla y las mitades coinciden exactamente.

Objetivo 3 de **TAKS** TEKS **4.9C**

3 ¿Cuál de estos cuerpos geométricos tiene cuatro caras?

A cilindro

B cubo

C pirámide cuadrangular

D pirámide triangular

Objetivo 3 de **Éxito** TEKS **4.8C**

4 ¿Qué muestran las partes sombreadas del modelo?

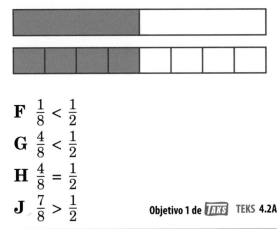

F $\frac{1}{8} < \frac{1}{2}$

G $\frac{4}{8} < \frac{1}{2}$

H $\frac{4}{8} = \frac{1}{2}$

J $\frac{7}{8} > \frac{1}{2}$

Objetivo 1 de **TAKS** TEKS **4.2A**

5 Observa el modelo. ¿Qué decimal representa el modelo?

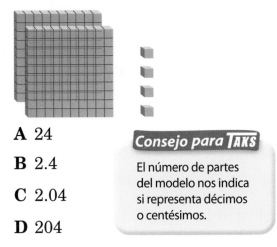

A 24

B 2.4

C 2.04

D 204

> **Consejo para TAKS**
>
> El número de partes del modelo nos indica si representa décimos o centésimos.

Objetivo 1 de **TAKS** TEKS **4.1B**

6 ¿Qué fracción está más cerca de $\frac{2}{3}$?

Número de línea: 0, $\frac{1}{12}$, $\frac{1}{3}$, $\frac{1}{2}$, $\frac{2}{3}$, $\frac{11}{12}$, 1

A $\frac{1}{3}$

B $\frac{6}{12}$

C $\frac{9}{12}$

D $\frac{11}{12}$

Objetivo 1 de TAKS TEKS 4.2C

---

7 Ginger tenía $3.25 en su cuenta bancaria. Después de sumar su mensualidad tenía $6.00 en la cuenta. ¿Qué operación podrías usar para saber cuánto dinero depositó Ginger en el banco?

F $\$3.25 + \$6.00 = \blacksquare$

G $\$3.25 - \$6.00 = \blacksquare$

H $\$6.00 \div \$3.25 = \blacksquare$

J $\$6.00 - \$3.25 = \blacksquare$

Objetivo 6 de TAKS TEKS 4.14C

---

8 **Respuesta con cuadrícula**
Janelle pasea su perro 6 cuadras todas las tardes. ¿Cuántas cuadras caminan Janelle y su perro en 4 semanas?

Objetivo 1 de TAKS TEKS 4.4C

---

9 ¿Qué figura es congruente con este triángulo?

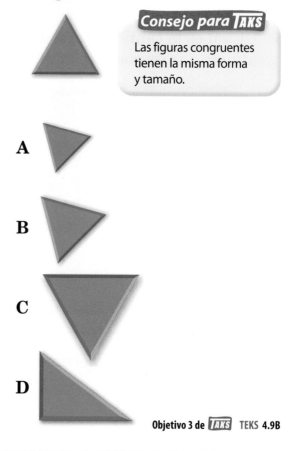

> **Consejo para TAKS**
> Las figuras congruentes tienen la misma forma y tamaño.

A

B

C

D

Objetivo 3 de TAKS TEKS 4.9B

---

10 ¿Cuál de las siguientes opciones tiene el producto más grande?

F $9 \times 3 = \blacksquare$

G $20 \times 1 = \blacksquare$

H $10 \times 4 = \blacksquare$

J $6 \times 8 = \blacksquare$

Objetivo 1 de TAKS TEKS 4.4C

Unidad 10

Usa estas páginas después de completar la Unidad 10 de tu libro.

1 Esta semana, el señor Hernández recorrió 250.9 millas con 1 tanque de combustible. La semana pasada, recorrió 252.7 millas con 1 tanque de combustible. ¿Cuántas millas más recorrió la semana pasada que ésta?

A 1.8 mi

B 2.2 mi

C 2.8 mi

D 3.6 mi

> **Consejo para TAKS**
>
> Cuando reagrupes, recuerda restar 1 del valor de posición de la izquierda.

Objetivo 1 de TAKS **TEKS 4.3B**

2 **Respuesta con cuadrícula**
Julie guarda cuentas en un cartón de huevos. Tiene exactamente 10 cuentas en cada una de las 12 secciones. ¿Cuántas cuentas tiene Julie en total?

Objetivo 2 de TAKS **TEKS 4.6B**

3 Usa el modelo para resolver la ecuación.

$2.16 - 0.75 = $ ■

F 2.75

G 1.75

H 1.41

J 0.59

Objetivo 1 de TAKS **TEKS 4.2D**

4 Anjali encontró esta caja de terrones de azúcar en la cocina. Cada terrón de azúcar es una unidad cúbica.

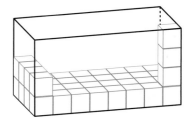

¿Cuál es la mejor estimación del volumen de la caja en unidades cúbicas?

A 100 unidades cúbicas

B 130 unidades cúbicas

C 180 unidades cúbicas

D 200 unidades cúbicas

Objetivo 4 de TAKS **TEKS 4.11D**

5 Una clase de cuarto grado recolectó 48 botellas para un proyecto de artes. En una caja de cartón pueden guardar 12 botellas. ¿Cuántas cajas necesitará la clase?

F 48

G 36

H 12

J 4

Objetivo 6 de TAKS **TEKS 4.14A**

6 Exactamente 90 jugadores se inscribieron para jugar en una liga de béisbol. En cada equipo había 10 jugadores. ¿Qué oración numérica se puede usar para hallar el número de equipos?

A ▢ × 10 = 90

B 90 × 10 = ▢

C ▢ × 90 = 10

D 9 × 90 = ▢

Objetivo 1 de **TAKS** TEKS **4.4B**

---

7 ¿Qué suma muestra el modelo?

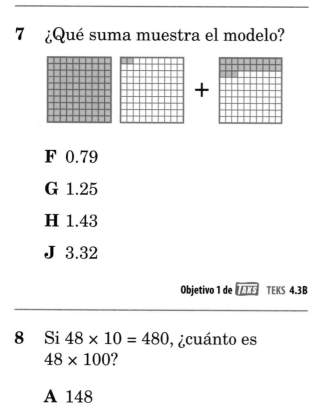

F 0.79

G 1.25

H 1.43

J 3.32

Objetivo 1 de **TAKS** TEKS **4.3B**

---

8 Si 48 × 10 = 480, ¿cuánto es 48 × 100?

A 148

B 960

C 4,800

D 48,000

Objetivo 2 de **TAKS** TEKS **4.6B**

9 El entrenador de fútbol compró 8 cajas de jugo para los jugadores. Cada caja tenía 24 cartones de jugo. El entrenador llevó 1 caja para cada partido. ¿Qué oración numérica se puede usar para calcular cuántos cartones de jugo compró el entrenador?

F 6 × 24 = ▢

G 24 ÷ 8 = ▢

H 24 × 8 = ▢

J 24 × 1 = ▢

Consejo para TAKS

Lee atentamente. Usa la información necesaria.

Objetivo 6 de **TAKS** TEKS **4.15B**

---

10 ¿Qué modelo muestra $\frac{47}{100}$ sombreados?

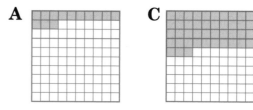

A

C

B

D

Objetivo 1 de **TAKS** TEKS **4.2D**

Cómo usar el contenido

El contenido te ayuda a hallar secciones especiales en tu libro de matemáticas.

Cada unidad desarrolla las grandes ideas de matemáticas de 2 a 4 capítulos. Comenzarás las unidades con un juego.

Leer y escribir te puede ayudar a aprender matemáticas.

Todos los capítulos tienen lecciones Aplícalo y Resolver problemas.

En la sección Excursión por Texas puedes practicar matemáticas en lugares especiales.

Contenido

Comparaciones de números

Sunshine Gardens

DÍAS COMERCIALES DE CANTON

Contenido

Contenido

Unidad 2 # Razonamiento y cálculo mental

¡LAS GRANDES IDEAS!

- Los patrones numéricos ayudan a resolver problemas de cálculo.

- Se puede descomponer los números para que los cálculos sean más fáciles.

- Hacer cálculos mentales es más rápido que usar papel y lápiz.

CAPÍTULO **3**

Razonamiento y patrones

Cálculo mental

Preparación para el éxito en *TAKS*	Leer y escribir matemáticas	Ciencias, estudios sociales e información
Vocabulario de TAKS, páginas 51, 71 **Resolver problemas de TAKS,** página 85 **Preparación para TAKS y repaso frecuente,** páginas 69, 89	**Leer y escribir matemáticas,** páginas 49, 66, 86 **Vocabulario de TAKS,** páginas 51, 71 **Crea y resuelve,** página 65	**Resolver problemas: Excursión por Texas,** páginas 64, 84 **Conexión con las ciencias,** página 56 **Conexión con los estudios sociales,** página 78 **Conexión con la información,** páginas 60, 75 **¡Matemáticas divertidas!,** página 79

PARQUE ESTATAL
PALO DURO CANYON

Barton Springs en Austin, Texas

Unidad 3 **Sumar y restar**

¡LAS GRANDES IDEAS!

- Una estimación ayuda a decidir si un resultado es razonable.

- Hay más de una manera de sumar y restar.

- Se puede sumar o restar para hallar cambios de hora o de temperatura.

CAPÍTULO 5 **Sumar y restar números enteros**

Contenido

CAPÍTULO 6

Combinar y comparar

Contenido

Preparación para el éxito en TAKS	Leer y escribir matemáticas	Ciencias, estudios sociales e información
Vocabulario de TAKS, páginas 97, 115	**Leer y escribir matemáticas,** páginas 95, 110, 130	**Resolver problemas: Excursión por Texas,** páginas 108, 120
Resolver problemas de TAKS, página 121	**Vocabulario de TAKS,** páginas 97, 115	**Conexión con las ciencias,** páginas 105, 126, 129
Preparación para TAKS y repaso frecuente, páginas 113, 133	**Crea y resuelve,** página 109	**Conexión con los estudios sociales,** página 102

★ **Números, operaciones y razonamiento cuantitativo**

Unidad 4 # La multiplicación

¡LAS GRANDES IDEAS!

- Las operaciones de multiplicación y de división están relacionadas en las familias de operaciones.

- Se puede usar el valor de posición para multiplicar con números grandes.

- Hay más de una manera de estimar productos.

CAPÍTULO 7

Estrategias para recordar las operaciones básicas

CAPÍTULO 8

Multiplicar por números de un dígito

CAPÍTULO 9

Multiplicar por números de dos dígitos

Preparación para el éxito en TAKS	Leer y escribir matemáticas	Ciencias, estudios sociales e información
Vocabulario de TAKS, páginas 141, 163, 185	**Leer y escribir matemáticas,** páginas 139, 158, 180, 200	**Resolver problemas: Excursión por Texas,** páginas 156, 178
Resolver problemas de TAKS, página 179	**Vocabulario de TAKS,** páginas 141, 163, 185	**Conexión con las ciencias,** páginas 153, 196
Preparación para TAKS y repaso frecuente, páginas 161, 183, 203	**Crea y resuelve,** página 157	**Conexión con los estudios sociales,** páginas 168, 190
		¡Matemáticas divertidas!, páginas 151, 197
		Conexión con la información, páginas 146, 174

Contenido

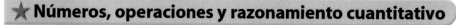

★ **Números, operaciones y razonamiento cuantitativo**

Unidad 5 # División

¡LAS GRANDES IDEAS!

● La división se puede representar y anotar de muchas maneras.

● A veces, cuando se dividen números enteros queda un residuo.

● El valor de posición ayuda a decidir dónde colocar el primer dígito del cociente.

CAPÍTULO
10

Comprender la división

CAPÍTULO 11 Dividir entre divisores de un dígito

MURCIÉLAGOS DE LA AVENIDA CONGRESS

CAVERNA LONGHORN

Contenido

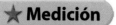

★ **Medición**

Unidad 6 # Medición

¡LAS GRANDES IDEAS!

- Hay instrumentos y unidades estándares para estimar y medir.

- La situación ayuda a determinar la unidad de medida más apropiada.

- Se pueden hacer conversiones entre las unidades de medida.

Contenido

CAPÍTULO
14

La capacidad

Preparación para el éxito en TAKS	Leer y escribir matemáticas	Ciencias, estudios sociales e información
Vocabulario de TAKS, páginas 261, 281, 301 **Resolver problemas de TAKS,** página 275 **Preparación para TAKS y repaso frecuente,** páginas 279, 299, 315	**Leer y escribir matemáticas,** páginas 259, 276, 296, 312 **Vocabulario de TAKS,** páginas 261, 281, 301 **Crea y resuelve,** página 293	**Resolver problemas: Excursión por Texas,** páginas 274, 292 **Conexión con las ciencias,** páginas 266, 306 **¡Matemáticas divertidas!,** página 307 **Conexión con la información,** página 288 **Conexión con la salud,** página 311

Reserva Nacional de la Vida Silvestre de Aransas

Parque Estatal Brazos Bend

★ **Geometría y razonamiento espacial**

Unidad 7 # Figuras geométricas

¡LAS GRANDES IDEAS!

● Dos líneas pueden ser paralelas o intersecantes.

● Los polígonos se definen según sus lados y ángulos.

● Se pueden usar transformaciones para comprobar la congruencia y la simetría de las figuras.

CAPÍTULO **15** # Identificar y describir figuras geométricas

Relaciones entre figuras

Preparación para el éxito en *TAKS*	Leer y escribir matemáticas	Ciencias, estudios sociales e información
Vocabulario de TAKS, páginas 323, 345	**Leer y escribir matemáticas,** páginas 321, 340, 362	**Resolver problemas: Excursión por Texas,** páginas 338, 356
Resolver problemas de TAKS, página 339	**Vocabulario de TAKS,** páginas 323, 345	**Conexión con las ciencias,** páginas 335, 360
Preparación para TAKS y repaso frecuente, páginas 343, 365	**Crea y resuelve,** página 357	**Conexión con la información,** página 328

TORRE DE LA UNIVERSIDAD DE

TEXAS

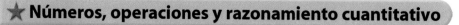

★ Números, operaciones y razonamiento cuantitativo

Unidad 8 Fracciones y decimales

¡LAS GRANDES IDEAS!

- Una fracción puede tener un valor menor, igual o mayor que uno.
- Las fracciones y los decimales están relacionados y se pueden ubicar en una recta numérica.
- Se pueden usar modelos para sumar y restar decimales.

CAPÍTULO 17 Conceptos sobre las fracciones

CAPÍTULO 18 Conceptos sobre los decimales y el dinero

Contenido

Unidad 9

La geometría y la medición

¡LAS GRANDES IDEAS!

- El perímetro y el área son atributos de las figuras de dos dimensiones.

- Las figuras de tres dimensiones se pueden definir según sus atributos.

- Existen unidades cúbicas estándares para medir el volumen.

CAPÍTULO

21

El perímetro y el área

CAPÍTULO

22

Figuras de dos dimensiones

Figuras de tres dimensiones

Contenido

Preparación para el éxito en TAKS	Leer y escribir matemáticas	Ciencias, estudios sociales e información
Vocabulario de TAKS, páginas 463, 483, 501 **Resolver problemas de TAKS,** página 475 **Preparación para TAKS y repaso frecuente,** páginas 481, 499, 519	**Leer y escribir matemáticas,** páginas 461, 478, 496, 516 **Vocabulario de TAKS,** páginas 463, 483, 501 **Crea y resuelve,** página 515	**Resolver problemas: Excursión por Texas,** páginas 474, 514 **Conexión con las ciencias,** páginas 488, 510 **¡Matemáticas divertidas!,** páginas 469, 489 **Conexión con la información,** páginas 468, 477

Universidad de Texas
Estadio Royal-Texas Memorial

Unidad 10

Datos y probabilidad

¡LAS GRANDES IDEAS!

- Se pueden organizar y presentar datos de diferentes maneras.
- Se pueden usar modelos para determinar todas las combinaciones posibles.
- Los experimentos y los datos ayudan a responder a las preguntas.

CAPÍTULO 24

Datos y relaciones

Contenido

CAPÍTULO
25 **Probabilidad**

Contenido

Manual
para
RESOLVER PROBLEMAS

En matemáticas es importante saber resolver problemas.

Esto es lo que significa para mí resolver problemas.

Siempre encuentro matemáticas en actividades diarias.

¿Dónde viste matemáticas hoy?

Puedo seguir cuatro pasos para resolver problemas.

¿Qué preguntas te haces?

COMPRÉNDELO
¿Qué sabes? ¿Qué quieres saber?

PLANÉALO ¿Cómo puedes hallar la solución?

RESUÉLVELO Comienza con lo que sabes.

VERIFÍCALO ¿Cómo puedes comprobar tu solución?

Me gusta usar diferentes estrategias para resolver problemas.

Resolver problemas	
Haz una dramatización	pág. PS2
Haz una tabla	pág. PS4
Resuelve un problema más sencillo	pág. PS6
Trabaja desde el final	pág. PS8

¿Qué estrategia es la que más usas?

A veces uso instrumentos como éstos para resolver los problemas.

¿Qué instrumentos te gusta usar?

Sigue los cuatro pasos

> Siempre pienso en los cuatro pasos cuando comienzo a resolver un problema.

El lunes, en el Centro de Mariposas del Museo de Ciencias Naturales de Houston se expusieron 250 mariposas monarca. El martes, se sumaron a la exposición 275 mariposas macaón. ¿Cuál era el número total de mariposas el martes?

COMPRÉNDELO ¿Qué sabes? ¿Qué quieres saber?

- Sé el número de mariposas que hay el lunes.
- Quiero saber el número total de mariposas que hay el martes.

Lunes	250
Martes	?

PLANÉALO ¿Cómo puedes hallar la solución?

Sé que debo sumar para hallar el total.

Solución

$$\begin{array}{r} 250 \ \text{mariposas monarca} \\ + \ 275 \ \text{mariposas macaón} \\ \hline \square \ \text{total de mariposas} \end{array}$$

RESUÉLVELO Comienza con lo que sabes.

Sé las cantidades, así que las sumo.

VERIFÍCALO ¿Cómo puedes comprobar tu solución?

Puedo restar para comprobar.

Comprueba

$$\begin{array}{r} \square \ \text{total de mariposas} \\ - \ 250 \ \text{mariposas monarca} \\ \hline 275 \ \text{mariposas macaón} \end{array}$$

Por tu cuenta

Sigue los cuatro pasos para resolver el problema.

1. La señora Ortiz y sus cuatro hijos visitaron el Centro de Mariposas. El boleto de entrada cuesta $8 para los adultos y $5 para los niños. ¿Cuánto les costaron los boletos en total?

> **Recuerda**
> Compréndelo, planéalo, resuélvelo y verifícalo.

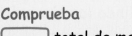
Objetivo 6 de TAKS **TEKS 4.14A** Identificar las matemáticas en situaciones diarias. **4.14B** Resolver problemas que incorporen la comprensión del problema, hacer un plan, llevarlo a cabo y evaluar lo razonable de la solución.

Haz una dramatización

Cuando me es difícil entender un problema, hago una dramatización o lo represento con un modelo.

Amy y Scott compraron cada uno una bolsa del mismo tamaño de astillas para sus proyectos de jardinería. Amy usó $\frac{2}{3}$ de su bolsa. Scott usó $\frac{5}{6}$ de su bolsa. ¿Quién usó más astillas?

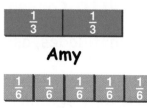

Manual para resolver problemas

COMPRÉNDELO ¿Qué sabes? ¿Qué quieres saber?

- Sé las fracciones de las bolsas que usaron Amy y Scott.

- Quiero saber quién usó más.

Amy $\frac{2}{3}$

Scott $\frac{5}{6}$

PLANÉALO ¿Cómo puedes hallar la solución?

Puedo usar tiras de fracciones para representar o hacer una dramatización del problema.

RESUÉLVELO Comienza con lo que sabes.

Muestro la cantidad de Amy.

Muestro la cantidad de Scott.

Alineo las tiras de fracciones y las comparo.

Como $\frac{2}{3}$ $\bigcirc$ $\frac{5}{6}$, Scott usó _____ astillas.

$\frac{1}{3}$	$\frac{1}{3}$

Amy

$\frac{1}{6}$	$\frac{1}{6}$	$\frac{1}{6}$	$\frac{1}{6}$	$\frac{1}{6}$

Scott

VERIFÍCALO ¿Cómo puedes comprobar tu solución?

Puedo resolver el problema de otra manera para ver si obtengo la misma respuesta.

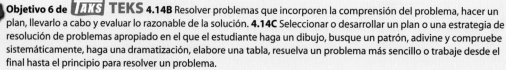

 Objetivo 6 de TAKS TEKS 4.14B Resolver problemas que incorporen la comprensión del problema, hacer un plan, llevarlo a cabo y evaluar lo razonable de la solución. **4.14C** Seleccionar o desarrollar un plan o una estrategia de resolución de problemas apropiado en el que el estudiante haga un dibujo, busque un patrón, adivine y compruebe sistemáticamente, haga una dramatización, elabore una tabla, resuelva un problema más sencillo o trabaje desde el final hasta el principio para resolver un problema.

¡Inténtalo!

Usa modelos para representar el problema y hallar una solución.

1. Abby y Luka tienen la misma cantidad de tiempo para terminar sus proyectos de arte. Abby estuvo pintando $\frac{2}{4}$ de su tiempo. Luka estuvo trazando objetos $\frac{6}{8}$ de su tiempo. ¿A quién le queda la mayor cantidad de tiempo para terminar?

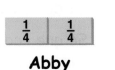

> **Analízalo**
> ¿Cómo sabes cuándo representar un problema?

   a. **Compréndelo** ¿Qué sabes? ¿Qué quieres saber?

   Piensa en el tiempo que estuvieron trabajando Abby y Luka.

   b. **Planéalo** ¿Cómo puedes hallar la solución?

   Piensa en un buen modelo que puedas usar.

   c. **Resuélvelo** Comienza con lo que sabes.

   Muestra $\frac{2}{4}$ usando una tira de fracciones.

   Luego, muestra $\frac{6}{8}$ usando una tira de fracciones.

   Compara.

   d. **Verifícalo** ¿Cómo puedes comprobar tu solución?

Abby

Luka

> **Recuerda**
> Compréndelo, planéalo, resuélvelo y verifícalo.

Por tu cuenta

Usa modelos para representar y resolver los problemas.

2. La clase de arte de la maestra Geller trabajará en dos proyectos diferentes. Cuatro décimos de los estudiantes están haciendo pajareras. Tres quintos están haciendo macetas para ventanas. ¿En qué proyecto están trabajando más estudiantes?

3. Lew, Selena y Mike se comieron de merienda sus manzanas. Lew se comió $\frac{3}{4}$ de su manzana. Selena se comió $\frac{5}{6}$ de la suya. Mike se comió $\frac{2}{3}$ de la suya. ¿Quién comió más manzana?

4. **Reto** David creó un mosaico de rectángulos y triángulos para una pajarera. Comenzó con el mismo número de cada figura. Le sobró $\frac{1}{4}$ de los rectángulos y $\frac{1}{8}$ de los triángulos. ¿Qué figura usó más?

Haz una tabla

A veces dibujo una tabla para hallar un patrón en un problema.

La granja tiene ocho filas de girasoles. Cada fila tiene 20 semillas más que la fila anterior. En la fila uno hay plantadas cien semillas. ¿Cuántas semillas hay plantadas en la fila ocho?

COMPRÉNDELO ¿Qué sabes? ¿Qué quieres saber?

• Sé el número de semillas de la primera fila.

• Sé que cada fila tiene más semillas que la fila anterior.

• Necesito saber el número de semillas de la fila ocho.

Fila 1: 100 semillas

Suma 20 semillas a cada fila.

PLANÉALO ¿Cómo puedes hallar la solución?

Puedo hacer una tabla.

RESUÉLVELO Comienza con lo que sabes.

Hago una lista de las filas en una columna y de las semillas en otra.

Busco un patrón y lo uso para completar el resto de la tabla.

En la fila 8 hay ◯ semillas plantadas.

Solución	
Fila	**Semillas**
1	100
2	120
3	
4	
5	
6	
7	
8	

VERIFÍCALO ¿Cómo puedes comprobar tu solución?

Puedo contar salteado de 20 en 20 comenzando por el 100.

Comprueba

120, 140, 160, 180, 200, 220, 240

Objetivo 6 de TAKS **TEKS** **4.14B** Resolver problemas que incorporen la comprensión del problema, hacer un plan, llevarlo a cabo y evaluar lo razonable de la solución. **4.14C** Seleccionar o desarrollar un plan o una estrategia de resolución de problemas apropiado en el que el estudiante haga un dibujo, busque un patrón, adivine y compruebe sistemáticamente, haga una dramatización, elabore una tabla, resuelva un problema más sencillo o trabaje desde el final hasta el principio para resolver un problema.

¡Inténtalo!

Haz una tabla para resolver el problema.

1. En la primera semana, una agricultora cosecha 100 girasoles. Cada semana después de esa, maduran 250 flores más que la semana anterior. Si la agricultora cosecha todos los girasoles maduros, ¿cuántos cosechará en la cuarta semana?

    a. **Compréndelo** ¿Qué sabes? ¿Qué quieres saber?

    Piensa en cuántos girasoles más se cosechan por semana.

    b. **Planéalo** ¿Cómo puedes hallar la solución?

    Haz una tabla.

    c. **Resuélvelo** Comienza con lo que sabes.

    Haz una lista de las semanas en una columna y del número de girasoles cosechados en la otra.

    Halla el patrón y completa la tabla.

    d. **Verifícalo** ¿Cómo puedes comprobar tu solución?

Girasoles maduros	
Semana	**Flores**
1	100
2	350
3	
4	

Por tu cuenta

Haz una tabla para resolver los problemas.

2. Un girasol miniatura mide 16 pulgadas de alto. Un girasol enano mide $2\frac{1}{2}$ pies de alto. El girasol mexicano mide 4 pies de alto. El girasol reina de terciopelo mide 5 pies de alto. ¿Cuál es el segundo girasol más alto?

3. Marcelle preparará seis ramos de flores. El ramo más pequeño tendrá 10 girasoles. Cada ramo tendrá 2 girasoles más que el ramo anterior. ¿Cuántos girasoles tendrá el quinto ramo?

4. El lunes, los estudiantes recaudaron $60 en la venta de ramos de flores. El martes, recaudaron $60 más que el lunes. El miércoles, recaudaron $60 más que el martes. ¿Cuánto dinero recaudaron en total?

5. **Reto** Hay seis agricultores. El primer agricultor planta 25,500 semillas de girasol. Cada agricultor planta 500 semillas menos que el agricultor anterior. ¿Cuántas semillas plantó el último agricultor?

Resuelve un problema más sencillo

> Cuando tengo que resolver un problema difícil, comienzo por resolver un problema más sencillo.

Ahmed compró recuerdos en una tienda de Parques y Vida Silvestre de Texas. Compró 2 afiches por $2.75 cada uno y 1 guía de caminos por $4.25. Ahmed entregó al cajero $10. ¿Cuánto cambio debe recibir?

Manual para resolver problemas

COMPRÉNDELO ¿Qué sabes? ¿Qué quieres saber?

- Sé los costos y cuánto pagó.
- Quiero saber cuánto recibió de cambio.

> 2 afiches: $2.75 cada uno
>
> 1 guía de caminos: $4.25
>
> Pagó: $10

PLANÉALO ¿Cómo puedes hallar la solución?

Puedo resolver un problema más sencillo con números más pequeños.

RESUÉLVELO Comienza con lo que sabes.

Puedo decir que los afiches costaron $2 y que la guía de caminos costó $4.

Ahora sé cómo resolver el problema. Seguiré los mismos pasos usando los números originales, billetes y monedas como ayuda.

Ahmed debe recibir ◯ de cambio.

Problema más sencillo		
Multiplica.	Suma.	Resta.
$2	$4	$10
× 2	+ 4	- 8
$4	$8	$2

VERIFÍCALO Comprueba tu solución.

Puedo usar monedas y billetes para sumar las compras de Ahmed y el cambio que recibió para ver si suman $10.

Objetivo 6 de **TAKS** **TEKS** **4.14B** Resolver problemas que incorporen la comprensión del problema, hacer un plan, llevarlo a cabo y evaluar lo razonable de la solución. **4.14C** Seleccionar o desarrollar un plan o una estrategia de resolución de problemas apropiado en el que el estudiante haga un dibujo, busque un patrón, adivine y compruebe sistemáticamente, haga una dramatización, elabore una tabla, resuelva un problema más sencillo o trabaje desde el final hasta el principio para resolver un problema.

¡Inténtalo!

Usa un problema más sencillo para resolver.

Pista

Escoge números sencillos con los que sea fácil calcular.

1. El teatro tiene capacidad para 6,000 personas. El jueves había 1,863 asientos vacíos. El viernes había 768 asientos vacíos. ¿Cuántos asientos estaban ocupados el jueves y el viernes?

   a. **Compréndelo** ¿Qué sabes? ¿Qué quieres saber?

      Piensa en cómo puedes hallar los asientos ocupados de un sólo día.

   b. **Planéalo** ¿Cómo puedes hallar la solución?

      Puedes resolver un problema más sencillo para hallar los pasos que tienes que seguir.

Resta.	Luego, suma.
20 – 10 = 10	10 + 15 = 25
20 – 5 = 15	

   c. **Resuélvelo** Comienza con lo que sabes.

      Imagina que la capacidad del teatro era de 20 personas. Imagina que el jueves había 10 asientos vacíos y que el viernes había 5 asientos vacíos.

      Ahora usa los números originales.

Jue.	Vie.
6,000	6,000
−1,863	−768
☐	☐

   d. **Verifícalo** ¿Cómo puedes comprobar tu solución?

Por tu cuenta

Analízalo

Ten en cuenta los pasos que tomas para resolver el problema más sencillo.

Usa un problema más sencillo para resolver los problemas.

2. Unos autobuses llevan a los turistas en excursiones de 8 millas por el parque. En mayo hubo 98 excursiones, en junio hubo 65 excursiones y en julio hubo 45 excursiones. ¿Cuántas millas recorrieron los autobuses durante esos tres meses?

3. ¿Qué pasaría si la longitud de la excursión fuera de 16 millas? ¿Cuántas millas recorrerían los autobuses?

4. Los elefantes comen 500 libras de alimento por día. ¿Cuántas libras de alimento comería un grupo de 9 elefantes en 7 días?

5. **Reto** Las grullas blancas migran aproximadamente 2,400 millas al año. Si viven 24 años, ¿cuántas millas migrarán 11 grullas?

Trabaja desde el final

A veces comienzo con el resultado y trabajo desde el final para hallar la respuesta.

Los sábados por la mañana, Doran tiene práctica de natación a las 10:30 a.m. Doran tarda 50 minutos en caminar hasta la práctica y 45 minutos en comer y prepararse. ¿A qué hora debe levantarse Doran?

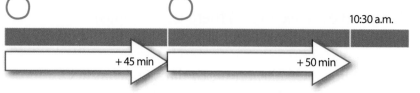

COMPRÉNDELO ¿Qué sabes? ¿Qué quieres saber?

• Sé cuándo comienza la práctica y cuánto le toma a Doran prepararse para salir.

• Quiero saber a qué hora debe levantarse Doran.

Práctica: 10:30 a.m.
Caminata: 50 min
Comer y prepararse: 45 min

PLANÉALO ¿Cómo puedes hallar la solución?

Puedo trabajar desde el final, es decir, desde el comienzo de la práctica.

RESUÉLVELO Comienza con lo que sabes.

Analízalo
¿Tendrá que levantarse antes de las 8 a.m.?

Comienza a las 10:30 a.m. Trabaja desde el final a lo largo de cada actividad.

Doran tiene que levantarse a las ◯ .

VERIFÍCALO ¿Cómo puedes comprobar tu solución?

Puedo trabajar desde mi solución para ver si Doran llega a la práctica a la hora precisa.

◯   ◯   10:30 a.m.

+ 45 min   + 50 min

Objetivo 6 de TAKS **TEKS** **4.14B** Resolver problemas que incorporen la comprensión del problema, hacer un plan, llevarlo a cabo y evaluar lo razonable de la solución. **4.14C** Seleccionar o desarrollar un plan o una estrategia de resolución de problemas apropiado en el que el estudiante haga un dibujo, busque un patrón, adivine y compruebe sistemáticamente, haga una dramatización, elabore una tabla, resuelva un problema más sencillo o trabaje desde el final hasta el principio para resolver un problema.

Manual para resolver problemas

¡Inténtalo!

Trabaja desde el final para resolver el problema.

1. Cindy compró un guante de softball por $29.99, un bolso marinero por $25.90 y 3 camisetas. Cada camiseta costaba lo mismo. Pagó $97.89. ¿Cuánto costó cada camiseta?

   a. **Compréndelo** ¿Qué sabes? ¿Qué quieres saber?

   Piensa en cómo hallar el costo de las tres camisetas.

   b. **Planéalo** ¿Cómo puedes hallar la solución?

   Trabaja desde el final.

   c. **Resuélvelo** Comienza con lo que sabes.

   Comienza por el costo total. Trabaja desde el final, restando los costos de los objetos que conoces. Luego, divide entre 3 para hallar el costo de 1 camiseta.

   Cada camiseta cuesta _____ .

   d. **Verifícalo** ¿Cómo puedes comprobar tu solución?

Analízalo
Para descubrir dónde empezar cuando trabajas desde el final, busca lo último que ocurrió.

Resta

$97.89 ☐
-$29.99 -$25.90
☐ ☐

Divide:

☐ ÷ 3 = ☐

Analízalo
Comprueba tu solución trabajando desde el principio.

Por tu cuenta

Trabaja desde el final para resolver los problemas.

2. La mamá de Tony condujo 15 millas hasta el partido de fútbol. Después, condujo 18 millas hasta su clase de yoga. Luego, condujo hasta su casa. En total condujo 46 millas. ¿A cuántas millas queda la clase de yoga de su casa?

3. En la séptima entrada, el equipo de María anotó 11 carreras, 5 carreras más de las que se anotaron en la quinta entrada. En la tercera entrada, su equipo anotó la mitad de las carreras que se anotaron en la quinta entrada. ¿Cuántas carreras se anotaron en la tercera entrada?

4. **Reto** Alan agregó una pesa de 4 libras a su bolsa de gimnasia. Después de quitar una pesa de 6 libras, la bolsa pesaba 12 libras. ¿Cuánto pesaba la bolsa al comienzo?

Manual para resolver problemas

Resolver problemas de **TAKS**

Escoge una estrategia
- Haz una dramatización
- Haz una tabla
- Resuelve un problema más sencillo
- Trabaja desde el final

1 Andy compra una pelota de béisbol que cuesta $9.49. Entrega al empleado un billete de diez dólares. ¿Qué monedas recibe Andy de cambio?

A 1 moneda de 1 centavo,
3 monedas de 5 centavos,
1 moneda de 25 centavos

B 1 moneda de 1 centavo,
2 monedas de 5 centavos,
2 monedas de 10 centavos

C 1 moneda de 1 centavo,
1 moneda de 5 centavos,
2 monedas de 10 centavos,
1 moneda de 25 centavos

D 1 moneda de 1 centavo,
2 monedas de 10 centavos,
1 moneda de 25 centavos

Objetivo 2 de **TAKS** TEKS 3.1C, 3.15A, 3.15B

2 Natasha plantó tulipanes. El primer tulipán es violeta, el segundo es amarillo, el tercero es rojo y el cuarto es blanco. Repitió el patrón tres veces.

¿De qué color es el noveno tulipán?

F blanco

G rojo

H amarillo

J violeta

> **Consejo para TAKS**
> Representa o haz una dramatización de un problema difícil usando un modelo para hallar la solución.

Objetivo 2 de **TAKS** TEKS 3.6A, 3.15A, 3.15B

3 ¿Cuál es la mejor estimación para la suma de 31 y 78?

A 100

B 90

C 110

D 80

Objetivo 2 de **TAKS** TEKS 3.5B

4 ¿Cuánto es $98.10 redondeado a los diez dólares más cercanos?

F $100

G $90

H $80

J $10

> **Consejo para TAKS**
> Cuando redondeas, observa el número a la derecha del lugar de redondeo.

Objetivo 2 de **TAKS** TEKS 3.6A

5 **Respuesta con cuadrícula**
¿Cuál es una buena longitud estimada, en pulgadas, para esta goma de borrar?

Objetivo 2 de **TAKS** TEKS 3.11A

Objetivo 2 de **TAKS** TEKS 3.6A, 3.15A, 3.15B

Education Place
Visita eduplace.com/txmap, donde encontrarás **consejos para tomar exámenes** y más **práctica para TAKS**.

1

La lógica numérica

¡LAS GRANDES IDEAS!

- Se puede usar el valor de posición para nombrar, comparar, ordenar y redondear números.

- Se puede usar una recta numérica para ubicar números enteros.

Canciones y juegos

Música y matemáticas
Pista 1

Libritos de matemáticas

- Las primeras vacaciones en el espacio
- Se trata del orden

Juego numérico

Objetivo del juego Usar valores de posición para formar números más grandes que el otro jugador.

Materiales
- 2 dados
- Recurso de enseñanza 9 (hoja de anotaciones) para cada jugador

Número de jugadores 2

Preparación
Reparte una hoja de anotaciones a cada jugador.

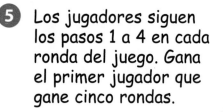

Ronda 1
Ronda 2
Ronda 3

Cómo se juega

1 Cada jugador escribe 0 en una de las tres casillas para la ronda 1 en su hoja de anotaciones.

2 El jugador 1 lanza los dos dados y escribe los dígitos en las dos casillas que quedan.

3 El jugador 2 repite los pasos 1 y 2.

Ronda 1 | 4 | 0 | 3

4 Los jugadores leen en voz alta los números de tres dígitos. El jugador con el número más grande rodea con un círculo el número ganador en la hoja de anotaciones.

5 Los jugadores siguen los pasos 1 a 4 en cada ronda del juego. Gana el primer jugador que gane cinco rondas.

Objetivo 1 de TAKS
TEKS 4.1A Utilizar el valor de posición para leer, escribir, comparar y ordenar números enteros hasta el lugar de los millones.

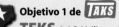 **Education Place**
Visita eduplace.com/txmap, donde encontrarás **acertijos**.

Leer Antes de leer una historia o un artículo, puedes darle un vistazo para tener una idea de qué trata y cómo está organizado. También puedes dar un vistazo a una lección de matemáticas.

Avi le dio un vistazo a la Lección 1, páginas 6 y 7. Esto es lo que encontró.

Un vistazo a la Lección 1

✓ Título de la lección: ¿Qué hay en un número?

✓ Clase especial de lección: Aplícalo

✓ Objetivo (lo que aprenderás): Comprender el significado y el tamaño de los números

✓ Vocabulario (palabras resaltadas): Ninguna

✓ Títulos principales: Explorar, Extender

✓ Secciones especiales: Escribir matemáticas

✓ Características especiales: Pasos numerados

Escribir Usa la lista de repaso para dar un vistazo a otra lección. Observa si la lección incluye los objetos escritos **en letras rojas**. Luego escribe una o dos oraciones explicando sobre qué piensas que trata la lección o qué esperas hacer o aprender.

Mis notas me ayudan a comprender las grandes ideas.

Valor de posición

Vocabulario y conceptos

Escoge el mejor término para completar las oraciones. Grado 3

1. El _____ indica el valor de un dígito en un número.

2. Los números se escriben con los _____ 0, 1, 2, 3, 4, 5, 6, 7, 8 y 9.

Escribe los números de dos maneras diferentes. Grado 3

3. 7,206

4. ochocientos veinticinco

5. 20,000 + 5,000 + 100 + 90 + 8

Escribe el valor del dígito subrayado en forma verbal. Grado 3

6. 30<u>1</u>

7. 5,<u>4</u>12

8. <u>6</u>14,002

9. 903,<u>8</u>30

Resolver problemas y razonamiento

10. ¿Cuál es el número más grande que puedes formar con estos cuatro dígitos: 2, 5, 1, 3?

Vocabulario de TAKS

¡Visualízalo!

forma verbal
usa sólo palabras
seis mil trescientos veintiocho

Maneras de escribir un número

forma normal
usa sólo dígitos
6,328

forma extendida
muestra el valor de cada dígito
6,000 + 300 + 20 + 8

Mi mundo bilingüe

Las palabras que se parecen en español y en inglés muchas veces tienen el mismo significado.

Español	Inglés
forma	form
dígito	digit
valor	value
coma	comma

Consulta el **Glosario español–inglés**, páginas 569 a 582.

Education Place Visita eduplace.com/txmap, donde encontrarás el **glosario electrónico**.

Objetivo 6 de TAKS TEKS 4.15B Relacionar el lenguaje informal con el lenguaje y los símbolos matemáticos.

Capítulo 1   5

Objetivos 1 y 6 de TAKS

TEKS 4.1A Utilizar el valor de posición para leer, escribir, comparar y ordenar números enteros hasta el lugar de los millones.

4.15A Explicar y anotar observaciones utilizando objetos, palabras, dibujos, números y tecnología.

También 4.14D

Materiales

- Cajas de sujetapapeles
- Bloques de base diez
- Manipulativos electrónicos eduplace.com/txmap

Aplícalo
¿Qué hay en un número?

Objetivo Usar la lógica numérica para comprender el significado y el tamaño de los números.

⭐ Explorar

Los números se pueden usar para contar o para medir.

Pregunta ¿Cómo puedes usar objetos para comprender el significado de los números?

Cali ha guardado monedas de veinticinco centavos de Texas en una alcancía. En la alcancía hay $75. ¡Son 300 monedas de veinticinco centavos! ¿Cuánto es 300?

Trabaja en grupo. Usa objetos diferentes para mostrar 300.

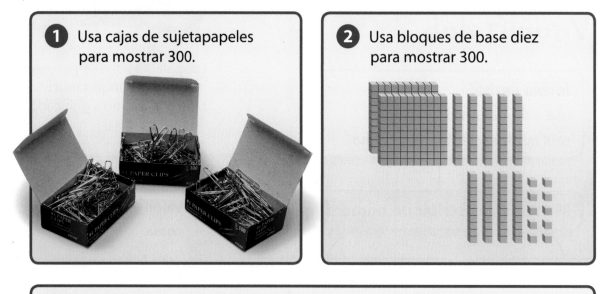

1 Usa cajas de sujetapapeles para mostrar 300.

2 Usa bloques de base diez para mostrar 300.

3 ¿Cuánto serían 3,000 sujetapapeles?

¿Cuánto serían 30,000 sujetapapeles?

¿Cuánto serían 300,000 sujetapapeles?

★ Extender

El número 100,000 es grande si pasas todos esos minutos en la playa.

El número 100,000 es pequeño si estás llenando una cubeta con esa cantidad de granos de arena.

Imagina estas situaciones. Escoge el número más razonable.

1. El tiempo que toma ver un programa en televisión sobre la vida silvestre de Texas

   100,000 minutos   10,000 minutos   100 minutos

Corpus Christy, Texas

2. El número de personas que viven en una ciudad pequeña de Texas

   10,000 personas   100 personas   10 personas

3. El tiempo que tardas en cepillarte los dientes

   1,000 minutos   100 minutos   1 minuto

4. El número de días de clase que hay en dos semanas

   100 días   10 días   1 día

5. La altura de un edificio de 10 pisos en Dallas

   10,000 pies   100 pies   1 pie

6. El número de personas que caben en un elevador

   1,000 personas   100 personas   10 personas

Usa la lógica numérica para resolver los problemas 7 y 8.

7. Miguel estima que un carro nuevo costará $10,000. Jakob estima que el carro costará $100. ¿Qué respuesta es más razonable?

8. Reto Escribe sobre una situación en la que 100,000 parezca un número pequeño.

Escribir matemáticas

Diario de matemáticas

Explica ¿Cómo podrías hallar el número de monedas de veinticinco centavos que caben sobre tu escritorio sin que ninguna se superponga? Pista: Una moneda de veinticinco centavos mide un poco menos de 1 pulgada de lado a lado.

Objetivos 1 y 6 de **TAKS**

TEKS 4.1A Utilizar el valor de posición para leer, escribir, comparar y ordenar números enteros hasta el lugar de los millones.

4.15B Relacionar el lenguaje informal con el lenguaje y los símbolos matemáticos.

Vocabulario de TAKS

- **período**
- **forma normal**
- **forma descriptiva**
- **forma verbal**
- **forma extendida**

Materiales
Tablero 3

Valor de posición hasta las centenas de millar

Objetivo Leer y escribir números enteros hasta 999,999.

★ **Aprender con ejemplos**

Nosotros usamos un sistema de valor de posición de base diez. Cada posición es diez veces mayor que la posición que está a su derecha. Con una tabla de valor de posición puedes comprender el valor de un dígito en un número.

Usa el Tablero 3 para comprender el número 656,562.

Período de los millares			Período de las unidades		
centenas	decenas	unidades	centenas	decenas	unidades
6	5	6	5	6	2

600,000 — 50,000 — 6,000 — 500 — 60 — 2

Cada grupo de tres dígitos es un **período**. Los períodos se separan con comas. En cada período se repiten las centenas, las decenas y las unidades.

Diferentes maneras de escribir 656,562	
Manera 1 Usa la **forma normal**. 656,562	**Manera 2** Usa la **forma descriptiva**. 656 mil 562
Manera 3 Usa la **forma verbal**. Seiscientos cincuenta y seis mil quinientos sesenta y dos	**Manera 4** Usa la **forma extendida**. 600,000 + 50,000 + 6,000 + 500 + 60 + 2

Piénsalo
- ¿Cuál es el valor de cada dígito?
- ¿Debo poner una coma?

★ **Práctica guiada**

Escribe los números de tres maneras diferentes. Puedes usar una tabla de valor de posición como ayuda.

1. 104,002   **2.** 104,020   **3.** 104 mil 200

4. Suma 10,000 a 656,562. ¿Cuál es el valor del dígito que está en el lugar de las decenas de millar?

 **Hablar de matemáticas** ¿En qué se parecen los números 321,485 y 231,854? ¿En qué se diferencian?

Usa el valor de posición para escribir los números en forma extendida.

5. 701   **6.** 5,260   **7.** 639,572   **8.** 56,112   **9.** 12,048

Usa el valor de posición para escribir los números en forma normal.

10. 80,000 + 4,000 + 200 + 2   **11.** 200,000 + 60,000 + 7,000 + 100 + 80 + 1

12. 405 mil 603   **13.** veinte mil ochocientos

14. 170 mil 815   **15.** seiscientos cuatro mil noventa y nueve

Escribe el valor de los dígitos subrayados.

16. 350,237   **17.** 763,299   **18.** 890,973   **19.** 861,790   **20.** 109,500

21. Reto ¿Cuál es el número de 5 dígitos más grande que puedes escribir con 5 dígitos diferentes?

Conexión con los estudios sociales

Usa la tabla para resolver los problemas 22 a 24.

22. ¿En qué se diferencian los valores del dígito 2 en las poblaciones de Raleigh, NC y Frankfort, KY?

23. ¿Qué ciudades tienen al menos 200,000 habitantes?

24. Razonamiento ¿Qué dígito de la tabla tiene el valor más alto?

Población de las capitales de los estados en el año 2000

Capital	Población
Indianapolis, IN	781,870
Austin, TX	656,562
Raleigh, NC	276,093
Frankfort, KY	27,741
Montpelier, VT	8,035

Objetivo 6 de **TEKS** 4.14A

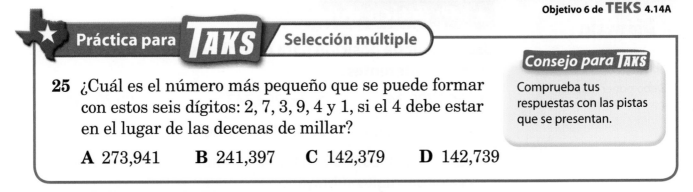

★ **Práctica para** TAKS   Selección múltiple

Consejo para TAKS

Comprueba tus respuestas con las pistas que se presentan.

25 ¿Cuál es el número más pequeño que se puede formar con estos seis dígitos: 2, 7, 3, 9, 4 y 1, si el 4 debe estar en el lugar de las decenas de millar?

    A 273,941   **B** 241,397   **C** 142,379   **D** 142,739

★ Objetivo 1 de *TAKS*

TEKS 4.1A Utilizar el valor de posición para leer, escribir, comparar y ordenar números enteros hasta el lugar de los millones.

Vocabulario de *TAKS*

Cada grupo de 3 dígitos separados por una coma se llama **período**.

Materiales
Tablero 3

Leer y escribir números hasta las centenas de millón

Objetivo Leer y escribir números hasta el lugar de los millones.

★ Aprender con ejemplos

Paul está aprendiendo acerca de las monedas de veinticinco centavos del estado y las está coleccionando. Descubrió que en el año 2004 la Casa de la Moneda de los Estados Unidos fabricó 541,800,000 monedas de veinticinco centavos del estado de Texas.

Moneda de 25 centavos de Texas

Con una tabla de valor de posición puedes comprender mejor el valor de los dígitos en el número 541,800,000.

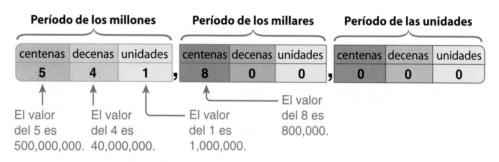

Período de los millones			Período de los millares			Período de las unidades		
centenas	decenas	unidades	centenas	decenas	unidades	centenas	decenas	unidades
5	4	1	8	0	0	0	0	0

El valor del 5 es 500,000,000. El valor del 4 es 40,000,000. El valor del 1 es 1,000,000. El valor del 8 es 800,000.

Diferentes maneras de escribir 541,800,000

Manera 1 Usa la **forma normal**.

541,800,000

Manera 2 Usa la **forma extendida**.

500,000,000 + 40,000,000 + 1,000,000 + 800,000

Manera 3 Usa la **forma descriptiva**.

541 millones 800 mil

Manera 4 Usa la **forma verbal**.

quinientos cuarenta y un millones ochocientos mil

Piénsalo

- ¿Cuál es el valor de cada dígito?
- ¿Debo poner más de una coma?

★ Práctica guiada

Usa el valor de posición para escribir los números de tres maneras diferentes.

1. 560,790,341   **2.** 56,298,743   **3.** 506,709,341

4. 500,000 + 200   **5.** 5. 914 millones 887 mil

6. Escribe 2<u>3</u>0,207,090 en forma extendida. Luego, escribe el valor del dígito subrayado.

Resolver problemas con ayuda

Usa la tabla de la derecha y las preguntas de abajo para resolver este problema.

Producción de monedas de veinticinco centavos en 2004		
Fecha	**Estado**	**Número**
26 de enero de 2004	Michigan	459,600,000
29 de marzo de 2004	Florida	481,800,000
1 de junio de 2004	Texas	541,800,000
30 de agosto de 2004	Iowa	465,200,000
25 de octubre de 2004	Wisconsin	453,200,000

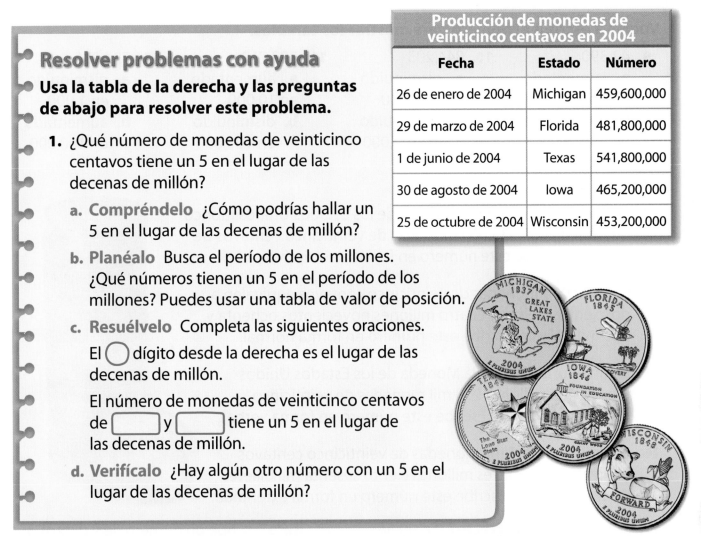

1. ¿Qué número de monedas de veinticinco centavos tiene un 5 en el lugar de las decenas de millón?

   a. **Compréndelo** ¿Cómo podrías hallar un 5 en el lugar de las decenas de millón?

   b. **Planéalo** Busca el período de los millones. ¿Qué números tienen un 5 en el período de los millones? Puedes usar una tabla de valor de posición.

   c. **Resuélvelo** Completa las siguientes oraciones.

      El ◯ dígito desde la derecha es el lugar de las decenas de millón.

      El número de monedas de veinticinco centavos de ☐ y ☐ tiene un 5 en el lugar de las decenas de millón.

   d. **Verifícalo** ¿Hay algún otro número con un 5 en el lugar de las decenas de millón?

2. ¿Qué número de monedas de veinticinco centavos tiene un 5 en el lugar de las centenas de millón?

3. ¿El número de monedas de veinticinco centavos de qué estado tiene un dígito con un valor de 60,000,000?

(123) Hablar de matemáticas ¿Qué patrón observas en la tabla de valor de posición de la página 10?

★ Practicar y resolver problemas

Escribe los números en forma verbal.

4. 6,007,002   5. 606,707,202   6. 4,000,000 + 30,000 + 6,000 + 400 + 5

Escribe los números en forma normal.

7. 439 millones 898 mil 312

8. sesenta y tres millones setecientos noventa y seis mil novecientos tres

Vuelve a escribir el número para mostrar los cambios:

9. 42,390
  a. aumentado en 10,000
  b. aumentado en 100,000

10. 844,203
  a. disminuido en 1,000
  b. disminuido en 100,000

11. 302,712
  a. aumentado en 10,000
  b. disminuido en 100,000

12. 724,076
  a. disminuido en 1,000
  b. aumentado en 100,000

Resuelve.

13. En un año, la Casa de la Moneda de los Estados Unidos fabricó un total de 939,932,000 monedas de veinticinco centavos de Georgia. Escribe este número en forma descriptiva.

14. 939,932,000 monedas de veinticinco centavos equivalen a doscientos treinta y cuatro millones novecientos ochenta y tres mil dólares. Escribe este número en forma normal.

15. En un año, la Casa de la Moneda de los Estados Unidos fabricó 463 millones 200 mil monedas de veinticinco centavos de Illinois. Escribe este número en forma verbal.

16. 463 millones 200 mil monedas de veinticinco centavos equivalen a veintitrés millones ciento sesenta mil billetes de cinco dólares. Escribe este número en forma extendida.

17. **¿Correcto o incorrecto?** En un año, la Casa de la Moneda de los Estados Unidos fabricó 720,200,000 monedas de veinticinco centavos de Oregon. Monty leyó este número como "setecientos veinte mil doscientos". ¿Tiene razón Monty?

18. **Reto** Escribe un número de 9 dígitos que tenga un 3 en el lugar de las decenas de millón, un 5 en el lugar de las centenas de millar y un 2 en el lugar de las unidades. ¿Es éste el único número que podrías haber escrito? Explica tu respuesta.

Consejo para TAKS

Identifica los períodos y observa los números que hay en cada uno de ellos. Asegúrate de que cada dígito esté incluido en la forma verbal.

19 ¿Cuál es otra manera de escribir el número 6,135,429?

A seis millones cien mil treinta y cinco

B seis millones ciento treinta y cinco mil cuatrocientos veintinueve

C seis millones cien mil cuatrocientos veintinueve

D seiscientos diez mil trescientos cincuenta y cuatro veintinueve

Escoger monedas de un centavo

Una página de Internet muestra 4 imágenes diferentes de monedas de un centavo. Una de esas monedas es verdadera, pero las otras 3 tienen errores. Los visitantes adivinan cuál de las 4 monedas es la verdadera.

Observa las 4 monedas. El número que está debajo de cada una muestra la cantidad de personas que escogieron esa moneda como la verdadera. ¿Puedes hallar la moneda verdadera?

A	B	C	D

583,010	598,694	170,360	332,395

1. ¿Cuál es el lugar de mayor valor en el número que corresponde a la moneda A?

2. ¿Qué dígito está en el lugar de las centenas de millar en el número que corresponde a la moneda D?

3. ¿Cuál es la forma verbal del número que corresponde a la moneda B?

4. ¿Cuál es la forma extendida del número que corresponde a la moneda C?

5. **Encuentra el error** Cuando Bianca visitó la página, habían escogido 340,478 veces la moneda de un centavo que ella escogió. Bianca leyó este número como trescientos cuarenta millones cuatrocientos setenta y ocho. ¿Leyó bien? ¿Por qué?

6. Puedes participar de una encuesta en línea. Visita Data Place en eduplace.com/txmap. Responde a las preguntas de las encuestas "Favorite Pet" (mascota preferida) y "Favorite Meal" (comida preferida). ¿Cuántas personas escogieron la misma respuesta que tú? Escribe los números en forma verbal y en forma numérica. ¿Tienen algo similar los números?

Objetivos 1 y 6 de **TAKS**
TEKS 4.1A, 4.15A

LECCIÓN 4

Objetivo 1 de TAKS

TEKS 4.1A Utilizar el valor de posición para leer, escribir, comparar y ordenar números enteros hasta el lugar de los millones.

Materiales
Tablero 6

El cero como indicador de posición

Objetivo Leer y mostrar números enteros usando el valor de posición.

★ Aprender con ejemplos

El estadio de béisbol donde juegan los Astros de Houston tiene 40,950 asientos.

Una cuadrícula puede ayudarte a ver la importancia de los ceros en un número.

4	0	0	0	0
		9	0	0
			5	0
4	0	9	5	0

Diferentes maneras de mostrar 607,093,020

Manera 1   Usa una cuadrícula.

En una cuadrícula puedes escribir números hasta los millones. ¿Qué número se muestra en esta cuadrícula?

```
      6 0 0 , 0 0 0 , 0 0 0
          7 , 0 0 0 , 0 0 0
              9 0 , 0 0 0
               3 , 0 0 0
    +                 2 0
      6 0 7 , 0 9 3 , 0 2 0
```

Manera 2   Usa la forma extendida.

Con una cuadrícula puedes asegurarte de mostrar todas las posiciones en forma extendida.

600,000,000 + 7,000,000 + 90,000 + 3,000 + 20

Manera 3   Usa una tabla de valor de posición.

Una tabla de valor de posición puede ayudarte a comprender el significado de los ceros de un número.

Período de los millones			Período de los millares			Período de las unidades		
centenas	decenas	unidades	centenas	decenas	unidades	centenas	decenas	unidades
6	0	7	0	9	3	2	0	2

Hay un 0 en el lugar de las decenas de millón. Eso significa que no hay decenas de millón en el número. ¿Qué sucedería con el número si le quitaras el 0?

Usa papel cuadriculado o el Tablero 6 para mostrar los números. Luego, escríbelos en notación extendida.

Piénsalo

• ¿Cuál es el valor de cada dígito del número?

El primero ya está comenzado.

1. 6,304,950

6	,	0	0	0	,	0	0	0
		3	0	0	,	0	0	0
				4	,	0	0	0

2. 50,340,007

3. 601,005,327

 Hablar de matemáticas Si ganaras un millón de dólares en un concurso, ¿aceptarías un cheque con exactamente 5 ceros?

★ **Practicar y resolver problemas**

Escribe los números en notación extendida.

4. 59,000,710

5. 310,540,027

6. 774,121,054

7. 310,013,103

8. Generaliza ¿Qué es siempre verdadero acerca del valor del 0 en un número?

Conexión con la información

Cinco de las 25 ciudades más grandes de los Estados Unidos están en Texas.

9. ¿En la población de qué ciudad hay un cero en el lugar de las centenas de millar?

10. ¿La población de qué dos ciudades tiene ceros en el lugar de las decenas?

11. Reto Si escribes un cero en el extremo derecho de la población de Arlington, ¿el nuevo número sería mayor o menor que la población de Houston? ¿Cómo lo sabes?

Estimaciones de 2005	
Ciudad	**Población**
Houston	2,016,582
San Antonio	1,256,509
Dallas	1,213,825
Austin	690,252
Arlington	362,805

Objetivo 6 de **TAKS** TEKS 4.14A

★ **Práctica para TAKS** (**Selección múltiple**)

12 ¿Qué número tiene un 0 en las centenas de millar?

A 10,700,049

B 420,037,500

C 13,100,005

D 7,109,020

Consejo para TAKS

Primero halla el lugar de las centenas de millar en cada número.

Objetivo 1 y 6 de *TAKS*

TEKS 4.3A Utilizar la suma y resta para resolver problemas en los que se usan números enteros.

4.4B Representar con dibujos, palabras y números situaciones en que se usa la multiplicación y la división.

4.14B Resolver problemas que incorporen la comprensión del problema, hacer un plan, llevarlo a cabo y evaluar lo razonable de la solución.

También 4.14A y 4.16B

Resolver problemas
Haz un plan

Objetivo Hacer un plan para resolver un problema.

★ Aprender con ejemplos

Una clase fue de excursión a una huerta comunitaria.

Vieron 97 plantas diferentes. Veintiséis de ellas eran flores. ¿Cuántas no eran flores?

COMPRÉNDELO

Puedes usar un modelo para mostrar lo que sabes.

97 plantas	
26 flores	Plantas que no son flores

26 de las 97 plantas eran flores.

PLANÉALO

Haz un plan para hallar el número que falta. Debes hallar el número de plantas que NO son flores. Usarás la operación de ⬯ para resolver el problema.

RESUÉLVELO

Halla la diferencia entre el número de plantas y el número de flores.

$$\begin{array}{r} 97 \\ -\ 26 \\ \hline 71 \end{array}$$ ← todas las plantas
← flores
← plantas que no eran flores

VERIFÍCALO

Sabes que la suma y la resta están relacionadas. Puedes sumar para comprobar tu respuesta.

Como $71 + 26 = 97$, la respuesta es correcta.

En la huerta había 71 plantas que no eran flores.

★ Resolver problemas con ayuda

Usa las preguntas para resolver el problema.

1. Una planta de tomates tiene 12 tomates. Otra planta tiene 11 tomates. ¿Cuántos tomates hay en total?

   a. **Compréndelo** ¿Qué te pide que halles el problema?

      primera planta: ◯ tomates

      segunda planta: ◯ tomates

   b. **Planéalo** ¿Qué operación usarás para hallar el número total de tomates?

   c. **Resuélvelo** Halla el número total de tomates.

   d. **Verifícalo** ¿Qué operación puedes usar para comprobar tu respuesta? Explica tu respuesta.

 Hablar de matemáticas ¿Cómo sabes qué operación usar para resolver un problema?

★ Práctica para resolver problemas

Para los problemas 2 a 6, indica lo que sabes y la operación que usarás para hallar la solución. Luego, resuélvelos.

2. Una planta de fresas tenía 10 fresas. James recogió 8 fresas. ¿Cuántas fresas quedaron en la planta?

3. En la clase que visitó la huerta comunitaria había 24 estudiantes. Estaban organizados en grupos de 3 estudiantes cada uno. ¿Cuántos grupos había?

4. El grupo de Sarah esparció 4 libras de abono por parcela en 8 parcelas diferentes de la huerta. ¿Cuántas libras de abono esparcieron en total?

5. Sampson visitó 21 estados. Le gustaría conocer los 50 estados. Explica cómo resolverías este problema.

6. **Reto** Una clase de 24 estudiantes se dividió en dos grupos iguales. Cada grupo se dividió en tres grupos más pequeños. ¿Cuántos estudiantes había en los grupos más pequeños?

Austin, TX

La huerta comunitaria Sunshine Gardens en Austin, Texas, ha servido a su comunidad por más de diez años.

Sunshine Gardens es una de las huertas comunitarias más grande de los Estados Unidos.

En un solo verano, la huerta vendió 500 libras de verduras frescas a una tienda de alimentos local y más de 1,000 libras en puestos de mercados de agricultores.

Usa la información de esta página para resolver los siguientes problemas.

7. Cada miembro de Sunshine Gardens debe hacer 12 horas de trabajo voluntario por año en las áreas comunes de la huerta. Bárbara es miembro desde hace 8 años. ¿Cuántas horas de trabajo voluntario ha hecho?

8. Además de flores y verduras, los miembros de Sunshine Gardens también crían abejas. En una de las colmenas hay 42,307 abejas. Escribe este número en forma extendida.

9. El sábado, los jardineros de Sunshine Gardens cosecharon 127 libras de verduras de sus parcelas. El domingo, cosecharon 105 libras de verduras. ¿Cuántas libras de verduras cosecharon en total?

10. La tabla muestra el tiempo que trascurre entre la siembra y la cosecha de algunas de las verduras que se cultivan en Sunshine Gardens. Enumera los cultivos y ordénalos desde los que crecen más rápido hasta los que crecen más lento.

Datos divertidos

¿Cuánto tiempo hay que esperar después de sembrar una semilla para cosechar las verduras?

Verdura	Días
Lechuga	70
Papas	100
Rábanos	30
Espinaca	60
Calabaza	110
Tomates	80

Escoge una estrategia.

Escoge una estrategia
- Haz una tabla
- Haz un dibujo
- Busca un patrón

11. Si plantaras al mismo tiempo lechuga y calabaza, ¿qué verdura cosecharías primero? ¿Cuánto tiempo más tendrías que esperar para cosechar la otra verdura?

12. En una colmena se pueden producir 2 libras de miel en un día. ¿Cuántas libras de miel pueden producirse en 6, 7 y 8 días?

13. En toda su vida, 12 abejas producen 1 cucharadita de miel. ¿Cuántas abejas se necesitan para producir 5 cucharaditas de miel?

14. ¿Cuál es el menor y el mayor número de flores que una abeja visitará en 6 viajes desde la colmena?

Datos divertidos

Crea y resuelve

15. Lee y resuelve este problema que escribió June sobre las abejas de la huerta comunitaria local.

¿Cuánto tiempo vive una abeja en verano? Expresa tu respuesta en días.

16. Escribe un problema en palabras que se pueda resolver usando los datos sobre la huerta que se dan en estas dos páginas. Incluye la solución al problema y muestra el trabajo que tuviste que hacer para resolverlo.

- Las abejas que nacen durante el verano viven 4 semanas. Las abejas que nacen en invierno viven 6 semanas.
- Las abejas baten sus alas aproximadamente 11,400 veces por minuto cuando vuelan.
- Una abeja visita entre 50 y 100 flores en un solo viaje desde la colmena.
- Una abeja reina puede poner hasta 1,500 huevos por día.

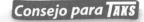

Práctica para TAKS · **Selección múltiple**

17 Zachary tiene una cuerda de 6 yardas de longitud. Necesita 20 pies de cuerda para que sus plantas de frijoles puedan treparse en ella. ¿Qué es lo primero que debería hacer Zachary para saber si tiene suficiente cuerda?

Consejo para TAKS

Usa la Tabla de matemáticas de la página 567 para hallar cuántos pies hay en una yarda.

  A multiplicar 20 por 3   **B** multiplicar 20 por 6

  C multiplicar 6 por 3   **D** multiplicar 6 por 12

Leer y escribir matemáticas

Vocabulario de TAKS

Escribimos y nombramos números de maneras diferentes según la situación. En la tabla que sigue se muestran maneras diferentes de escribir y nombrar números. Completa la tabla usando como ejemplo el número que está en la tabla de valor de posición.

Manera de escribir	Descripción	Ejemplo
	Usa dígitos y palabras.	
forma normal		
		cuatrocientos cincuenta y seis millones novecientos ochenta y dos mil trescientos setenta y uno
	Muestra el valor de cada dígito.	

Millones			Millares			Unidades		
centenas	decenas	unidades	centenas	decenas	unidades	centenas	decenas	unidades
4	5	6 ,	9	8	2 ,	3	7	1

Escribir Halla la población de tu estado. Escribe el número en forma verbal, en forma descriptiva, en forma normal y en forma extendida.

Leer Busca libros relacionados con este concepto en tu biblioteca.

Objetivo 6 de TAKS
TEKS 4.15A Explicar y anotar observaciones utilizando objetos, palabras, dibujos, números y tecnología.
4.15B Relacionar el lenguaje informal con el lenguaje y los símbolos matemáticos.

⭐ Práctica adicional basada en los estándares

Conjunto A ———————————————————— Objetivo 1 de **TAKS** TEKS **4.1A** página 8

Escribe los números en forma extendida.

1. 117,265   **2.** 360,953   **3.** 725,104   **4.** 372,993

Escribe los números en forma verbal.

5. 382,261   **6.** 436,092   **7.** 206,134   **8.** 298,465

Escribe los números en forma normal.

9. Quinientos ochenta y tres mil trescientos ochenta y cinco

Resuelve.

10. Alan pidió un mapa de los Estados Unidos para su habitación. Su número de pedido es el 376,521. ¿Cuál es el valor del 6 en su número de pedido?

Conjunto B ———————————————————— Objetivo 1 de **TAKS** TEKS **4.1A** página 10

Escribe los números en forma verbal.

1. 831,039,627   **2.** 920,835,236   **3.** 11,235,813   **4.** 733,010,641

Resuelve.

5. En 1920, los Estados Unidos tenían una población de 117,859,495 de habitantes. ¿Cuál es el valor del 7 en este número?

Conjunto C ———————————————————— Objetivo 1 de **TAKS** TEKS **4.1A** página 14

Escribe los números en forma extendida.

1. 203,008,193   **2.** 600,023,001   **3.** 707,070   **4.** 30,801,041

Resuelve.

5. Julio dirige una página de Internet en la que se recopilan los restaurantes favoritos de los habitantes de los Estados Unidos. El año pasado, la página recibió 1,400,206 visitas. ¿Cuál es el valor del 4 en este número?

Education Place
Visita eduplace.com/txmap, donde encontrarás **consejos para tomar exámenes** y más **práctica para TAKS.**

Repaso/Examen del capítulo

Vocabulario y conceptos

Escoge el mejor término para completar las oraciones.

1. En un número cada grupo de tres dígitos separado por una coma se llama _____.

2. La oración numérica 700,000 + 8,000 + 10 + 4 está escrita en forma _____ .

3. El número 252,783,092 está escrito en forma _____ .

Escribe los números de una manera diferente.

4. 201 millones 214

5. 310,835,000

6. 9,641,000

7. Diez millones sesenta y ocho mil

8. 34 millones mil 21

9. 46,267,909

Resolver problemas y razonamiento

Escoge una operación y luego resuelve.

10. Marisa leyó 2 libros por semana durante las vacaciones. Las vacaciones duraron 10 semanas. ¿Cuántos libros leyó?

11. Rob corrió 4 millas el sábado y 6 millas el lunes. ¿Cuántas millas corrió en total?

12. Evan tenía 8 postales en su colección. Este verano, recibió 5 postales más de sus amigos. ¿Cuántas postales tiene en total?

13. Steven tenía $38 en su billetera. Compró un CD por $14. ¿Cuánto dinero le quedó después de comprar el CD?

14. Sarah horneó 12 panecillos. Entregó el mismo número de panecillos a 3 amigas y se quedó con la misma cantidad. ¿Cuántos panecillos recibió cada persona?

15. Benjamín tenía 11 cacahuates en un recipiente. Se comió 4. ¿Cuántos cacahuates tiene ahora?

Diario de matemáticas

Escribir matemáticas ¿Cómo sabes cuándo usar la suma para resolver un problema?

Preparación para *TAKS* y repaso frecuente

1 La siguiente tabla muestra cuántos puntos anotaron los estudiantes en un partido de baloncesto.

Estudiante	Puntos anotados
Jesse	11
Larry	21
Kim	18

¿Qué oración numérica se puede usar para calcular cuántos puntos más que Jesse anotó Kim?

A $18 + 11 = $ ▓

B $18 - 11 = $ ▓

C $21 - 18 = $ ▓

D $21 + 18 = $ ▓

Objetivo 1 de *TAKS* TEKS 3.3B Grado 3

2 Joe tiene canicas rojas, anaranjadas, amarillas, verdes y azules. Tiene 1 roja, 2 anaranjadas y 3 amarillas. Si el patrón continúa con las canicas verdes y azules, ¿cuántas canicas tendrá Joe en total?

F 6

G 9

H 12

J 15

Objetivo 2 de *TAKS* TEKS 3.6A Grado 3

3 David pegó estampillas en un cuaderno y formó la siguiente agrupación.

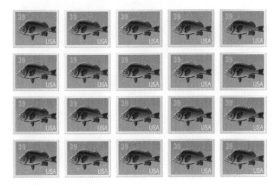

¿Qué oración numérica representa mejor la agrupación de las estampillas de David?

A $4 \times 5 = 20$

B $5 \times 5 = 25$

C $4 + 5 = 9$

D $5 + 5 = 10$

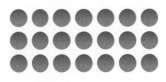
Consejo para *TAKS*

Cuenta los objetos que hay en cada fila y luego cuenta las filas. ¿Qué operación debes usar para resolver este problema?

Objetivo 1 de *TAKS* TEKS 3.4A Grado 3

4 **Respuesta con cuadrícula**
Mónica agrupó unas fichas sobre la mesa de la siguiente manera.

⬤⬤⬤⬤⬤⬤⬤
⬤⬤⬤⬤⬤⬤⬤
⬤⬤⬤⬤⬤⬤⬤

¿Cuántas fichas agrupó Mónica sobre la mesa?

Objetivo 1 de *TAKS* TEKS 3.4A Grado 3

Education Place
Visita eduplace.com/txmap, donde encontrarás **consejos para tomar exámenes** y más **práctica para TAKS**.

Comparaciones de números

Hormigas arrieras de Texas

Vocabulario y conceptos

Une cada frase con un símbolo. Grado 3

1. mayor que   a. =

2. menor que   b. <

3. igual que   c. >

Escribe <, > ó = en cada ⬭. Grado 3

4. 57 ⬭ 75   5. 260 ⬭ 260   6. 3,625 ⬭ 3,266

Escribe los números en orden de menor a mayor. Grado 3

7. 65 73 45   8. 175 204 192   9. 1,973 1,745 1,945

Resolver problemas y razonamiento

10. Aproximadamente 300 personas visitaron el parque el domingo. ¿Cuál es el número posible de visitantes?

Vocabulario de *TAKS*

¡Visualízalo!

comparar

Decidir si un número es mayor, menor o igual que otro número

ordenar

Cuando ordenas números, los agrupas de mayor a menor o de menor a mayor.

forma extendida

Manera de escribir un número que muestra el valor de cada dígito

Mi mundo bilingüe

Las palabras que se parecen en español y en inglés muchas veces tienen el mismo significado.

Español	Inglés
comparar	compare
ordenar	order
igual	equal

Consulta el **Glosario español–inglés**, páginas 569 a 582.

Puedes usar la **forma extendida** para **comparar** dos números.	
Compara 638 y 705.	**Compara las centenas.**
$638 \rightarrow 600 + 30 + 8$ $705 \rightarrow 700 + \ \ 0 + 5$	$600 < 700$ $700 > 600$ 705 es el número más grande.

 Education Place Visita eduplace.com/txmap, donde encontrarás el **glosario electrónico**.

LECCIÓN 1

Objetivos 3 y 6 de **TAKS**
TEKS 4.10 Localizar y nombrar los puntos en una recta numérica utilizando números enteros; fracciones, como mitades y cuartos, y decimales como décimos.

También 4.14D

Materiales
Tablero 5

Aplícalo
Números enteros en una recta numérica

Objetivo Usar la lógica numérica para ubicar números enteros en una recta numérica.

★ Aprender con manipulativos

Texas contiene 6,784 millas cuadradas de agua en ríos y lagos y 261,797 millas cuadradas de tierra. Éstos son datos interesantes pero ¿qué significan estos números en realidad? Las rectas numéricas son una herramienta útil que te permiten "ver" y comparar números.

Construir y leer rectas numéricas

1 Construye una recta numérica.

- Usa el Tablero 5. Elige valores para el inicio y el fin de la recta numérica. Muchas rectas numéricas comienzan en el 0.

- Rotula las marcas en intervalos iguales. Para 6,784, puedes contar por millares para rotular de 0 a 10,000.

- Como 6,784 está más cerca de 7,000 que de 6,000, dibuja un punto que esté un poco más cerca de 7,000 que de 6,000.

```
←—+——+——+——+——+——●——+——+——+——+——→
  0                                    10,000
```

Consejo de vocabulario

Las pequeñas líneas verticales de una recta numérica se llaman **marcas**.

2 Lee una recta numérica.

- Comprende las marcas. Con cada marca se cuentan 1,000 hacia delante.

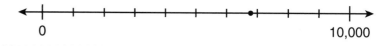

```
        A    B           C    D
←—+——●——+——●——+——+——+——●——◆——+——→
60,000                              70,000
```

- Como 261,797 está entre 261,000 y 262,000, 261,797 debe estar entre la primera y la segunda marca.

- El punto A es el que mejor representa 261,797.

★ Práctica guiada

Usa el Tablero 5 para mostrar 268,581.

1. ¿Qué números pondrías en la recta numérica?

2. ¿En qué cantidad aumenta el número con cada marca?

3. ¿El número 268,581 está a la izquierda o a la derecha del punto medio?

4. ¿Entre qué dos puntos de tu recta numérica está 268,581?

Usa la siguiente recta numérica para resolver los ejercicios 5 y 6.

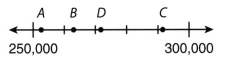

5. ¿Qué punto de la recta numérica representa mejor 271,842?

6. ¿Es menor que 260,000 el valor del punto B? ¿Cómo lo sabes?

123 Hablar de matemáticas ¿Cómo puedes decidir cómo rotular una recta numérica para representar un número de 4 dígitos? Usa 2,734 para explicar tu respuesta.

Piénsalo

- ¿Qué números representan las marcas sin rotular?
- ¿Cuáles son los dos primeros dígitos de 268,581?
- ¿En qué lugares están?

★ Practicar y resolver problemas

Indica qué punto de la recta numérica representa cada número.

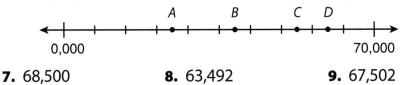

7. 68,500   8. 63,492   9. 67,502

Usa el Tablero 5 para mostrar estos números en una recta numérica.

10. 7,654   11. 36,321   12. 506,120   13. 48,867

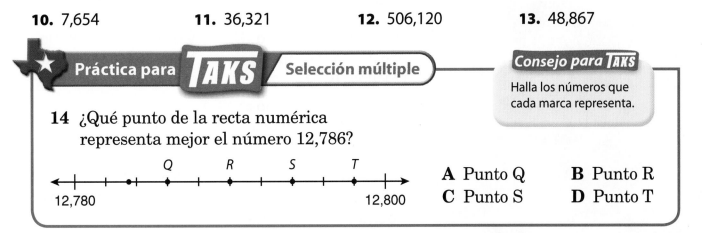

Práctica para TAKS **Selección múltiple**

Consejo para TAKS
Halla los números que cada marca representa.

14 ¿Qué punto de la recta numérica representa mejor el número 12,786?

A Punto Q   B Punto R
C Punto S   D Punto T

Objetivos 1 y 3 de *TAKS*

TEKS 4.5A Redondear
números enteros a la decena,
centena o millar más cercanos para
llegar a un resultado razonable en
la resolución de problemas.

4.10 Localizar y nombrar los puntos
en una recta numérica utilizando
números enteros; fracciones, como
mitades y cuartos, y decimales
como décimos.

También 4.1A

Materiales
Tablero 5

**Caverna Inner Space,
Georgetown, Texas.**

Redondear números enteros

Objetivo Redondear números a la decena, centena y millar más cercanos.

★ Aprender con ejemplos

Amy visitó una caverna en sus vacaciones de verano. Descubrió
que había más de 36,960 pies de caminos en la caverna. ¿Qué
longitud aproximada tenía la caverna?

Como no necesitas un número exacto, puedes hacer una
aproximación redondeando 36,960.

Diferentes maneras de redondear 36,960

Manera 1 Haz una recta numérica.

Usa el Tablero 5.

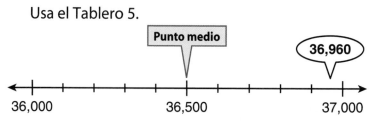

36,960 está más cerca de 37,000 que de 36,000.
Redondeado al millar más cercano, 36,960 es 37,000.

Manera 2   Usa el valor de posición.

1 Halla la posición a la que
quieres redondear. Subraya el
dígito que está en esa posición.

3<u>6</u>,960
↑ **lugar de los millares**

2 Observa el dígito a su derecha.
Rodea ese dígito con un
círculo.

3<u>6</u>,⑨60
↑ **dígito a la derecha**

3 • Si el dígito en el círculo
es igual o mayor que 5,
redondea hacia arriba.

9 es mayor que 5. Por lo
tanto, 36,960 se redondea
a 37,000.

• Si el dígito en el círculo es
menor que 5, redondea
hacia abajo.

Había aproximadamente 37,000 pies de caminos
dentro de la caverna.

Redondea los números al lugar que ocupa el dígito subrayado. Puedes usar el Tablero 5.

1. 3,812

2. 14,731,200

3. $4,452

4. 125,601

5. $157.72

6. 792,369

Piénsalo
- ¿Cuál es el dígito a la derecha de la posición de redondeo?
- ¿Es este dígito igual, mayor o menor que 5?

 **Hablar de matemáticas** ¿Se puede redondear un número de tres dígitos a 1,000? Usa un ejemplo para explicar por qué.

★ **Practicar y resolver problemas**

Redondea los números al lugar que ocupa el dígito subrayado.

7. 8,900   **8.** 8,210   **9.** 8,350   **10.** 8,732   **11.** 8,499

12. 26,754   **13.** 19,887   **14.** 33,501   **15.** 113,772   **16.** 1,674

Conexión con la información

Usa la tabla para resolver los problemas 17 a 20.

17. Redondea la edad de cada fósil al millar más cercano.

18. Redondea la edad de cada fósil a la centena más cercana.

19. ¿En qué cueva se encontraron los fósiles más antiguos?

20. Reto Bernie cree que si redondea todas las edades de los fósiles a la decena de millar más cercana obtendrá el mismo número para todas las edades. ¿Tiene razón? ¿Cómo lo sabes?

Datos divertidos

Las cuevas Sloth de las Montañas Guadalupe se encuentran en Texas y Nuevo México. Los científicos han estimado la edad de algunos de los fósiles que hay allí.

Fósiles	
Cueva	**Edad de los fósiles**
Cueva Dust	13,435 años
Cueva Lower Sloth	11,590 años
Cueva Upper Sloth	11,760 años
Cueva Williams	12,040 años

TEKS 4.14A

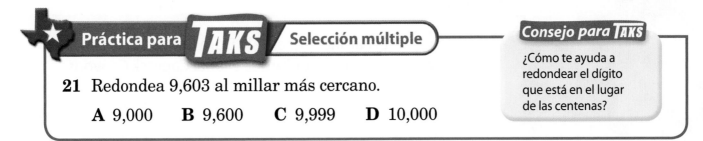

Práctica para **TAKS** **Selección múltiple**

21 Redondea 9,603 al millar más cercano.

A 9,000   **B** 9,600   **C** 9,999   **D** 10,000

Consejo para TAKS

¿Cómo te ayuda a redondear el dígito que está en el lugar de las centenas?

Objetivos 1 y 3 de TAKS

TEKS 4.1A Utilizar el valor de posición para leer, escribir, comparar y ordenar números enteros hasta el lugar de los millones.

4.10 Localizar y nombrar los puntos en una recta numérica utilizando números enteros; fracciones, como mitades y cuartos, y decimales como décimos.

Vocabulario de TAKS

comparar

56 < 67

56 es menor que 67

67 > 56

67 es mayor que 56

Materiales
• Tablero 3
• Tablero 5

Palo Duro Canyon

Comparar números enteros

Objetivo Usar el valor de posición y rectas numéricas para comparar números de hasta 9 dígitos.

★ Aprender con ejemplos

El Parque Estatal Palo Duro Canyon, conocido como el Gran Cañón de Texas, tiene un área de 16,402 acres. El Parque Estatal Caprock Canyons tiene un área de 15,314 acres. **Compara** las áreas. ¿Qué parque tiene el área más grande?

Diferentes maneras de comparar números

Manera 1 **Usa una recta numérica.**

Usa el Tablero 5.

En la recta numérica, 16,402 está a la derecha de 15,314.

Por lo tanto, 16,402 > 15,314.

16,402

15,314

15,000   20,000

Manera 2 **Usa una tabla de valor de posición.**

Usa el Tablero 3.

Comienza por el lugar de mayor valor y compara los dígitos de los números.

decenas de millar	millares	centenas	decenas	unidades
1	6	4	0	2
1	5	3	1	4

↑ iguales   ↑ diferentes

Halla el primer lugar en el que los dígitos son diferentes.

El dígito más grande indica el número más grande.

Los dígitos de los millares son diferentes.

6 > 5

1**6**,402 > 1**5**,314

El Parque Estatal Palo Duro Canyon tiene un área mayor que el Parque Estatal Caprock Canyons.

Otro ejemplo

Compara.

314,536,790 ◯ 314,548,635

Compara los dígitos empezando en la izquierda. El primer dígito
que es diferente está en el lugar de las ⬚ .

30,000 < 40,000, por lo tanto, 314,536,790 ◯ 314,548,635.

★ **Práctica guiada**

Compara. Escribe >, < ó = en cada ◯.

1. 1,001 ◯ 979

2. 968,305 ◯ 968,305

3. 19,009,090 ◯ 19,090,900

4. 2,300,062 ◯ 2,030,062

Piénsalo

- ¿Qué dígitos debo comparar primero?
- ¿Qué debería hacer cuando los dígitos que están en el mismo lugar son iguales?

123 Hablar de matemáticas ¿En el ejercicio 1 tuviste que comparar los dígitos en los lugares de las centenas, las decenas o las unidades? Explica tu respuesta.

★ **Practicar y resolver problemas**

Compara. Escribe >, < ó = en cada ◯.

5. 1,035 ◯ 1,340

6. 72,066 ◯ 72,600

7. 11,001 ◯ 92,876

8. 135,734 ◯ 55,724

9. 69,621 ◯ 879,566

10. 112,311 ◯ 99,902

11. 2,041 ◯ 341

12. 381,490 ◯ 381,490

13. 81,010,101 ◯ 81,100,110

14. El lago Canyon ocupa 8,308 acres. El lago Inks ocupa 831 acres. ¿Qué lago es más grande? ¿Cuál es el primer lugar en el que los dígitos son diferentes?

15. **Reto** Usa los dígitos 3, 4, 5 y 6 para escribir dos números de cuatro dígitos. Compáralos usando >, < ó =.

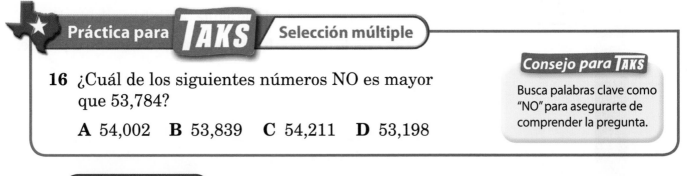

★ **Práctica para TAKS** ⟩ Selección múltiple

16 ¿Cuál de los siguientes números NO es mayor que 53,784?

    A 54,002   **B** 53,839   **C** 54,211   **D** 53,198

Consejo para TAKS

Busca palabras clave como "NO" para asegurarte de comprender la pregunta.

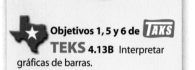
Objetivos 1, 5 y 6 de **TAKS**

TEKS 4.13B Interpretar gráficas de barras.

4.15A Explicar y anotar observaciones utilizando objetos, palabras, dibujos, números y tecnología.

También 4.14B

Vocabulario de **TAKS**

gráfica de barras

Resolver problemas
Usa una gráfica de barras

Objetivo Interpretar una gráfica de barras.

★ Aprender con ejemplos

Puedes usar una **gráfica de barras** para comparar datos.

Los estudiantes de cuarto grado escogieron uno de cuatro lugares para ir de excursión: un museo, un parque, un zoológico o un teatro. La gráfica de barras muestra cuántos estudiantes hicieron cada excursión.

¿A qué lugar fueron de excursión el doble de los estudiantes que fueron al zoológico?

Excursiones de cuarto grado

COMPRÉNDELO

Puedes usar la altura de las barras para comparar el número de estudiantes que hicieron cada excursión.

PLANÉALO

- Halla la barra del zoológico.
- ¿Cuántos estudiantes fueron al zoológico? ¿Cuál es el doble de este número?
- Busca una barra que tenga el doble de altura que la barra del zoológico.

RESUÉLVELO

La barra del _____ tiene el doble de altura que la barra del zoológico.

El doble de los estudiantes que fueron al zoológico visitaron el parque.

VERIFÍCALO

El _____ llega a ◯ en la escala. ◯ es el doble de 80.

★ Resolver problemas con ayuda

Visitantes del zoológico

Usa la gráfica de barras para resolver los problemas.

1. Aproximadamente, ¿cuántas personas visitaron los elefantes?

   a. **Compréndelo** Halla la barra de los elefantes. Con el dedo, une el extremo superior de la barra con la escala numérica de la izquierda.

   b. **Planéalo** El número de visitas a los elefantes está entre ◯ y ◯.

   c. **Resuélvelo** Redondea al número más cercano. Aproximadamente ◯ personas visitaron a los elefantes.

   d. **Verifícalo** ¿La barra de los elefantes mide aproximadamente 70?

★ Práctica para resolver problemas

Usa la gráfica de barras para resolver los problemas 2 a 4.

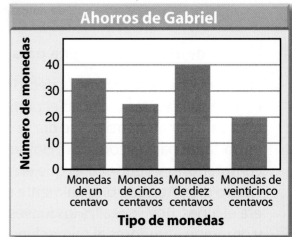

Ahorros de Gabriel

2. ¿De qué tipo de monedas tiene Gabriel la mayor cantidad?

3. ¿Tiene Gabriel más monedas de veinticinco centavos que de cinco centavos? ¿Cómo lo sabes?

4. ¿Cuánto dinero tiene Gabriel en monedas de diez centavos?

Conexión con la información

Usa la gráfica de barras para resolver los problemas 5 a 7.

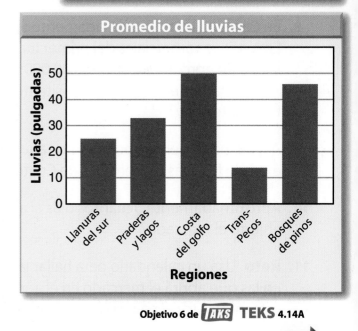

Promedio de lluvias

5. ¿Cuánta lluvia cae en la región de las llanuras del sur? ¿Cómo lo sabes?

6. Aproximadamente, ¿cuánta lluvia cae en total en las regiones de bosques de pinos y las regiones de praderas y lagos?

7. ¿Cuánta lluvia más cae en la región más lluviosa que en la región menos lluviosa?

Objetivo 6 de **TAKS** **TEKS** 4.14A

En este mercado de pulgas se puede comprar artículos para el hogar, joyas, juguetes y alimentos.

DÍAS COMERCIALES DE CANTON

Los Días comerciales del primer lunes se convirtieron en el mercado de pulgas más antiguo y más grande del mundo.

Usa los datos de esta página para resolver los problemas.

Esta tradición comenzó en la década de 1850, cuando un juez solía visitar la ciudad el primer lunes de cada mes para dar audiencias. Ese día se convirtió en un día importante para el comercio. Hoy en día hay tantos compradores y vendedores que el mercado dura cuatro días. Aunque originalmente el Día comercial era el lunes, hoy se realiza los jueves, viernes, sábado y domingo anteriores al primer lunes.

8. En Canton viven aproximadamente 5,150 personas. En los Días comerciales del primer lunes, llegan a la ciudad aproximadamente 300,000 visitantes. Aproximadamente, ¿cuántos visitantes más que habitantes hay?

9. Aproximadamente, ¿por cuántos años habrán existido los Días comerciales de Canton en 2007?

10. Aproximadamente, ¿cuántos días al año está abierto el mercado?

11. **Reto** Usa un calendario para hallar las fechas en las que abrirá el mercado en el año 2010. Usa esta información para copiar y completar la tabla.

Días comerciales de Canton
Enero 1, 2, 3
Febrero ◯, ◯, ◯, ◯
Marzo 4, 5, 6, 7
Abril 1, 2, ◯, ◯; 29, 30
Mayo ◯, ◯
Junio 3, 4, 5, 6
Julio 1, 2, 3, 4; ◯ ◯ ◯
Agosto 1
Septiembre 2, 3, 4, 5; ◯
Octubre 1, 2, 3; ◯ ◯ ◯ ◯
Noviembre
Diciembre ◯ ◯ ◯

Escoge una estrategia
• Haz una dramatización
• Busca un patrón
• Haz una tabla

Resolver problemas de **TAKS**

1 La gráfica muestra el número de estudiantes que tocan cada instrumento en la banda.

Músicos en la banda

¿Qué dos instrumentos tocan en total 42 estudiantes?

A la tuba y la trompeta

B la flauta y el saxofón

C el clarinete y la tuba

D el saxofón y la trompeta

Objetivo 5 de **TAKS** TEKS **4.13A** página 32

2 Jeff tiene cinco números: 8, 2, 3, 9 y 7. Si coloca el 2 en el lugar de las decenas, ¿cuál es el número más grande que puede formar?

F 29,873

G 82,397

H 97,823

J 98,723

> **Consejo para TAKS**
> Usa una tabla de valor de posición para hallar el número.

Objetivo 1 de **TAKS** TEKS **4.1A** página 8

3 ¿Qué punto de la recta numérica representa mejor 158?

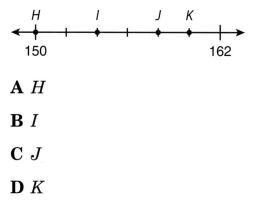

A *H*

B *I*

C *J*

D *K*

Objetivo 3 de **TAKS** TEKS **4.10** página 26

4 ¿Cuánto es 21,456 redondeado al millar más cercano?

F 20,000

G 21,000

H 21,500

J 22,000

Objetivo 1 de **TAKS** TEKS **4.5A** página 28

5 Kelly tiene 3 monedas de veinticinco centavos, 1 moneda de diez centavos, 1 moneda de cinco centavos y 3 monedas de un centavo. ¿Cuánto dinero tiene?

A $ 0.75

B $ 0.78

C $ 0.93

D $ 0.98

> **Consejo para TAKS**
> Primero halla el valor de las monedas de veinticinco centavos. Luego, suma los valores de las otras monedas.

Objetivo 6 de **TAKS** TEKS **4.14A** página 16

Education Place
Visita eduplace.com/txmap, donde encontrarás
consejos para tomar exámenes y más **práctica para TAKS**.

Capítulo 2 Lección 4 **35**

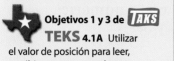
Objetivos 1 y 3 de **TAKS**

TEKS 4.1A Utilizar
el valor de posición para leer,
escribir, comparar y ordenar
números enteros hasta el lugar
de los millones.

4.10 Localizar y nombrar los puntos
en una recta numérica utilizando
números enteros; fracciones, como
mitades y cuartos, y decimales
como décimos.

También 4.14A y 4.14B

Materiales
• Tablero 3
• Tablero 5

Ordenar números enteros

Objetivo Usar el valor de posición y rectas numéricas para ordenar números de hasta 9 dígitos.

Chernas de boca pequeña capturadas

⭐ **Aprender con ejemplos**

José llevó un registro del número de peces capturados en Texas en un lapso de 30 días. Cada pez de la derecha lleva un rótulo con el número total de capturas. ¿Cuál de las especies se capturó con mayor frecuencia? ¿Cuál se capturó con menor frecuencia?

Chernas de boca grande capturadas

Chernas rayadas capturadas

Maneras de comparar números

Manera 1 **Usa una recta numérica.**
Usa el Tablero5.

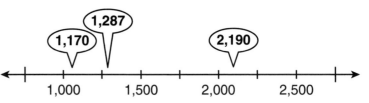

1,170 está más a la izquierda. 2,190 está más a la derecha.
1,287 está entre 1,170 y 2,190.
Por lo tanto, 1,170 < 1,287 y 1,287 < 2,190.

Manera 2 **Usa una tabla de valor de posición.**
Usa el Tablero 3.

Alinea los dígitos según su valor de posición. Comienza desde el mayor valor de posición. Busca en qué posición los dígitos son diferentes.

millares	centenas	decenas	unidades
1	1	7	0
1	2	8	7
2	1	9	0

Las cherna rayada se capturó con mayor frecuencia.
Las cherna de boca pequeña se capturó con menor frecuencia.

Escribe los números en orden de menor a mayor.

1. 1,209   12,909   9,102   **2.** 69,541   689,541   68,541

3. 993,457,601   994,574,601   993,574,601

> **Piénsalo**
> • ¿Estoy ordenando los números de menor a mayor o de mayor a menor?
> • ¿Qué dígitos debo comparar primero?

Resolver problemas con ayuda

Usa las preguntas para resolver este problema.

4. Cameron necesita información sobre cuatro lagos de Texas para su informe sobre poblaciones de peces. Ella anota lo que sabe de cada lago. ¿Cuál es el tamaño de cada lago?

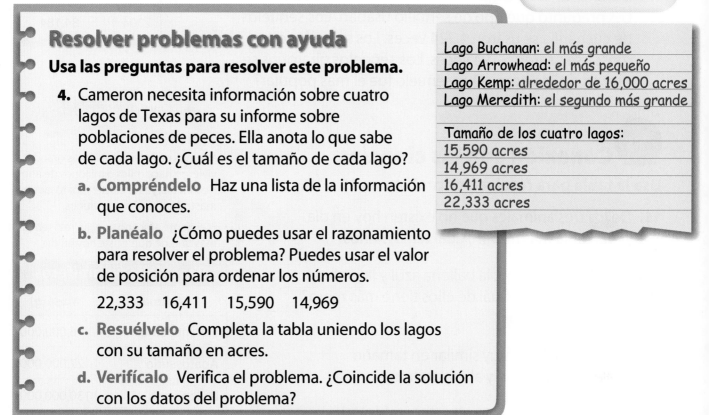

Lago Buchanan: el más grande
Lago Arrowhead: el más pequeño
Lago Kemp: alrededor de 16,000 acres
Lago Meredith: el segundo más grande

Tamaño de los cuatro lagos:
15,590 acres
14,969 acres
16,411 acres
22,333 acres

   a. Compréndelo Haz una lista de la información que conoces.

   b. Planéalo ¿Cómo puedes usar el razonamiento para resolver el problema? Puedes usar el valor de posición para ordenar los números.

     22,333   16,411   15,590   14,969

   c. Resuélvelo Completa la tabla uniendo los lagos con su tamaño en acres.

   d. Verifícalo Verifica el problema. ¿Coincide la solución con los datos del problema?

 Hablar de matemáticas ¿Cómo te ayuda a ordenar los números observar el número de dígitos de algunos números? Explica tu respuesta.

★ **Practicar y resolver problemas**

Escribe los números en orden de mayor a menor.

5. 4,040   4,404   4,044   4,004

6. 102,000   12,000   100,200   10,200

7. 85,407,363   8,407,363   85,073,630

8. 225,522,145   25,522,145   252,522,145

Escribe los números en orden de menor a mayor.

9. 3,199   2,233   8,872

10. 19,588   10,002   9,855

11. 365,844   365,448   356,882

12. 642,951,316   645,746,892   604,682,637

Resuelve.

13. Todos los años los guardabosques pueblan de peces el lago Whitney. Con los datos de la tabla, escribe de menor a mayor el número de chernas rayadas que con que se pobló el lago Whitney.

Lago Whitney	
Año	**Cherna rayada**
2006	322,532
2005	332,999
2004	84,184

14. Durante un año, Omar encuestó a algunos pescadores. Les preguntó qué tipo de señuelo usaban. Los señuelos de cucharilla se usaron 4,224 veces. Los señuelos de mosca se usaron 5,194 veces. Los señuelos giratorios se usaron 4,424 veces. ¿Qué señuelo fue el más popular?

Conexión con las ciencias

Usa la tabla para resolver los problemas 15 a 18.

15. De los tres animales que no existen hoy en día, ¿cuál tenía más masa? ¿Cuál tenía menos?

16. El elefante africano, la ballena azul y la jirafa todavía existen. ¿Cuál de ellos tiene más masa? ¿Cuál tiene menos?

17. ¿Qué animal era muy similar en tamaño al elefante africano y al mastodonte?

18. **Reto** Ordena los animales de la tabla del animal de menor masa al de mayor masa.

Datos divertidos

- Algunos de los animales más grandes vivieron hace miles o millones de años. Hoy en día, ya no existen apatosaurios, mastodontes ni tiranosaurios.
- El elefante africano es el animal terrestre más grande que existe hoy en día.

Peso de los mamíferos	
Animal	**Masa(g)**
Elefante africano	6,000,000
Apatosaurio	27,000,000
Ballena azul	130,000,000
Jirafa	1,200,000
Mastodonte	5,400,000
Tiranosaurio rex	5,900,000

TEKS 8C de Ciencias

Fósil de tiranosaurio rex

Práctica para TAKS / **Selección múltiple**

19 ¿Cuál es el orden correcto cuando ordenas los siguientes números de mayor a menor?

A 38,999   39,748   39,847

B 39,748   39,847   38,999

C 39,847   39,748   38,999

D 39,748   38,999   39,847

Consejo para TAKS

Recuerda que la pregunta te pide que ordenes "de mayor a menor".

Para **Práctica adicional** consulta la página 41, Conjunto C.

Números romanos

Cuando escribimos los números 0, 1, 2, 3, 4, 5, 6, 7, 8 y 9, usamos el sistema de numeración arábiga. Cuando miras un reloj o un edificio, algunas veces verás letras que representan números. A estas letras se las llama números romanos.

La ilustración de la derecha muestra algunos números romanos y los números arábigos equivalentes.

I	1
V	5
X	10
L	50
C	100
D	500
M	1,000

- Cuando los números romanos son iguales o cuando los valores disminuyen de izquierda a derecha, suma para hallar el valor.

$III = 1 + 1 + 1 = 3$ $VI = 5 + 1 = 6$

- Cuando hay un número de menor valor a la izquierda de un número de mayor valor, resta el valor del número menor del valor del número mayor.

$IV = 5 - 1 = 4$ $CM = 1,000 - 100 = 900$

- Un número nunca se repite más de tres veces.

¡Inténtalo!

Escribe estos números arábigos como números romanos.

1. 7   **2.** 111   **3.** 56   **4.** 341   **5.** 2000

Escribe estos números romanos como números arábigos.

6. XVII   **7.** CLXXIII   **8.** CXLV   **9.** XXIV   **10.** CIX

11. Analiza Escribe el año de tu nacimiento en números arábigos y luego en números romanos. ¿Qué sistema es más fácil de usar? ¿Por qué?

Objetivos 1 y 2 de **TAKS**
TEKS 4.7, 4.14

Leer y escribir **matemáticas**

Vocabulario de TAKS

Gabi está preparando un informe sobre las tres ciudades más grandes de Texas. Ella encuentra las poblaciones en Internet.

TEXAS

Dallas
(1,188,580)

Houston
(1,953,631)

San Antonio
(1,144,646)

Responde a las preguntas. Usa las poblaciones de las ciudades.

1. Compara. Usa < ó >. 1,953,631 ⬭ 1,188,580 1,144,646 ⬭ 1,188,580	**2. Ordena** los tres números de mayor a menor.
3. Ordena las tres ciudades de menor a mayor.	**4. Redondea** la población de Dallas a los 1,000 más cercanos.

Escribir Gabi decide redondear los números al millón más cercano antes de ordenarlos. ¿Es una buena idea? Explica por qué.

Leer Busca libros relacionados con este concepto en tu biblioteca.

Objetivo 6 de TAKS

TEKS 4.15A Explicar y anotar observaciones utilizando objetos, palabras, dibujos, números y tecnología.

4.15B Relacionar el lenguaje informal con el lenguaje y los símbolos matemáticos.

⭐ Práctica adicional basada en los estándares

Conjunto A ———————————————————————— Objetivos 1 y 3 de **TAKS** TEKS **4.5A, 4.10** página 28

Redondea los números al lugar que ocupa el dígito subrayado.

1. 12,3̲94

2. 32̲7,186

3. 1,17̲3,963

4. 52̲3,896,316

5. 43,896̲,268

6. 8,2̲73,998

7. 7̲3,813

8. 532̲,873

Resuelve.

9. En un bosque nacional hay 23,471 árboles. ¿Cuántos árboles hay, redondeando al millar más cercano?

Conjunto B ———————————————————————— Objetivos 1 y 3 de **TAKS** TEKS **4.1A, 4.10** página 30

Compara. Escribe >, < ó = en cada problema.

1. 465,372 ⬭ 463,572

2. 920,835,236 ⬭ 920,853,236

3. 13,013,131 ⬭ 10,313,131

4. 783,982,728 ⬭ 783,982,728

Resuelve.

5. Un parque recibe 830,763 visitantes el primer año. El segundo año, recibe 837,063 visitantes. ¿El número de visitantes aumenta o disminuye?

Conjunto C ———————————————————————— Objetivos 1 y 3 de **TAKS** TEKS **4.1A, 4.10** página 36

Escribe los números en orden de menor a mayor.

1. 23,893,734, 23,983,734, 23,893,743

2. 87,780, 87,087, 87,870

3. 7,373,727, 7,373,323, 73,737,273

4. 3,303,030, 3,030,030, 3,030,303

Resuelve.

5. Ana estudia la migración anual de las mariposas. En la tabla de la derecha se muestra el número de mariposas que observa su equipo en su área de estudio durante cinco días. Ordena los días desde el día que vieron más mariposas hasta el día que vieron menos.

Día	Mariposas
Lunes	13,307
Martes	13,703
Miércoles	13,370
Jueves	13,730
Viernes	13,073

Education Place
Visita eduplace.com/txmap, donde encontrarás **consejos para tomar exámenes** y más **práctica para TAKS.**

Capítulo 2 Práctica adicional **41**

Repaso/Examen del capítulo

Vocabulario y conceptos

Objetivos 1 y 6 de TAKS TEKS 4.1A, 4.5A, 4.15B

Escoge el mejor término para completar las oraciones.

> **Banco de palabras**
>
> comparas
> recta numérica
> redondeas

1. Cuando expresas un número a la decena, centena o millar más cercanos, _____ el número.

2. Para decidir si un número es mayor, menor o igual que otro número, _____.

Compara. Escribe >, < ó = en cada ⬭.

3. 8,032 ⬭ 8,132

4. 82,435 ⬭ 83,435

5. 1,111,111 ⬭ 1,111,011

Escribe los números en orden de menor a mayor.

6. 1,653, 1,335, 1,356

7. 45,397, 54,201, 45,937

Redondea los números al lugar que ocupa el dígito subrayado.

8. 56,7̲64

9. 2,3̲43,890

10. 1,1̲43,251

Resolver problemas y razonamiento

Objetivos 1 y 5 de TAKS TEKS 4.1A, 4.13B

Usa la gráfica de barras para resolver los problemas 11 a 15.

11. ¿Cuántas personas escogieron el desierto?

12. ¿Cuántas personas más escogieron el lago que el bosque?

13. ¿Las respuestas de cuántas personas se muestran?

14. ¿Qué lugar de vacaciones escogieron el doble de las personas de las que escogieron el bosque?

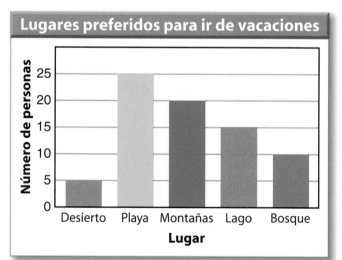

Lugares preferidos para ir de vacaciones

15. Ordena los lugares del menos popular al más popular.

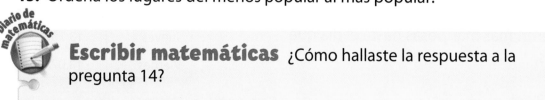

Diario de matemáticas

Escribir matemáticas ¿Cómo hallaste la respuesta a la pregunta 14?

Preparación para TAKS y repaso frecuente

1 Jesse tiene seis números: 2, 4, 7, 5, 8 y 1. Debe usar todos los números y debe colocar el 5 en el lugar de las decenas. ¿Cuál es el número más grande que puede formar Jesse?

A 874,251

B 874,521

C 875,251

D 875,421

Objetivo 1 de TAKS TEKS **4.1A** página 30

2 Kendra está ahorrando dinero para comprar un DVD. Ahorró $2 la primera semana y $4 la segunda semana. En la tercera semana, ahorró $6. ¿Qué opción describe mejor el patrón?

F Ahorra $2 por semana.

G Cada semana, ahorra $2 más que la semana anterior.

H Kendra ahorró $12.

J Kendra ahorrará $6 la semana próxima.

Objetivo 6 de TAKS TEKS **4.14C** Grado 3

3 **Respuesta con cuadrícula**
Redondeado a la decena más cercana, ¿qué número representa mejor el punto *H*?

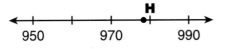

Objetivo 3 de TAKS TEKS **4.10** página 26

4 A continuación se muestran los precios de algunos objetos.

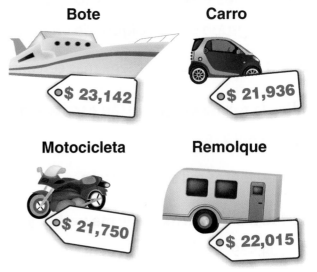

Bote $ 23,142 **Carro** $ 21,936
Motocicleta $ 21,750 **Remolque** $ 22,015

¿Cuál de estos objetos cuesta menos?

A bote

B carro

C motocicleta

D remolque

Objetivo 1 de TAKS TEKS **4.1A** página 30

5 **Respuesta con cuadrícula**
¿Qué número falta en la siguiente recta numérica?

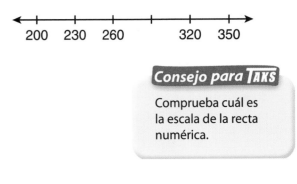

200 230 260   320 350

Consejo para TAKS

Comprueba cuál es la escala de la recta numérica.

Objetivo 3 de TAKS TEKS **4.10** página 26

Education Place
Visita eduplace.com/txmap, donde encontrarás **consejos para tomar exámenes** y más **práctica para TAKS**.

Examen de la Unidad 1

Vocabulario y conceptos ———————————— Objetivos 1, 5 y 6 de *TAKS* TEKS 4.1A, 4.5A, 4.13B

Completa los espacios en blanco para terminar las oraciones.

1. Cada grupo de tres dígitos de un número es un _____.

2. 7,821 _____ a la centena más cercana es 8,000.

Indica la forma en que están escritos los números.

3. 482 mil 778

4. 561,246

5. trescientos mil setenta y uno

6. 800,000 + 80,000 + 2,000

Escribe los números en forma verbal y en forma extendida.

7. 204,579

8. 7,523

9. 68,001

Escribe los números en orden de menor a mayor.

10. 7,523; 7,250; 7,385

11. 16,521; 27,652; 17,374

12. 8,401; 947; 2,084

**Usa la gráfica para resolver los problemas 13 a 20.
Redondea la altura de las montañas al millar más cercano.**

13. Everest

14. Mckinley

15. Aconcagua

¿Las alturas de las montañas son mayores o menores que 20,000 pies?

16. Elbrus

17. Kilimanjaro

18. Everest

Las siete cumbres	
Montaña	**Altura (pies)**
Aconcagua	22,841
Elbrus	18,481
Everest	29,029
Kilimanjaro	19,339
Kosciuszko	7,310
McKinley	20,320
Vinson Massif	16,077

Resolver problemas y razonamiento

Usa la tabla de la página anterior para responder a los siguientes problemas.

19. Ordena la altura de las montañas de menor a mayor.

20. Redondea la altura de las montañas a la centena más cercana. Ordena las alturas redondeas de mayor a menor.

¡LAS GRANDES IDEAS!

Escribir matemáticas En el lugar de las centenas de dos números diferentes están los dígitos 3 y 8 respectivamente. ¿Puedes determinar cuál es el número más grande? Explica cómo lo sabes.

Evaluar el rendimiento

El intercambio

Gerald quiere cambiar algunas de sus figuras de acción por otras que tiene su amigo Kevin. Usa la gráfica y la siguiente información.

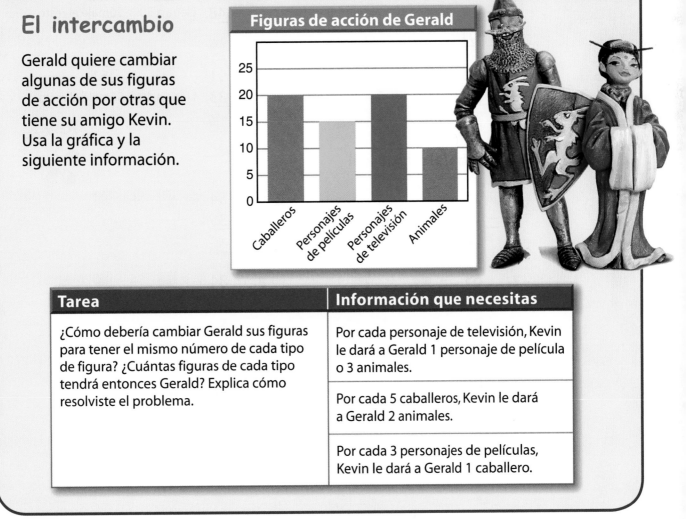

Figuras de acción de Gerald

Tarea	Información que necesitas
¿Cómo debería cambiar Gerald sus figuras para tener el mismo número de cada tipo de figura? ¿Cuántas figuras de cada tipo tendrá entonces Gerald? Explica cómo resolviste el problema.	Por cada personaje de televisión, Kevin le dará a Gerald 1 personaje de película o 3 animales.
	Por cada 5 caballeros, Kevin le dará a Gerald 2 animales.
	Por cada 3 personajes de películas, Kevin le dará a Gerald 1 caballero.

Si se te hace lento restar, entonces suma hasta llegar.

"Conozco una manera rápida de calcular 45 − 36. En lugar de restar 45 menos 36, comienzo con 36 y sumo hasta llegar a 45. Primero sumo 4 para llegar a 40, después sumo 5 más para llegar a 45. ¡La respuesta es 4 + 5 = 9!"

Suma para restar

1. $\begin{array}{r} 45 \\ -36 \\ \hline \end{array}$ → ☐4☐ + ☐5☐ Llega a 40. Súmale el resto. ☐9☐

2. $\begin{array}{r} 74 \\ -48 \\ \hline \end{array}$ → ☐2☐ + ■ Llega a 50. Súmale el resto. ■

3. $\begin{array}{r} 32 \\ -25 \\ \hline \end{array}$ → ☐5☐ + ■ Llega a 30. Súmale el resto. ■

4. $\begin{array}{r} 91 \\ -33 \\ \hline \end{array}$ → ■ + ☐51☐ Llega a 40. Súmale el resto. ■

¡Buen trabajo! ¡Sigue así!

¡Excelente!

5. $\begin{array}{r} 35 \\ -19 \\ \hline \end{array}$ → ■ + ■ ■

6. $\begin{array}{r} 54 \\ -35 \\ \hline \end{array}$ → ■ + ■ ■

7. $\begin{array}{r} 65 \\ -27 \\ \hline \end{array}$ → ■ + ■ ■

8. $\begin{array}{r} 84 \\ -49 \\ \hline \end{array}$ → ■ + ■ ■

¡Sigue adelante!

¡Ahora inténtalo siguiendo todos los pasos mentalmente!

9. $\begin{array}{r} 43 \\ -28 \\ \hline \end{array}$

10. $\begin{array}{r} 62 \\ -56 \\ \hline \end{array}$

11. $\begin{array}{r} 31 \\ -18 \\ \hline \end{array}$

12. $\begin{array}{r} 73 \\ -45 \\ \hline \end{array}$

2

Razonamiento y cálculo mental

¡LAS GRANDES IDEAS!

- Los patrones numéricos ayudan a resolver problemas de cálculo.
- Se puede descomponer los números para que los cálculos sean más fáciles.
- Hacer cálculos mentales es más rápido que usar papel y lápiz.

Capítulo 3
Razonamiento y patrones

Capítulo 4
Cálculo mental

 Música y matemáticas
Pista 2

- Los fabulosos números Fibonacci
- Carl F. Gauss, genio matemático

La mente contra la máquina

Objetivo del juego Hacer cálculos mentales para sumar números de dos dígitos.

Materiales
- Recurso de enseñanza 10
  (tarjetas numeradas del 10 al 30)
- Calculadora

Número de jugadores 3

Preparación
Baraja las tarjetas de números y colócalas boca abajo en una pila. Un jugador es el encargado de repartir.

Cómo se juega

1 El encargado de repartir toma las dos primeras tarjetas de la pila y las coloca boca arriba al mismo tiempo y dice "Ya".

2 El jugador 1 usa la calculadora para hallar la suma de los dos números. El jugador 2 hace cálculos mentales para hallar la suma. Los jugadores dicen sus respuestas.

3 El encargado de repartir decide qué jugador dijo primero la suma correcta y entrega las dos tarjetas a ese jugador.

4 Si la suma de los jugadores no coincide, el encargado de repartir usa la calculadora para comprobar la respuesta.

5 El juego comienza otra vez en el paso 1. En cada ronda, los jugadores cambian de papel. El juego termina cuando cada jugador haya desempeñado 3 veces cada papel.

6 Gana el jugador que haya reunido más tarjetas al final del juego.

Objetivos 1 y 6 de TAKS

TEKS 4.3A Utilizar la suma y resta para resolver problemas en los que se usan números enteros.

4.14D Utilizar herramientas tales como objetos reales, manipulativos y tecnología para resolver problemas.

Education Place
Visita eduplace.com/txmap, donde encontrarás **acertijos**.

Leer Tanto en la lectura como en las matemáticas debes preguntarte "¿Cuál es el propósito?" o "¿De qué se trata?". Si puedes responder a esta pregunta, conoces la gran idea.

Sharon toma notas para comprender las grandes ideas de matemáticas. Ha comenzado a tomar notas sobre la Unidad 2.

La gran idea	Notas/Ejemplos
• Los resultados de los problemas de cálculos se pueden predecir cuando reconoces patrones y relaciones.	Regla de la suma: La suma es mayor que cualquiera de los sumandos. $78 + 34 = 112$ $112 > 78$ $112 > 34$
• Descomponer números los simplifica para hacer cálculos mentales.	
• Los cálculos mentales suelen ser más rápidos y eficaces que los cálculos que se hacen con papel y lápiz.	

Escribir Copia Las grandes ideas para la Unidad 2. Toma notas a medida que leas la unidad.

Mis notas me ayudan a comprender las grandes ideas.

Razonamiento y patrones

Comprueba lo que sabes

Vocabulario y conceptos

Da un ejemplo de los siguientes patrones. Grado 3

1. patrón que crece

2. patrón que se repite

Cálculos

Identifica la regla de cada patrón. Grado 3

3. 10, 20, 30, 40

4. 21, 18, 15, 12

5. 1, 3, 9, 27

Halla el número que sigue en cada patrón. Grado 3

6. 2, 4, 6, 8, ■

7. 5, 10, 15, 20, ■

8. 1, 2, 4, 8, ■

9. 42, 36, 30, ■

Resolver problemas y razonamiento Grado 3

10. La tabla muestra los precios para alquilar canoas. Si el patrón continúa, ¿cuánto costaría alquilar una canoa por 5 horas?

Alquiler de canoas				
Horas	1	2	3	4
Precio	$5	$10	$15	$20

Vocabulario de TAKS

¡Visualízalo!

Puedes usar lo que has aprendido para comprobar el tamaño de una respuesta cuando calculas un problema de matemáticas. Aquí tienes dos ejemplos:

División	Multiplicación
Cuando divides números enteros, el **cociente** siempre es *menor que* el dividendo.	Cuando multiplicas números enteros, el **producto** siempre es *mayor que* cualquiera de los factores.

División:

$$\text{divisor } \underset{8\overline{)48}}{6} \leftarrow \text{cociente}$$
dividendo

48 > 6
6 < 48

Multiplicación:

12 ← factor
× 4 ← factor
48 ← producto

48 > 12
48 > 4

Mi mundo bilingüe

En el lenguaje de todos los días, un *producto* es algo que creas o vendes. En matemáticas, un *producto* es el resultado de multiplicar dos o más factores.

Las palabras que se parecen en español y en inglés muchas veces tienen el mismo significado.

Español	Inglés
producto	product
cociente	quotient
dividendo	dividend
divisor	divisor
factor	factor

Consulta el **Glosario español–inglés**, páginas 569 a 582.

Education Place Visita eduplace.com/txmap, donde encontrarás el **glosario electrónico**.

Objetivos 1, 2 y 6 de **TAKS**

TEKS **4.4C** Recordar y aplicar las tablas de multiplicación hasta el 12 × 12.

4.7 Describir la relación entre dos conjuntos relacionados de datos, por ejemplo, pares ordenados en una tabla.

4.16B Justificar por qué una respuesta es razonable y explicar el proceso de la solución.

También 4.3A, 4.14B y 4.15A

Aplícalo
Resultados razonables

Objetivo Describir el valor relativo de las soluciones para decidir si una solución es razonable.

★ Explorar

Ya has aprendido acerca del valor de posición y sabes ordenar números hasta las centenas de millón. Ahora decidirás si la solución de un problema será un número mayor o menor que los que se presentan en el problema. Esta información te ayudará a decidir si la solución es razonable.

Pregunta ¿Cómo te indica la lógica numérica si la solución es razonable?

Consejo de vocabulario

Un *sumando* es uno de los números que sumas en los problemas de suma.

---

1 Copia y completa las tablas.

Suma	
78 + 34	112
152 + 94	
304 + 168	
523 + 0	

Resta	
78 − 34	44
152 − 94	
304 − 168	
523 − 0	

2 Observa las sumas.

- ¿Cada una de las sumas es mayor o menor que cualquiera de los sumandos?

- A partir de esta tabla, ¿qué puedes decir sobre la suma de los números enteros?

3 Observa las diferencias.

- ¿La diferencia es mayor o menor que el número del que se resta?

- A partir de esta tabla, ¿qué puedes decir sobre la diferencia de los números enteros?

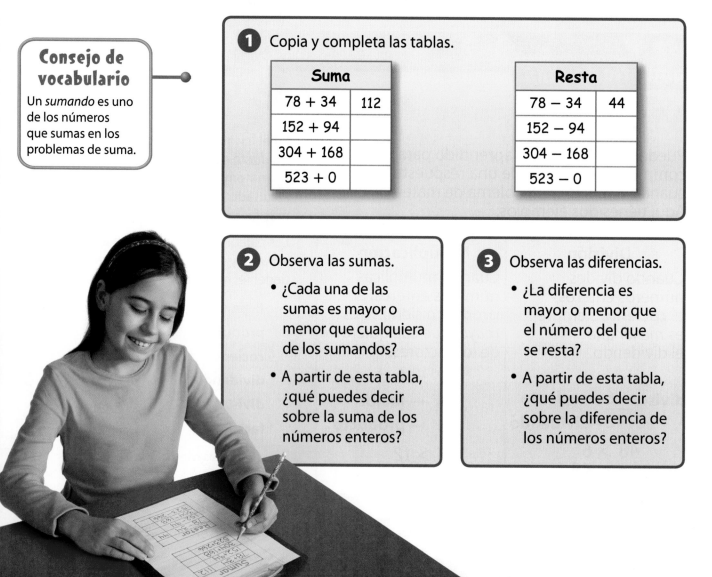

1 Copia y completa las tablas.

Multiplica	
6 × 5	30
3 × 7	
4 × 9	
8 × 4	
9 × 0	
12 × 1	

Divide	
30 ÷ 5	6
21 ÷ 7	
36 ÷ 4	
32 ÷ 8	
0 ÷ 6	
11 ÷ 1	

2 Observa los productos.

- ¿El producto es mayor o menor que cualquiera de los factores?

- A partir de esta tabla, ¿qué puedes decir sobre el producto de los números enteros?

3 Observa los cocientes.

- ¿El cociente es mayor o menor que el dividendo?
- A partir de esta tabla, ¿qué puedes decir sobre la división de los números enteros?

★ **Extender**

Observa cada uno de los problemas y la solución que se presenta. Sin resolverlos, indica si la solución es razonable. Explica tu razonamiento.

1. $136 + 84 = 97$ **2.** $351 - 207 = 144$ **3.** $132 ÷ 11 = 12$ **4.** $12 × 15 = 3$

5. $567 ÷ 90 = 457$ **6.** $28 × 17 = 576$ **7.** $467 - 158 = 625$ **8.** $329 + 92 = 421$

9. Dos grupos de estudiantes y sus guías escogieron senderos distintos para hacer una caminata. Veintiocho excursionistas escogieron el sendero que bordea la base de las montañas. Un grupo de 39 excursionistas escogieron el sendero que sube la montaña. ¿Fueron más o menos de 40 las personas que decidieron hacer una caminata?

10. Reto Piensa en los hallazgos que hiciste con respecto a los resultados de los problemas. ¿Crees que tus hallazgos servirán para todos los números? ¿Qué sucede con los números en los millones?

Escribir matemáticas

Analiza En la mayoría de los casos, ¿cuándo un resultado será mayor que los números de un problema? ¿Cuándo un resultado será menor que el número de un problema?

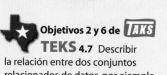
Objetivos 2 y 6 de TAKS

TEKS 4.7 Describir la relación entre dos conjuntos relacionados de datos, por ejemplo, pares ordenados en una tabla.

4.16A Hacer generalizaciones de patrones o de conjuntos de ejemplos y contraejemplos.

También 4.14A y 4.15A

Vocabulario de TAKS

Una **expresión** es una frase matemática que contiene una operación pero no un signo de igual.

3×4

$12 + 5 + 6$

$21 \div \,?$

Analízalo

- ¿Qué sucede entre cada par de números?
- ¿Qué puedo hacer con un número para obtener el que le sigue?

Hallar la regla

Objetivo Describir la relación entre dos conjuntos de datos relacionados.

★ **Aprender con ejemplos**

En la Lección 1 describiste relaciones entre conjuntos de datos. Ahora usarás patrones numéricos.

Aquí está la lista de precios de la compañía de camisetas para los miembros del club de esquí. Si el patrón continúa, ¿cuánto costarán 7 camisetas?

Precios de las camisetas

Cantidad	Costo total
1	$18.00
2	$35.00
3	$51.00
4	$66.00
5	$80.00

1 Busca la relación entre la cantidad de camisetas y el costo total. ¿Cuánto se suma al costo con cada camiseta?

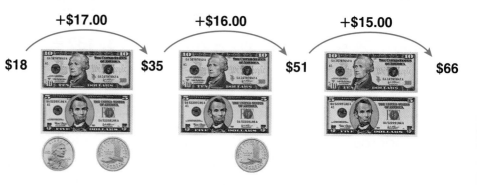

+$17.00   +$16.00   +$15.00

$18 $35 $51 $66

Parece que al primer precio se le suman $17.00 y después de eso se le suma $1.00 menos a cada precio.

2 Comprueba si los otros pares de números relacionados siguen el mismo patrón.

$66.00 + $14.00 = $80.00

3 Suma dos cantidades más para hallar el precio de 7 camisetas.

$80.00 + $13.00 = $93.00 $93.00 + $12.00 = $105.00

Siete camisetas costarán $105.00.

Copia y completa las tablas. Escribe una ecuación para resolver los problemas.

Piénsalo

¿Seguí la regla que se presenta?

• ¿Los números *aumentan* o *disminuyen*?

• ¿Qué operación puedo usar para obtener el número que sigue?

1.

Número	Número + 486
397	883
689	
842	
	1,390
	1,426

2.

Número	Número − 531
761	230
920	
	672
1,355	
	990

3.

Número	Número ÷ 3
12	4
18	
27	
	10
	11

4.

Número	Número × 8
2	16
3	24
	40
9	
	96

Resolver problemas con ayuda

Usa las preguntas para resolver este problema.

5. Una granja ofrece paseos en carretas de heno. Usa la tabla para hallar cuánto les costaría a 28 personas hacer el paseo.

a. **Compréndelo/Planéalo** Identifica el patrón.

b. **Resuélvelo** Extiende el patrón hasta que puedas responder a la pregunta. ¿Cuánto les costará a 28 personas hacer el paseo?

c. **Verifícalo** ¿La respuesta sigue el patrón?

Personas por paseo	Costo
1–5	$75
6–10	$145
11–15	$210
16–20	

Hablar de matemáticas Explica cómo hallaste el patrón del ejercicio 4.

★ Practicar y resolver problemas

Copia las tablas y completa la información que falta.

6.

Número	Número + 384
76	
297	
518	
	1,043

7.

Número	Número − 276
380	104
532	256
	326
809	

8.

Número	Número ÷ 12
480	40
132	11
192	16
	20

Resuelve.

9. Patrones El girasol de Kenya tenía 137 cm de altura en abril, 217 cm en mayo, 287 cm en junio y 347 cm en julio. Si el patrón continúa, ¿qué altura tendrá el girasol en agosto?

10. Reto Se puede alquilar un caballo por $22.00 la hora. Alquilarlo por 2 horas cuesta $43.25 y por tres horas, $63.75. Sheila tiene $120.75. ¿Por cuántas horas podría alquilar un caballo?

 Conexión con las ciencias

Usa la tabla sobre el crecimiento de los colmillos de los elefantes para resolver los problemas.

11. Alfred es un elefante de una reserva natural. Los científicos estimaron el peso de sus colmillos en el tiempo. ¿Cuánto cambió el peso cada diez años?

12. Alfred podría vivir hasta los 70 años. Si el patrón continúa, ¿cuánto pesarían sus colmillos?

13. Cuando Alfred tenía 10 años sus colmillos pesaban 25 libras. ¿Se ajusta esto al patrón? Si no es así, ¿por qué no?

Colmillos de elefantes

Los colmillos de los elefantes son en realidad dientes gigantes. Los elefantes los usan para cavar en busca de agua, para hurgar en busca de alimentos o para luchar.

- Los elefantes africanos macho tienen los colmillos más grandes.
- Los colmillos crecen durante la mayor parte de la vida del elefante.
- Los colmillos de los elefantes pueden crecer hasta 12 pies de largo y pesar más de 400 libras.

Los colmillos de Alfred	
Edad (años)	Peso (libras)
20	45
30	70
40	95
50	120
60	145

TEKS 2A de Ciencias

★ **Práctica para** **TAKS** **Respuesta con cuadrícula**

Consejo para **TAKS**

Puedes hacer una tabla para hallar la respuesta.

14 Un patrón tiene la regla "Comenzar en 34, luego sumar 47 para hallar los números que siguen". ¿Cuál es el quinto número?

Para **Práctica adicional** consulta la página 67, Conjunto A.

¡Resuelve en dos pasos!

Un caracol sube lentamente por un poste. Cada día el caracol avanza 6 pulgadas. Sin embargo, a la noche retrocede 2 pulgadas. Si el poste tiene 18 pulgadas de alto, ¿cuánto tardará el caracol en llegar a la cima?

Puedes resolver el problema extendiendo un patrón de dos pasos.

Para hallar hasta dónde llegó el caracol el primer día, comienza en 0 y suma 6. $0 + 6 = 6$.

Para hallar hasta dónde se deslizó el caracol en la primera noche, resta 2. $6 - 2 = 4$.

Puedes repetir estos pasos para el segundo día. Comienza en 4 y suma 6. $4 + 6 = 10$.

Extiende el patrón en la tabla hasta llegar a 18.

El caracol llegará a la cima en ⬚.

Ascenso del caracol	
Día/ Noche	Altura (pulgadas)
Día 1	6
Noche 1	4
Día 2	10
Noche 2	8
Día 3	14

Jorge juega un videojuego en el que se combinan losetas para ganar puntos. Primero escoge una loseta. Esto le da 4 puntos. Luego escoge una loseta que combina y obtiene el doble de puntos.

1. Extiende el patrón en tres números.

    4, 8, 12, 24, . . .

2. Si Jorge combina 5 pares de losetas en una fila, ¿cuántos puntos obtendrá?

3. El puntaje más alto de Jorge es 1,016. ¿Cuántos pares de losetas consiguió combinar?

El caracol que se desliza muy despacio.

Objetivos 2 y 6 de TAKS

TEKS 4.7 Describir la relación entre dos conjuntos relacionados de datos, por ejemplo, pares ordenados en una tabla.

4.15A Explicar y anotar observaciones utilizando objetos, palabras, dibujos, números y tecnología.

4.16A Hacer generalizaciones de patrones o de conjuntos de ejemplos y contraejemplos.

También 4.14A y 4.14C

Usar patrones

Objetivo Hacer generalizaciones a partir de patrones para resolver problemas.

★ Aprender con ejemplos

En la Lección 2 aprendiste a usar reglas y patrones para resolver problemas. En esta lección hallarás y usarás patrones referidos a la suma y resta repetidas.

Ejemplo 1

El señor James andará en bicicleta durante un mes para reunir dinero para caridad. El primer día, recorrió 35 millas en bicicleta. Si a partir de ahora recorre 20 millas diarias, ¿cuántas millas habrá recorrido al final de la primera semana?

1 Busca un patrón.

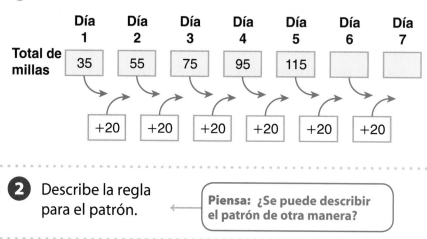

	Día 1	Día 2	Día 3	Día 4	Día 5	Día 6	Día 7
Total de millas	35	55	75	95	115		

+20 +20 +20 +20 +20 +20

2 Describe la regla para el patrón.

> **Piensa:** ¿Se puede describir el patrón de otra manera?

3 Resuelve. ¿Cómo harías para hallar la distancia que habrá recorrido el señor James en bicicleta al final de la primera semana?

Imagina que el señor James continúa su recorrido una semana más. ¿Cómo harías para hallar el total de millas que recorrerá en dos semanas sin sumar 20 siete veces más?

Analízalo

¿Cómo cambia el número de millas de un día a otro?

Ejemplo 2

Inez lleva consigo 96 onzas de agua para su caminata en el parque. Si quisiera beber 12 onzas de agua por cada milla que recorre, ¿cuántas millas podrá recorrer?

1 Usa un patrón para completar la tabla.

Número de millas	Cantidad al inicio de la milla	Cantidad al final de la milla	Diferencia
1	96	84	12
2	84	72	12
3	72	60	12
4	60		
5	48		

Analízalo

¿Cómo cambian los números de una milla a otra?

2 Describe la regla para el patrón. ¿Se puede describir el patrón de otra manera?

3 Continúa el patrón para resolver el problema.

Inez puede hacer una caminata de ◯ millas.

⭐ **Práctica guiada**

Extiende los patrones. Puedes usar una tabla, una recta numérica o una lista organizada como ayuda.

Piénsalo

• ¿Cómo cambian los números del patrón?

• ¿Todos los números siguen el patrón?

1. 42, 62, 82, ____, ____, ____

2. 97, 107, 117, ____, ____, ____

3. 145, 196, 247, 298, ____, ____, ____

4. 98, 87, 76, ____, ____, ____

5. 344, 322, 300, 278, ____, ____, ____

6. 802, 747, 692, 637, 582, ____, ____, ____

 Hablar de matemáticas ¿Qué operaciones usarías para hallar un patrón que disminuye? ¿Por qué?

Extiende los patrones.

7. 37, 67, 97, 127, _____, _____, _____

8. 93, 85, 77, _____, _____, _____

9. 191, 172, 153, _____, _____, _____

10. 297, 266, 235, 204, _____, _____, _____

11. 326, 341, 336, 351, _____, _____, _____

12. 707, 656, 605, 554, _____, _____, _____

13. 500, 467, 434, 401, _____, _____, _____

14. 149, 156, 163, _____, _____, _____

Resuelve los problemas.

15. **¿Correcto o incorrecto?** Taylor observa el patrón 61, 73, 85, 97 y dice que el octavo número del patrón es 145. ¿Tiene razón? Explica por qué.

16. En un rancho ganadero, el cocinero prepara 132 panqueques para los peones. También prepara 24 panqueques por cada 3 de los huéspedes alojados en el rancho. ¿Cuántos panqueques prepararía en total si hubiera 21 huéspedes?

17. **Patrones** Bill y Marlene se fueron de canotaje. El primer día remaron 3 millas; el segundo día, 9 millas y el tercer día, 15 millas. Si el patrón continúa, ¿cuánto remarán el sexto día?

18. Enid trabaja en la tienda de su padre. Gana $25 por semana y deposita $19 en su caja de ahorros. Esta semana llegó a los $257 en su caja de ahorros. ¿Cuánto tenía ahorrado en su cuenta hace 8 semanas?

19. **Reto** Cada vez que Dominic juega con su videojuego nuevo gana más puntos. Hasta ahora ganó 34 puntos, 102 puntos y 306 puntos. Si el patrón continúa, ¿cuántos puntos ganará en el quinto partido? Usa una calculadora para resolver el problema.

Práctica para *TAKS* | **Selección múltiple**

20 ¿Cuál de las siguientes opciones describe la regla para este patrón?

5, 4, 8, 7, 11, 10, 14

A sumar 4, restar 1
B restar 1, sumar 4
C sumar 1, restar 4
D restar 4, sumar 1

Consejo para *TAKS*

Algunas veces los patrones tienen dos pasos. ¿Qué cambios se repiten?

Patrones de cocientes

Usa Int÷ para hallar patrones en problemas de división.

Si usas Int÷ para dividir 37 entre 5, obtendrás este resultado. La calculadora muestra el cociente y el residuo.

1. Halla el cociente y su residuo.

   $36 \div 5 =$ ____ $41 \div 5 =$ ____

   $46 \div 5 =$ ____ $51 \div 5 =$ ____

2. Halla el próximo número que se podría dividir entre 5 para continuar el patrón.

   ____ $\div 5 = 11$ R1

3. Escribe las siguientes tres ecuaciones de división de este patrón.

4. Describe los patrones que observas en los dividendos, cocientes y residuos.

5. Halla las siguientes tres ecuaciones de división de este patrón.

   $16 \div 7 = 2$ R2 $23 \div 7 = 3$ R2 $30 \div 7 = 4$ R2

6. Halla las siguientes tres ecuaciones de división de este patrón.

   $11 \div 8 = 1$ R3 $19 \div 8 = 2$ R3 $27 \div 8 = 3$ R3

7. ¿En cuánto aumentó el dividendo en el ejercicio 5?

8. ¿En cuánto aumentó el dividendo en el ejercicio 6?

9. Usa una calculadora para elaborar tu propio patrón de división.

Objetivo 6 de **TAKS**
TEKS 4.15A

Objetivo 6 de **TAKS**

TEKS 4.14A Identificar las matemáticas en situaciones diarias.

4.14B Resolver problemas que incorporen la comprensión del problema, hacer un plan, llevarlo a cabo y evaluar lo razonable de la solución.

Resolver problemas
Usa el razonamiento lógico

Objetivo Usar la lógica para resolver problemas reales.

★ Razonar y aprender

Puedes usar el razonamiento lógico para resolver un problema.

Sam, Tom, Joe y Sue escogieron cada uno una flor de distinto color. La flor que escogió Sue es blanca. La flor que escogió Sam no es roja. La flor que escogió Joe es morada. ¿Cuál es el color que escogió cada uno?

COMPRÉNDELO

Esto es lo que sabes acerca de quién sostiene cada flor:

La flor que escogió Sue es blanca.

La flor que escogió Sam no es roja.

La flor que escogió Joe es morada.

PLANÉALO

¿Cómo puedes usar el razonamiento para hallar la solución?

Puedes hacer una tabla que muestre lo que sabes y luego usar el razonamiento lógico para completarla.

	Sue	Joe	Sam	Tom
Blanca	sí	no	no	no
Roja	no		no	
Azul	no			
Morada	no	sí		

RESUÉLVELO

Usa el razonamiento lógico para completar la tabla.

Sue escogió la flor blanca. Escribe *sí* en la fila Blanca debajo del nombre de Sue. Cuando escribes sí en la tabla, puedes escribir *no* en el resto de esa fila y esa columna.

Completa la tabla con las pistas restantes.

VERIFÍCALO

Comprueba tu respuesta. ¿Coincide con todas las pistas?

★ Resolver problemas con ayuda

Usa el razonamiento lógico para resolver el problema.

1. Mark, Brianna, Chris y Desiree sostienen cada uno una bandera diferente. La bandera que sostiene Desiree no es roja ni verde. Mark no sostiene la bandera roja. La bandera de Chris es negra. ¿De qué color es la bandera que sostiene cada uno?

   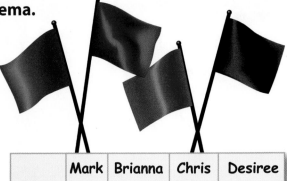

   a. **Compréndelo** ¿Qué es lo que pide hallar el problema?

   b. **Planéalo** Puedes usar una tabla. Copia la tabla y complétala con los datos que conoces del problema.

   c. **Resuélvelo** Usa el razonamiento para completar la tabla.

   d. **Verifícalo** Comprueba tus respuestas con la información del problema. ¿Coincide tu respuesta con todas las pistas?

	Mark	Brianna	Chris	Desiree
Roja				
Azul				
Verde				
Negra				

(123) Hablar de matemáticas Explica con un ejemplo por qué una vez que haz colocado *sí* en una columna o fila de la tabla puedes completar el resto de la columna o fila con *no*.

★ Práctica para resolver problemas

Haz una tabla y usa el razonamiento lógico para resolver.

2. Vicki, Mary y Tyra dibujan una motocicleta, un carro o una camioneta. Vicki dibuja un vehículo de 2 ruedas. Tyra dibuja una camioneta. ¿Qué vehículo dibuja cada una?

3. Joe, Tom, Hal y Lou están haciendo una fila. Hal no es el segundo ni el cuarto. Joe está detrás de Hal. Lou está delante de Hal. ¿En qué orden están los niños en la fila?

4. Dana, Nell, Bob y Raj viven cerca de la salida 1, 2, 3 ó 4 de la autopista estatal de Texas. Dana no vive cerca de la salida 1. Bob vive cerca de la salida 2. Nell no vive cerca de la salida 1 ni de la salida 4. ¿Cerca de qué salida vive cada uno?

5. **Reto** Soy un número par de cuatro dígitos. Al millar más cercano soy 8,000. La suma de mis dígitos da 11. Dos de mis dígitos son ceros. ¿Qué números puedo ser?

Austin, TX

Los residentes de Austin, Texas, pueden nadar, bucear y tomar sol todo el año en Barton Springs.

Barton Springs
en Austin, Texas

Barton Springs ofrece una manera tranquila y refrescante para pasar un día de verano.

Resuelve los problemas 6 a 11 con los datos que se presentan.

Valor del boleto		
	Días de semana	Fines de semana
Adultos mayores	$1.00	$2.00
Adultos	$3.00	$5.00
Jóvenes (12–17)	$2.00	$2.00
Niños	$1.00	$1.00

6. Kim tiene 20 años, Todd, 16 y Ari, 8. ¿Cuánto pagarán en total para visitar Barton Springs un martes?

7. El jueves pasado una clase de cuarto grado visitó Barton Springs en autobús. El autobús llevaba 36 estudiantes y 4 adultos. ¿Cuánto pagó el grupo en total para poder ingresar al parque?

8. A las 9 a.m. la temperatura del agua en Barton Springs era 57 °F. A las 2 p.m. la temperatura era 69 °F. ¿En cuántos grados cambió la temperatura del agua?

9. Barton Springs se transformó en parque público en 1917. ¿Durante cuántos años ha sido un parque público?

10. El martes, la piscina de Barton Springs cerró a las 4 p.m. A las 12 p.m. 5 estudiantes estaban nadando en la piscina. Cada hora hasta el horario de cierre ingresaron a la piscina otros 5 estudiantes. ¿Cuántos estudiantes estaban nadando poco antes del horario de cierre?

11. ¿Cuántos dedos tiene en total la salamandra de Barton Springs?

Datos divertidos

La salamandra de Barton Springs se encuentra únicamente en Barton Springs.

Tiene 4 dedos en cada una de sus patas delanteras y 5 dedos en cada una de las patas traseras.

Salamandra de Barton Springs

12. La tabla muestra la cantidad de personas que visitaron Barton Springs por día desde el miércoles hasta el domingo. Imagina que los datos que se muestran en la tabla son aproximadamente los mismos todas las semanas. ¿Qué patrón general observas?

Crea y resuelve

13. Carolyn escribió el siguiente problema. Resuelve el problema de Carolyn.

> El miércoles fui a Barton Springs. Pregunté cuántas personas habían visitado el parque ese día. Hubo 202 visitantes menos que el número registrado en la tabla. ¿De qué manera podrías hacer cálculos mentales para hallar cuántos visitantes hubo el día que concurrí?

14. Escribe tu propio problema con la información sobre Barton Springs. ¿Qué información usarás en el problema?

15. Escribe y resuelve tu problema. Intercámbialo con un compañero de clase. Intenta resolver el problema de tu compañero.

Visitantes a Barton Springs	
Día	**Visitantes**
Miércoles	1,713
Jueves	1,267
Viernes	1,906
Sábado	2,124
Domingo	2,085

16. En la semana que se muestra en la tabla, ¿cuál es la mayor cantidad de dinero que se puede reunir con los boletos el viernes?

17. Reto ¿El dinero reunido con los boletos el sábado será más o menos que el del viernes? Explica tu razonamiento.

Práctica para TAKS (Selección múltiple)

18 Jason nadó 16 largos en Barton Springs. Janelle nadó 30 largos. Cada largo tiene 125 pies. ¿Cuánto más nadó Janelle que Jason?

A 6 largos
B 14 largos
C 24 largos
D 46 largos

Leer y escribir matemáticas

Vocabulario de TAKS

Hay patrones a nuestro alrededor, en las palabras, las figuras, los diseños y los números. Una vez que hallas un patrón, puedes usarlo para predecir lo que sigue. A veces puedes hallar un patrón diciendo los números en voz alta.

Halla los patrones y úsalos para indicar lo que sigue.

1. ¿Cuál es el número que sigue?

1, 3, 5, 7, 9, 11

(+2, +2, +2)

> A veces puedes hallar un patrón si dices los números en voz alta.

2. ¿Cuál es el número que sigue?

4, 8, 6, 10, 8, 12, 10, 14, 12, 16, 14

(+4, −2, +4, −2, +4, …)

> Para descubrir los patrones numéricos, a veces debes observar todos los números que te dan.

3. ¿Cuál es el número que sigue?

25, 21, 18, 15, 12, 9

(−3, −3, −3)

> Algunos patrones numéricos se forman sumando un mismo número. Otros se forman restando un mismo número.

Resuelve el problema.

Daria creó varios patrones numéricos. En cada patrón hay un número que no es razonable. Observa los patrones. Halla el número que no es razonable.

4. 1, 2, 4, 8, 6, 16, 32

5. 50, 43, 36, 39, 29, 22, 15

Escribir Escribe un problema que pueda resolverse con un patrón. Incluye un dibujo.

Leer Busca libros relacionados con este concepto en tu biblioteca.

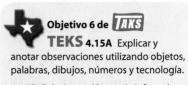

Objetivo 6 de TAKS

TEKS 4.15A Explicar y anotar observaciones utilizando objetos, palabras, dibujos, números y tecnología.

4.15B Relacionar el lenguaje informal con el lenguaje y los símbolos matemáticos.

★ Práctica adicional basada en los estándares

Conjunto A

Objetivo 2 de TAKS TEKS 4.7 página 54

Halla la regla para cada patrón numérico.

1.

Conjunto A	Conjunto B
2	14
4	28
5	35
7	49

2.

Conjunto A	Conjunto B
6	1
24	4
30	5
48	8

3.

Conjunto A	Conjunto B
4	17
8	21
12	26
21	34

Resuelve.

4. Un granjero vende semillas de girasol en bolsas de diferentes tamaños. La bolsa de tamaño 1 contiene 30 semillas. La bolsa de tamaño 2 contiene 70 semillas. La bolsa de tamaño 3 contiene 120 semillas. Una bolsa de tamaño 4 contiene 180 semillas. Si el patrón continúa, ¿cuántas semillas habrá en una bolsa de tamaño 6?

Conjunto B

Objetivos 2 y 6 de TAKS TEKS 4.7, 4.14C, 4.15A página 58

Escribe los 3 números que siguen en cada patrón.

1. 17, 31, 45, 59, ____, ____, ____

2. 401, 388, 375, 362, ____, ____, ____

3. 127, 148, 169, 190, ____, ____, ____

4. 86, 131, 176, 221, ____, ____, ____

5. 295, 271, 247, 223, ____, ____, ____

6. 307, 353, 399, 445, ____, ____, ____

Resuelve.

7. Kate y Jeff están colocando tejas en el tejado del granero. Cada día colocan 17 tejas en el tejado. Hay 471 tejas en el tejado esta mañana. ¿Cuántas tejas había hace 6 días?

8. Tommy se está entrenando para una carrera. Una semana tardó 520 segundos en correr 1 milla. La semana siguiente tardó 490 segundos. Una semana después tardó 460 segundos. Si el patrón continúa, ¿cuánto tardará en correr 1 milla dentro de 2 semanas?

Education Place
Visita eduplace.com/txmap, donde encontrarás **consejos para tomar exámenes** y más **práctica para TAKS.**

Repaso/Examen del capítulo

Vocabulario y conceptos

Escoge el mejor término para completar las oraciones.

Banco de palabras
expresión
operación
patrón

1. Un grupo de números que se relacionan por una regla siguen un _____.

2. Una _____ es una frase matemática que contiene un signo de operación pero no un signo de igual.

Cálculos

¿Cuál es la regla de cada patrón numérico?

3.

ENTRADA	2	3	5	7	9
SALIDA	6	9	15	21	27

4.

ENTRADA	1	2	4	6	7
SALIDA	10	11	13	15	16

Copia y completa las tablas usando la regla.

5.

ENTRADA	3	4	5	7	7
SALIDA		24	30		45

6.

ENTRADA		9	12		24
SALIDA	1	3	4	6	

Resolver problemas y razonamiento

Resuelve.

7. Julia compró 3 bolsas de manzanas para llevar a una fiesta de cumpleaños. Cada bolsa cuesta $4. Haz un dibujo para calcular cuánto gastó en las manzanas.

8. En un teatro hay 375 asientos. En la mayoría de las filas hay 20 asientos. Usa una calculadora para hallar el residuo de $375 \div 20$. Explica qué significa el residuo.

9. George corrió 4 millas el lunes. El martes, corrió 7 millas y el miércoles corrió 10 millas. Si el patrón continúa, ¿cuánto correrá el sábado?

10. Rob, Peter y Sue son amigos. Uno de ellos tiene zapatos con cordones rojos, uno tiene cordones verdes y otro no tiene cordones. Los cordones de Rob no son rojos. Peter tiene cordones. ¿Quién usa cada par de zapatos?

Escribir matemáticas ¿Cómo hallaste la respuesta al problema 10? Explica tu respuesta.

Preparación para *TAKS* y repaso frecuente

1 Denise leyó 48 libros. Terrence leyó 63 libros. ¿Cuál es la mejor estimación del número total de libros que leyeron?

A 10

B 100

C 110

D 120   **Objetivo 1 de** *TAKS* **TEKS 4.5A** página 28

2 El viernes fueron al zoológico 371 personas. El sábado fueron 427 personas y el domingo fueron 558 personas. ¿Cuál es la mejor estimación del número de personas que fueron al zoológico durante los 3 días?

F 1,200

G 1,300

H 1,400

J 1,500   **Objetivo 1 de** *TAKS* **TEKS 4.5A** página 28

> **Consejo para** *TAKS*
>
> Redondea al lugar de mayor valor para obtener una estimación rápida de la suma.

3 El señor Chen está desempacando 32 cajas de libros para su tienda. Hasta ahora, ha desempacado 12 cajas. ¿Qué datos se necesitan para hallar el número de libros que ya ha desempacado?

A cuánto cuesta cada libro

B cuántas cajas le falta desempacar

C cuántos libros hay en cada caja

D cuántos libros tiene en la tienda

Objetivo 6 de *TAKS* **TEKS 4.14B** página 16

4 Frank horneó 143 panecillos para una feria de la escuela. Seth horneó 87 panecillos. ¿Cuál es la mejor estimación de cuántos panecillos más cocinó Frank?

F 50

G 60

H 220

J 230

Objetivo 1 de *TAKS* **TEKS 4.5A** página 28

5 **Respuesta con cuadrícula**
Los estudiantes plantaron árboles para el Día del Árbol. La gráfica muestra el número de árboles que plantaron los estudiantes de tercero a sexto grado.

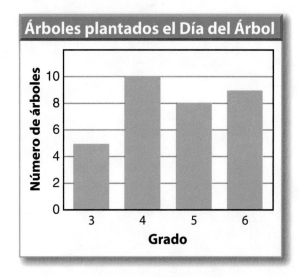

¿Cuántos árboles plantaron los estudiantes de sexto grado?

Objetivo 5 de *TAKS* **TEKS 4.13B** página 32

Cálculo mental

Banco de palabras

adición

cálculo mental

diferencia

resta

suma

Vocabulario y conceptos Grado 3

Escoge el mejor término para completar las oraciones. Grado 3

1. Cuando calculas mentalmente una respuesta, haces un ____.

2. Sueles usar la adición para hallar la ____ de dos o más números.

3. Sueles usar la resta para hallar la ____ entre dos números.

Cálculos

Haz cálculos mentales para hallar el sumando que falta. Grado 3

4. $7 + \blacksquare = 10$

5. $14 + \blacksquare = 20$

6. $22 + \blacksquare = 40$

Haz cálculos mentales para hallar las sumas. Grado 3

7. $28 + 9$

8. $28 + 19$

9. $28 + 29$

Resolver problemas y razonamiento página 52

10. Un jardín tiene 97 limoneros. El dueño planta 25 árboles más. ¿Cuántos limoneros hay en total?

Vocabulario de TAKS

¡Visualízalo!

números compatibles

Números con los que es fácil hacer cálculos mentales

Suma los números de cada columna de esta tabla.

1	2	3	4	5	6	7	8	9	10
9	8	7	6	5	4	3	2	1	0

Es fácil sumar números que dan un total de 10. Las sumas de 10 son números compatibles.

múltiplo

Cuando se multiplica un número entero por otro número, el producto se llama múltiplo. Los múltiplos de 10 también son números compatibles.

10	20	30	40	50	60	70	80	90	100

Mi mundo bilingüe

Para hallar el producto de dos números, debes multiplicar. Un *múltiplo* es el producto de dos números enteros.

Las palabras que se parecen en español y en inglés muchas veces tienen el mismo significado.

Español	Inglés
compatible	compatible
múltiplo	multiple

Consulta el **Glosario español–inglés**, páginas 569 a 582.

Education Place Visita eduplace.com/txmap, donde encontrarás el **glosario electrónico**.

Objetivo 6 de TAKS **TEKS 4.15B** Relacionar el lenguaje informal con el lenguaje y los símbolos matemáticos.

Capítulo 4 71

Objetivos 1 y 6 de **TAKS**

TEKS 4.3A Utilizar la suma y resta para resolver problemas en los que se usan números enteros.

También 4.14D

Vocabulario de **TAKS**

Una **oración numérica** es otra manera de nombrar una ecuación.

Materials
• Cubos de unidades
• Manipulativos electrónicos eduplace.com/txmap

Aplícalo
Formar números

Objetivo Formar y descomponer números aplicando la suma y la resta.

★ Explorar

Cualquier número puede expresarse de varias maneras. Por ejemplo, algunas de las expresiones para el 6 son $5 + 1$, $4 + 2$, $3 + 3$ y $3 + 2 + 1$.

Pregunta ¿Cómo puedes hallar expresiones usando la suma y la resta?

¿De cuántas maneras puedes expresar 24 sumando 2 números?

1 Halla todas las maneras de formar 24 con 2 grupos de cubos. Anota tu trabajo con oraciones numéricas.

$$9 + 15 = 24$$
$$8 + 16 =$$

¿Cómo sabes que hallaste todas las maneras?

2 Halla algunas maneras de formar 24 con 3 grupos de cubos. Anótalas con oraciones numéricas.

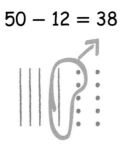
También puedes restar para formar 24. Imagina que tienes 50 semillas. Resta dos puñados de semillas para formar 24 semillas.

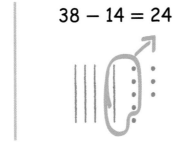

$$50 - 12 = 38 \qquad 38 - 14 = 24$$

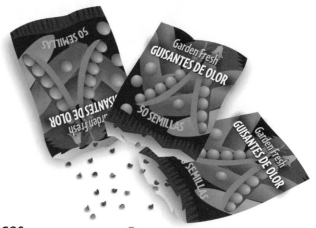

Halla cuatro maneras de formar 24 restando dos veces.

Halla cuatro maneras de formar 24 restando tres veces.

★ Extender

Escribe oraciones numéricas de suma o resta para expresar los números de dos maneras.

1. 32

2. 18

3. 45

4. 38

5. 48

6. 56

7. 33

8. 29

9. Muestra dos maneras de formar 12 con tres sumandos.

10. Muestra dos maneras de formar 45 restando tres veces.

11. Escribe oraciones numéricas de suma y resta con objetos que tengas en tu casa. Resuelve los problemas.

12. Puedes escribir el número 5 de 3 maneras diferentes usando sumandos diferentes. ¿Cuáles son esas maneras?

13. Reto Halla todos los números que puedas formar con los números de dos dados. Escribe todas las oraciones de suma posibles con dos sumandos.

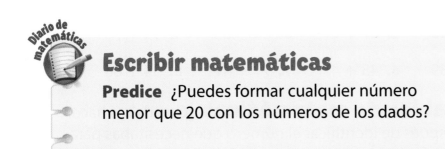

Escribir matemáticas

Predice ¿Puedes formar cualquier número menor que 20 con los números de los dados?

Objetivos 1 y 6 de **TAKS**

TEKS 4.3A Utilizar la suma y resta para resolver problemas en los que se usan números enteros.

4.16B Justificar por qué una respuesta es razonable y explicar el proceso de la solución.

También 4.14A

Hacer un múltiplo de 10

Objetivo Usar múltiplos de 10 para sumar mentalmente.

Castilleja

★ Aprender con ejemplos

Has aprendido a sumar números de 2 y 3 dígitos usando papel y lápiz. A veces puedes sumar haciendo cálculos mentales.

> Una jardinera encargó flores: 27 varas de oro y 24 castillejas de color rojo. ¿Cuántas flores encargó en total?

Para hallar el total de dos números puedes sumar.

Suma 27 + 24.

Consejo de vocabulario

Haces *cálculos mentales* cuando calculas una respuesta en tu cabeza.

Ejemplo

1	Piensa en un número que puedas sumar a 27 para transformarlo en un múltiplo de 10.	$27 + 3 = 30$
2	Muestra 24 como una oración numérica con el número 3.	$27 + 24$ $27 + 3 + 21$
3	Suma los números mentalmente.	$(27 + 3) + 21$ $30 + 21 = 51$

★ Práctica guiada

Piénsalo

• ¿Cuál es el siguiente múltiplo de 10?

• ¿Cómo puedo descomponer el número para transformarlo en un múltiplo de 10?

• ¿Qué número sobrará?

Resuelve. Explica los cálculos mentales que hiciste para hallar la respuesta.

1. $38 + 65$ **2.** $67 + 27$ **3.** $59 + 53$ **4.** $14 + 78$

5. $48 + 39$ **6.** $45 + 47$ **7.** $77 + 47$ **8.** $34 + 68$

 Hablar de matemáticas ¿Qué debes hacer después de identificar el número que necesitabas para transformar un número en múltiplo de 10?

Resuelve. Explica los cálculos mentales que hiciste para hallar la respuesta.

9. 49 + 33

10. 35 + 38

11. 27 + 44

12. 17 + 74

13. 78 + 53

14. 55 + 28

15. 57 + 49

16. 65 + 68

17. 35 + 72

18. Jun tiene 84 tarjetas de colección. Compra 48 más. ¿Cuántas tarjetas tiene en total?

19. Sally y Magda coleccionan caracoles. Si Sally encuentra 37 y Magda 55, ¿cuántos caracoles tienen en total?

20. **Reto** Greg formó la bandera de Texas con las flores que plantó. Usó 27 altramuces de Texas, 38 salvias rojas y 45 amapolas mexicanas. ¿Cuántas plantas usó en total? Explica los cálculos mentales que hiciste para resolver este problema.

Conexión con la información

Jack hizo una tabla para comparar su edad con la de su padre. Usa los datos de esta tabla y haz cálculos mentales para responder a las preguntas 21 a 24.

21. ¿Cuántos años más que Jack tiene su padre?

22. Jack tiene 11 años. ¿Cuántos años tiene su padre?

23. Jack tiene una hermana tres años menor que él. ¿Cuántos años tendrá su hermana cuando su padre tenga 40?

Mi edad	Edad de papá
1	26
3	28
5	30
7	32

24. ¿Cuántos años tendrá Jack cuando su padre tenga el doble de la edad de Jack?

★ **Práctica para** TAKS **Respuesta con cuadrícula**

Consejo para TAKS

Lee con atención para asegurarte de comprender la pregunta. ¿Debes sumar o restar?

25 Ayer Peter vendió 45 sandías. Hasta ahora, hoy ha vendido 18 sandías. ¿Cuántas sandías ha vendido en total?

Objetivos 1 y 6 de TAKS

TEKS 4.3A Utilizar la suma y resta para resolver problemas en los que se usan números enteros.

También 4.14A

Sumar números compatibles

Objetivo Usar números compatibles para sumar mentalmente.

★ Aprender con ejemplos

En la Lección 2 aprendiste una manera de sumar haciendo cálculos mentales. También puedes sumar mentalmente usando **números compatibles**.

Los colibríes se alimentan del néctar de las flores.

Vocabulario de TAKS

Los **números compatibles** son números con los que es fácil hacer cálculos mentales.

$$85 - 15$$
$$30 + 20$$
$$51 + 29$$

Pista

25 y 15 son números compatibles porque son fáciles de sumar a un múltiplo de 5 ó 10.

Ejemplo 1

En los jardines Discovery Gardens, en Texas, Abby contó 25 colibríes verdes y 15 colibríes azules. ¿Cuántos colibríes contó en total?

$$25 + 15 = 40$$

Ejemplo 2

Roberto contó 34 frijoles que crecían en un tallo y 48 frijoles en otro tallo. ¿Cuántos frijoles contó en total?

1 Descompone los números para formar números compatibles.

$$34 = 30 + 4 \qquad\qquad 48 = 45 + 3$$

2 Primero suma los números compatibles.

$$30 + 45 = 75$$

3 Suma el resto de los números.

$$75 + 4 = 79$$
$$79 + 3 = 82$$

Otros ejemplos

A. Usa múltiplos de diez.

$$39 + 46$$
$$39 = 40 - 1$$
$$46 = 50 - 4$$
$$40 + 50 = 90$$
$$1 + 4 = 5$$
$$90 - 5 = 85$$

B. Usa la resta.

$$278 + 37$$
$$278 = 270 + 8$$
$$37 = 30 + 7$$
$$270 + 30 = 300$$
$$8 + 7 = 15$$
$$300 + 15 = 315$$

★ Práctica guiada

Piénsalo

- ¿Qué números son más fáciles de sumar mentalmente?
- ¿Cómo puedo formar números compatibles?

Haz cálculos mentales para sumar.

1. $53 + 19$ **2.** $115 + 76$ **3.** $88 + 104$

4. $69 + 18$ **5.** $109 + 37$ **6.** $26 + 56$

7. $217 + 64$ **8.** $46 + 18$ **9.** $47 + 47$

10. $129 + 44$ **11.** $75 + 37$ **12.** $39 + 53$

Resolver problemas con ayuda

Usa las siguientes preguntas para resolver este problema.

13. Sharon envasó 144 plantas de guisantes con vainas en cajas. Su tía envasó 56. ¿Cuántas plantas de guisantes con vainas envasaron en total?

    a. Compréndelo/Planéalo ¿Qué información se presenta? Explica por qué puedes usar la suma para resolver el problema.

    b. Resuélvelo Escribe la oración de suma. Usa números compatibles y haz cálculos mentales para hallar el total.

$$\bigcirc + \bigcirc = \bigcirc$$

    c. Verifícalo Asegúrate de que tu respuesta sea razonable.

    Completa la oración:

    Sharon y su tía envasaron $\bigcirc$ plantas en total.

(123) Hablar de matemáticas ¿Puedes formar números compatibles de más de una manera? Explica tu respuesta y da un ejemplo.

★ Practicar y resolver problemas

Haz cálculos mentales para sumar.

14. $47 + 35$ **15.** $77 + 16$ **16.** $24 + 38$ **17.** $29 + 57$ **18.** $28 + 66$

19. $114 + 39$ **20.** $17 + 26$ **21.** $47 + 18$ **22.** $19 + 56$ **23.** $58 + 127$

24. $17 + 65$ **25.** $129 + 49$ **26.** $137 + 49$ **27.** $219 + 44$ **28.** $83 + 246$

Haz cálculos mentales para resolver los siguientes problemas.

29. Medición Cody plantó girasoles. Hacia junio los girasoles tenían 29 pulgadas de altura. Hacia julio, habían crecido 19 pulgadas más. ¿Qué altura tenían los girasoles en julio?

30. ¿Correcto o incorrecto? Simón usó números compatibles para sumar 57 + 69. Sumó 50 + 60 = 110 y luego sumó 7 para formar 117. ¿Tiene razón? Explica tu respuesta.

Conexión con los estudios sociales

Usa los datos para resolver los problemas.

31. Halla la distancia total desde Bonney hasta Hardin si pasas primero por Houston.

32. ¿Cuántos habitantes más tiene Orchard que Guerra?

33. ¿Cómo podrías hacer cálculos mentales para hallar la población conjunta de Kenefick y Orchard?

34. Dayton, Texas, se encuentra entre Houston y Nome. Si Dayton está a 37 millas de Houston, ¿a qué distancia se encuentra Dayton de Nome?

Ciudades pequeñas de Texas

Texas tiene algunas de las ciudades más grandes del país, pero también algunas de las más pequeñas. En el año 2000, Hoston tenía 1,453,631 habitantes mientras que Guerra, la ciudad más pequeña, ¡tenía sólo 8 habitantes!

En la siguiente tabla se muestra la población de algunas ciudades pequeñas de Texas y la distancia que las separa de Houston.

★ Bienvenido ★
a
GUERRA
pob. 8

Ciudad	Población	Millas desde Houston
Hardin	755	51
Kenefick	667	42
Nome	515	69
Bonney	384	35
Orchard	408	50

35. Reto Haciendo cálculos mentales, indica qué diferencia es mayor: la diferencia entre la población de Hardin y la de Kenefick o la diferencia entre la población de Nome y la de Bonney.

Objetivo 6 de **TAKS**
TEKS 8A de Estudios sociales

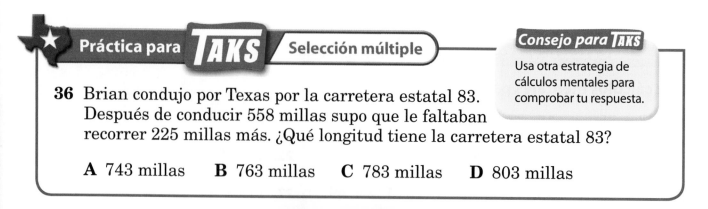

Práctica para TAKS Selección múltiple

Consejo para TAKS
Usa otra estrategia de cálculos mentales para comprobar tu respuesta.

36 Brian condujo por Texas por la carretera estatal 83. Después de conducir 558 millas supo que le faltaban recorrer 225 millas más. ¿Qué longitud tiene la carretera estatal 83?

A 743 millas **B** 763 millas **C** 783 millas **D** 803 millas

Para **Práctica adicional** consulta la página 87, Conjunto B.

¡Vendido al mejor postor!

El señor Ramírez es subastador. Una subasta es un evento donde las personas compiten para comprar bienes haciendo la oferta más alta. Las ofertas son propuestas para comprar un artículo a un precio determinado. El señor Ramírez debe hacer cálculos mentales con rapidez para recordar todas las ofertas.

Un subastador lleva la cuenta de las ofertas.

Haz cálculos mentales para resolver estos problemas.

1. La señora Reuter tiene dinero suficiente para ofertar hasta $2,000. Si ofrece $1,200 por los toros negros raza Angus, ¿cuánto dinero le queda para hacer otras ofertas?

2. ¿Cuál es la oferta más alta por un arnés de caballo si las ofertas son $430, $350 y $200?

3. ¿Cuánto más debería ofrecer el postor de la oferta más baja para igualar la oferta del mejor postor?

Silla de montar de cuero de vaca

4. El vendedor desea vender una silla de montar de cuero por $300. Si la oferta más alta es $275, ¿podrá el postor comprar la silla? Si no es así, ¿cuánto más debería ofrecer?

5. Una persona hace una oferta de $875 por la estatua de un caballo. Otra persona ofrece $595. Aproximadamente, ¿qué diferencia hay entre las dos ofertas?

6. El precio de remate de un grupo de pinturas al óleo de escenas del oeste era $125 cada una. Si el señor O'Hara compra 9 pinturas para su negocio, aproximadamente, ¿cuánto debe pagar?

Objectivos 1 y 6 de **TAKS**
TEKS 4.3A y 4.14A

Objetivo 1 de *TAKS*

TEKS 4.3A Utilizar la suma y resta para resolver problemas en los que se usan números enteros.

Estrategias de resta

Objetivo Usar números compatibles para resolver problemas de resta.

★ Aprender con ejemplos

En este capítulo has aprendido diferentes maneras de sumar mentalmente. Ahora aprenderás algunas maneras para restar mentalmente.

Daniel cosechó 45 mazorcas en el campo de su familia. Esa noche cenaron 17 mazorcas. ¿Cuántas mazorcas quedan?

$$45 - 17 = \blacksquare$$

Maneras de restar mentalmente

Manera 1 **1** Piensa en un número que esté cerca de 17 que sea más fácil de restar mentalmente.

> Piensa:
> $17 + 3 = 20$

Resta ese número.

$$45 - 20 = 25$$

2 Recuerda que sumaste 3 a 17. Restaste un número que era demasiado grande, por eso la diferencia es demasiado pequeña.

Ahora suma el mismo número, 3, a la diferencia.

$$25 + 3 = 28$$

Manera 2 **1** Descompone el número que estás restando para que sea compatible con el número más grande.

> Piensa:
> $17 = 15 + 2$

2 Primero resta el número compatible. Luego, resta la cantidad que queda.

$$45 - 15 = 30 \qquad 30 - 2 = 28$$

Piénsalo

- ¿Puedes sumar para formar un número más fácil?

- ¿Puedes restar para formar un número más fácil?

★ Práctica guiada

Haz cálculos mentales para restar.

1. $33 - 6$ **2.** $54 - 18$ **3.** $82 - 43$ **4.** $85 - 28$

Copia y completa las tablas.

Pista

Descompone los números para que sean más fáciles de calcular.

5.

Número	Número − 16
65	
115	
575	

6.

Número	Número − 29
	53
	213
492	

 Hablar de matemáticas Si sumas un número al número más grande en un problema de resta, ¿qué debes hacer con el número más pequeño?

★ Practicar y resolver problemas

Haz cálculos mentales para restar.

7. 125 − 87　　**8.** 248 − 96　　**9.** 87 − 39　　**10.** 77 − 35　　**11.** 212 − 98

12. 154 − 26　　**13.** 163 − 45　　**14.** 201 − 76　　**15.** 130 − 84　　**16.** 267 − 58

Copia y completa las tablas.

17.

Número	Número − 28
56	
106	
226	

18.

Número	Número − 37
99	
309	
519	

Haz cálculos mentales para resolver los siguientes problemas.

19. Keith cosechó 131 tomates de su huerta. Dio 68 tomates a su mamá para que preparara una salsa. ¿Cuántos tomates le quedaron?

20. Reto Ashley tenía 144 plantas de zanahoria en su huerta. Cosechó 28. Los conejos se comieron todas las restantes menos 56. ¿Cuántas plantas se comieron los conejos?

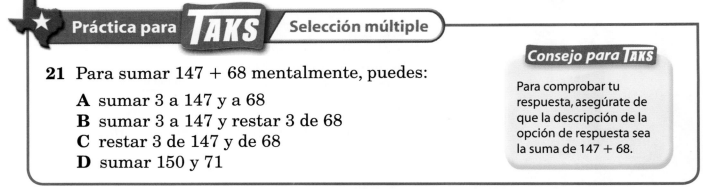

★ Práctica para TAKS | **Selección múltiple**

Consejo para TAKS

Para comprobar tu respuesta, asegúrate de que la descripción de la opción de respuesta sea la suma de 147 + 68.

21 Para sumar 147 + 68 mentalmente, puedes:

　A sumar 3 a 147 y a 68
　B sumar 3 a 147 y restar 3 de 68
　C restar 3 de 147 y de 68
　D sumar 150 y 71

Objetivos 1 y 6 de TAKS

TEKS 4.3A Utilizar la suma y resta para resolver problemas en los que se usan números enteros.

4.14A Identificar las matemáticas en situaciones diarias.

4.15A Explicar y anotar observaciones utilizando objetos, palabras, dibujos, números y tecnología.

También 4.14B y 4.16B

Analízalo

¿Debes hallar el total o una de las partes?

Resolver problemas
Escoge una estrategia

Objetivo Escoger la operación para resolver problemas de suma y resta.

⭐ **Aprender con ejemplos**

En algunos problemas hay un total que se descompone en partes. A veces se presenta el total y una de las partes. Otras veces se presentan las dos partes y tú debes hallar el total.

Puedes hacer un dibujo para anotar la información que conoces y escoger la suma o la resta para resolver el problema.

EJEMPLO 1

El verano pasado Jerry pescó 29 chernas en el lago Braunig. Pescó un total de 54 peces. ¿Cuántos de los peces que pescó NO eran chernas?

- -

Debes hallar una parte.

$54 = 29 + \blacksquare$

Total de peces: 54	
Cherna: 29	Otros: ▇

Puedes restar o sumar para hallar la parte.

$54 - 29 = \blacksquare$ $29 + 1 = 30$
$25 = \blacksquare$ $30 + 24 = 54$
    $24 + 1 = 25$

Jerry pescó 25 peces que no eran chernas.

EJEMPLO 2

El verano pasado Michelle pescó 28 salmones rosados. Pescó 16 salmones rosados menos que chernas. ¿Cuántas chernas pescó?

- -

Sabes que hay 16 salmones rosados menos que chernas, por lo tanto hay más chernas que salmones rosados. Suma las pistas para hallar el número de chernas.

Cherna: ▇	
Salmón rosado: 28	16 menos

$\blacksquare = 28 + 16$ Michelle pescó 44 salmones rosados el verano pasado.

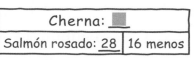

★ Resolver problemas con ayuda

Usa las siguientes preguntas para resolver este problema.

1. Jamila pescó 38 peces. De ellos, 13 eran chernas y el resto, salmones rosados. ¿Cuántos salmones rosados pescó?

Salmón rosado

a. **Compréndelo** Copia y completa este modelo para anotar lo que sabes.

Peces:____	
Cherna: __	Salmón rosado:____

b. **Planéalo** ¿Debes hallar el total o una parte? ¿Qué operación usarás?

c. **Resuélvelo/Verifícalo** Escribe una oración numérica y resuélvela.

Jamila pescó ◯ salmones rosados.

Cherna

★ Práctica para resolver problemas

Haz un diagrama y luego escribe una oración numérica para resolver cada problema.

2. Jerry fue a observar aves. Vio 90 tordos. Vio 50 tordos más que currucas. ¿Cuántas currucas vio?

3. Hay 130 estudiantes en el cuarto grado de la escuela de Michelle. De ellos, 70 son niñas. ¿Cuántos estudiantes de cuarto grado son niños?

4. Michelle tomó 115 fotos en Dallas. En Fort Worth tomó 50 fotos más de las que tomó en Dallas. ¿Cuántas fotos tomó en Forth Worth?

5. Jerry trabaja en la Reserva Nacional Big Thicket. Contó 45 visitantes antes del mediodía y 120 visitantes después del mediodía. ¿Cuántas personas más visitaron la reserva después del mediodía?

La Reserva Nacional Big Thicket está ubicada cerca de Beaumont, Texas.

Canyon, TX

El cañón Palo Duro fue tallado por un brazo del río Red durante más de un millón de años. A medida que el río fluía, se abría paso por las rocas circundantes.

PARQUE ESTATAL
PALO DURO CANYON

Los visitantes del Parque Estatal Palo Duro Canyon pueden descender por el cañón a pie u observarlo desde arriba.

Usa los datos para resolver los problemas.

1. ¿Cuánto más grande es la longitud que el ancho del cañón Palo Duro en su punto más ancho?

2. Aproximadamente, ¿cuánto más ancho que profundo es el cañón Palo Duro en su punto más angosto?

3. Aproximadamente, ¿cuánto más profundo es el Gran Cañón en comparación con el cañón Palo Duro?

4. **Razonamiento** Benjamín hizo el recorrido completo del cañón Palo Duro en 5 días. Benjamín quiere recorrer a pie todo el Gran Cañón. ¿Tardará más o menos de 10 días? Explica tu razonamiento.

5. **Medición** El mapa muestra el sendero Lighthouse Trail que lleva al faro. Catherine quiere recorrer a pie ese sendero. Para hacerlo con tiempo, quiere saber la longitud del sendero. ¿Qué longitud tiene el sendero que lleva al faro? Puedes usar una cuerda como ayuda.

Datos divertidos

- Las paredes del cañón Palo Duro tienen 800 pies de profundidad. El ancho oscila entre 2,640 pies y 20 millas.

- Palo Duro es el segundo cañón más grande de los Estados Unidos. El Gran Cañón tiene 6,000 pies de profundidad y 18 millas de ancho.

- El cañón Palo Duro tiene 120 millas de longitud. El Gran Cañón tiene 277 millas de longitud.

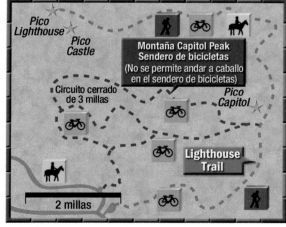

Pico Lighthouse
Pico Castle
Montaña Capitol Peak
Sendero de bicicletas
(No se permite andar a caballo en el sendero de bicicletas)
Circuito cerrado de 3 millas
Pico Capitol
Lighthouse Trail
2 millas

Resolver problemas de TAKS

Escoge una estrategia
- Adivina y comprueba
- Haz un dibujo
- Busca un patrón
- Trabaja desde el final

1 Jamal tiene entre 2,175 y 2,250 canicas. ¿Qué par de números podría representar su colección?

A 1,025 y 1,175

B 1,150 y 1,125

C 1,250 y 1,250

D 1,175 y 1,250

Objetivo 1 de TAKS TEKS **4.3A** página 72

2 Carla vende frijoles blancos por bolsa. En la tabla se muestra la cantidad aproximada de frijoles que hay en 3, 6 y 9 bolsas.

Número de bolsas	Número de frijoles
3	300
6	600
9	900

Si Carla vende 7 bolsas, ¿cuántos frijoles blancos habrá vendido?

F 500

G 700

H 1,100

J 1,400

Consejo para TAKS

Conocer la relación entre pares de números puede ayudarte a resolver problemas

Objetivo 2 de TAKS TEKS **4.6B** página 164

3 **Respuesta con cuadrícula** Juan tiene 4 estantes para libros. Si en cada estante hay 21 libros, aproximadamente, ¿cuántos libros hay en total?

Objetivo 2 de TAKS TEKS **4.5A** página 28

4 Leah leyó 127 libros. Lenny leyó 14 libros más que Leah. ¿Cuántos libros leyeron en total?

A 113

B 141

C 240

D 268

Consejo para TAKS

Asegúrate de tener la información que necesitas.

Objetivo 2 de TAKS TEKS **4.3A** página 72

5 Pat corre día por medio. Si corre el 12 de enero, ¿cuál de los siguientes días NO correrá?

Enero						
Domingo	Lunes	Martes	Miércoles	Jueves	Viernes	Sábado
		1	2	3	4	5
6	7	8	9	10	11	12
13	14	15	16	17	18	19
20	21	22	23	24	25	26
27	28	29	30	31		

F el 18 de enero

G el 24 de enero

H el 25 de enero

J el 30 de enero

Objetivo 2 de TAKS TEKS **4.6A** página 58

6 **Respuesta con cuadrícula** Tracy tiene 180 estampillas. Tiene 44 más estampillas extranjeras que de los Estados Unidos. ¿Cuántas estampillas de los Estados Unidos tiene?

Objetivo 1 de TAKS TEKS **4.3A** página 80

Education Place
Visita eduplace.com/txmap, donde encontrarás **consejos para tomar exámenes** y más **práctica para TAKS**.

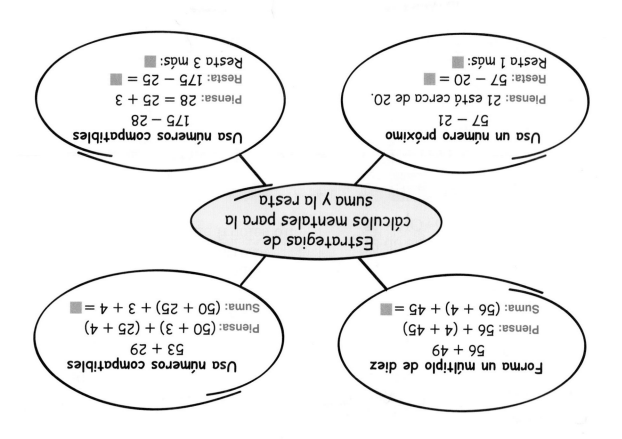

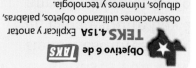

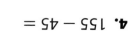

Repaso

Leer y escribir matemáticas

Vocabulario de TAKS

Existen diferentes maneras de resolver un problema con cálculos mentales.

Completa la red de palabras.

Forma un múltiplo de diez
56 + 49
Piensa: 56 + (4 + 45)
Suma: (56 + 4) + 45 = ■

Usa números compatibles
53 + 29
Piensa: (50 + 3) + (25 + 4)
Suma: (50 + 25) + 3 + 4 = ■

Estrategias de cálculos mentales para la suma y la resta

Usa un número próximo
57 − 21
Piensa: 21 está cerca de 20.
Resta: 57 − 20 = ■
Resta 1 más: ■

Usa números compatibles
175 − 28
Piensa: 28 = 25 + 3
Resta: 175 − 25 = ■
Resta 3 más: ■

Resuelve los problemas haciendo cálculos mentales. Indica qué estrategia usaste.

1. 32 + 12 =

2. 67 + 42 =

3. 78 − 51 =

4. 155 − 45 =

Escribir ¿Cómo te ayudan los números compatibles a sumar y restar mentalmente?

Leer Busca libros relacionados con este concepto en tu biblioteca.

Objetivo 6 de TAKS

TEKS 4.15A Explicar y anotar observaciones utilizando objetos, palabras, dibujos, números y tecnología.

4.15B Relacionar el lenguaje informal con el lenguaje y los símbolos matemáticos.

Práctica adicional basada en los estándares

Conjunto A

Objetivo 1 de **TAKS** TEKS 4.3A página 74

Haz múltiplos de 10 para sumar mentalmente.

1. $29 + 45$ **2.** $87 + 51$ **3.** $38 + 67$ **4.** $73 + 18$

5. $36 + 46$ **6.** $39 + 33$ **7.** $48 + 25$ **8.** $19 + 62$

9. A Jina le gusta leer antes de irse a dormir. El lunes por la noche, lee las primeras 47 páginas de un libro. El martes, lee 66 páginas. ¿Cuántas páginas lee en total?

Conjunto B

Objetivo 1 de **TAKS** TEKS 4.3A página 76

Usa números compatibles para sumar mentalmente.

1. $37 + 18$ **2.** $49 + 47$ **3.** $65 + 36$ **4.** $46 + 38$

5. $28 + 52$ **6.** $72 + 63$ **7.** $59 + 38$ **8.** $63 + 57$

9. Peter tenía 73 caracoles en su colección. Durante el verano encontró 18 caracoles más. ¿Cuántos caracoles tiene en total?

10. Anna dibuja retratos para sus amigos. Hizo 27 retratos de niños y 19 retratos de niñas. ¿Cuántos retratos hizo en total?

Conjunto C

Objetivo 1 de **TAKS** TEKS 4.3A página 80

Haz cálculos mentales para restar.

1. $73 - 39$ **2.** $94 - 76$ **3.** $63 - 48$ **4.** $83 - 64$

5. $82 - 25$ **6.** $73 - 26$ **7.** $95 - 83$ **8.** $75 - 36$

9. Ed limpia ventanas. Al comenzar el día, tenía 83 ventanas para limpiar. A la hora de comer, había limpiado 47 ventanas. ¿Cuántas ventanas le quedan por limpiar?

10. Aaron tiene 64 DVD para vender por Internet. En un mes, vendió 49. ¿Cuántos DVD le quedan para vender?

Education Place
Visita eduplace.com/txmap, donde encontrarás **consejos para tomar exámenes** y más **práctica para TAKS.**

Repaso/Examen del capítulo

Vocabulario y conceptos

Escoge el mejor término para completar las oraciones.

> **Banco de palabras**
> **cálculo mental**
> **números compatibles**
> **oración numérica**

1. Resolver los problemas mentalmente, sin usar lápiz y papel, se llama _____.

2. Usar _____ te ayuda a resolver problemas porque con ellos es fácil hacer cálculos mentales.

3. Otro nombre para una ecuación es _____.

Cálculos

Haz cálculos mentales para resolver.

4. $37 + 48$

5. $26 + 73$

6. $163 - 42$

7. $85 - 38$

8. $58 + 62$

9. $78 - 21$

10. $42 + 85$

11. $212 - 61$

12. $91 - 44$

13. $73 + 51$

14. $64 - 25$

15. $123 + 48$

Resolver problemas y razonamiento

Resuelve.

16. Rob tiene una colección de 84 tapas de botella. Alan tiene una colección de 97 tapas de botella. ¿Cuántas tapas tienen en total?

17. Teresa tenía 204 yardas de hilo. Usó 81 yardas para tejer un par de medias. ¿Cuántas yardas de hilo sobraron?

18. En el estacionamiento había 163 carros. Dos horas después, 48 carros se habían ido. ¿Cuántos carros quedaban en el estacionamiento?

19. La familia de Kate condujo 152 millas. Se detuvieron para almorzar y luego condujeron 59 millas más. Usa números compatibles para hallar cuántas millas condujeron en total.

20. Elise tenía 139 cuentas. Usó 83 para hacer una brazalete. ¿Cuántas cuentas le sobraron?

Diario de matemáticas

Escribir matemáticas ¿Cómo decidiste qué operación usar para resolver el problema 17? ¿y el problema 19?

Preparación para TAKS y repaso frecuente

1 Todos los números del conjunto A se relacionan de la misma manera con el número del conjunto B que está al lado.

Conjunto A	Conjunto B
2	6
3	9
4	12
5	15

Para un número del conjunto A, ¿cómo puedes hallar el número del conjunto B?

A Se le suma 1.

B Se le suma 3.

C Se divide entre 3.

D Se multiplica por 3.

Objetivo 2 de TAKS   TEKS 4.7   página 54

2 Keith tiene 1,681 estampillas nacionales y 1,690 estampillas extranjeras. ¿Qué lugar debe mirar Keith para hallar si tiene más estampillas nacionales o extranjeras?

F millares

G centenas

H decenas

Consejo para TAKS

Para comparar los números se empieza por la izquierda y se compara cada lugar.

J unidades   Objetivo 1 de TAKS   TEKS 4.1A   página 8

3 La tabla muestra cuántas personas visitaron un museo de arte durante el otoño.

Mes	Número de visitantes
Septiembre	3,472
Octubre	4,021
Noviembre	3,447
Diciembre	3,398

¿Qué opción muestra los meses en orden de menor a mayor según el número de visitantes?

A septiembre, octubre, noviembre, diciembre

B diciembre, noviembre, septiembre, octubre

C diciembre, septiembre, noviembre, octubre

D octubre, septiembre, noviembre, diciembre

Objetivo 1 de TAKS   TEKS 4.1A   página 36

4 **Respuesta con cuadrícula** Trey está jugando a un juego con un dado. Lanza un 5, un 3 y un 8. ¿Cuál es el número más grande que puede formar con estos números?

Objetivo 1 de TAKS   TEKS 4.1A   página 30

Education Place
Visita eduplace.com/txmap, donde encontrarás **consejos para tomar exámenes** y más **práctica para TAKS**.

Examen de la Unidad 2

Vocabulario y conceptos ———————————————— Objetivo 1 de *TAKS* TEKS 4.3A, 4.7

Completa los espacios en blanco para terminar las oraciones.

1. Los números relacionados de una tabla se llaman _____.

2. Otro nombre para una ecuación es _____.

3. Los números que son fáciles de calcular mentalmente se llaman _____.

Cálculos ———————————————— Objetivo 1 de *TAKS* TEKS 4.3A, 4.7, 4.16A

Completa las tablas.

4.

Número	Número + 47
24	71
71	

5.

Número	Número + 28
	68
91	119

6.

Número	Número − 61
	26
93	32

Extiende el patrón.

7. 32, 44, 56, ___, ___, ___

8. 93, 86, 79, ___, ___, ___

9. 111, 93, 75, ___, ___, ___

10. 21, 57, 93, ___, ___, ___

11. 11, 38, 65, ___, ___, ___

12. 242, 209, 176, ___, ___, ___

Escribe una oración numérica de suma y resta para cada número.

13. 78

14. 57

15. 63

Haz cálculos mentales para sumar o restar.

16. 28 + 147

17. 54 + 26

18. 93 + 35

19. 72 − 66

20. 62 − 53

21. 38 − 21

Resolver problemas y razonamiento ——————— Objetivos 1 y 6 de *TAKS* TEKS 4.3A, 4.14B, 4.14C

Resuelve los problemas.

22. En la fiesta de invierno, Sam comió 46 papas fritas. Susan comió 37 papas fritas. ¿Cuántas papas fritas más que Susan comió Sam?

23. La decoración estaba hecha con 26 globos rojos y algunos globos azules. Había 10 globos azules menos que globos rojos. ¿Cuántos globos había en total?

24. En una mesa hay 4 tazones alineados. Los tazones tienen salsa, palomitas de maíz, papas fritas y frutos secos. Las palomitas de maíz no están en el primer tazón ni en el último. El primer tazón tiene papas fritas o salsa, que están en tazones uno al lado del otro. La salsa está al lado de las palomitas de maíz. ¿En qué orden están los alimentos?

25. En una fiesta, Amanda, George, Sally y Derek ganaron cada uno un juego diferente. Jugaron al dominó, a las sillitas, a la charada y a adivinar el número. Derek no ganó en las sillitas ni en adivinar el número. Amanda no ganó en las sillitas. Sally ganó en el dominó. ¿Quién ganó en cada juego?

¡LAS GRANDES IDEAS!

Escribir matemáticas ¿Un patrón puede tener más de una regla? Explica tu respuesta. Brinda un ejemplo para justificar tu explicación.

Evaluar el rendimiento

Objetivos 1 y 6 de *TAKS* TEKS 4.3A, 4.14A, 4.14B, 4.16B

Tandas para el desayuno

Un grupo de ecologistas está organizando un desayuno para recaudar fondos. Deben decidir qué ingredientes necesitan.

Tarea	Información que necesitas
Usa las recetas de arriba y la información de la derecha para decidir cuántas tandas se harán de cada receta. Luego, halla la cantidad total de cada ingrediente que se necesita para preparar el desayuno completo. Explica tu razonamiento.	El grupo preparará al menos una tanda de cada receta.
	50 personas han comprado boletos para el desayuno.
	A cada persona le servirán 2 panqueques o una galleta con un huevo.
	El grupo no quiere que sobren más de 8 panqueques u 8 galletas.

En sus marcas... con Greg Tang

Una estrategia sencilla es primero restar, y así a 99 llegar.

"Conozco una manera rápida de calcular 100 — 36. Primero resto 1 de 100 para llegar a 99, luego resto 1 de 36 porque ahora sólo necesito restar 35 más. ¡Si calculas con 99, no hace falta reagrupar y la respuesta es exactamente 64!"

Llega a 99

1.   100 → 99
         − 36   − 35
         64 ← 64

2.   300 → 299
         − 43   − ■
                ■

3.   500 → ■
         − 72   − 71
                ■

4.   100 → ■
         − 27   − ■
                ■

5.   300 → ■
         − 65   − ■
                ■

6.   600 → ■
         − 27   − ■
                ■

¡Así se hace!

7.   200 → ■
         − 18   − ■
                ■

8.   400 → ■
         − 81   − ■
                ■

9.   700 → ■
         − 13   − ■
                ■

10. 200 → ■
         − 39   − ■
                ■

11. 400 → ■
         − 54   − ■
                ■

12. 800 → ■
         − 41   − ■
                ■

¡Sigue adelante!

¡Ahora inténtalo siguiendo todos los pasos mentalmente!

13.   100
         − 44

14.   400
         − 86

15.   500
         − 92

16.   800
         − 71

¡Excelente!

Sumar y restar

¡LAS GRANDES IDEAS!

- Una estimación ayuda a decidir si un resultado es razonable.
- Hay más de una manera de sumar y restar.
- Se puede sumar o restar para hallar cambios de hora o de temperatura.

Capítulo 5
Sumar y restar números enteros

Capítulo 6
Combinar y comparar

Canciones y juegos

Música y matemáticas
Pista 3

- Todo lo que necesita una mascota
- El termómetro de la naturaleza

¡Súmalos!

Objetivo del juego Crear sumandos de tres dígitos y de dos dígitos para hacer la suma más grande posible.

Materiales
3 conjuntos de fichas de números del 0 al 9 para cada jugador

Número de jugadores 2 a 3

Preparación
Coloca tres conjuntos de fichas boca abajo delante de cada jugador.

> **Consejo de vocabulario**
> Un *sumando* es uno de los números que sumas en un problema de suma.

Cómo se juega

1 Cada jugador toma cinco fichas de la pila y forma un sumando de tres dígitos y un **sumando** de dos dígitos.

2 Cada jugador halla la suma de los sumandos. El jugador que tiene la suma más grande gana 1 punto.

3 Los jugadores devuelven las fichas a la pila, las mezclan y repiten los pasos 1 y 2.

4 Después de la tercera ronda, los jugadores suman los totales de las tres rondas. El jugador con el total más alto gana 1 punto.

5 Gana el jugador que obtenga más puntos.

Objetivo 1 de TAKS
TEKS 4.1A Utilizar el valor de posición para leer, escribir, comparar y ordenar números enteros hasta el lugar de los millones.

4.3A Utilizar la suma y resta para resolver problemas en los que se usan números enteros.

 Education Place
Visita eduplace.com/txmap, donde encontrarás **acertijos**.

Leer Un organizador gráfico puede ayudarte a comprender lo que lees. Puedes hacer un dibujo, completar una tabla o hacer un diagrama para mostrar la información y los números de un problema en palabras.

> Así mostré la información del problema.

Lee el problema en palabras.	Estudia el diagrama.
Problema 1 La tienda Pequeñas Maravillas recibe un envío de 215 animales de cristal. Ahora tiene un total de 500 animales de cristal para vender. ¿Cuántos animales de cristal tenía antes de recibir el envío?	número total para vender: 500

número total para vender: 500	
animales de cristal en la tienda: ?	envío nuevo: 215

En el problema 1, conoces el número total, pero no conoces ambas partes. Puedes ver que necesitas restar para hallar una parte.

Escribir Lee el problema 2. Luego muestra la información de otra manera.

Problema 2
La tienda Pequeñas Maravillas tiene 285 animales de cristal. Recibe un envío de 285 animales de cristal. ¿Cuántos animales de cristal tiene ahora?

Sumar y restar números enteros

Matrioskas rusas

Vocabulario y conceptos Grado 3

Escoge la mejor palabra para completar las oraciones.

Banco de palabras

diferencia

estimar

problema

suma

1. Cuando restas 2 de 6, la _____ es 4.

2. Cuando no necesitas una respuesta exacta, puedes _____.

Redondea los números al lugar que ocupa el dígito subrayado. página 28

3. 4̲25   **4.** 1,7̲56   **5.** 25̲,496

Cálculos

Halla la suma o la diferencia. página 72

6. 246 + 142   **7.** 916 − 718   **8.** 390 + 87   **9.** 725 − 617

Resolver problemas y razonamiento página 82

10. Kenesha tiene 54 muñecas en su colección. 18 de ellas son miniaturas. ¿Cuántas no son miniaturas?

Vocabulario de TAKS

¡Visualízalo!

redondear

A veces no necesitas una respuesta exacta para un problema. Puedes **redondear** números para hallar la cantidad *aproximada*.

Puedes **redondear** estos sumandos al millar más cercano.

Puedes **redondear** estos sumandos al millar más cercano.

$$
\begin{array}{r}
9{,}378 \rightarrow 9{,}000 \\
+7{,}634 \rightarrow 8{,}000 \\
\hline
17{,}000
\end{array}
$$

Es fácil sumar 9,000 y 8,000.

La suma es 17,000.

La suma de 9,378 y 7,634 es aproximadamente 17,000.

Mi mundo bilingüe

En el lenguaje de todos los días, *redondear* es darle forma redonda a un objeto o una idea. En matemáticas, *redondear* significa hallar cuánto es aproximadamente un número.

Las palabras que se parecen en español y en inglés muchas veces tienen el mismo significado.

Español	Inglés
exacto	exact
problema	problem
suma	sum

Consulta el **Glosario español–inglés**, páginas 569 a 582.

Education Place Visita eduplace.com/txmap, donde encontrarás el **glosario electrónico**.

Objetivo 6 de TAKS **TEKS** 4.15B Relacionar el lenguaje informal con el lenguaje y los símbolos matemáticos.

Capítulo 5   97

Objetivos 1 y 6 de **TAKS**

TEKS 4.1A El estudiante estima para determinar resultados razonables.

4.5A Redondear números enteros a la decena, centena o millar más cercanos para llegar a un resultado razonable en la resolución de problemas.

También 4.14D

Vocabulario de TAKS

redondear

números compatibles

agrupación

Materiales
• Tablero 3
• Tarjetas en blanco

Analízalo

Redondea hacia arriba cuando el dígito detrás del dígito de la izquierda es igual o mayor que 5.

Aplícalo
Estimar sumas y diferencias

Objetivo Usar números redondeados y números compatibles para estimar sumas y diferencias.

★ Explorar

Estimar es una manera de aproximarse a una respuesta antes de sumar o restar.

Pregunta ¿Cómo puedes estimar una suma o diferencia?

El circuito de trenes de Keith tiene 11,985 vías.
El circuito de trenes de Todd tiene 24,682 vías.
Aproximadamente, ¿cuántas vías tienen en total?

Trabaja con un compañero para estimar 11,985 + 24,682. Explica en qué se diferencian las estimaciones.

Redondea para estimar

1 ¿Cuántas vías hay? Usa el Tablero 3 para escribir los sumandos en tu tabla de valor de posición. Cubre todos los dígitos que no necesites.

	Millares			Unidades	
centenas de millar	decenas de millar	millares	centenas	decenas	unidades
	1	1	9	8	5
+	2	6	0	8	2

2 **Redondea** al dígito de los millares.

11,985 se redondea a ◯.   24,682 se redondea a ◯.

Escribe los números redondeados y suma. ¿Cuál es tu estimación?

Usa números compatibles

1 Piensa en números que sean fáciles de sumar o restar mentalmente. Cambia los números originales por números compatibles.

$$11,985 \longrightarrow 12,000$$
$$+ 24,682 \longrightarrow + 24,000$$
$$\boxed{}$$

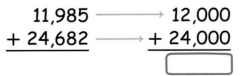

2 Suma o resta. ¿Cuál es tu estimación?

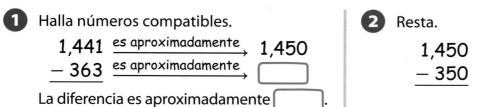

Usa números compatibles cuando puedes cambiar los números
por otros números que sean fáciles de comparar mentalmente.

Estima 1,441 − 363.

1 Halla números compatibles.

1,441 $\xrightarrow{\text{es aproximadamente}}$ 1,450

− 363 $\xrightarrow{\text{es aproximadamente}}$ ☐

La diferencia es aproximadamente ☐ .

2 Resta.

1,450
− 350

También puedes usar la **agrupación** para estimar sumas.
Usa este método con sumandos que tengan valores similares.

Estima 117 + 105 + 91.

1 ¿De qué número están cerca 117, 105 y 91?

¿Cómo puedes contar salteado
para estimar?

La suma es aproximadamente ☐ .

2 Cuenta salteado para estimar.

117 + 105 + 91

100 + 100 + 100 = 300

★ Extender

**Usa el redondeo o números compatibles para estimar las sumas o diferencias.
Explica tu elección.**

1. 1,985 + 1,002

2. 4,840 − 272

3. 8,500 + 1,298

4. 18,300 + 11,890

5. 67,994 − 6,005

6. 37,235 − 30,220

Usa la agrupación para estimar las sumas.

7. 48 + 49 + 52

8. 214 + 206 + 187

9. 375 + 407 + 389

10. Reto Amy quiere comprar señales de cruces y puentes
para su circuito de trenes a escala. Tiene $30. ¿Cómo puede
usar la estimación al hacer las compras? Explica tu respuesta
con un ejemplo.

Diario de matemáticas

Escribir matemáticas

Explica Josh tiene 45 vagones, 48 carros y 52 camiones en
miniatura. Estima el número total de vehículos en miniatura
que tiene. Explica tu trabajo y el método que usaste.

LECCIÓN 2

Objetivos 1 y 6 de TAKS

TEKS 4.3A Utilizar la suma y resta para resolver problemas en los que se usan números enteros.

También 4.16A

Vocabulario de TAKS

reagrupar

Analízalo

Como el problema pide el número total de vías, suma para hallar el total.

Maneras de sumar

Objetivo Usar la suma para resolver problemas en los que se usan números enteros.

★ Aprender con ejemplos

El señor Shaw tiene una gran colección de trenes a escala. Tiene 129 vías y planea comprar 97 vías más. ¿Cuántas vías tendrá en total?

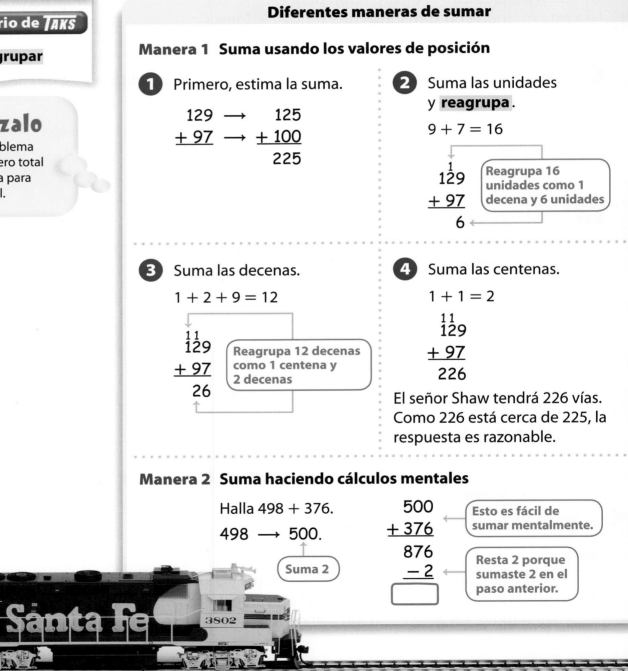

Diferentes maneras de sumar

Manera 1 Suma usando los valores de posición

1 Primero, estima la suma.

$$129 \longrightarrow 125$$
$$+\ 97 \longrightarrow +100$$
$$\ 225$$

2 Suma las unidades y **reagrupa**.

$$9 + 7 = 16$$

$$\overset{1}{1}29$$
$$+\ 97$$
$$6$$

Reagrupa 16 unidades como 1 decena y 6 unidades

3 Suma las decenas.

$$1 + 2 + 9 = 12$$

$$\overset{11}{1}29$$
$$+\ 97$$
$$26$$

Reagrupa 12 decenas como 1 centena y 2 decenas

4 Suma las centenas.

$$1 + 1 = 2$$

$$\overset{11}{1}29$$
$$+\ 97$$
$$226$$

El señor Shaw tendrá 226 vías. Como 226 está cerca de 225, la respuesta es razonable.

Manera 2 Suma haciendo cálculos mentales

Halla 498 + 376.

$$498 \longrightarrow 500.$$

Suma 2

$$500$$
$$+\ 376$$
$$876$$
$$-\ \ 2$$
$$\boxed{}$$

Esto es fácil de sumar mentalmente.

Resta 2 porque sumaste 2 en el paso anterior.

Manera 3   **Suma hallando sumas parciales**

102,514
+ 533,678

12	→	4 +	8
80	→	10 +	70
1,100	→	500 +	600
5,000	→	2,000 +	3,000
30,000	→	0 +	30,000
+ 600,000	→	100,000 +	500,000
636,192			

Este método se puede usar para comprobar las soluciones a los problemas de suma

★ Práctica guiada

Usa cualquier método para hallar las sumas. Estima para comprobar tu respuesta.

1. 283
+ 55

2. 6,582
+ 298

3. $15,899
+ 7,052

4. $128,477
+ 52,715

5. 8,061 + 14,219

6. 590,007 + 600,789

Piénsalo

• ¿Puedo hallar la suma haciendo cálculos mentales?

• ¿Están alineados correctamente los dígitos?

Resolver problemas con ayuda

Usa las siguientes preguntas para resolver este problema.

7. Ted y Michelle tienen un circuito para trenes a escala cada uno. Ted tiene 425 vías. Michelle tiene 386 vías. ¿Cuántas vías tienen en total?

  a. Compréndelo/Planéalo ¿Cuántas vías tienen Ted y Michelle por separado?

  b. Resuélvelo Estima el número de vías. Luego, suma. El nuevo circuito tendrá ◯ vías.

Dato divertido

El ferrocarril en miniatura más largo del mundo está en el museo ferroviario Train Mountain Railroad en Oregon. ¡El ferrocarril tiene más de 22 millas de vías!

 Hablar de matemáticas ¿Cómo te ayuda sumar números de una manera diferente a comprobar que tu respuesta es correcta?

Usa cualquier método para hallar las sumas. Estima para comprobar tu respuesta.

8. 652
+ 145

9. 732
+ 88

10. 6,714
+ 8,600

11. $5,195
+ 3,261

12. $13,780
+ 8,605

13. 10,894
+ 4,717

14. $35,182
+ 73,957

15. 109,832
+ 12,761

16. 514,231
+ 65,628

17. 654,186
+ 917,983

18. 57,182 + 47,008

19. $108,570 + $7,053

20. 583,102 + 64,292

Conexión con los estudios sociales

Usa los datos para resolver los problemas 21 a 24.

21. El monumento de Washington tiene 555 pies de altura. ¿Qué altura tiene el monumento de San Jacinto incluyendo la estrella?

22. Halla la altura del monumento de San Jacinto sin la estrella.

23. La batalla de San Jacinto ocurrió en 1836. El monumento se terminó de construir 103 años más tarde. ¿En qué año se terminó de construir el monumento?

24. **Reto** Aproximadamente, ¿cuántas tazas de café se consumieron por hora durante la construcción de la base del monumento?

El monumento de San Jacinto

Incluyendo la estrella, el monumento de San Jacinto es 15 pies más alto que el monumento de Washington. La estrella solitaria en la punta del monumento de San Jacinto tiene 34 pies de altura.

Se tardó 57 horas en construir los cimientos. En ese tiempo, los trabajadores bebieron unas 5,700 tazas de café y comieron unos 3,800 sándwiches.

Objective 6 de **TAKS**
TEKS 4.14A

★ Práctica para **TAKS** ⟩ Selección múltiple

25 Cuando se construyó, un estadio de béisbol tenía 42,521 asientos. Varios años después se construyeron 1,295 asientos más en el nivel superior. ¿Cuántos asientos tiene actualmente el estadio?

A 41,226 **B** 42,226 **C** 43,716 **D** 43,816

Consejo para TAKS

Recuerda alinear los números en el lugar de las unidades, no en el lugar que está más a la izquierda.

Reto

Dinero

Patrones con monedas de un centavo

Hay 100 centavos en un dólar. Usa la suma para hallar el número de dólares y centavos que hay en 892 centavos.

1 Halla el mayor número de "100 centavos" que hay en 892 centavos.

$$100 + 100 + 100 + 100 + 100 + 100 + 100 + 100 = 800$$

2 Haz cálculos mentales para hallar el número de centavos que sobran.

$$800 + \bigcirc = 892$$

3 Combina los resultados.

Hay 8 "100 centavos" en 892 centavos.
Sobran 92 centavos.
Por lo tanto, hay 8 dólares y 92 centavos en 892 centavos.

4 Escribe en notación monetaria.

Puedes escribir 8 dólares como $8. Los centavos se muestran después de un punto decimal. En notación monetaria, puedes escribir 8 dólares con 92 centavos como $8.92.

Halla el número de dólares y centavos. Escribe los dólares y centavos en forma verbal.

1. 153   **2.** 190   **3.** 1, 004

4. 5,000   **5.** 1,203   **6.** 452

7. Generaliza Explica el patrón que observas. ¿Cómo puedes escribir cualquier número de centavos en notación monetaria sin hallar primero el número de dólares y centavos?

Objetivos 2 y 6 de TAKS
TEKS 4.6, 4.14D

LECCIÓN 3

Objetivos 1 y 6 de **TAKS**

TEKS 4.3A Utilizar la suma y resta para resolver problemas en los que se usan números enteros.

También 4.16B

Maneras de restar

Objetivo Usar la resta para resolver problemas en los que se usan números enteros.

★ Aprender con ejemplos

Michelle trabaja en una fábrica que produce prendas en miniatura para muñecas. La fábrica ha producido 2,865 prendas. De esas, se han empaquetado 868 chaquetas para transportarlas. ¿Cuántas chaquetas quedan todavía sin empaquetar?

Resta usando el valor de posición

Halla 2,865 − 868

1 Estima la diferencia.

$$
\begin{array}{r}
2{,}865 \longrightarrow 2{,}900 \\
-868 \longrightarrow -900 \\
\hline
2{,}000
\end{array}
$$

Analízalo

Puedes usar la suma para comprobar tu respuesta.

2 Resta las unidades. Reagrupa una decena como 10 unidades.

$$
\begin{array}{r}
5\square \\
2{,}8\cancel{6}5 \\
-\ 868 \\
\hline
7
\end{array}
$$

¿Cuántas unidades tengo ahora?

3 Resta las decenas. Reagrupa una centena como 10 decenas.

$$
\begin{array}{r}
\square\square 15 \\
2{,}\cancel{8}\cancel{6}5 \\
-\ 868 \\
\hline
97
\end{array}
$$

¿Cuántas centenas sobran después de reagrupar?

Completa la resta. Usa tu estimación para comprobar si es razonable. Explica tu respuesta.

Resta haciendo cálculos mentales

Halla 14,522 − 178.

$$178 \longrightarrow 200$$

Suma 22

$$
\begin{array}{r}
14{,}531 \\
-\ 200 \\
\hline
14{,}331 \\
+\ 22 \\
\hline
14{,}353
\end{array}
$$

Has restado 22 de más. Suma 22.

Halla las diferencias. Estima para comprobar tu respuesta.

1. 483
  − 262

2. 4,974
  − 1,833

3. $6,572
  − 4,881

4. 13,567
  − 7,609

Piénsalo
- ¿Puedo hallar la diferencia haciendo cálculos mentales?
- ¿Están alineados correctamente los dígitos?

5. En mayo, el museo recibió 5,299 visitantes. En junio recibió 6,345 visitantes. ¿Cuál fue el aumento?

123 Hablar de matemáticas ¿Harías cálculos mentales o usarías papel y lápiz para hallar 361 − 174? Explica tu respuesta.

★ **Practicar y resolver problemas**

Halla las diferencias. Estima para comprobar tu respuesta.

6. $75,789
  − 8,377

7. $324
  − 77

8. 15,188
  − 1,434

9. $7,259
  − 2,684

10. 963,478
  − 109,782

 **Conexión con las ciencias**

Usa la tabla para responder a las preguntas 11 a 13.

11. ¿Cuál es la diferencia entre la mayor y la menor cantidad de papel de prensa reciclado que se compró entre los años 2001 y 2004?

12. Entre los años 2002 y 2003, ¿aumentó o disminuyó la cantidad de papel de prensa reciclado? ¿En cuánto?

13. Reto Si la compra de papel de prensa reciclado aumentó en 148,871 toneladas en 2005, ¿esta cantidad sería mayor o menor que la de 2003? ¿Cuánto mayor o menor?

Dato divertido

Compra de papel de prensa reciclado

Usar papel de prensa reciclado reduce el consumo de energía y agua y la producción de contaminantes.

Año	Cantidad (toneladas)
2001	222,714
2002	275,506
2003	244,974
2004	95,023

Objetivo 6 de **TAKS**
TEKS 4.14A

★ **Práctica para TAKS** Respuesta con cuadrícula

14 Quieres juntar 1,500 libras de materiales reciclables. Has juntado 815 libras. ¿Cuántas libras más necesitas juntar?

Objetivos 1 y 6 de *TAKS*

TEKS 4.3A Utilizar la suma y resta para resolver problemas en los que se usan números enteros.

4.14C Seleccionar o desarrollar un plan o una estrategia de resolución de problemas apropiado en el que el estudiante haga un dibujo, busque un patrón, adivine y compruebe sistemáticamente, haga una dramatización, elabore una tabla, resuelva un problema más sencillo o trabaje desde el final hasta el principio para resolver un problema.

También 4.14B

Resolver problemas
Escoge la operación

Objetivo Resolver problemas del mundo real relacionados con hacer comparaciones.

★ Aprender con ejemplos

En algunos problemas tendrás que comparar dos cantidades.

La cantidad de más se llama diferencia. En algunos problemas, falta la diferencia. La tienes que hallar restando.

> Mieko tiene 9 carros y 12 aviones en miniatura. ¿Cuántos aviones más que carros tiene Mieko?

COMPRÉNDELO

- ¿Cuántos aviones en miniatura tiene Mieko? ¿Cuántos carros?
- ¿Qué estás tratando de hallar?

PLANÉALO

- Dibuja un diagrama. Las barras comparativas son útiles para mostrar de cuál hay más.

12 aviones	
9 carros	?

- ¿Qué operación necesitas para resolver el problema?
- Escribe una oración numérica para representar el problema.

RESUÉLVELO

Resuelve la oración numérica. $12 - 9 = \bigcirc$

VERIFÍCALO

Asegúrate de haber respondido a las preguntas.

¿Cuántos aviones más que carros tiene Mieko?

★ Resolver problemas con ayuda

Escoge la operación correcta para resolver este problema.

1. Un tren en miniatura recorre la maqueta de un pueblo. El edificio amarillo es 6 pulgadas más ancho que el edificio azul. Si el edificio azul tiene 14 pulgadas de ancho, ¿cuál es el ancho del edificio amarillo?

Pueblo en miniatura

   a. Compréndelo ¿Cuál es el ancho del edificio azul? ¿Cuánto más ancho es el edificio amarillo?

   b. Planéalo Haz un dibujo o usa barras comparativas para visualizar el problema. Escribe una oración numérica para representar el problema.

   c. Resuélvelo/Verifícalo Resuelve la oración numérica. ¿Cuál es el ancho del edificio amarillo?

Para resolver este problema, hazte las preguntas de la sección Piénsalo.

2. Caryn tiene 27 muñecas. Doce de ellas tienen cabello rubio. ¿Cuántas de las muñecas de Caryn no tienen cabello rubio?

> **Piénsalo**
> - ¿Qué estoy tratando de hallar?
> - ¿Puedo dibujar un diagrama?
> - ¿Qué operación necesito?

(123) Hablar de matemáticas Si sabes cuál es la mayor de dos cantidades y la diferencia que hay entre ellas, ¿qué operación puedes usar para hallar la cantidad menor? Si sabes cuál es la cantidad menor y la diferencia, ¿qué operación puedes usar para hallar la cantidad mayor?

★ Práctica para resolver problemas

Escoge la operación correcta para resolver los problemas.

3. Zoe y su familia han vivido en la ciudad durante 7 años. Han vivido aquí 4 años menos que el tiempo que vivieron en su casa anterior. ¿Cuánto tiempo vivieron Zoe y su familia en su casa anterior?

4. Arturo está pintando estatuillas. Ha pintado 17 estatuillas. Arturo tiene 30 en total. ¿Cuántas estatuillas más le quedan por pintar?

5. En el zoológico interactivo hay 20 ovejas, 11 ponis y 2 espectáculos de animales. En total, ¿con cuántos animales se puede interactuar?

6. Reto Sabrina y Cole están construyendo una maqueta de su vecindario. Sabrina trabajó 15 minutos más después de que Cole se fue a su casa. ¿Cuánto tiempo trabajó Cole si Sabrina trabajó 2 horas?

Katy, TX

Desde hace más de 20 años, el Centro Ecuestre Great Southwest ha servido a la comunidad del Gran Houston. Allí se realizan más de 80 concursos hípicos cada año.

Concurso de caballos enanos Bluebonnet Classic.

Usa los datos para resolver los problemas.

7. ¿Cuánto más mide el caballo normal más alto que el caballo enano más alto?

8. Medición Jolene tiene un caballo enano que mide 33 pulgadas. Jolene mide 12 pulgadas más. ¿Cuánto mide Jolene?

9. Los caballos adultos que son demasiado grandes para ser caballos enanos pero demasiado bajos para ser caballos de tamaño normal se llaman ponis. ¿Cuál es el rango de alturas de un poni adulto?

10. Un caballo enano vive el máximo de años de su esperanza de vida. Aproximadamente, ¿cuántos años de vida pasó como adulto?

11. ¿Cuántos caballos enanos podrías alimentar en la cantidad de terreno necesaria para alimentar a un caballo normal?

12. Cálculo mental ¿Cuál es el área mínima de prado que se necesita para cuatro caballos normales?

	Caballo enano	Caballo normal
Altura de adultos	19–34 pulg	55–76 pulg
Esperanza de vida	25–30 años	25–30 años
Tamaño del prado	$\frac{1}{3}$ de acre	1 acre

Datos divertidos

- Ahora se adiestran caballos enanos como animales guía para personas ciegas.

- Se escogen los caballos más pequeños. Los caballos guía no miden más de 26 pulgadas de alto y pesan aproximadamente entre 55 y 100 libras.

- Los caballos tienen muy buena vista. Ven bien a los lados, divisan rápidamente objetos en movimiento y tienen una excelente visibilidad nocturna.

- Al igual que los perros guía, los caballos guía deben aprender 23 órdenes orales.

Tonto, un caballo enano guía

Escoge una estrategia
- Haz un dibujo
- Haz una tabla
- Trabaja desde el final

Resuelve los siguientes problemas.

13. **Dinero** Alimentar un caballo de tamaño normal cuesta aproximadamente $125 más por mes que alimentar un caballo enano. Si alimentar un caballo normal cuesta $150 por mes, ¿cuánto cuesta alimentar un caballo enano?

14. **Sigue los pasos** Normalmente, un caballo enano vive aproximadamente 15 años más que un perro. ¿Cuál es la esperanza de vida normal de un perro?

15. ¿Cuánto más pequeño que el caballo enano más alto escogido para ser caballo guía es el caballo enano más alto?

16. El entrenamiento de un caballo enano para ser guía casi ha terminado. Si tiene que aprender sólo 5 órdenes orales más, ¿cuántas sabe ya?

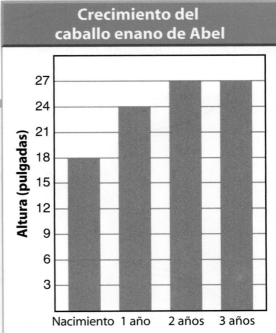

Crecimiento del caballo enano de Abel

Crea y resuelve

Lee el problema que ha escrito Danny basándose en la gráfica de barras de la derecha.

¿Cuánto creció el caballo enano de Abel desde que nació hasta los 3 años?

17. **a.** ¿Qué debes hallar?

   b. ¿Cuánto medía el caballo a los 3 años?

   c. ¿Cuánto medía el caballo al nacer?

   d. Cuánto creció el caballo?

18. Escribe un problema en palabras que se pueda resolver usando la gráfica de barras. Incluye la solución del problema y muestra todo el trabajo necesario para hallar la solución.

Práctica para TAKS (**Selección múltiple**)

Consejo para TAKS

Haz un plan. ¿Qué pasos tienes que seguir para resolver el problema?

19 Jenna mide 46 pulgadas. Mide 3 pulgadas más que León. Ali mide una pulgada menos que León. ¿Cuánto mide Ali?

A 42 pulgadas   **B** 43 pulgadas   **C** 44 pulgadas   **D** 45 pulgadas

Leer y escribir matemáticas

Vocabulario de TAKS

Franco está estudiando para su examen de matemáticas. Analiza un problema de resta. "Debe haber muchas maneras de resolver este problema", piensa.

Completa la red de palabras para mostrar cuatro maneras de resolver el problema.

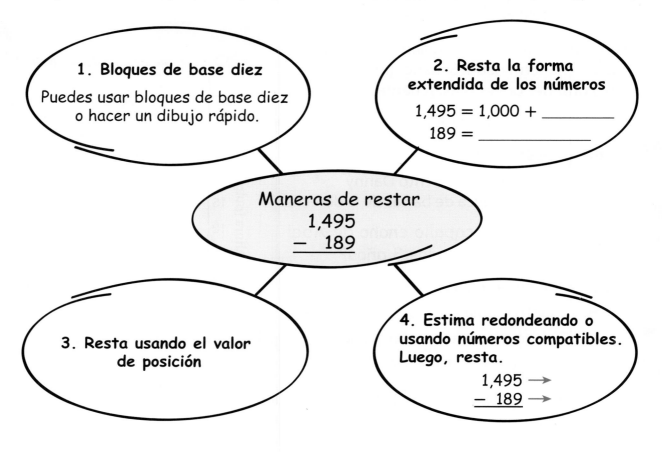

1. Bloques de base diez

Puedes usar bloques de base diez o hacer un dibujo rápido.

2. Resta la forma extendida de los números

$1,495 = 1,000 +$ _____

$189 =$ _____

Maneras de restar

$$1,495$$
$$-\ \ \ 189$$

3. Resta usando el valor de posición

4. Estima redondeando o usando números compatibles. Luego, resta.

$1,495 \rightarrow$
$-\ 189 \rightarrow$

Escribir ¿Qué pasaría si no tuvieras ni lápiz ni papel ni una calculadora? Indica cómo podrías hacer cálculos mentales para resolver este problema.

Leer Busca libros relacionados con este concepto en tu biblioteca.

Objetivo 6 de TAKS

TEKS 4.15A Explicar y anotar observaciones utilizando objetos, palabras, dibujos, números y tecnología.

4.15B Relacionar el lenguaje informal con el lenguaje y los símbolos matemáticos.

★ Práctica adicional basada en los estándares

Conjunto A
Objetivo 1 de TAKS TEKS 4.1A, 4.5A página 98

Usa el redondeo o números compatibles para estimar las sumas o las diferencias.

1. $3,920 - 1,842$ **2.** $9,826 + 4,178$ **3.** $2,478 - 1,437$

4. $23,829 - 5,147$ **5.** $54,649 + 16,083$ **6.** $81,246 + 9,487$

Usa la agrupación para estimar las sumas.

7. $22 + 28 + 24$ **8.** $311 + 287 + 295$ **9.** $526 + 515 + 482$

10. El sábado asistieron 3,632 personas a una exposición de barcos. El domingo asistieron 2,106 personas. Aproximadamente, ¿cuántas personas asistieron a la exposición en total?

Conjunto B
Objetivo 1 de TAKS TEKS 4.3A página 100

Usa cualquier método para hallar las sumas. Luego, estima.

1. $\begin{array}{r} 582 \\ + 37 \\ \hline \end{array}$ **2.** $\begin{array}{r} 11,784 \\ + 4,296 \\ \hline \end{array}$ **3.** $\begin{array}{r} \$14,276 \\ + 9,502 \\ \hline \end{array}$ **4.** $\begin{array}{r} \$385,074 \\ + 78,480 \\ \hline \end{array}$ **5.** $\begin{array}{r} 782,496 \\ + 914,519 \\ \hline \end{array}$

6. $7,529 + 23,805$ **7.** $\$472,081 + \$6,243$ **8.** $329,294 + 107,623$

9. Un coleccionista de muñecas compró dos muñecas antiguas. Una costó $163,300. La otra costó $29,140. ¿Cuánto costaron las muñecas en total?

Conjunto C
Objetivo 1 de TAKS TEKS 4.3A página 104

Usa cualquier método para hallar las diferencias. Estima para comprobar tu respuesta.

1. $\begin{array}{r} \$421 \\ - 58 \\ \hline \end{array}$ **2.** $\begin{array}{r} 5,232 \\ - 4,873 \\ \hline \end{array}$ **3.** $\begin{array}{r} 10,539 \\ - 3,672 \\ \hline \end{array}$ **4.** $\begin{array}{r} 50,400 \\ - 36,821 \\ \hline \end{array}$ **5.** $\begin{array}{r} \$329,671 \\ - 107,428 \\ \hline \end{array}$

6. $\$23,719 - \$6,491$ **7.** $172,092 - 9,685$ **8.** $542,783 - 127,911$

9. Lars está jugando al pinball. Ha anotado 5,142 puntos. La bola cae en un hoyo y pierde 1,650 puntos. ¿Cuántos puntos le quedan?

Education Place
Visita eduplace.com/txmap, donde encontrarás **consejos para tomar exámenes** y más **práctica para TAKS**.

Capítulo 5 Práctica adicional   **111**

Repaso/Examen del capítulo

Vocabulario y conceptos

Completa las oraciones para hacer una oración verdadera.

1. Puedes hacer una _____ para determinar si una respuesta es razonable.

2. _____ sería una manera rápida de estimar la suma de 89, 104, 95 y 106.

3. Una _____ se puede reagrupar como 10 decenas.

Cálculos

Estima las sumas o las diferencias.

4. $9{,}739 + 1{,}206$

5. $34{,}752 - 16{,}114$

6. $179 + 212 + 195$

Halla las sumas o las diferencias.

7.
$$\begin{array}{r} 496 \\ + \ 127 \\ \hline \end{array}$$

8.
$$\begin{array}{r} 425 \\ - \ 67 \\ \hline \end{array}$$

9.
$$\begin{array}{r} \$8{,}205 \\ + \ 3{,}489 \\ \hline \end{array}$$

10.
$$\begin{array}{r} 25{,}038 \\ - \ 17{,}982 \\ \hline \end{array}$$

11.
$$\begin{array}{r} 129{,}312 \\ + \ 556{,}873 \\ \hline \end{array}$$

12. $4{,}822 - 964$

13. $\$307{,}949 + \$6{,}590$

14. $879{,}674 - 98{,}225$

Resolver problemas y razonamiento

Resuelve.

15. Jude tiene una pista de trenes. Tiene 4 locomotoras y 18 vagones de carga. ¿Cuántos vagones y locomotoras tiene Jude en total?

16. El señor Santos compró un auto deportivo. Le costó $42,999. Pagó $3,440 de impuestos. ¿Cuánto gastó el señor Santos?

17. El señor Jason asistirá a un congreso que está a 760 millas de su casa. Hoy condujo 394 millas. ¿Cuánto le falta conducir al señor Jason?

18. Hace dos semanas fueron 56,087 personas a un partido de fútbol americano. Esta semana fueron 55,965 personas. ¿Cuántas personas menos fueron esta semana?

Diario de matemáticas

Escribir matemáticas Si usas la resta para resolver un problema, ¿qué operación debes usar para comprobar tu trabajo? Explica tu respuesta.

Preparación para TAKS y repaso frecuente

1 ¿Qué número podría completar la siguiente comparación?

73,654 < ⬭ < 74,536

A 73,465   **B** 74,356

C 74,653   **D** 75,463

Objetivo 1 de TAKS TEKS 4.1A página 36

2 Dave trabaja para ahorrar dinero para hacer un viaje. Hasta ahora, ha trabajado 15 horas. ¿Qué información se necesita para hallar la cantidad de dinero que Dave ha ahorrado hasta ahora?

F cómo ganará Dave el dinero

G cuánto costará el viaje

H cada cuánto tiempo recibe Dave su paga

J cuánto gana Dave por hora

Objetivo 6 de TAKS TEKS 4.14C

3 ¿Qué número representa mejor el punto P en la recta numérica?

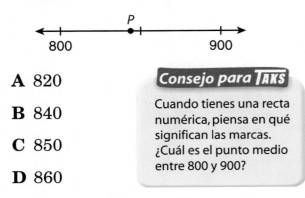

A 820

B 840

C 850

D 860

Consejo para TAKS

Cuando tienes una recta numérica, piensa en qué significan las marcas. ¿Cuál es el punto medio entre 800 y 900?

Objetivo 3 de TAKS TEKS 4.10 página 26

4 ¿Qué punto de la recta numérica representa mejor 1,875?

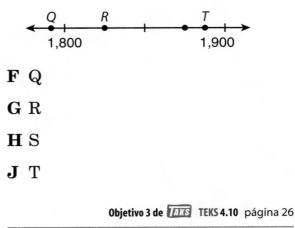

F Q

G R

H S

J T

Objetivo 3 de TAKS TEKS 4.10 página 26

5 Observa el siguiente número.

687,194,530

¿Cuál de las siguientes opciones muestra el valor del dígito en el lugar de las decenas de millón?

A 3

B 6

C 8

D 9

Objetivo 1 de TAKS TEKS 4.1A página 10

6 **Respuesta con cuadrícula** Karen está jugando a un juego de números. Saca los números 7, 9 y 6 de una bolsa. ¿Cuál es el número más pequeño que puede formar Karen con esos números?

Objetivo 1 de TAKS TEKS 4.1A página 30

Education Place
Visita eduplace.com/txmap, donde encontrarás **consejos para tomar exámenes** y más **práctica para TAKS**.

Combinar y comparar

Suricatas

114

Vocabulario y conceptos

Une cada frase con una definición. Grado 3

1. media hora
2. cuarto de hora
3. hora

a. 30 minutos
b. 60 minutos
c. 15 minutos

Escribe las temperaturas usando °F. Grado 3

4. °Fahrenheit

5. °Fahrenheit

6. °Fahrenheit

Escribe las horas de dos maneras. Grado 3

7.
8.
9.

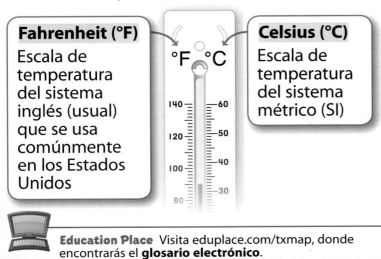

Resolver problemas y razonamiento Grado 3

10. En el centro de vida silvestre, las visitas guiadas de la tarde comienzan a la una y media y a las tres. Jack llega a la 1:45. ¿Cuál es la primera visita guiada que puede hacer?

Vocabulario de TAKS

¡Visualízalo!

termómetro
Instrumento para medir la temperatura

Fahrenheit (°F)
Escala de temperatura del sistema inglés (usual) que se usa comúnmente en los Estados Unidos

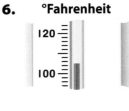

Celsius (°C)
Escala de temperatura del sistema métrico (SI)

°F °C
140 — 60
120 — 50
100 — 40
80 — 30

Mi mundo bilingüe

Grado tiene muchos significados. Por ejemplo, los niños que asisten a la escuela se agrupan en *grados* según su edad y sus conocimientos. En matemáticas, la temperatura se mide en *grados*.

Las palabras que se parecen en español y en inglés muchas veces tienen el mismo significado.

Español	Inglés
termómetro	thermometer
métrico	metric
temperatura	temperature
escala	scale

Consulta el **Glosario español–inglés**, páginas 569 a 582.

★ **Objetivo 6 de TAKS** TEKS 4.15B Relacionar el lenguaje informal con el lenguaje y los símbolos matemáticos.

Capítulo 6   115

Objetivos 1, 4 y 6 de *TAKS*

TEKS 4.3A Utilizar la suma y resta para resolver problemas en los que se usan números enteros.

4.3B Sumar y restar decimales hasta el lugar de los centésimos utilizando objetos concretos y modelos pictóricos.

4.12A Utilizar un termómetro para medir temperatura y cambios en temperatura.

También 4.14D

Vocabulario de *TAKS*

termómetro

Fahrenheit (°F)

Celsius (°C)

Materiales
- Termómetro de grados Fahrenheit y de grados Celsius
- Vasos de plástico
- Hielo
- Agua de grifo

Aplícalo
Comparar temperaturas

Objetivo Expresar temperaturas en grados Fahrenheit y en grados Celsius.

★ Explorar

Pregunta ¿Cómo puedes usar un termómetro para saber cómo cambia la temperatura a través del tiempo?

Puedes usar un **termómetro** para medir la temperatura en grados **Fahrenheit (°F)** o en grados **Celsius (°C)**.

1 Usa un termómetro Fahrenheit para hallar la temperatura inicial de los vasos con agua helada y con agua de grifo.

2 Halla la temperatura del agua en cada vaso después de 5 y 10 minutos. Anota las temperaturas en una tabla.

Cambios en la temperatura (°F)			
	Inicial	5 min	10 min
Agua helada			
Agua de grifo			

3 Halla la diferencia entre la temperatura inicial y la temperatura 5 minutos más tarde. Luego, halla la diferencia entre la temperatura inicial y la temperatura 10 minutos más tarde. Anota los resultados en una tabla.

Repite el experimento con un termómetro de grados Celsius y anota las temperaturas. Copia y completa la tabla del paso 2.

También puedes usar un termómetro para explorar la temperatura ambiente.

1 Quita los termómetros de los vasos. Espera unos 15 minutos y anota la temperatura. Esta debería ser la temperatura de tu salón de clases.

Grados Fahrenheit	
Grados Celsius	

2 ¿Tienes frío o calor? ¿Dentro de qué rango de temperaturas crees que la temperatura ambiente sería agradable?

Compara las temperaturas que anotaste con las de otros estudiantes. ¿Cuál es la temperatura que más se aproxima a todas las temperaturas anotadas?

★ Extender

Halla el cambio en la temperatura del Termómetro A al Termómetro B. Indica la dirección del cambio.

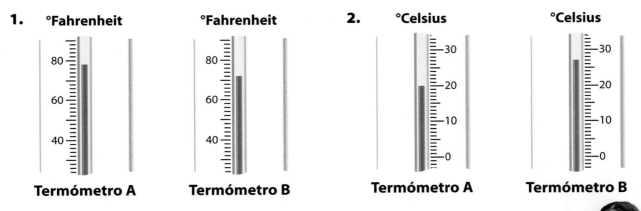

1. °Fahrenheit   °Fahrenheit   **2.** °Celsius   °Celsius

Termómetro A   Termómetro B   Termómetro A   Termómetro B

3. Casey oyó el pronóstico del tiempo a las 7:00 a.m. La temperatura en ese momento era 74 °F. Decidió no llevar una chaqueta a la escuela. Escribe una temperatura razonable para las 3:00 p.m. que sugiera que debería haber llevado la chaqueta.

4. Predice La temperatura descendió 2 °F cada hora. La temperatura a las 10:00 a.m. era 68 °F ¿Qué temperatura pronosticas para las 3:00 p.m.?

Diario de matemáticas

Escribir matemáticas

Justifica En un termómetro hay cuatro marcas entre 50 °F y 60 °F. Las marcas están a la misma distancia una de la otra. ¿Cuál es la temperatura si el termómetro indica la tercera marca por arriba de 50 °F? Haz un dibujo para justificar tu respuesta.

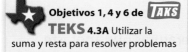
Objetivos 1, 4 y 6 de TAKS

TEKS 4.3A Utilizar la suma y resta para resolver problemas en los que se usan números enteros.

4.3B Sumar y restar decimales hasta el lugar de los centésimos utilizando objetos concretos y modelos pictóricos.

4.12A Utilizar un termómetro para medir temperatura y cambios en temperatura.

También 4.14B

Resolver problemas
Cambios en la temperatura

Objetivo Resolver problemas relacionados con cambios en la temperatura.

★ Aprender con ejemplos

Puedes usar barras comparativas para entender un problema y hallar la solución.

Denise controla la temperatura todas las mañanas antes de ir a la escuela. Observa los termómetros con las temperaturas de ayer y de hoy. ¿Cuál es la diferencia de temperatura? ¿De qué manera la diferencia entre las temperaturas podría ayudar a Denise a decidir cómo vestirse hoy para ir a la escuela?

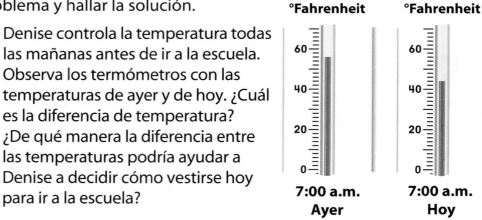

7:00 a.m.
Ayer

7:00 a.m.
Hoy

COMPRÉNDELO

Usa barras comparativas para mostrar las temperaturas.

Temperatura más alta: 56 °F	
Temperatura más baja: 44 °F	diferencia

PLANÉALO

¿Qué operación puedes usar para hallar la diferencia?

RESUÉLVELO

Halla la diferencia entre las temperaturas.   56 °F − 44 °F = ◯ F

VERÍFICALO

Asegúrate de responder a todas las partes del problema.

¿De qué manera la diferencia entre las temperaturas podría ayudar a Denise a decidir cómo vestirse hoy para ir a la escuela?

Hoy está más fresco que ayer. Si Denise no tuvo frío ayer, es probable que hoy deba abrigarse más.

Resolver problemas con ayuda

°Fahrenheit

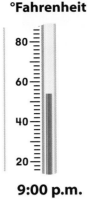

9:00 p.m.

Usa las siguientes preguntas para resolver el problema.

1. El termómetro muestra la temperatura de ayer a las 9:00 p.m. La temperatura había bajado 15 °F a las 6:00 a.m. ¿Cuál era la temperatura a las 6:00 a.m.?

   a. **Compréndelo** Copia las barras comparativas y anota la información que conoces.

Temperatura a las 9.00 p.m.	
Temperatura a las 6:00 a.m.	Cambio

   b. **Planéalo** ¿Qué operación debes usar para resolver el problema?

   c. **Resuélvelo** La temperatura a las 6:00 a.m. era ◯ grados.

   d. **Verifícalo** ¿Debería la respuesta ser mayor o menor que 54 °F? ¿Cómo lo sabes?

 Hablar de matemáticas La temperatura cambió de 68 °F a 62 °F. ¿Cómo dibujarías barras comparativas para mostrar las temperaturas y la diferencia?

Práctica para resolver problemas

2. **Cálculo mental** Las temperaturas en el desierto de la Gran Cuenca no suelen superar los 38 °C. Por la noche, la temperatura puede descender hasta 10 °C. ¿Cuál es la mayor diferencia de temperatura en el desierto de la Gran Cuenca?

3. La temperatura máxima en el desierto de la Gran Cuenca es 100°. La culebra listonada se refresca en un arroyo que tiene una temperatura de 48 °F. ¿En cuántos grados se refrescará la culebra si entra en el arroyo cuando la temperatura es 100 °F?

Una culebra listonada

4. El martes, la temperatura en el desierto de la Gran Cuenca era 73 °F. El viernes, la temperatura era 94 °F. ¿Cuánto cambió la temperatura? ¿Aumentó o disminuyó? Si Hamid se sentía a gusto el martes, ¿cómo es probable que se sienta el viernes?

Houston, TX

En el centro Johnson hay un centro de control de misiones desde donde se controla la Estación Espacial Internacional, que está en órbita a aproximadamente 220 millas sobre la Tierra.

El centro espacial Johnson en Houston, Texas.

Usa la información de esta página para resolver los problemas.

5. Un objeto que flota en el espacio puede alcanzar los 250 °F si le da el sol. El sistema de refrigeración de la estación espacial evita que ésta se caliente demasiado. Si la temperatura en el interior de la estación es 83 °F, ¿cuál es la diferencia entre las dos temperaturas?

6. La NASA usa el trasbordador espacial para llevar provisiones a la Estación Espacial Internacional. Durante el despegue, la temperatura en la principal cámara de combustión del trasbordador espacial alcanza los 6,000 °F. Si antes del despegue la temperatura en el exterior de la cámara es 63 °F ¿cuál es la diferencia entre las dos temperaturas?

7. Estima cuántas horas tardará la estación espacial en describir una órbita alrededor de la Tierra.

8. ¿Qué distancia recorre la estación espacial si describe una órbita alrededor de la Tierra durante 10 horas?

9. Reto Usa una calculadora para hallar la cantidad aproximada de órbitas completas que puede describir la estación espacial alrededor de la Tierra en 10 horas.

Datos divertidos

- La Estación Espacial Internacional describe una órbita alrededor de la Tierra a una velocidad de 17,600 millas por hora.

- La distancia de una órbita alrededor de la Tierra es aproximadamente 26,400 millas.

Resolver problemas de ᴛᴀᴋs

Escoge una estrategia
- Haz un dibujo
- Haz una tabla
- Trabaja desde el final
- Busca un patrón

1 Heather come una manzana por día. ¿Cuántas manzanas comerá en tres semanas?

A 7

B 21

C 20

D 3

Consejo para ᴛᴀᴋs

Elimina las opciones de respuesta que no sean razonables.

Objetivo 1 de ᴛᴀᴋs   TEKS 4.3A   página 106

2 El siguiente termómetro muestra la temperatura a las 8 a.m. A la 1 p.m., la temperatura había aumentado 15°.

°Fahrenheit

¿Cuál era la temperatura a la 1 p.m.?

F 87 °F

G 72 °F

H 57 °F

J 15 °F

Objetivo 4 de ᴛᴀᴋs   TEKS 4.12A   página 118

3 **Respuesta con cuadrícula** Elena compró tres libros que costaron $7 cada uno. ¿Cuánto dinero le dieron de cambio si pagó con $25?

Objetivo 1 de ᴛᴀᴋs   TEKS 4.3A, 4.4C   página 106

4 Chen compró 6 cajas de canicas. Si cada caja contiene 75 canicas, ¿cuántas canicas compró en total?

A 75

B 450

C 45

D 420

Objetivo 1 de ᴛᴀᴋs   TEKS 4.4D   página 106

5 A la primera función de la obra de teatro de la escuela asistieron 238 personas. El segundo día, asistieron 380 personas. ¿Cuál es la mejor estimación del número total de personas que asistieron a la obra los primeros dos días?

F 700

G 500

H 400

J 600

Consejo para ᴛᴀᴋs

Usa más de una estrategia de estimación para comprobar tu respuesta.

Objetivo 1 de ᴛᴀᴋs   TEKS 4.5A   página 74

6 **Respuesta con cuadrícula** El agua hierve a una temperatura de 212 °F. Si el agua en una olla tiene una temperatura de 83 °F, ¿cuántos grados tiene que calentarse el agua para hervir?

Objetivo 4 de ᴛᴀᴋs   TEKS 4.12A   página 118

Objetivos 1, 4 y 6 de *TAKS*

TEKS **4.3A** Utilizar la suma y resta para resolver problemas en los que se usan números enteros.

4.12B Utilizar instrumentos tales como un reloj con engranajes o un cronómetro para resolver problemas relacionados con tiempo trascurrido.

También 4.14A y 4.15A

Sumar y restar la hora

Objetivo Usar la suma y la resta para resolver problemas relacionados con el tiempo trascurrido.

★ Aprender con ejemplos

Sumar y restar la hora puede ayudarte a determinar cuánto tiempo se necesita para hacer una actividad.

Unidades de tiempo
60 segundos (s) = 1 minuto (min)
60 minutos = 1 hora (h)
24 horas = 1 día (d)
7 días = 1 semana (sem)

Ejemplo 1

La exhibición de la flora y la fauna del Parque Estatal Palo Duro Canyon dura 1 hora 35 minutos. Una visita guiada por el parque dura 50 minutos. ¿Cuánto tiempo llevará ver la exhibición y hacer la visita?

Suma para hallar la cantidad total de tiempo.

$$\begin{array}{r} 1\ h\ 35\ min \\ +\qquad 50\ min \\ \hline 1\ h\ 85\ min\ ó\ 2\ h\ 25\ min \end{array}$$

> 60 minutos = 1 hora, por lo tanto, 85 minutos = 1 hora 25 minutos

La exhibición y la visita durarán 2 horas 25 minutos.

Ejemplo 2

Dos grupos de estudiantes y sus guías hicieron una caminata. El grupo de Juan caminó durante 1 hora 45 minutos. El grupo de Sara caminó durante 2 horas 6 minutos. ¿Cuánto tiempo más tardó el grupo de Sara en hacer la caminata?

Como estás comparando la duración de las caminatas, debes restar.

$$\begin{array}{r} \overset{1}{2}\ h\ \overset{66}{6}\ min \\ -\ \cancel{1}\ h\ \cancel{45}\ min \\ \hline \bigcirc\ min \end{array}$$

El grupo de Sara tardó $\bigcirc$ minutos más en hacer la caminata.

Parque Estatal Palo Duro Canyon

Práctica guiada

1. Una película sobre la flora y la fauna duró 2 horas 12 minutos. Juan esperó 26 minutos para comprar los boletos. ¿Cuánto tiempo pasó Juan comprando los boletos y viendo la película?

2. Raúl tomó el autobús para ir a trabajar. Subió al autobús hace 7 horas 35 minutos. Raúl ha estado en el trabajo 6 horas 53 minutos. ¿Cuánto tiempo duró el viaje en autobús?

> **Piénsalo**
> • ¿Debo reagrupar 60 minutos como 1 hora?
> • ¿Debo reagrupar 1 hora como 60 minutos para restar?

(123) Hablar de matemáticas Si necesitas saber cuánto tiempo más tardaste en hacer una tarea que otra, ¿debes sumar o restar? Usa un ejemplo para explicar tu respuesta.

 Práctica guiada

3. Una película sobre aves rapaces dura 1 hora 8 minutos. Debes encontrarte con un amigo en 1 hora 47 minutos. ¿Cuánto tiempo después de que termine la película tienes para encontrarte con tu amigo?

4. Encuentra el error Se exhiben videos sobre la observación de aves cada 20 minutos. El último video se exhibió a las 2:25 p.m. Ann dice que los próximos videos se exhibirán a las 2:45 p.m. y a las 2:65 p.m. ¿Cuál fue su error?

5. Greg y Tim fueron cada uno a ver una película sobre el cañón. La película de Greg duró 1 hora 13 minutos. La película de Tim duró 2 horas 5 minutos. ¿Cuánto tiempo más duró la película que vio Tim?

6. Rita se tomará 2 horas para recorrer la exhibición de flora y fauna. Ya pasó 50 minutos visitando la pajarera y 25 minutos en la zona de bosques. ¿Le queda tiempo para visitar la tienda de recuerdos?

7. Reto El señor Motts hizo de guía en una visita al centro de aves rapaces durante 2 horas 10 minutos. Luego, trabajó 90 minutos en su oficina. Sue dice que el señor Motts hizo su trabajo y la visita en 3 horas. ¿Cuál fue su error?

Práctica para TAKS (**Selección múltiple**)

8 Saúl caminó por el parque durante 84 minutos. Luego, escuchó una presentación de 38 minutos acerca del cielo nocturno. ¿Cuánto tiempo tardó en caminar por el parque y escuchar la presentación?

A 1 hora 2 minutos   **B** 1 hora 22 minutos

C 1 hora 42 minutos   **D** 2 horas 2 minutos

> **Consejo para TAKS**
> Recuerda que no puedes reagrupar los minutos de la misma manera que reagrupas los números enteros.

Objetivos 4 y 6 de TAKS

TEKS 4.12B Utilizar instrumentos tales como un reloj con engranajes o un cronómetro para resolver problemas relacionados con tiempo trascurrido.

También 4.14B

Vocabulario de TAKS

El **tiempo trascurrido** es el tiempo que pasa entre un evento y otro.

a.m.

p.m.

Materiales
• Reloj
• Tablero 8

MUSEO
TEXAS MEMORIAL

ÚLTIMA VISITA

SOBRE LA FLORA Y

FAUNA DE TEXAS

COMIENZA A LA

1:00 p.m.

Tiempo trascurrido

Objetivo Usar un reloj para resolver problemas relacionados con el tiempo trascurrido.

★ Aprender con ejemplos

Se usa **a.m.** para las horas comprendidas entre las 12 de la noche y las 12 del mediodía. Se usa **p.m.** para las horas comprendidas entre las 12 del mediodía y las 12 de la noche.

> Darien llega al museo Texas Memorial a las 11:34 a.m. Observa el cartel de abajo. ¿Cuánto tiempo tendrá que esperar hasta la última visita del día sobre la flora y fauna de Texas?

Darien debe hallar el tiempo que trascurre entre las 11:34 a.m. y la hora a la que empieza la última visita.

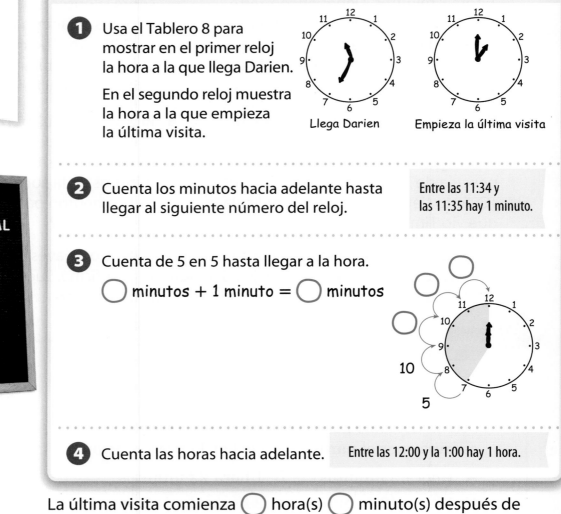

1 Usa el Tablero 8 para mostrar en el primer reloj la hora a la que llega Darien.

En el segundo reloj muestra la hora a la que empieza la última visita.

Llega Darien   Empieza la última visita

2 Cuenta los minutos hacia adelante hasta llegar al siguiente número del reloj.

Entre las 11:34 y las 11:35 hay 1 minuto.

3 Cuenta de 5 en 5 hasta llegar a la hora.

◯ minutos + 1 minuto = ◯ minutos

4 Cuenta las horas hacia adelante.   Entre las 12:00 y la 1:00 hay 1 hora.

La última visita comienza ◯ hora(s) ◯ minuto(s) después de que llega Darien.

Otro ejemplo

El autobús de la visita guiada llega al museo a las 10:15 a.m. Los visitantes tienen 3 horas 30 minutos para recorrer el museo. ¿A qué hora sale del museo el autobús?

Cuenta hacia adelante 3 horas y luego 30 minutos.
El autobús de la visita guiada sale del museo a las 〇.

★ Práctica guiada

Indica qué hora será.

1. en tres horas

2. en 20 minutos

3. en 5 minutos

Piénsalo
- ¿A qué hora comienzo a contar?
- ¿Debo contar horas?
- ¿Debo contar minutos?

Escribe cuánto tiempo ha pasado.

4. Comienzo: 3:37 p.m.
Fin: 4:00 p.m

5. Comienzo: 7:43 a.m
Fin: 11:00 a.m

6. Comienzo: 11:17 p.m
Fin: 3:21 p.m

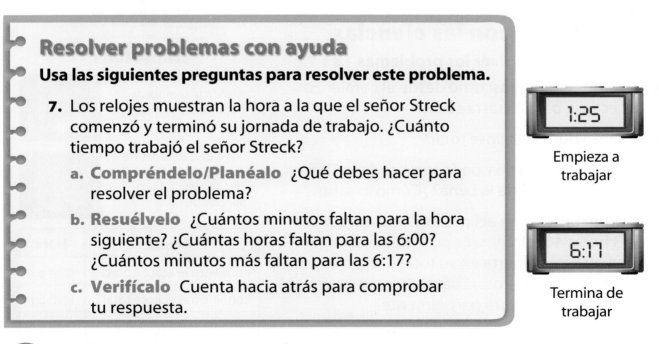

Resolver problemas con ayuda

Usa las siguientes preguntas para resolver este problema.

7. Los relojes muestran la hora a la que el señor Streck comenzó y terminó su jornada de trabajo. ¿Cuánto tiempo trabajó el señor Streck?

  a. Compréndelo/Planéalo ¿Qué debes hacer para resolver el problema?

  b. Resuélvelo ¿Cuántos minutos faltan para la hora siguiente? ¿Cuántas horas faltan para las 6:00? ¿Cuántos minutos más faltan para las 6:17?

  c. Verifícalo Cuenta hacia atrás para comprobar tu respuesta.

1:25
Empieza a trabajar

6:17
Termina de trabajar

(123) Hablar de matemáticas ¿Cuánto tiempo hay entre las 2:00 a.m. y las 2:00 p.m.? Explica tu respuesta.

Indica qué hora será.

8. en 2 horas
10 minutos

9. en 38 minutos

10. en 1 hora
3 minutos

11. en 27 minutos

Escribe cuánto tiempo ha pasado.

12. Comienzo: 1:07 p.m.   Fin: 6:15 p.m.

13. Comienzo: 6:50 a.m.   Fin: 9:57 a.m.

14. Comienzo: 8:34 a.m.   Fin: 11:47 a.m.

15. Comienzo: 10:17 a.m.   Fin: 2:36 p.m.

16. Ken almuerza al mediodía. Llegó al trabajo 3 horas 20 minutos antes del mediodía. Salió del trabajo 3 horas 45 minutos después del mediodía. ¿Cuándo llegó al trabajo y cuándo se fue?

17. Reto Jason trabaja en un refugio para la vida silvestre. Llegó a las 9:00 a.m. Salió 5 horas 24 minutos después de la hora de llegada y regresó 6 horas 37 minutos después de la hora de llegada. ¿Entre qué horas salió?

 **Conexión con las ciencias**

Usa la tabla para resolver los problemas 18 a 22.

18. ¿Cuánto tiempo trascurrió desde el comienzo del eclipse parcial hasta su fin?

19. ¿Cuánto duró el eclipse total?

20. ¿Durante cuánto tiempo la sombra de la Tierra ocultó una parte de la Luna? ¿Cómo lo sabes?

21. Es probable que un eclipse lunar no dure más de 3 horas 40 minutos. Es probable que la Luna no esté cubierta en su totalidad por más de 1 hora 40 minutos. ¿Cuánto tiempo podrá estar la Luna cubierta parcialmente?

22. En ningún lugar de la Tierra puede ocurrir un eclipse lunar más de tres veces por año. ¿Cuántos eclipses podría ver una persona en tres años?

Datos divertidos

Eclipse lunar

- Un eclipse *parcial* ocurre cuando la sombra de la Tierra oculta una parte de la Luna.

- Un eclipse *total* ocurre cuando la sombra de la Tierra oculta la Luna por completo.

Evento	Hora
Comienza el eclipse parcial	8:14 p.m.
Comienza el eclipse total	9:23 p.m.
Termina el eclipse total	10:45 p.m.
Termina el eclipse parcial	11:54 p.m.

Objetivo 6 de TAKS
TEKS 4.14A

Consejo para TAKS

Puedes dibujar un reloj como ayuda.

23 Luisa empezó a pintar la cerca a las 7:40 a.m. Tardó 2 horas 25 minutos en terminar el trabajo. ¿A qué hora terminó Luisa de pintar la cerca?

A 10:05 a.m.   **B** 10:15 a.m.   **C** 11:05 a.m.   **D** 11:15 a.m.

Para **Práctica adicional** consulta la página 131, Conjunto C.

Tecnología — Calculadora

Documentales sobre la flora y la fauna

Usa una calculadora para hallar cuánto tiempo se tardará en ver estos cuatro documentales.

1 Suma los minutos.

$55 + 43 + 59 + 17 = 174$

2 Convierte los minutos a horas y minutos. Recuerda que hay 60 minutos en 1 hora.

174 [Int÷] 60

174 min = ◯ h ◯ min

3 Suma las horas.

$2 + 1 + 2 = ◯$

Se tardará ◯ horas ◯ minutos en ver los cuatro documentales.

DOCUMENTALES SOBRE LA FLORA Y LA FAUNA

Los murciélagos de la avenida Congress
Tiempo: 1 h 55 min

¿Qué es un anolis verde?
Tiempo: 43 min

El armadillo de nueve bandas, pequeño mamífero oficial de Texas
Tiempo: 59 min

Grullas blancas de Fulton, Rockport, Texas
Tiempo: 2 hrs 17 min

Usa una calculadora para resolver los problemas 1 y 2.

1. ¿Cuánto tiempo más dura el documental sobre las grullas blancas que el documental sobre el armadillo?

2. Tienes 2 horas 40 minutos. ¿Qué combinaciones de documentales puedes ver?

★ **Objetivo 6 de TAKS**
TEKS 4.15A

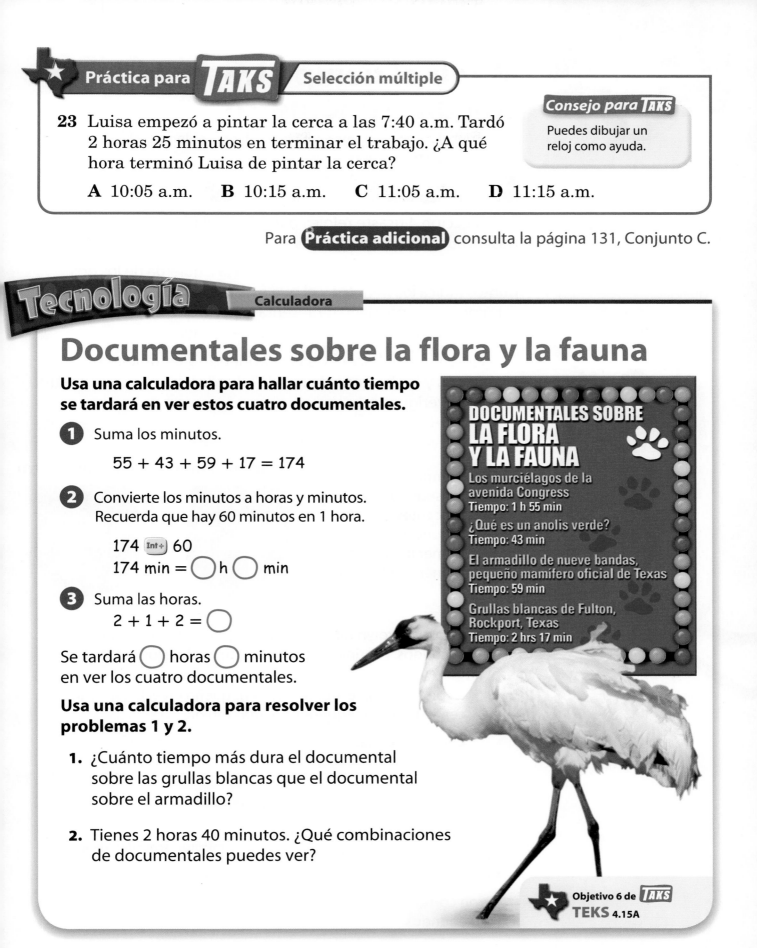

LECCIÓN 5

Objetivo 4 de **TAKS**

TEKS 4.12B Utilizar instrumentos tales como un reloj con engranajes o un cronómetro para resolver problemas relacionados con tiempo trascurrido.

Materiales
Cronómetro

Medir el tiempo trascurrido con un cronómetro

Objetivo Usar un cronómetro para resolver problemas relacionados con el tiempo trascurrido.

★ Aprender con ejemplos

En la Lección 4 usaste relojes para hallar el tiempo trascurrido. Ahora aprenderás a usar un cronómetro.

En el cronómetro, el número que está a la izquierda de los dos puntos indica los minutos y el que está a la derecha, los segundos. El número más pequeño representa la parte que ha pasado de otro segundo. Son los centésimos de segundo.

¿Quién puede hacer 10 saltos abriendo y cerrando las piernas y los brazos más rápido? Puedes usar un cronómetro para averiguarlo.

Compara el tiempo

1 Compara los minutos, los segundos y los centésimos de segundo. ¿Cuál es el primer lugar que tiene números diferentes?

Tiempo de Jason   **Tiempo de Carolyn**

2 Jason y Carolyn tardaron el mismo número de minutos y segundos. El primer lugar diferente es el de los centésimos de segundo.

La persona con el número más pequeño en el lugar de los centésimos de segundos fue más rápida.

Carolyn fue más rápida porque 8 es menor que 12.

Resta los tiempos

Byron comenzó a correr a las 10:06 40. Regresó a las 10:10 20. ¿Cuánto tiempo corrió?

minutos	segundos	centésimos de segundo
10	10	20
− 10	06	40

Byron corrió ◯ minutos ◯ segundos.

★ Práctica guiada

Resuelve los siguientes problemas.

1. Hojea 60 páginas de este libro. Cuéntalas mientras lo haces y tómate el tiempo. ¿Cuánto tiempo tardaste?

2. Theresa tomó el tiempo que Sarah saltó en un pie. Su cronómetro marcaba 4:10 00. Sarah dejó de saltar a las 11:30 30. ¿Cuánto tiempo saltó?

Piénsalo
- ¿Cómo puedes usar un cronómetro para hallar el tiempo transcurrido?
- ¿Cómo puedes usar un cronómetro para medir tu tiempo?

(123) Hablar de matemáticas ¿Cuándo es mejor usar un cronómetro que un reloj común? Explica por qué.

★ Practicar y resolver problemas

Resuelve los siguientes problemas.

3. Debra tomó el tiempo a un pájaro en el comedero para pájaros. ¿Cuánto tiempo tardó el pájaro en alimentarse?

SU MO TU WE TH FR SA
01:05 00
MIN.   SEC.   1/100S.

4. Craig nadó 10 largos en una piscina. ¿Cuánto tiempo nadó Craig?

SU MO TU WE TH FR SA
02:20 00
MIN.   SEC.   1/100S.

5. **Reto** Toma el tiempo que tardas en contar hasta 50 y anótalo. Sin poner en cero el cronómetro, oprime B nuevamente. Cuenta desde 50 hacia atrás y anota el tiempo. ¿Cuánto tiempo tardaste en contar hacia atrás?

Conexión con las ciencias

Resuelve los siguientes problemas.

8. Tracy comenzó a derretir un cubito de hielo a las 9:10:00 a.m. Su cronómetro mostró que el cubito tardó 5 minutos 45 segundos en derretirse. ¿A qué hora se derritió el cubito de hielo?

9. El cubito de hielo de Jorge tardó 1 minuto 13 segundos más en derretirse que el de Tracy. ¿A qué hora se derritió el cubito de hielo de Jorge?

Datos divertidos
- El agua se congela a 32 °F y se convierte en hielo.
- El hielo se derrite a temperaturas mayores de 32 °F y se hace agua.
- El agua hierve a 212 °F.

Objetivo 6 de **TAKS** TEKS 4.14A

★ Práctica para **TAKS** (Selección múltiple)

10 La obra de la escuela comenzó a las 6:45 p.m. y duró 1 hora 33 minutos. ¿A qué hora terminó la obra?

A 7:18 p.m.   **B** 7:48 p.m.   **C** 8:18 p.m.   **D** 8:48 p.m.

Consejo para TAKS
Recuerda reagrupar 60 minutos como 1 hora.

Leer y escribir *matemáticas*

Vocabulario de TAKS

Sabes que el **tiempo trascurrido** es el tiempo que pasa entre el comienzo y el fin de una actividad o entre dos eventos.

Tu amigo se ha mudado de Rockville a Eagle's Point. Tienes pensado tomar el tren para ir a visitarlo. Para resolver estos problemas, aplica lo que sabes acerca del tiempo trascurrido.

Salida	**Parada1**	**Parada2**	**Llegada**

Rockville	**Greenhaven**	**Bridgeview**	**Eagle's Point**

Halla el tiempo de viaje de un lugar a otro.

1. De Rockville a Greenhaven

      Hora de salida: 11:32

      Hora de llegada: 12:05

      Tiempo trascurrido:

2. De Greenhaven a Bridgeview

3. De Bridgeview a Eagle's Point

4. De Rockville a Eagle's Point

Escribir Describe dos maneras diferentes de hallar el tiempo que toma ir de Rockville a Eagle's Point.

Leer Busca libros relacionados con este concepto en tu biblioteca.

Objetivo 6 de TAKS

TEKS 4.15A Explicar y anotar observaciones utilizando objetos, palabras, dibujos, números y tecnología.

4.15B Relacionar el lenguaje informal con el lenguaje y los símbolos matemáticos.

⭐ Práctica adicional basada en los estándares

Conjunto A ──────────────────────────── Objetivos 4 y 6 de *TAKS* TEKS 4.12B, 4.15A página 122

Resuelve.

1. En los cines Cineplex se dejan 25 minutos entre las funciones para que se sienten los espectadores. Si una película de 90 minutos acaba de comenzar, ¿cuánto tiempo falta para que comience la siguiente función?

2. Durante la semana, el señor Kwan tarda 1 hora 20 minutos en llegar a la ciudad. Los fines de semana, hace el mismo trayecto 35 minutos más rápido. ¿Cuánto tarda en llegar los fines de semana?

Conjunto B ──────────────────────────── Objetivo 4 de *TAKS* TEKS 4.12B página 124

Indica qué hora será.

1. en 5 horas

2. en 52 minutos

Escribe cuánto tiempo ha pasado.

3. Comienzo 4:07 p.m.
Fin 5:00 p.m.

4. Comienzo 11:55 a.m.
Fin 3:22 p.m.

5. Comienzo 10:04 a.m.
Fin 12:02 p.m.

6. Tomás y Craig van a hacer una excursión de rafting. Salen del centro de rafting a las 11:40 a.m. El guía dice que el autobús los traerá de regreso al centro en 3 horas 45 minutos. ¿A qué hora le tienen que pedir al padre de Craig que venga a recogerlos?

Conjunto C ──────────────────────────── Objetivo 4 de *TAKS* TEKS 4.12A página 128

Resuelve los siguientes problemas.

7. El récord de la escuela en los 200 metros libres es 1:57:28. A continuación se muestra el tiempo de Percy. ¿Batió el récord? ¿Cuál es la diferencia entre el tiempo de Percy y el récord?

SU MO TU WE TH FR SA
1: 58 12
MIN.   SEC.   1/100S.

8. Alison corre la primera vuelta de la carrera en 47:29. A continuación se muestra su tiempo en la segunda vuelta. ¿Cuánto más rápida fue Alison en la segunda vuelta? ¿Cuánto tiempo trascurrió en ambas vueltas?

SU MO TU WE TH FR SA
0: 46 50
MIN.   SEC.   1/100S.

 Education Place
Visita eduplace.com/txmap, donde encontrarás **consejos para tomar exámenes** y más **práctica para TAKS**.

Repaso/Examen del capítulo

Vocabulario y conceptos ——————— Objetivos 4 y 6 de **TAKS** TEKS 4.12B, 4.15B

Escoge el mejor término para completar las oraciones.

1. El tiempo que trascurre entre un evento y otro es el tiempo _____ .

2. Las unidades de temperatura del sistema inglés son los grados _____.

3. La abreviatura _____ se usa para hacer referencia a las horas desde el mediodía hasta justo antes de la medianoche.

Banco de palabras
a.m.
Celsius
Fahrenheit
p.m.
trascurrido

Halla el cambio de temperatura del termómetro de la izquierda al termómetro de la derecha.

4. °Fahrenheit   °Fahrenheit

5. °Fahrenheit   °Fahrenheit

Indica qué hora será.

6. en 34 minutos

7. en 4 horas 27 minutos

Escribe cuánto tiempo ha pasado.

8. Comienzo: 12:26 p.m. Fin: 1:00 p.m.

9. Comienzo: 10:13 a.m. Fin: 11:46 a.m.

10. Comienzo: 10:26 a.m. Fin: 5:45 p.m.

11. Comienzo: 9:54 p.m. Fin: 1:02 a.m.

Resolver problemas y razonamiento ——————— Objetivos 4 y 6 de **TAKS** TEKS 4.12B, 4.14A, 4.14B

12. La temperatura mínima de hoy fue 48 °F a las 6:00 a.m. La temperatura máxima fue 63 °F a las 4:15 p.m. ¿Cuál fue el cambio de temperatura durante el día?

13. La temperatura de anoche en Death Valley, California, fue 55 °F. Hoy la temperatura aumentó 33 °F ¿Cuál es la temperatura actual?

14. El eclipse de luna de esta noche comienza a las 2:37 a.m. y durará 3 horas 42 minutos. ¿Cuándo terminará?

15. Una película duraba 92 minutos cuando estaba en cartelera. En la versión para DVD, la película dura 27 minutos más. ¿Cuánto dura la versión para DVD?

Diario de matemáticas

Escribir matemáticas ¿Cuál es la diferencia entre calcular el tiempo o el tiempo trascurrido y calcular sumas o restas con objetos?

Preparación para *TAKS* y repaso frecuente

1 Leah recolectó 749 latas para reciclar en mayo y 527 latas en junio. ¿Cuál es la mejor estimación de la cantidad de latas que recolectó Leah en total?

A 1,100

B 1,200

C 1,300

D 1,400   **Objetivo 1 de** *TAKS*   TEKS **4.5A** página 98

2 La tabla muestra la edad de Carlos y de su hermano Juan.

Carlos	Juan
5	1
10	6
15	11
20	16

Basándote en la información de la tabla, ¿cómo puedes hallar la edad de Juan cuando Carlos tenga 30 años?

Consejo para *TAKS*

¿Cómo cambia el número de la primera columna a la columna que le sigue?

F sumar 4 a 30

G sumar 5 a 30

H restar 4 de 30

J restar 5 de 30

Objetivo 2 de *TAKS*   TEKS **4.7** página 54

3 Sara, Nihal y Ted recolectaron caracoles en la playa. Ted recolectó el doble de caracoles que Nihal. Nihal encontró 8 caracoles más que Sara. Sara recolectó 12 caracoles. ¿Cuál es la mejor manera de calcular cuántos caracoles recolectó Ted?

A sumar 8 más 12 y luego multiplicar por 2

B restar 8 de 12 y luego dividir entre 2

C multiplicar 12 por 2 y luego restar 8

D dividir 12 entre 2 y luego sumar 8

Objetivo 6 de *TAKS*   TEKS **4.14B** página 62

4 **Respuesta con cuadrícula** La tabla muestra la cantidad de calcomanías que pegó Fred en las páginas de su álbum.

Número de páginas	Número de calcomanías
2	12
3	18
4	24
5	30

¿Cuántas calcomanías tiene Fred en su álbum si ha completado 6 páginas?

Objetivo 2 de *TAKS*   TEKS **4.7** página 54

Education Place
Visita eduplace.com/txmap, donde encontrarás **consejos para tomar exámenes** y más **práctica para TAKS**.

Examen de la Unidad 3

Vocabulario y conceptos

Completa los espacios en blanco para terminar las oraciones.

> **Banco de palabras**
> **grado Fahrenheit**
> **reagrupar**
> **redondear**
> **termómetro**
> **tiempo transcurrido**

1. La unidad de temperatura del sistema inglés (usual) es el _____.

2. Para convertir 16 unidades en 1 decena y 6 unidades se debe_____ .

3. El _____ es el tiempo que pasó entre un evento y otro.

4. Para medir la temperatura se usa un _____.

Cálculos

Resuelve. Estima para comprobar tus respuestas. Indica si usaste el redondeo, números compatibles o agrupaciones.

5. $4,220 + 14,670$

6. $1,915 - 874$

7. $16,005 - 6,428$

8. $53,718 - 36,491$

9. $212 + 198 + 206$

10. $147,892 + 7,052$

Escribe cuánto tiempo ha pasado.

11. Comienzo: 3:00 a.m.
Fin: 7:18 a.m.

12. Comienzo: 9:26 a.m.
Fin: 5:10 p.m.

13. Comienzo: 11:30 a.m.
Fin: 3:00 p.m.

Halla el cambio en la temperatura. Indica la dirección del cambio.

14. Comienzo: 68 °F
Fin: 91 °F

15. Comienzo: 41 °C
Fin: 32 °C

16. Comienzo: 24 °F
Fin: 41 °F

Resolver problemas y razonamiento

17. Tonya fue a la feria a las 9:15 a.m. Estuvo 3 horas 30 minutos en la sala de exposiciones y algún tiempo en el paseo central. Tonya se fue de la feria a las 2:55 p.m. ¿Cuánto tiempo estuvo en el paseo central?

18. Doug estuvo 2 horas 36 minutos en el parque. Luego, anduvo por el sendero de bicicletas durante 1 hora 12 minutos y regresó al parque a las 6:18 p.m. ¿A qué hora llegó al parque?

19. Por la mañana, hacía 7 °C afuera. Por la tarde, la temperatura había subido 8 grados. ¿Cuál era la temperatura a la tarde?

20. La temperatura de la piscina era 84 °F. La temperatura en la bañera de agua caliente era 102 °F. ¿Cuál era la diferencia de temperatura?

¡LAS GRANDES IDEAS!

Escribir matemáticas Explica una situación que cambiaría si antes de hacer el cálculo redondearas un número hacia abajo en lugar de redondearlo hacia arriba.

Evaluar el rendimiento

Objetivos 4 y 6 de **TAKS**   TEKS 4.12B, 4.14B, 4.14C

Diversión en el campamento

En un club se están planeando las actividades que se harán en un campamento de dos días.

Tarea	Información que necesitas
Usa el mapa y la información de la derecha para decidir las actividades que se deberían hacer en los dos días. Haz un programa que incluya el horario en que comienza y termina cada actividad.	El club quiere hacer por lo menos cuatro actividades durante los dos días del viaje.
	Los miembros del club quieren dejar el campamento a las 9 a.m. y regresar a las 4 p.m. todos los días.
	El mapa muestra el tiempo que lleva ir de una actividad a otra y la duración de cada actividad.

Los números grandes no son un problema, halla la mitad, duplica y... a otro tema.

"Conozco una manera rápida de multiplicar 8 × 14. 14 es un número grande, entonces empiezo con la mitad para hacerlo más fácil y multiplico 8 × 7 = 56. Como esto es sólo la mitad, lo duplico para hallar la respuesta 2 × 56 = 112. ¡Dos pasos son más fáciles que uno!"

Halla la mitad y luego duplica

1. 8 × 14 → ⬚56 → ⬚112
8 × 7   El doble

2. 7 × 12 → ⬚42 → ▨
7 × 6   El doble

3. 6 × 18 → ▨ → ▨
6 × 9   El doble

4. 9 × 16 → ▨ → ▨
9 × 8   El doble

¡Bien hecho! ¡Sigue así!

5. 5 × 16 → ▨ → ▨

6. 9 × 12 → ▨ → ▨

7. 6 × 14 → ▨ → ▨

8. 7 × 16 → ▨ → ▨

9. 7 × 18 → ▨ → ▨

10. 8 × 18 → ▨ → ▨

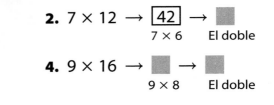

¡Más rápido!

¡Sigue adelante!
¡Ahora inténtalo siguiendo todos los pasos mentalmente!

11. 8 × 12   **12.** 5 × 22   **13.** 9 × 18   **14.** 6 × 24

4

La multiplicación

¡LAS GRANDES IDEAS!

- Las operaciones de multiplicación y de división están relacionadas en las familias de operaciones.

- Se puede usar el valor de posición para multiplicar con números grandes.

- Hay más de una manera de estimar productos.

Capítulo 7
Estrategias para recordar las operaciones básicas

Capítulo 8
Multiplicar por números de un dígito

Capítulo 9
Multiplicar por números de dos dígitos

Canciones y juegos

Música y matemáticas
Pista 4

- Números en rima
- Una buena acción y más
- Una migración sorprendente

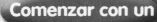

Juego

¡A multiplicar!

Objetivo del juego Multiplicar dos factores de un dígito.

Materiales
2 conjuntos de fichas de números del 0 al 9

Número de jugadores 2 a 4

Preparación
Mezcla y haz una pila con todas las fichas de números.

Cómo se juega

1 Cada jugador toma cuatro fichas de la pila. Los jugadores forman dos operaciones de multiplicación con sus números y las resuelven.

2 Los jugadores anotan las operaciones de multiplicación y la suma de los dos productos.

$$8 \times 6 = 48$$
$$2 \times 5 = \underline{10}$$
$$58$$

3 Los jugadores comparan las sumas. El jugador que tiene la suma más grande gana 1 punto.

4 Gana el primer jugador que consiga 5 puntos.

Objetivo 1 de TAKS

TEKS 4.4B Representar con dibujos, palabras y números situaciones en que se usa la multiplicación y la división.

4.4C Recordar y aplicar las tablas de multiplicación hasta el 12 × 12.

Education Place
Visita eduplace.com/txmap, donde encontrarás **acertijos**.

Leer Para obtener la respuesta correcta a un problema de matemáticas, debes asegurarte de que comprendes la pregunta.

Problema 1

Hay 25 estudiantes en el salón de clases del maestro Mack. Cinco estudiantes se sientan en un grupo. ¿Qué oración numérica se puede usar para hallar el número total de grupos?

A. $25 + 5 = $ ■

B. $5 \times 25 = $ ■

C. $25 \div 5 = $ ■

D. $25 - 5 = $ ■

Escribir ¡Ahora es tu turno! Resuelve el problema 2. Luego escribe, paso a paso, cómo lo resolviste.

Problema 2

Para recaudar dinero para un viaje, los estudiantes del maestro Mack venderán cajas de tarjetas. La tabla muestra cuánto dinero recaudarán si cada estudiante vende cierta cantidad de cajas.

Cantidad de cajas por estudiantes	Dinero recaudado
2	$50
4	$100
6	$150
8	$200
10	

Razonar el problema

- **Primero, razona la pregunta.** La pregunta es qué oración numérica se podría usar para hallar la cantidad de grupos.

- **Piensa en lo que sabes.** Sabes el número total de estudiantes y el número de estudiantes que hay en cada grupo.

- **Piensa en lo que no sabes.** No sabes cuántos grupos hay. Debes dividir. Por lo tanto, la respuesta correcta es **C**.

Comprueba tu respuesta.

Siempre compruebo para asegurarme de que respondí a la pregunta que me hicieron.

Si cada estudiante vende 10 cajas, ¿cuánto dinero recaudará la clase?

A. $20   **B.** $220

C. $250   **D.** $300

Estrategias para recordar las operaciones básicas

Sillas voladoras en la Feria del Estado de Texas

Comprueba lo que sabes

Banco de palabras

cociente
dividir
división
multiplicar
producto
suma

Vocabulario y conceptos Grado 3

Escoge la mejor palabra para completar las oraciones.

1. Al _____, se combinan grupos iguales.

2. Puedes _____ para separar números o cantidades en grupos iguales.

3. La respuesta a un problema de división es el _____.

4. La respuesta a un problema de multiplicación es el _____.

5. La multiplicación y la _____ son operaciones inversas.

Cálculos Grado 3

Completa las oraciones numéricas. Usa el arreglo como ayuda.

6. ●●●●● $1 \times \blacksquare = 5$
$5 \div \blacksquare = 5$

7. ●●●●● $\blacksquare \times 4 =$
●●●●● $\blacksquare \div 2 = 4$

8. ●●● $2 \times 2 = \blacksquare$
●● $4 \div 2 = \blacksquare$

Resolver problemas y razonamiento Grado 3

9. Escribe una oración de multiplicación para el arreglo.

10. Escribe una oración de división para el arreglo.

●●●●●●
●●●●●●
●●●●●●
●●●●●●

Vocabulario de TAKS

¡Visualízalo!

arreglo
Agrupación de objetos, dibujos o números en filas y columnas

5 columnas

3 filas
★ ★ ★ ★ ★
★ ★ ★ ★ ★
★ ★ ★ ★ ★

3 grupos de 5
3×5

par de factores
Dos números que son factores en un problema de multiplicación

par de factores $3 \times 5 = 15$

producto
Resultado de una multiplicación

Mi mundo bilingüe

Un *par* de zapatos son dos zapatos. Un *par* de medias son dos medias. En matemáticas, un *par* también quiere decir siempre dos. Un *par* de factores son dos factores.

Las palabras que se parecen en español y en inglés muchas veces tienen el mismo significado.

Español	Inglés
factor	factor
par	pair

Consulta el **Glosario español–inglés**, páginas 569 a 582.

Education Place Visita eduplace.com/txmap, donde encontrarás el **glosario electrónico**.

Objetivo 6 de TAKS TEKS **4.15B** Relacionar el lenguaje informal con el lenguaje y los símbolos matemáticos.

Capítulo 7 141

Objetivos 1 y 6 de *TAKS*

TEKS 4.4A Dar ejemplos de factores y productos utilizando arreglos y modelos de áreas.

4.4C Recordar y aplicar las tablas de multiplicación hasta el 12 × 12.

4.15A Explicar y anotar observaciones utilizando objetos, palabras, dibujos, números y tecnología.

También 4.4B y 4.14D

Vocabulario de *TAKS*

arreglo

Materiales
- Cubos de unidades
- Manipulativos electrónicos eduplace.com/txmap

Aplícalo
Hacer arreglos

Objetivo Usar manipulativos para representar y aplicar operaciones de multiplicación.

★ Explorar

Un **arreglo** es una agrupación de objetos, dibujos o números en filas y columnas.

Pregunta ¿Cómo puedes usar un arreglo para multiplicar?

En el número de malabarismo del circo hay 7 malabaristas. Cada malabarista puede hacer malabares con 5 pelotas a la vez. ¿Con cuántas pelotas pueden hacer malabares todos los malabaristas?

1 Multiplica 5 × 7. Puedes usar cubos de unidades para representar la multiplicación con un arreglo. El arreglo para 5 × 7 tiene 5 filas y 7 columnas.

2 Divide tu arreglo en partes más pequeñas para operaciones que ya conozcas, como 5 × 3 y 5 × 4.

3 Halla el número de cubos de unidades en cada sección de tu arreglo. Suma para hallar el total.

15	+	20	=	35
cubos en la primera parte		cubos en la segunda parte		cubos en todo el arreglo

Siete malabaristas pueden hacer malabares con 35 pelotas.

Ahora usa un arreglo para multiplicar 6 × 9.

1 Haz un arreglo con cubos. Tu arreglo tendrá 9 columnas. ¿Cuántos cuadrados habrá en cada columna?

2 Divide tu arreglo en partes más pequeñas para las operaciones que conoces. Escribe oraciones de multiplicación para representar las partes más pequeñas.

3 ¿Cuántos cuadrados hay en la primera parte del arreglo? ¿Cuántos cuadrados hay en la segunda parte?

4 ¿Cuánto es la suma de las dos partes del arreglo? Esta es la respuesta a 6 × 9.

★ **Extender**

Haz un arreglo para los problemas 1 a 4 y completa la tabla. Inventa un problema para el ejercicio 5.

	Problema de multiplicación	Primera parte	Segunda parte	Total
1.	4 × 8	4 × 3 = 12		12 + ◯ = ◯
2.	7 × 6		7 × 4 = 28	◯ + 28 = ◯
3.	5 × 9	5 × ◯ = ◯	◯ × 5 = ◯	
4.	8 × 7			
5.	5 × 4			

6. 8 × 9   **7.** 8 × 8   **8.** 8 × 4

9. 6 × 9   **10.** 6 × 8   **11.** 6 × 7

12. 9 × 4   **13.** 8 × 7   **14.** 6 × 6

15. Reto Ocho malabaristas hacen malabares con 5 bolos cada uno. Raúl decide calcular con dos arreglos cuántos bolos hay. La primera parte tiene un producto de 15. ¿Qué dos arreglos usó? ¿Cuál es el total?

Diario de matemáticas

Escribir matemáticas

Usa un arreglo para representar 6 × 8. Luego, muestra dos maneras diferentes de dividir el arreglo en partes más pequeñas.

Objetivo 1 de *TAKS*

TEKS 4.4B Representar con dibujos, palabras y números situaciones en que se usa la multiplicación y la división.

4.4C Recordar y aplicar las tablas de multiplicación hasta el 12 × 12.

4.6A Utilizar patrones y relaciones para desarrollar estrategias para recordar operaciones básicas de multiplicación y división (tales como los patrones en oraciones numéricas relacionadas de multiplicación y división {familias de operaciones} tales como 9 × 9 = 81 y 81 ÷ 9 = 9).

También 4.4D y 4.4E

Vocabulario de *TAKS*

par de factores

7 y 12 son un par de factores del producto 84.

factores

$$7 \times 12 = 84$$

producto

Materiales
Tabla de multiplicación
(Recurso de enseñanza XX)

Patrones en una tabla

Objetivo Recordar y aplicar operaciones de multiplicación.

★ Aprender con ejemplos

Una tabla de multiplicación puede mostrarte muchos patrones en los productos de dos factores.

Copia y completa la tabla de multiplicación. Los productos de cada fila y columna de la tabla forman patrones. A medida que escribes los productos, busca **pares de factores**.

Los productos de la columna del 2 son pares.

×	0	1	2	3	4	5	6	7	8	9	10	11	12
0													
1													
2													
3													
4													
5													
6													
7													
8													
9													
10													
11													
12													

¿Qué patrón observas en la fila del 5?

Todos los productos de la fila del 10 terminan en cero

Aplica lo que sabes sobre orden para completar la tabla. Recuerda que 4 × 7 es igual que 7 × 4.

Multiplica. Si necesitas ayuda, usa la tabla de multiplicación.

1. 7×2 **2.** 6×4 **3.** 4×8 **4.** 11×3

5. 3×5 **6.** 7×7 **7.** 9×3 **8.** 12×5

Piénsalo
• ¿Cómo puedes usar los patrones de tu tabla para resolver?

Resolver problemas con ayuda

Usa las preguntas para resolver este problema.

9. Un equipo de béisbol tiene suficientes jugadores para que haya 4 jugadores por posición. Hay 9 posiciones. ¿Cuántos jugadores hay en el equipo?

  a. Compréndelo/Planéalo ¿Qué factores conoces?

  b. Resuélvelo Escribe la oración de multiplicación y resuélvela.

  c. Verifícalo ¿En qué parte de la tabla de multiplicación podrías buscar para comprobar tu respuesta?

10. Un empleado de una tienda de videos está organizando las películas recién estrenadas en un exhibidor. Cada estante tiene lugar para 8 películas. El exhibidor tiene 7 estantes. ¿Cuántas películas hay en el exhibidor?

11. Tony tiene 3 peceras. Tiene 12 peces en cada pecera. ¿Cuántos peces tiene Tony?

 Hablar de matemáticas Escoge uno de los ejercicios de la Práctica guiada. Explica en qué parte de la tabla de multiplicación buscarías la respuesta a ese ejercicio.

Multiplica. Si necesitas ayuda, usa la tabla de multiplicación.

12. 5×7 **13.** 4×11 **14.** 8×6 **15.** 12×7 **16.** 7×9

17. 8×9 **18.** 10×7 **19.** 6×5 **20.** 4×9 **21.** 11×8

22. 7×4 **23.** 0×4 **24.** 5×11 **25.** 11×10 **26.** 6×12

Resuelve los siguientes problemas.

27. Gary encarga y compra 5 paquetes de tarjetas en una página de deportes en Internet. Cada paquete cuesta $6. ¿Cuánto pagará Gary por los paquetes de tarjetas?

28. Razonamiento Raji tiene 11 invitados a su fiesta de cumpleaños. Cada invitado come 2 porciones de pizza. Si cada pizza tiene 8 porciones, ¿cuántas pizzas necesita para todos los invitados?

29. Reto La bandera de Texas tiene una franja vertical azul y dos franjas horizontales, una roja y otra blanca. Maribel está haciendo banderas de Texas para un desfile. Tiene un retazo de tela azul de un pie de largo. Si necesita hacer 10 banderas, ¿cuántas pulgadas de tela azul necesita?

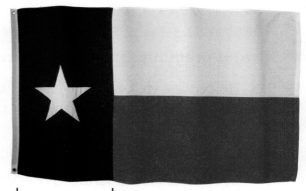

12 pulg

Bandera del estado

![icono] **Conexión con la información**

Usa la tabla para resolver los problemas.

30. Adivina y comprueba ¿Cuántos topacios azules en forma de estrella se necesitan para igualar el peso del topacio más grande del mundo?

31. El árbol estatal de Texas es el nogal pecanero. Se necesitan unas 24 nueces pecanas peladas para reunir 70 gramos. Aproximadamente, ¿cuántas nueces pecanas pesan lo mismo que un topacio azul en forma de estrella?

32. El topacio viene en 7 colores diferentes. Si una joyería tiene 8 anillos de cada color de topacio, ¿cuántos anillos de topacio tiene la joyería?

Topacio azul	Peso (g)
Topacio más grande del mundo	6440
Topacio en forma de estrella más grande del mundo	35

Objetivo 6 de TAKS
TEKS 4.14A

El topacio azul es la piedra preciosa del estado de Texas.

Práctica para TAKS Respuesta con cuadrícula

Consejo para TAKS

Recuerda ubicar los dígitos en la sección correcta de la cuadrícula para anotar tu respuesta. El dígito de las unidades va en el primer lugar a la izquierda del punto decimal.

33 Marilyn compró 6 cajas de lápices de colores para la clase de arte. Cada caja tiene 12 lápices de colores. ¿Cuántos lápices de colores compró Marilyn?

Calculadora

Usa una calculadora TI-15 para practicar operaciones de multiplicación.

La función para resolver problemas de la calculadora TI-15 presenta problemas en los que falta un elemento, como $5 \times 7 = ?$ ó $5 \times ? = 35$ ó $5 ? 7 = 35$. Puedes usar esta función para ponerte a prueba.

1 Oprime On/Off Clear al mismo tiempo para borrar la memoria y luego oprime Clear para borrar la pantalla.

2 Oprime ◈ para comenzar a resolver problemas y luego oprime Mode ☁ ☁ ☁ para acceder al menú. Oprime ⬅ o ➡ para seleccionar multiplicación. Luego, oprime Enter Mode para comenzar la prueba.

3 Aparecerá un problema en la pantalla. Ingresa una respuesta. Luego oprime Enter.

4 Si tu respuesta es correcta, aparecerá "Yes" (sí) en la pantalla. Luego, la pantalla se borra y aparece otro problema.

5 Si tu respuesta no es correcta, aparecerá "No" en la pantalla y una pista como ayuda para que vuelvas a intentarlo. Luego de tres intentos incorrectos, la calculadora TI-15 muestra la respuesta correcta y luego presenta otro problema.

Cada cinco problemas, la calculadora TI-15 muestra un marcador. Todas las respuestas correctas son un "Yes" (sí) y tres respuestas incorrectas seguidas son un "No". Cuando llega a 100, el marcador vuelve a 0.

Para practicar problemas más difíciles, oprime Mode ☁ ☁ para acceder al menú y luego oprime ⬅ o ➡ para seleccionar el nivel 2 ó 3.

Objetivos 1 y 6 de **TAKS**
TEKS 4.4C, 4.15A

Objetivos 1 y 2 de TAKS

TEKS 4.4B

Representar con dibujos, palabras y números situaciones en que se usa la multiplicación y la división.

4.4C Recordar y aplicar las tablas de multiplicación hasta el 12 × 12.

4.6A Utilizar patrones y relaciones para desarrollar estrategias para recordar operaciones básicas de multiplicación y división (tales como los patrones en oraciones numéricas relacionadas de multiplicación y división {familias de operaciones} tales como 9 × 9 = 81 y 81 ÷ 9 = 9).

Vocabulario de TAKS

familia de operaciones

Relacionar la multiplicación y la división

Objetivo Usar relaciones para desarrollar estrategias para recordar operaciones básicas de multiplicación y división.

★ Razonar y aprender

En un teatro de la comunidad se guardan sombreros en estantes. Hay 15 sombreros dispuestos en 3 estantes, con el mismo número de sombreros en cada uno.

Puedes usar oraciones de multiplicación y división para describir arreglos como éste.

Familia de operaciones de 3, 5 y 24

Puedes escribir dos oraciones numéricas de multiplicación acerca del arreglo.

$$3 \times 5 = 15$$

filas — sombreros en cada fila — total de sombreros

$$5 \times 3 = 15$$

columnas — sombreros en cada columna — total de sombreros

Puedes escribir dos oraciones numéricas de división acerca del arreglo.

$$15 \div 3 = 5$$

total de sombreros — filas — sombreros en cada fila

$$15 \div 5 = 3$$

total de sombreros — columns — sombreros en cada columna

Las oraciones numéricas que puedes escribir con dos factores y un producto forman una **familia de operaciones**. Las familias de operaciones muestran cómo se relacionan la multiplicación y la división.

Familia de operaciones de 4, 6 y 24

$4 \times 6 = 24$	$6 \times 4 = 24$	$24 \div 4 = 6$	$24 \div 6 = 4$

★ Práctica guiada

Escribe las familias de operaciones de los arreglos o conjuntos de números.

1.

2.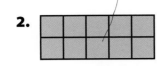

3. 4, 4, 16   **4.** 5, 6, 30   **5.** 3, 5, 15

Resolver problemas con ayuda

Usa las preguntas para resolver este problema.

6. Hay 48 pulgadas de cinta. Si Emily quiere envolver 4 regalos, ¿cuántas pulgadas de cinta puede usar para cada regalo?

   a. Compréndelo ¿Cuánta cinta tiene Emily?

   b. Planéalo Explica por qué puedes dividir para hallar la respuesta.

   c. Resuélvelo Escribe una oración numérica y resuélvela.

   d. Verifícalo Completa la oración.

   Emily puede usar ◯ pulgadas de cinta para cada regalo.

 Hablar de matemáticas El molde para panecillos de Stacey tiene 3 filas con lugar para 4 panecillos cada una. Stacey cree que puede hacer 15 panecillos por vez. ¿Tiene razón? Explica cómo lo sabes usando un arreglo.

★ Practicar y resolver problemas

Escribe las familias de operaciones de los arreglos o conjuntos de números.

7.

8. ◯◯◯
◯◯◯

9.

Escribe una familia de operaciones para los conjuntos de números.

11. 3, 3, 9   **12.** 1, 10, 10   **13.** 4, 8, 32   **14.** 5, 8, 40

Completa las familias de operaciones.

15. $3 \times \blacksquare = \blacksquare$ $\blacksquare \div 3 = 7$ $7 \times \blacksquare = 2$ $21 \div \blacksquare = 3$

16. $8 \times \blacksquare = 72$ $\blacksquare \div 8 = 9$ $9 \times 8 = \blacksquare$ $\blacksquare \div 9 = \blacksquare$

Usa una oración relacionada de división para hallar el número que falta. Escribe la oración numérica que usaste.

17. $8 \times \blacksquare = 64$ **18.** $\blacksquare \times 6 = 54$ **19.** $\blacksquare \times 9 = 81$ **20.** $7 \times \blacksquare = 56$

21. $\blacksquare \times 5 = 45$ **22.** $7 \times \blacksquare = 49$ **23.** $7 \times \blacksquare = 63$ **24.** $\blacksquare \times 20 = 20$

25. ¿Puedes formar una familia de operaciones con los números 2, 7 y 27? Explica por qué.

26. Dos familias de operaciones diferentes contienen los números 3 y 6. Escribe las 4 oraciones numéricas para cada familia de operaciones.

Resuelve los problemas 27 a 29. Explica cómo usar una familia de operaciones para comprobar tu respuesta.

27. Colin horneó 3 bandejas de galletas. Cada bandeja tenía 24 galletas. ¿Cuántas galletas horneó Colin en total?

28. Mara caminó ida y vuelta a la casa de su amiga 6 veces. El camino de ida es 2 millas. ¿Cuántas millas caminó Mara la semana pasada?

29. Reto Rita representó las llamadas telefónicas que recibió en el trabajo. Los modelos muestran las llamadas durante las primeras 4 horas y las segundas 4 horas de trabajo. ¿Cuántas llamadas telefónicas recibió en total?

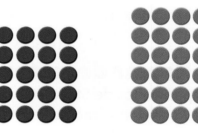

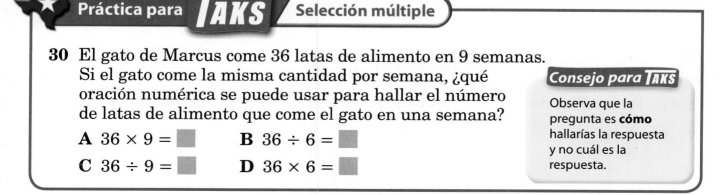

30 El gato de Marcus come 36 latas de alimento en 9 semanas. Si el gato come la misma cantidad por semana, ¿qué oración numérica se puede usar para hallar el número de latas de alimento que come el gato en una semana?

A $36 \times 9 = \blacksquare$ **B** $36 \div 6 = \blacksquare$

C $36 \div 9 = \blacksquare$ **D** $36 \times 6 = \blacksquare$

Consejo para TAKS

Observa que la pregunta es **cómo** hallarías la respuesta y no cuál es la respuesta.

¡Corre con un carro sin motor!

Un carro sin motor es un carro que suele construir y conducir un niño. La gravedad impulsa el carro mientras se lo conduce cuesta abajo.

Escribe una oración numérica para los problemas y resuélvela.

1. En la primera vuelta de la carrera de prueba, el carro de Donna recorre 7 pies por segundo. Tarda 10 segundos en dar una vuelta al circuito. Halla la longitud del circuito.

2. Cada ronda de la carrera se llama "serie". Compiten tres carros por serie. En la primera ronda de la carrera local hubo 11 series. ¿Cuántos carros compitieron en la primera ronda?

3. En la carrera del condado participan dos carros de cada carrera local. Hay 12 carros en la carrera del condado. ¿Cuántas carreras locales envían carros a la carrera del condado?

4. El circuito de la carrera del condado tiene 84 pies de longitud. Si el carro de Donna recorre 7 pies por segundo durante la carrera, ¿cuánto tardará en

Objetivos 1 y 6 de **TAKS**
TEKS 4.14A

⭐ **Objetivos 1 y 2 de** **TAKS**

TEKS **4.4C** Recordar y aplicar las tablas de multiplicación hasta el 12 × 12.

4.6A Utilizar patrones y relaciones para desarrollar estrategias para recordar operaciones básicas de multiplicación y división.

También 4.4B

Materiales
- Tablero 6
- Manipulativos electrónicos

Estrategias para la tabla del 12

Objetivo Desarrollar estrategias para recordar operaciones básicas de multiplicación.

⭐ **Aprender con manipulativos**

Muchos elementos vienen en grupos de 12. Puedes usar arreglos para multiplicar por 12.

> La cuerda floja del circo tiene 8 pies de largo. En un pie hay 12 pulgadas. ¿Cuántas pulgadas de largo tiene la cuerda floja?

Multiplica 8 por 12

Haz un arreglo de 8 × 12. Cuenta a lo largo del lado de los 12 cuadrados hasta llegar a 10. En ese punto, divide el arreglo en dos secciones. ¿Cuántas columnas hay en la parte más pequeña del arreglo?

Escribe una oración de multiplicación para cada parte del arreglo.

Halla el producto de ambas partes del arreglo y súmalos.

$8 \times 10 = 80$ $8 \times 2 = 16$ $80 + 16 = 96$

↑ cuadrados en la primera parte   ↑ cuadrados en la segunda parte   ↑ cuadrados en ambas partes

---

La cuerda floja tiene 96 pulgadas de largo.

⭐ **Práctica guiada**

Multiplica. Descompone 12 en 10 y 2.

1. 3×12 **2.** 12×4 **3.** 6×12 **4.** 12×7

5. 2×12 **6.** 12×12 **7.** 10×12 **8.** 8×12

9. Sienna quiere saber su edad en meses. Tiene 11 años. ¿Cuántos meses tiene?

 Hablar de matemáticas Describe una estrategia que puedas usar para hallar 12×4.

Piénsalo
- ¿Cuánto es el número multiplicado por 10?
- ¿Cuánto es el número multiplicado por 2?

Multiplica. Si necesitas ayuda, usa una estrategia.

10. 2×12 **11.** 5×12 **12.** 7×12 **13.** 3×12 **14.** 12×5

15. 12×12 **16.** 12×9 **17.** 12×10 **18.** 12×4 **19.** 11×12

Resuelve los problemas.

20. Medición Cindy mide 4 pies y 2 pulgadas. ¿Qué oración numérica podrías usar para hallar su altura en pulgadas: 4×12 ó $4 \times 12 + 2$ ó $4 + 12 + 2$?

21. Jing completó 20 problemas de una prueba y pensó que había terminado. Luego, vio que había 12 problemas más en otra página. ¿Cuántos problemas había en la prueba?

22. El rótulo de una caja de lápices dice "Más de 4 docenas de lápices". ¿Cuántos lápices hay como mínimo en la caja?

Conexión con las ciencias

Usa los Datos divertidos para resolver los problemas.

23. Aproximadamente, ¿a cuántos años de la Tierra equivaldrían 8 años de Júpiter?

24. Saturno, el segundo planeta más grande, tiene 56 lunas. ¿Cuántas lunas más tiene Júpiter?

25. ¿Por cuánto tiempo ha venido soplando la tormenta conocida como la Gran Mancha Roja?

26. Reto Aproximadamente, ¿cuánto tiempo más dura un día en la Tierra que en Júpiter? Explica tu respuesta.

Datos divertidos

Jupiter, el planeta más grande

- Júpiter tiene 63 lunas.
- 1 año en Júpiter equivale a unos 12 años en la Tierra.
- 1 día en Júpiter dura unas 10 horas.
- La Gran Mancha Roja es una enorme tormenta que se observó por primera vez en 1665.

Objetivo 6 de TAKS
TEKS 4.14A

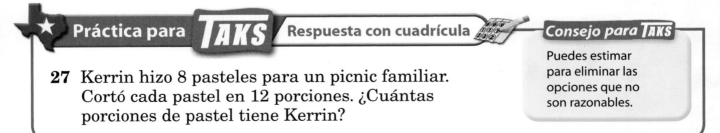

★ **Práctica para** TAKS **Respuesta con cuadrícula**

27 Kerrin hizo 8 pasteles para un picnic familiar. Cortó cada pastel en 12 porciones. ¿Cuántas porciones de pastel tiene Kerrin?

Consejo para TAKS

Puedes estimar para eliminar las opciones que no son razonables.

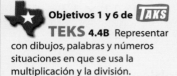
Objetivos 1 y 6 de *TAKS*

TEKS 4.4B Representar con dibujos, palabras y números situaciones en que se usa la multiplicación y la división.

4.4C Recordar y aplicar las tablas de multiplicación hasta el 12 × 12.

4.6A Utilizar patrones y relaciones para desarrollar estrategias para recordar operaciones básicas de multiplicación y división.

También 4.11B y 4.14C

Materiales
Papel

Resolver problemas
Haz una tabla

Objetivo Hacer una tabla para resolver un problema.

★ Razonar y aprender

Algunos problemas se pueden resolver haciendo una tabla.

Necesitas hacer 32 etiquetas con precios para una venta de garage. Tienes una hoja de papel para doblarla y cortar las etiquetas. ¿Cuántas veces debes doblar el papel por la mitad para que las líneas del doblez formen al menos 32 secciones?

COMPRÉNDELO

¿Cuántas secciones obtienes al doblar el papel por la mitad una vez? ¿y dos veces?

PLANÉALO

Haz una tabla para hacer un seguimiento de tus resultados. Anota cada doblez y el número de secciones que obtuviste.

Dobleces	Secciones

RESUÉLVELO

Halla el patrón.

Observa cómo el número de secciones cambia con cada nuevo doblez. ¿Observas un patrón?

Usa la suma o la multiplicación para extender la tabla hasta que tengas 32 secciones.

Tendrás que doblar el papel por la mitad ◯ veces para obtener 32 secciones.

VERIFÍCALO

¿Cómo te ayudó hacer una tabla a resolver el problema?

★ Resolver problemas con ayuda

Haz una tabla para resolver el problema.

1. **Dinero** Quieres comprar un juego para la computadora. Cuesta $78. Tienes $40. Imagina que ahorras $5 por semana. ¿Cuántas semanas tardarás en ahorrar suficiente dinero para comprar el juego?

   a. **Compréndelo** ¿Qué estás tratando de hallar?

   b. **Planéalo** ¿Qué dos cosas tienes que comparar?

   c. **Resuélvelo** Haz una tabla. Continúa la tabla hasta que halles la respuesta.

   d. **Verifícalo** Completa la oración.

   Se tardarán ◯ semanas en ahorrar suficiente dinero para comprar el juego.

Para resolver este problema, hazte las preguntas de la sección Piénsalo.

2. Un globo de aire caliente está en el aire a 150 pies sobre el nivel del mar. Desciende 12 pies por minuto. ¿Cuántos minutos completos tardará el globo en aterrizar en un campo que está a 60 pies sobre el nivel del mar?

> **Piénsalo**
> - ¿Qué dos cosas tengo que comparar?
> - ¿Cuál es la regla del patrón?

 Hablar de matemáticas ¿En qué se diferencian la tabla que usaste para resolver el problema 1 y la que usaste para resolver el problema 2? ¿En qué se parecen?

★ Práctica para resolver problemas

Haz una tabla para resolver los problemas.

3. Ha abierto una nueva tienda de ropa. Sólo dos personas compran el primer día, pero se lo comentan a sus amigos. Después de ese día, cada día van a la tienda el triple de personas de las que fueron el día anterior. ¿Cuántas personas compran el cuarto día?

4. **Reto** Kim se propuso caminar 50 millas. Camina 1 milla el primer día, 2 millas el segundo día y 3 millas el tercer día. Si el patrón continúa, ¿cuánto tardará en caminar las 50 millas?

Georgetown, TX

Esta fascinante caverna se encuentra en Georgetown, Texas, y tiene una temperatura aproximada de 72 grados durante todo el año.

CAVERNA INNER SPACE
Georgetown, Texas

En la caverna Inner Space hay miles de depósitos de calcita, conocidos como popotes.

La caverna Inner Space es la caverna de más fácil acceso en Texas y entre las sorprendentes formaciones de la cueva se encontraron animales de la Edad de Hielo.

Usa la información de esta página para resolver los siguientes problemas.

5. La caverna Inner Space se descubrió en 1963. ¿Cuántos años han trascurrido desde que fue descubierta?

6. Medición Los popotes miden desde 1 pulgada hasta casi 6 pies de longitud. ¿Cuántas pulgadas hay en 6 pies?

En la cueva se hallaron huesos de una gran variedad de animales. La tabla muestra la edad estimada de los huesos que descubrieron los arqueólogos.

Zona del hallazgo	Edad estimada
Pozo de huesos 1	13,900 a
Pozo de huesos 2	13,970 a
Pozo de huesos 3	23,230 a

Tigre de diente de sable

7. ¿Cuánto más antiguos eran los huesos que se encontraron en el Pozo de huesos 3 que los que se encontraron en el Pozo de huesos 1?

8. Los arqueólogos no pueden hallar la edad exacta de los fósiles y los huesos. Los huesos que se encontraron en el Pozo de huesos 1 podrían tener 400 años más o menos que las fechas indicadas en la tabla. ¿Cuál es el rango de la edad de los huesos?

En la caverna Inner Space se encontraron huesos de gliptodontes. Los gliptodontes están relacionados con los armadillos.

Escoge una estrategia
- Haz un dibujo
- Usa una tabla
- Busca un patrón

9. Identifica las figuras que observas en los escudos que cubren la espalda del gliptodonte.

10. Razonamiento Teniendo en cuenta el peso de un gliptodonte, aproximadamente, ¿cuánto pesa un carro pequeño?

11. Sam leyó que el gliptodonte vivió hasta hace unos 15,000 años. Si eliminas el residuo en cada división, ¿cuántas veces puedes dividir 15,000 entre 3 para obtener 2?

12. Un gliptodonte medía aproximadamente 10 pies de largo y 5 pies de alto. ¿Cuántas veces más largo que alto era el gliptodonte?

Datos divertidos

- Un gliptodonte pesaba entre 1 y 2 toneladas y tenía casi el mismo tamaño, la misma forma y el mismo peso que un carro pequeño.
- La espalda de un gliptodonte estaba cubierta por unas 1,000 placas llamadas escudos. Esos escudos óseos tenían cerca de 1 pulgada de grosor.

Gliptodonte

Crea y resuelve

13. Katie escribió el siguiente problema. Resuelve el problema de Katie.

Algunos armadillos pesan un poco más que 100 libras. ¿Cuántas veces más grande que el armadillo era el gliptodonte?

Pista

Una tonelada equivale a 2,000 libras.

14. Escribe tu propio problema con la información sobre la caverna Inner Space. Haz un dibujo para resolver el problema.

15. Escribe y resuelve un problema en palabras. Intercambia tu problema con el de un compañero de clase. Intenten resolver los problemas.

Práctica para TAKS / **Selección múltiple**

16 Luz quiere comprar una mochila nueva que cuesta $20. Tiene $7. Si Luz ahorra $3 por semana, ¿cuánto tiempo tardará en reunir el dinero suficiente para comprar la mochila?

A 4 semanas
B 5 semanas
C 6 semanas
D 7 semanas

Consejo para TAKS

Haz un plan. ¿Qué estrategia puedes usar para resolver el problema?

Leer y escribir matemáticas

Vocabulario de TAKS

Puedes usar familias de operaciones para resolver problemas.

Copia y completa la tabla.

Palabra	Definición
familia de operaciones	operaciones relacionadas que usan los mismos números
	número de grupos o número que hay en cada grupo
par de factores	
producto	

Lee los dos problemas.

Problema 1	Problema 2
En una reunión familiar, la familia Jones ocupa 3 mesas de picnic. Hay 6 personas en cada mesa. ¿Cuántos miembros de la familia fueron a la reunión?	Hay 18 personas en la reunión de la familia Jones. Si en cada mesa de picnic pueden sentarse 6 personas, ¿cuántas mesas ocupará la familia Jones?

Responde a las preguntas. Puedes usar tu tabla de palabras y definiciones.

1. Escribe una oración numérica para resolver el problema 1.

2. Escribe una oración numérica para resolver el problema 2.

3. Escribe una familia de operaciones para 3, 6, 18.

4. ¿Cuál es el **producto** del **par de factores** (4, 5)?

Escribir Escribe un problema en palabras que pueda resolverse con una multiplicación. Luego, escribe un problema en palabras relacionado que pueda resolverse con una división.

Leer Busca libros relacionados con este concepto en tu biblioteca.

Objetivo 6 TAKS
TEKS 4.15A Explicar y anotar observaciones utilizando objetos, palabras, dibujos, números y tecnología.
4.15B Relacionar el lenguaje informal con el lenguaje y los símbolos matemáticos.

Práctica adicional basada en los estándares

Conjunto A
Objetivo 1 de TAKS TEKS 4.4B, 4.4C página 144

Multiplica. Si necesitas ayuda, usa una tabla de multiplicación.

1. 3 × 3   **2.** 4 × 9   **3.** 5 × 6   **4.** 7 × 4   **5.** 10 × 7

6. 6 × 7   **7.** 11 × 8   **8.** 7 × 7   **9.** 9 × 6   **10.** 8 × 7

Conjunto B
Objetivos 1 y 2 de TAKS TEKS 4.4B, 4.4C, 4.6A página 148

Escribe una operación de multiplicación y una operación de división para cada arreglo o conjunto de números.

1. ●●●●●● / ●●●●●● / ●●●●●●   **2.** ▲▲▲▲▲ (×4 rows)   **3.** ▪▪▪▪▪▪▪▪ (×2 rows)

4. 3, 7, 21   **5.** 4, 9, 36   **6.** 7, 4, 28   **7.** 9, 5, 45   **8.** 8, 8, 64

Usa una oración relacionada de división para hallar los números que faltan. Escribe la oración numérica que usaste.

9. 7 × ▨ = 77   **10.** ▨ × 9 = 81   **11.** 9 × ▨ = 54   **12.** ▨ × 8 = 56

13. Shina hizo casas con galletas de jengibre. Tenía 72 galletas de jengibre y usó 8 galletas para cada casa. ¿Cuántas casas hizo?

Conjunto C
Objetivos 1 y 2 de TAKS TEKS 4.4A, 4.4C, 4.4D, 4.6A página 152

Multiplica. Si necesitas ayuda, usa una estrategia.

1. 4 × 12   **2.** 6 × 12   **3.** 3 × 12   **4.** 7 × 12   **5.** 12 × 12

6. El señor Hajra compró 3 docenas de mandarinas. ¿Cuántas mandarinas compró el señor Hajra? Dibuja un arreglo para resolver el problema.

7. Raj quiere pintar un mural que ocupe toda una pared de su dormitorio. La pared mide 8 pies de altura. Hay 12 pulgadas en un pie. ¿Qué altura tendrá el mural de Raj en pulgadas?

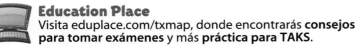

Education Place
Visita eduplace.com/txmap, donde encontrarás **consejos para tomar exámenes** y más **práctica para TAKS**.

Capítulo 7 Práctica adicional   **159**

Repaso/Examen del capítulo

Vocabulario y conceptos

Objetivos 1, 2 y 6 de **TAKS**   TEKS 4.4B, 4.4C, 4.6A, 4.15B

Escoge el mejor término para completar las oraciones.

Banco de palabras

arreglo
cociente
familia de operaciones
par de factores
producto

1. Una agrupación de objetos, dibujos o números en filas y columnas es un _____.

2. Los números 8 y 6 son un _____ del producto 48.

3. Una _____ incluye oraciones relacionadas de multiplicación y división.

Escribe la familia de operaciones para el arreglo o el conjunto de números.

4.

5. 10, 11, 110

6. 5, 9, 45

Cálculos

Objetivo 1 de **TAKS**   TEKS 4.4C

Multiplica.

7. 2×8

8. 9×9

9. 3×11

10. 8×7

11. 4×12

12. 7×9

13. 6×4

14. 12×11

15. 6×5

16. 8×8

Resolver problemas y razonamiento

Objetivos 1, 2 y 6 de **TAKS**   TEKS 4.4C, 4.4D, 4.6A, 4.14A, 4.14B, 4.14C, 4.16A, 4.16B

17. Siete focas comen 12 peces cada una. ¿Cuántos peces comen en total?

18. ¿Cuántas operaciones hay en la familia de operaciones de un arreglo cuadrado? Explica tu respuesta.

19. En las dos oraciones de multiplicación de una familia de operaciones, un número es el producto. ¿Cuál es la función de ese número en las dos oraciones de división de esa familia de operaciones?

20. Emily compra bolsas de cacahuates calientes, una bolsa para ella y una para cada una de sus 5 amigas. Gasta $12. ¿Cuánto cuesta cada bolsa de cacahuates?

Escribir matemáticas Donna tiene 12 monedas. ¿Cuántos arreglos rectangulares diferentes puede formar con las monedas? Dibuja los arreglos. Luego explica cómo los hallaste.

Preparación para TAKS y repaso frecuente

1 El señor Cho tiene 402 manzanas y 275 peras. ¿Cuántas manzanas más que peras tiene?

A 127

B 137

C 237

D 277

Consejo para TAKS

Resta 1 del siguiente lugar de la izquierda siempre que reagrupes en un problema de resta.

Objetivo 1 de TAKS TEKS **4.3A** página 104

2 Observa la siguiente gráfica de barras.

Colección de libros de Robin

¿Cuál de las oraciones sobre los datos de la gráfica NO es verdadera?

F Robin tiene 55 libros de animales y de suspenso.

G Robin tiene menos libros sobre deportes que cualquier otra clase de libro.

H Robin tiene 25 libros de suspenso.

J Robin tiene el doble de libros de animales que libros de aventuras.

Objetivo 5 de TAKS TEKS **4.13B** página 32

3 En un garage había 1,327 carros y 219 camiones. ¿Cuántos vehículos había en el garage?

A 1,108

B 1,536

C 1,546

D 1,616 Objetivo 1 de TAKS TEKS **4.3A** página 100

4 Mandy ahorró $314 el año pasado. Sue ahorró $266. ¿Cuánto dinero más que Sue ahorró Mandy?

F $48

G $58

H $148

J $580 Objetivo 1 de TAKS TEKS **4.3A** página 104

5 **Respuesta con cuadrícula**
La gráfica muestra cuánto dinero gana Steve por semana.

Ingresos semanales

¿Cuánto gana Steve por semana?

Objetivo 5 de TAKS TEKS **4.13B** página 32

Education Place
Visita eduplace.com/txmap, donde encontrarás **consejos para tomar exámenes** y más **práctica para TAKS**.

Multiplicar por números de un dígito

Vocabulario y conceptos

Escoge la mejor palabra para completar las oraciones. página 148

1. El _____ es el resultado de la multiplicación.

2. En la multiplicación, un _____ indica el número de grupos y el otro indica el número en cada grupo.

Cálculos

Halla los productos. página 148

3. 5 × 6   **4.** 7 × 4   **5.** 2 × 8   **6.** 9 × 7   **7.** 11 × 2

Continúa los patrones. página 144

8. 3, 6, 9, ▮, ▮   **9.** 10, 20, 30, ▮, ▮

Resolver problemas y razonamiento página 148

10. Diana compra 8 paquetes de tarjetas. Cada paquete tiene 8 tarjetas. ¿Cuántas tarjetas compra Diana?

Vocabulario de TAKS

¡Visualízalo!

arreglo
4 × 6

Modelos de multiplicación
4 × 6
4 grupos de 6

cuadrícula
4 × 6

bloques de unidades
4 × 6

Mi mundo bilingüe

Las palabras que se parecen en español y en inglés muchas veces tienen el mismo significado.

Español	Inglés
modelo	model
grupos	groups

Consulta el **Glosario español–inglés**, páginas 569 a 582.

Education Place Visita eduplace.com/txmap, donde encontrarás el **glosario electrónico**.

Objetivo 6 de TAKS **TEKS** 4.15B Relacionar el lenguaje informal con el lenguaje y los símbolos matemáticos.

Capítulo 8   163

★ Objetivos 1 y 6 de **TAKS**

TEKS 4.4D Utilizar la multiplicación para resolver problemas (no más de dos dígitos multiplicados por dos dígitos y sin tecnología).

4.14D Utilizar herramientas tales como objetos reales, manipulativos y tecnología para resolver problemas.

También 4.15A

Materiales

- Bloques de base diez (decenas y unidades)
- Manipulativos electrónicos eduplace.com/txmap (opcional)

Aplícalo
Representar la multiplicación con modelos

Objetivo Usar bloques de base diez para representar la multiplicación.

★ Explorar

Pregunta ¿Cómo puedes usar bloques de base diez para multiplicar números de dos dígitos?

El maestro James entregó a cada estudiante de la clase tres boletos para los juegos de la feria de primavera. Hay 32 estudiantes en su clase. ¿Cuántos boletos repartió?

1 Haz un arreglo con bloques de base diez para mostrar 3 grupos de 32.

¿Cuántos bloques de decenas usaste?

¿Cuántos bloques de unidades usaste?

2 En lugar de usar bloques, haz un dibujo rápido.

||| : ||| : ||| :

Cuenta las unidades y las decenas de tu dibujo rápido. ¿Cuánto es 3 × 32?

¿Cuántos boletos se repartieron?

Extender

¿Qué pasaría si hubiera sólo 26 estudiantes y cada uno recibiera 2 boletos?

Ahora halla 2 × 26.

1 Usa bloques de base diez para mostrar 2 grupos de 26.

¿Cuántos bloques de decenas usaste?

¿Cuántos bloques de unidades usaste?

2 Haz un dibujo rápido. Muestra los grupos de 26. ¿Qué observas al contar las unidades? Reagrupa las unidades como 1 decena y 2 unidades.

¿Cuánto es 2 × 26?

¿Cuántos boletos se repartieron?

Halla los productos. Puedes usar bloques de base diez o hacer dibujos rápidos.

1. 3 × 15

2. 4 × 24

3. 2 × 17

4. 2 × 22

5. 3 × 37　　**6.** 2 × 58　　**7.** 4 × 21　　**8.** 3 × 33

9. 5 × 25　　**10.** 3 × 27　　**11.** 4 × 32　　**12.** 2 × 19

13. 4 × 17　　**14.** 5 × 26　　**15.** 3 × 36　　**16.** 2 × 28

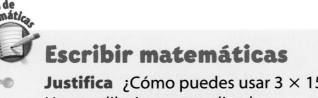

Escribir matemáticas

Justifica ¿Cómo puedes usar 3 × 15 y 6 × 15 para hallar 9 × 15? Usa un dibujo para explicarlo.

LECCIÓN 2

Objetivos 1 y 6 de *TAKS*

TEKS 4.4A Dar ejemplos de factores y productos utilizando arreglos y modelos de áreas.

4.14D Utilizar herramientas tales como objetos reales, manipulativos y tecnología para resolver problemas.

4.16A Hacer generalizaciones de patrones o de conjuntos de ejemplos y contraejemplos.

También 4.14A

Materiales
- Tablero 6 o Recurso de enseñanza 15 (papel cuadriculado)
- Lápices de colores

Dibujar modelos para multiplicar

Objetivo Dar ejemplos de factores y de productos usando arreglos y modelos de áreas.

★ Aprender con manipulativos

En la Lección 1 usaste bloques de base diez e hiciste dibujos para multiplicar. También puedes usar arreglos o cuadrículas para multiplicar.

> Anna compra un organizador para su colección de DVD. El organizador tiene 5 filas con 15 lugares cada una. ¿Cuántos DVD puede guardar Anna en el organizador?

1 Haz un dibujo como el arreglo que se muestra en el Tablero 6. Puedes representar 5 × 15 como 5 filas de 15.

2 Descompone la oración de multiplicación. Puedes tomar 15 como 10 más 5. Rotula las dos partes del arreglo. Sombrea cada parte con un color diferente.

Por lo tanto, el arreglo más grande se divide en dos más pequeños.

| 5 × 10 | 5 × 5 |

3 Multiplica las partes. Luego, suma los productos.

$$10 \times 5 = 50 \qquad 5 \times 5 = 25 \qquad 50 + 25 = 75$$

↑ producto de la parte azul   ↑ producto de la parte roja   ↑ suma de las dos partes

La suma de los productos más pequeños es el producto de la oración de multiplicación original.

Anna puede guardar 75 DVD en el organizador.

Escribe el problema de multiplicación que representa cada modelo.

Piénsalo

¿En cuántas partes puedo descomponer el problema?

1.
⋮⋮⋮⋮⋮⋮⋮⋮⋮⋮⋮⋮⋮⋮

2.
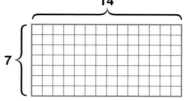

Multiplica. Puedes dibujar un modelo en tu Tablero.

3. 23
    × 6

4. 31
    × 5

5. 24
    × 5

6. 17
    × 7

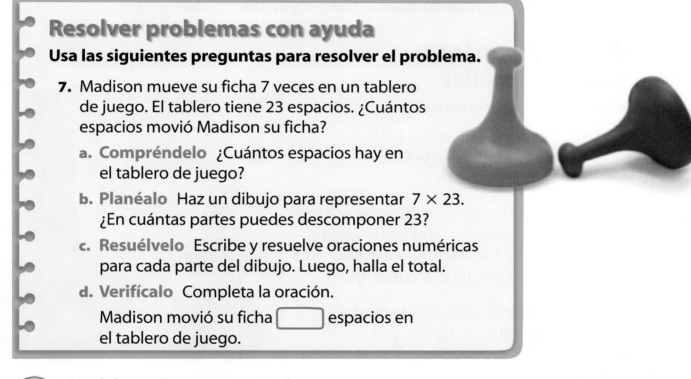

Resolver problemas con ayuda

Usa las siguientes preguntas para resolver el problema.

7. Madison mueve su ficha 7 veces en un tablero de juego. El tablero tiene 23 espacios. ¿Cuántos espacios movió Madison su ficha?

  a. Compréndelo ¿Cuántos espacios hay en el tablero de juego?

  b. Planéalo Haz un dibujo para representar 7 × 23. ¿En cuántas partes puedes descomponer 23?

  c. Resuélvelo Escribe y resuelve oraciones numéricas para cada parte del dibujo. Luego, halla el total.

  d. Verifícalo Completa la oración.

  Madison movió su ficha ▢ espacios en el tablero de juego.

123 **Hablar de matemáticas** Explica cómo puedes usar un modelo para multiplicar 5 × 32.

★ Practicar y resolver problemas

Escribe y resuelve el problema de multiplicación que representa cada modelo.

8.
⋮⋮⋮⋮⋮⋮⋮⋮⋮⋮⋮⋮⋮⋮⋮⋮

9.

Multiplica. Puedes hacer un modelo en tu Tablero como ayuda.

10. 4×25 **11.** 6×33 **12.** 3×19 **13.** 5×29 **14.** 6×18 **15.** 4×21

16. 3×33 **17.** 3×28 **18.** 27×6 **19.** 34×5 **20.** 52×4 **21.** 44×3

Resuelve los siguientes problemas. Puedes hacer un modelo como ayuda.

22. Hay 6 parejas de jugadores en la primera ronda de un torneo de damas. Para cada juego de damas se necesitan 24 piezas. ¿Cuántas piezas se necesitan para la primera ronda?

23. Para la segunda ronda del torneo de damas quedan la mitad de los jugadores que en la primera ronda. ¿Cuántas piezas se necesitan para la segunda ronda?

24. Reto Frank está diagramando avisos de publicidad para un periódico. En una página entran 18 avisos. Frank llena 5 páginas. Si cada aviso cuesta $5, ¿cuánto cuestan todos los avisos en total?

Conexión con los estudios sociales

Resuelve los siguientes problemas.

25. Si cada familia caddo de una tribu tenía 5 flautas y había 23 familias en la tribu, ¿cuántas flautas tenía la tribu?

26. Un arqueólogo está haciendo réplicas de collares caddo hechos con caracoles. Si el arqueólogo hace 6 réplicas y usa 34 caracoles por collar, ¿cuántos caracoles necesita el arqueólogo?

27. Hoy en día, una familia típica está formada por aproximadamente 5 personas. ¡Las casas de paja de los caddo albergaban hasta 30 personas! ¿Habría más personas en 36 viviendas actuales o en una aldea caddo con 8 casas?

La cultura caddo

Los caddo, indígenas norteamericanos del este de Texas, escribían poesías y hacían joyas muy bellas. También hacían flautas con huesos huecos.

Cerámica caddo

Objective 6 de **TAKS**
TEKS 4.14A y 4.14B

Práctica para TAKS   Respuesta con cuadrícula

Consejo para TAKS

Multiplica para comprobar tu respuesta.

28 ¿Qué número hace que esta ecuación sea verdadera?

$7 \times \blacksquare = 217$

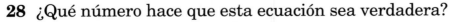

Para **Práctica adicional** consulta la página 181, Conjunto A.

Puedes usar manipulativos electrónicos para multiplicar números de dos dígitos por 2.

1 Visita **http://www.eduplace.com/txmaps** Haz clic en **Base Ten Blocks** (bloques de base diez). Aparecerá una pantalla similar a ésta.

2 Configura el tablero para dos números usando el botón.

3 Usa el botón que se encuentra en el ángulo superior izquierdo para colocar 58 bloques en la mitad superior del tablero.

4 Coloca los mismos 58 bloques en la mitad inferior del tablero.

5 Usa el botón para combinar los bloques de las dos secciones del tablero.

- Comienza con los bloques de unidades. Coloca todos los bloques de unidades en la mitad superior del tablero. Si es necesario, reagrupa las unidades como decenas.

- Luego, combina las barras de decenas. Si es necesario, reagrupa las decenas como centenas.

6 Cuenta y anota el número total de bloques. Luego, oprime el botón **1 2 3** para ver el total. El total debería coincidir con el número que se muestra.

Usa el Tablero para resolver los problemas.

1. 31×2 **2.** 51×2 **3.** 36×2

4. 49×2 **5.** 99×2 **6.** 87×2

Objetivos 1 y 6 de **TAKS**
TEKS 4.4B, 4.4D, 4.14D, 4.15A

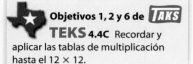
Objetivos 1, 2 y 6 de TAKS

TEKS 4.4C Recordar y aplicar las tablas de multiplicación hasta el 12 × 12.

4.6B Utilizar patrones para multiplicar por 10 y por 100.

4.16A Hacer generalizaciones de patrones o de conjuntos de ejemplos y contraejemplos.

También 4.4D

Multiplicar con múltiplos de 10 y 100

Objetivo Usar patrones para multiplicar por múltiplos de 10.

★ Aprender con ejemplos

En la Lección 2 usaste modelos para multiplicar. En esta lección, cuando multipliques por múltiplos de 10 podrás usar un patrón como ayuda para multiplicar.

Juegos Galore vende tarjetas de deportes en paquetes de 8 tarjetas. ¿Cuántas tarjetas hay en 10 paquetes? ¿y en 100 paquetes?

1 Para hallar cuántas tarjetas hay en 10 paquetes, multiplica 8 × 10.

$8 \times 10 = 80$ Hay 10 grupos de 8.

2 Ahora multiplica 8 × 100.

$8 \times 100 = \bigcirc$ Hay 100 grupos de 8.

¿En qué se diferencian los productos según el número de ceros que tienen?
¿Cuántas tarjetas vende la tienda si se venden 100 paquetes?

Puedes usar el mismo patrón cuando multiplicas por múltiplos de 10 y de 100.

Otros ejemplos

A. Multiplica por 7, 70 y 700.

$$6 \times 7 = 42$$
$$6 \times 70 = 420$$
$$6 \times 700 = 4{,}200$$

B. Multiplica números de dos dígitos.

$$33 \times 100$$
$$33 \times 100 = 3{,}300$$

C. Usa una operación básica para hallar 5 × 40.

$$5 \times 4 = 20$$

$$5 \times 40 = 200 \text{ porque } 20 \times 10 = 200.$$

$$5 \times 40 = 200$$

Analízalo

Hay 2 ceros en los factores, por lo tanto, el producto debería tener 2 ceros.

170

Usa operaciones básicas y patrones para hallar los productos.

Piénsalo
• ¿Qué operación básica puedo usar?
• ¿Cuántos ceros debe haber en el producto?

1. 5×7
5×70
5×700

2. 9×6
9×60
9×600

3. 5×8
5×80
5×800

4. 6×50

5. 4×500

6. 14×200

(123) Hablar de matemáticas Observa el ejercicio 3.
¿Por qué hay más ceros en los productos que en los factores?

Practicar y resolver problemas

Usa operaciones básicas y patrones para hallar los productos.

7. 4×4
4×40
4×400

8. 7×3
7×30
7×300

9. 6×7
6×70
6×700

10. 2×5
2×50
2×500

11. 9×8

12. 6×5

13. 6×50

14. 6×500

15. 6×100

16. 2×80

17. 9×300

18. 6×70

19. 5×900

20. 3×10

21. 7×700

22. 8×100

23. 12×100

24. 55×20

25. 35×10

Usa patrones para resolver los problemas.

26. Un vagón tiene asientos para 100 personas. ¿Cuántas personas pueden viajar en 12 vagones?

27. Reto En la tienda de mascotas Pet Saver, se regala una bolsa de golosinas para perros por la compra de cada bolsa. En un día, 24 personas compran una bolsa de golosinas. ¿Cuántas bolsas de golosinas necesitará la tienda si vende la misma cantidad de bolsas cada día durante 5 días?

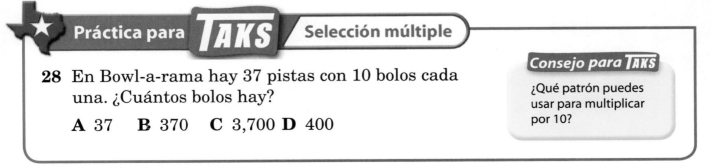

Práctica para TAKS (**Selección múltiple**)

28 En Bowl-a-rama hay 37 pistas con 10 bolos cada una. ¿Cuántos bolos hay?

A 37   **B** 370   **C** 3,700 **D** 400

Consejo para TAKS
¿Qué patrón puedes usar para multiplicar por 10?

Objetivos 1 y 6 de ⭐**TAKS**

TEKS 4.4B Representar con dibujos, palabras y números situaciones en que se usa la multiplicación y la división.

4.4D Utilizar la multiplicación para resolver problemas (no más de dos dígitos multiplicados por dos dígitos y sin tecnología).

4.15A Explicar y anotar observaciones utilizando objetos, palabras, dibujos, números y tecnología.

También 4.4A y 4.16B

Registrar la multiplicación

Objetivo Representar la multiplicación con dibujos y números.

★ Aprender con ejemplos

Has usado modelos, dibujos y patrones para multiplicar. También puedes multiplicar usando sólo números.

> El mes pasado 26 personas se anotaron para participar en un juego en línea. A este ritmo, ¿cuántas personas pueden anotarse en 3 meses?

Primero estima. 3 × 26 es aproximadamente 3 × 25 ó 75.

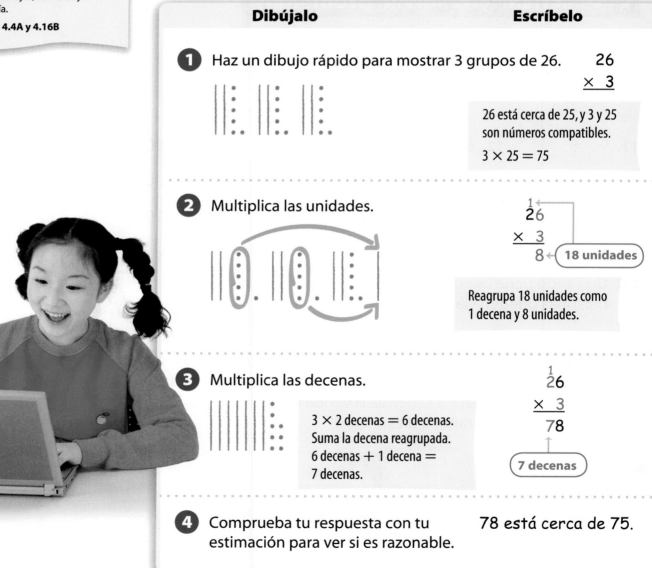

En 3 meses se pueden anotar 78 personas.

Otro ejemplo

Al multiplicar, a veces tendrás que reagrupar decenas como centenas. Multiplica 31×4.

1 Estima. 31 es aproximadamente 30.

$30 \times 4 = 120$

2 Multiplica.

$$\begin{array}{r} 31 \\ \times\ 4 \\ \hline 124 \end{array}$$

3 Comprueba tu respuesta para ver si es razonable.

120 está cerca de 124, por lo tanto la respuesta es razonable.

★ Práctica guiada

Estima. Luego, multiplica.

1. 9×14 **2.** 5×21 **3.** 7×24

4. $\begin{array}{r} 14 \\ \times\ 7 \\ \hline \end{array}$ **5.** $\begin{array}{r} 22 \\ \times\ 8 \\ \hline \end{array}$ **6.** $\begin{array}{r} 19 \\ \times\ 5 \\ \hline \end{array}$

Resuelve el siguiente problema.

7. A Taryn le gusta un juego de la sala de juegos. Ha jugado 34 veces en los últimos 3 meses. Cada vez que juega, gana 8 boletos. ¿Cuántos boletos ha ganado en total?

 Hablar de matemáticas Describe los pasos que seguiste para resolver el problema 7.

> **Piénsalo**
> - ¿Qué números debo multiplicar?
> - ¿Qué operaciones básicas pueden ayudarme a multiplicar?
> - ¿Es razonable mi respuesta?

★ Practicar y resolver problemas

Estima. Luego, multiplica.

8. 3×17 **9.** 4×23 **10.** 3×36 **11.** 73×2 **12.** 14×6

13. 93×3 **14.** 13×5 **15.** 46×2 **16.** 31×9 **17.** 2×29

18. 52×7 **19.** 29×3 **20.** 85×3 **21.** 2×42 **22.** 4×16

23. $\begin{array}{r} 39 \\ \times\ 9 \\ \hline \end{array}$ **24.** $\begin{array}{r} 42 \\ \times\ 3 \\ \hline \end{array}$ **25.** $\begin{array}{r} 86 \\ \times\ 7 \\ \hline \end{array}$ **26.** $\begin{array}{r} 74 \\ \times\ 6 \\ \hline \end{array}$ **27.** $\begin{array}{r} 55 \\ \times\ 8 \\ \hline \end{array}$

Resuelve los siguientes problemas.

28. Dinero Un juego de damas cuesta $8. Un juego de backgammon cuesta $6. La señora Suárez compra 12 juegos de damas y 14 juegos de backgammon. ¿Cuánto dinero gasta?

29. Razonamiento En una tienda de videos el estante superior tiene 10 videojuegos. El segundo estante tiene 20, el tercero tiene 40 y el cuarto, 80. ¿Cuántos juegos crees que hay en el quinto estante? ¿Por qué?

30. Reto Usa la multiplicación para hallar el número total de espacios en un tablero de damas chinas. Describe la estrategia que usaste para resolver el problema.

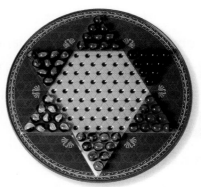

Conexión con la información

Usa la tabla para resolver los problemas 31 a 35.

31. La tienda Music World exhibe los CD en organizadores. ¿Cuántos CD hay en 3 organizadores?

32. Razonamiento ¿Dónde hay más videos: en 5 estantes o en 3 cajas? Explica tu razonamiento.

33. ¿Cuántos videos se pueden exhibir en un estante y en una caja?

34. Aproximadamente, ¿cuánto mayor es la capacidad de la caja que la del estante?

35. Reto En una gran tienda de computación hay 48 mesas de exhibición. ¿Cuántos programas y juegos caben en las mesas?

Exhibidor	Capacidad
Organizador	65 CD
Estante	37 videos
Caja	90 videos
Mesa	6 programas de computación, 10 juegos

Objetivo 6 de **TAKS**
TEKS 4.14A

Patrones de múltiplos de 9

Busca patrones en los múltiplos de 9.

1. Multiplica por 9 los números del 1 al 15. Copia y anota tus respuestas en la tabla.

2. Halla la suma de todos los dígitos de los múltiplos de 9. ¿Qué patrón observas?

3. ¿Qué patrón observas en el lugar de las unidades? Si un múltiplo de 9 termina en cero, ¿cuál es el valor del múltiplo siguiente? ¿Cuál es el valor en el lugar de las unidades?

Número	× 9
1	9
2	18
3	27
4	36
5	
6	
7	
8	
9	
10	
11	
12	
13	
14	
15	

Busca patrones en los múltiplos de 9 más grandes. Verifica los patrones con una calculadora.

4. El múltiplo que sigue a 9 es 18. El múltiplo que sigue a 99 es 108. El múltiplo que sigue a 999 es 1,008. Explica este patrón. ¿Continuará así?

5. Puedes hallar el producto de un número de dos dígitos por 9 usando una operación básica y multiplicando por múltiplos de 10. Halla 9×75. En la Lección 3 aprendiste que 9×70 es 630. También sabes que 9×5 es 45. La suma de esos dos productos es el producto de 9×75. Ahora halla 9×89.

6. Predice los cuatro números que siguen en el patrón del problema 1. ¿Cómo puedes estimar para comprobar la respuesta?

7. Usa los patrones que hallaste para escribir cuatro múltiplos de 9 que sean mayores que 500.

Objetivos 2 y 6 de **TAKS**
TEKS 4.7, 4.6A, 4.16A

Objetivos 1 y 6 de *TAKS*

TEKS 4.7 Se espera que el estudiante describa la relación entre dos conjuntos relacionados de datos, por ejemplo, pares ordenados en una tabla.

4.14C Seleccionar o desarrollar un plan o una estrategia de resolución de problemas apropiado en el que el estudiante haga un dibujo, busque un patrón, adivine y compruebe sistemáticamente, haga una dramatización, elabore una tabla, resuelva un problema más sencillo o trabaje desde el final hasta el principio para resolver un problema.

También 4.14B

Resolver problemas
Resuelve un problema más sencillo

Objetivo Seleccionar una estrategia apropiada, como resolver un problema más sencillo.

★ Razonar y aprender

A veces puedes usar patrones para simplificar un problema.

> Tina prepara canastos de frutas para entregarlos como premio. Tiene 6 variedades de frutas. Colocará sólo 2 variedades en cada canasto. Prepara 2 canastos con cada par de frutas. ¿Cuántos canastos necesitará?

COMPRÉNDELO

Hay 6 variedades de frutas. Hay sólo 2 variedades de fruta en cada canasto.

PLANÉALO

Cada línea representa un par de frutas. Hay el doble de número de canastos que de pares de frutas.

RESUÉLVELO

Número de frutas: 2   3   4   5   6
                    × 1 × 2 ×○ ×○ ×○
Número de canastos   2   6   12 ○   ○

Puedes ○ el número de frutas por uno menos para hallar el número de canastos.

Tina necesita ○ canastos de fruta.

VERIFÍCALO

¿Cómo te ayuda resolver el problema con menos variedades de frutas?

Resolver problemas con ayuda

Usa un problema más sencillo para resolver este problema.

1. En la feria del condado, 8 equipos participan en una carrera de relevos. Todos los equipos deben competir entre sí una vez. ¿Cuántas carreras habrá?

   a. **Compréndelo** Si cada equipo compite contra los otros 7 equipos, algunos equipos correrán dos veces. Por lo tanto, el número de carreras es menor que $8 \times 7 = \bigcirc$. ¿Qué más sabes?

   b. **Planéalo** Resuelve un problema más sencillo. Muestra y explica un diagrama que represente el problema con menos carreras.

   c. **Resuélvelo** Completa el patrón.

   d. **Verifícalo** Habrá $\bigcirc$ carreras para 8 equipos. Como la respuesta es menor que $\bigcirc$, la respuesta es razonable.

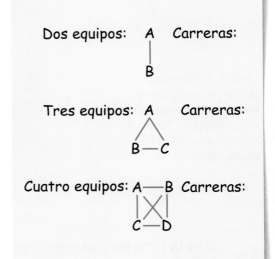

 Hablar de matemáticas Cuando usas patrones para resolver un problema más sencillo, ¿cuántos problemas con números más pequeños deberías resolver antes de buscar un patrón? Explica tu razonamiento.

Práctica para resolver problemas

Usa un problema más sencillo para resolver los problemas.

2. Elaine está cortando en rodajas una piña. Hace 12 cortes para cortar la piña en rodajas. ¿Cuántas rodajas tiene?

3. Durante una práctica de fútbol, los delanteros centrales practican tiros al arco mientras que el arquero intenta evitar que entre la pelota. Hay 5 pateadores y 5 arqueros. ¿Cuántas parejas de pateadores y arqueros se pueden formar?

4. Cheryl trabaja en un puesto de frutas. Un cartel indica: "Compre 2 melones y lleve el tercero GRATIS". ¿Cuántos melones habrá vendido Cheryl si los clientes pagaron 20 melones?

5. **Reto** Joshua usa popotes para formar una fila de hexágonos como la que se muestra. ¿Cuántos popotes necesitará para hacer una fila de 12 hexágonos?

Brenham, TX

La Feria del Condado de Washington, que se realiza en Brenham, es la más antigua de Texas. ¡Se ha realizado cada año desde 1868!

En la Feria del Condado de Washington hay muestras de animales, exposiciones de arte y artesanías, desfiles, espectáculos musicales y rodeos.

Usa la lista de eventos para resolver los problemas 6 y 7.

6. Benjamín tiene tiempo para asistir a 5 de los eventos. ¿Entre cuántos conjuntos de 5 eventos puede escoger?

7. Un video comercial promociona la feria. Cada evento tiene un segmento de 20 segundos. Además hay 30 segundos adicionales donde se muestran imágenes de la feria en general. ¿Cuánto dura el comercial?

Resuelve los siguientes problemas.

8. En 2006 hubo seis candidatas a Reina de la feria. Cada candidata estrechó la mano de las otras candidatas una vez. ¿Cuántos apretones de mano se dieron?

9. En 2006 la feria se realizó del 20 al 26 de septiembre. ¿Cuántas ferias hubo entre 1868 y 2006?

10. La concurrencia a la feria varía entre 50,000 y 200,000 visitantes. Escribe un número de 5 y de 6 dígitos para representar esa concurrencia.

Datos divertidos

En la Feria del Condado de Washington hay muestras de animales como vacas, cabras y hasta conejos.

Lista de Eventos

Lazo de becerros

Banquete del 4-H

Carrera de barriles

Exposición y venta de ganado Simbrah

Venta de ganado

Exposición de caballos

Escoge una estrategia
- Busca un patrón
- Adivina y comprueba
- Haz una tabla
- Resuelve un problema más sencillo

Resolver problemas de TAKS

1 Martín tomó cinco números de una bolsa: 2, 8, 5, 3 y 6. Si coloca el 6 en el lugar de las centenas, ¿cuál es el número más grande de cinco dígitos que puede formar?

A 58,632

B 86,532

C 85,632

D 85,362   Objetivo 1 de TAKS TEKS 4.1B página 164

2 Carla vende fresas en cajas. Vendió 43 cajas el lunes y 62 cajas el martes. ¿Cuántas cajas más vendió el martes?

F 18

G 20

H 19

J 21   Objetivo 1 de TAKS TEKS 4.3A página 80

Consejo para TAKS

Haz cálculos mentales para sumar números de dos dígitos rápidamente.

3 La lección de piano de Julio duró 1 hora 45 minutos. La lección comenzó a las 2:30 p.m. ¿A que hora terminó?

A 12:45 p.m.

B 4:15 p.m.

C 3:15 p.m.

D 4:30 p.m.

Objetivo 4 de TAKS TEKS 4.12B página 124

4 Siete pulpos tienen 56 tentáculos. ¿Cuántos tentáculos tienen 70 pulpos?

F 56

G 560

H 506

J 5,600   Objetivo 2 de TAKS TEKS 4.6B página 74

5 La tabla muestra el precio de los juegos de ajedrez. ¿Cuál es la regla de la tabla?

Juegos	Precio
3	$15
5	$25
10	$50

A el número de juegos por 3 es igual al precio

B el número de juegos por 5 es igual al precio

C el número de juegos más 12 es igual al precio

D el precio por 5 es igual al número de juegos

Objetivo 2 de TAKS TEKS 4.7 página 54

6 **Respuesta con cuadrícula** Ron tiene 12 docenas de huevos. ¿Cuántos huevos tiene?

Objetivo 1 de TAKS TEKS 4.4C página 82

Education Place
Vista eduplace.com/txmap, donde encontrarás **consejos para tomar exámenes** y más **práctica para TAKS**.

Leer y escribir matemáticas

Vocabulario de TAKS

Puedes usar **modelos de valor de posición, arreglos** y **oraciones numéricas** para mostrar la multiplicación. Lee el siguiente problema.

3 decenas   15 unidades

Muestra tres maneras de representar y resolver el problema.

Jan está leyendo un libro a razón de 15 páginas por día. ¿Cuántas páginas leerá en 3 días?

Asegúrate de **reagrupar** cuando cuentes los modelos.

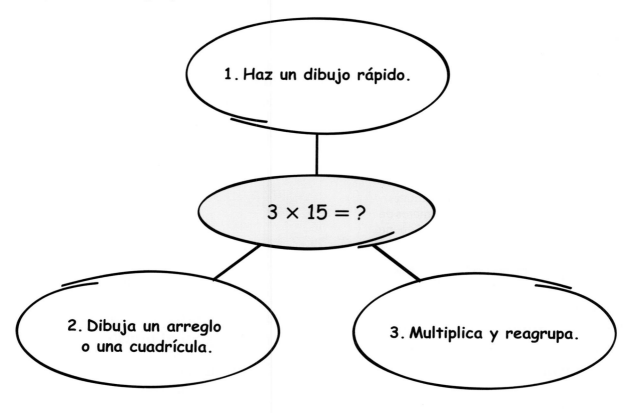

1. Haz un dibujo rápido.

3 × 15 = ?

2. Dibuja un arreglo o una cuadrícula.

3. Multiplica y reagrupa.

Escribir ¿Se te ocurre otra manera de resolver el problema? Describe lo que podrías hacer.

Leer Busca libros relacionados con este concepto en tu biblioteca.

Objetivo 6 de TAKS
TEKS 4.15A Explicar y anotar observaciones utilizando objetos, palabras, dibujos, números y tecnología.

4.15B Relacionar el lenguaje informal con el lenguaje y los símbolos matemáticos.

⭐ Práctica adicional basada en los estándares

Conjunto A ——————————————————— Objetivos 1 y 6 de **TAKS** TEKS **4.4A, 4.14D, 4.15A** página 166

Escribe el problema de multiplicación que representan estos modelos.

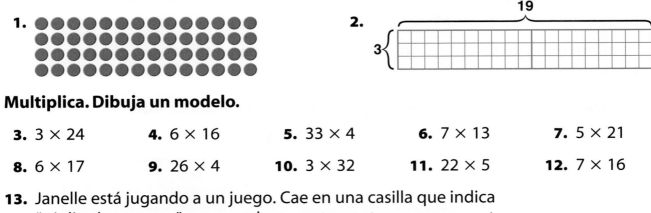

1.

2.

Multiplica. Dibuja un modelo.

3. 3×24 **4.** 6×16 **5.** 33×4 **6.** 7×13 **7.** 5×21

8. 6×17 **9.** 26×4 **10.** 3×32 **11.** 22×5 **12.** 7×16

13. Janelle está jugando a un juego. Cae en una casilla que indica "triplica los puntos" y responde correctamente a una pregunta que vale 24 puntos. ¿Cuántos puntos gana Janelle en total?

Conjunto B ——————————————————— Objetivos 1 y 2 de **TAKS** TEKS **4.4C, 4.4D, 4.6B** página 170

Usa operaciones básicas y patrones para hallar los productos.

1. 6×10 **2.** 9×100 **3.** 5×40 **4.** 8×600 **5.** 7×30

6. 9×200 **7.** 5×10 **8.** 4×700 **9.** 7×90 **10.** 4×300

11. 8×20 **12.** 12×100 **13.** 17×100 **14.** 4×20 **15.** 5×30

16. En una fiesta de cumpleaños, cada invitado recibió un juego de boliches. Cada juego incluye una bola y 15 boliches. Hay 20 invitados. ¿Cuántos boliches hay en total?

Conjunto C ——————————————————— Objetivo 1 de **TAKS** TEKS **4.4D** página 172

Estima. Luego multiplica.

1. 4×31 **2.** 6×22 **3.** 39×5 **4.** 5×17 **5.** 7×46

6. 19×6 **7.** 50×5 **8.** 42×8 **9.** 4×98 **10.** 8×61

11. 40×7 **12.** 4×35 **13.** 76×4 **14.** 9×32 **15.** 18×3

16. Juliet juega a un videojuego llamado Robot Attack. Derriba a 9 robots voladores. Cada uno vale 55 puntos. ¿Cuál es el puntaje de Juliet?

Education Place
Visita eduplace.com/txmap, donde encontrarás **consejos para tomar exámenes** y más **práctica para TAKS**.

Repaso/Examen del capítulo

Vocabulario y conceptos
Objetivos 1 y 6 de *TAKS* TEKS 4.4A, 4.15B

Escoge el mejor término para completar las oraciones.

1. Los números 3 y 4 en 3 × 4 se llaman _____.

2. Los números 5 y 20 son _____ que se pueden usar para estimar el producto de 6 × 18.

Escribe el problema de multiplicación que representan los modelos.

3.

4.
15

5

Cálculos
Objetivos 1 y 2 de *TAKS* TEKS 4.4C, 4.4D, 4.6B

Usa operaciones básicas y patrones para hallar los productos.

5. 9 × 20 **6.** 5 × 300 **7.** 13 × 10 **8.** 44 × 200 **9.** 65 × 10

Multiplica.

10. 4 × 23 **11.** 6 × 41 **12.** 18 × 5 **13.** 8 × 49

14. 7 × 27 **15.** 53 × 6 **16.** 87 × 8 **17.** 8 × 73

Resolver problemas y razonamiento
Objetivos 1, 2 y 6 de *TAKS* TEKS 4.4B, 4.4D, 4.14A, 4.14B, 4.14C

18. Un juego de ajedrez tiene 16 piezas blancas y 16 piezas negras. Ellis tiene 3 juegos de ajedrez. ¿Cuántas piezas de ajedrez tiene? Haz un dibujo para resolver el problema.

19. Jackie está saltando a la soga. Sus amigas dan vuelta la soga 74 veces por minuto. Jackie salta a la soga durante 6 minutos. ¿Cuántas veces salta?

20. Paco compra tarjetas de béisbol. Cada 8 tarjetas que compra, recibe 3 tarjetas de regalo. ¿Cuántas tarjetas tiene Paco después de comprar 48 tarjetas?

Diario de matemáticas

Escribir matemáticas Dibujas un arreglo para multiplicar 14 × 8. ¿Debes dibujar un arreglo que tenga 14 unidades de altura y 8 de largo u 8 de altura y 14 de largo? Explica tu respuesta.

Preparación para *TAKS* y repaso frecuente

1 La tabla muestra la cantidad de personas que visitaron un acuario en cada temporada.

Temporada	Número de visitantes
Primavera	43,349
Verano	44,091
Otoño	44,128
Invierno	43,954

¿Cuál de las opciones muestra las temporadas en orden de mayor a menor según el número de visitantes?

A invierno, primavera, otoño, verano

B otoño, verano, invierno, primavera

C verano, otoño, invierno, primavera

D primavera, invierno, verano, otoño

Objetivo 1 de *TAKS* **TEKS 4.1A** página 36

2 En la feria de la ciudad había más de 6,750 personas. ¿Cuál podría ser el número de personas que fueron a la feria?

F 6,651

G 6,693

H 6,712

J 6,781

Objetivo 1 de *TAKS* **TEKS 4.1A** página 36

3 Los relojes muestran las horas a las que Gary comenzó y terminó la clase de tuba.

¿Cuánto tiempo duró la clase de Gary?

F 45 minutos

G 1 hora 45 minutos

H 2 horas 15 minutos

J 2 horas 45 minutos

Objetivo 4 de *TAKS* **TEKS 4.12B** página 124

4 **Respuesta con cuadrícula** Los relojes muestran la hora a la que Jerry comenzó y terminó de trabajar.

¿Cuántas horas estuvo Jerry en el trabajo?

> **Consejo para** *TAKS*
>
> Es útil usar las 12 en punto para calcular el tiempo trascurrido. ¿Cuánto tiempo pasó antes y después de las 12:00?

Objetivo 4 de *TAKS* **TEKS 4.12B** página 124

Education Place
Visita eduplace.com/txmap, donde encontrarás **consejos para tomar exámenes** y más **práctica para TAKS**.

Multiplicar por números de dos dígitos

Buque de carga en el puerto de Houston

Comprueba lo que sabes

Vocabulario y conceptos

Escoge el mejor término para completar las oraciones. páginas 28 y 98

1. Si _____ 28 a la decena más cercana, el número que obtienes es 30.

2. Una _____ te ayuda a ver si una respuesta exacta es razonable.

Cálculos

Estima. Luego, multiplica. Grado 3

3. 13
    × 5

4. 37
    × 7

5. 84
    × 3

Multiplica. páginas 166 a 174

6. 4 × 16

7. 8 × 32

8. 44 × 5

9. 25 × 3

Resolver problemas y razonamiento página 172

10. El panadero llenó 5 bandejas. Cada bandeja contiene masa para 16 panecillos. ¿Cuántos panecillos hizo?

Vocabulario de TAKS

¡Visualízalo!

Estrategias de estimación

Usa **números compatibles**.

27 × 78

Ajusta los **factores**.

27 → 25
× 78 → × 80
       2,000

Redondea un **factor** a un múltiplo de 10.

38 → 40
× 7 → × 7
      280

Mi mundo bilingüe

Las palabras que se parecen en español y en inglés muchas veces tienen el mismo significado.

Español	Inglés
números compatibles	compatible numbers
estimación	estimation
factor	factor
estrategia	strategy

Consulta el **Glosario español–inglés**, páginas 569 a 582.

Education Place Visita eduplace.com/txmap, donde encontrarás el **glosario electrónico**.

Objetivo 6 de TAKS **TEKS** 4.15B Relacionar el lenguaje informal con el lenguaje y los símbolos matemáticos.

Capítulo 9   185

Objetivos 1 y 6 de **TAKS**

TEKS 4.4A Dar ejemplos de factores y productos utilizando arreglos y modelos de áreas.

TEKS 4.4D Utilizar la multiplicación para resolver problemas (no más de dos dígitos multiplicados por dos dígitos y sin tecnología).

TEKS 4.15A Explicar y anotar observaciones utilizando objetos, palabras, dibujos, números y tecnología.

También 4.6B y 4.14D

Materiales
Tablero 6

Aplícalo
Representar la multiplicación por números de dos dígitos

Objetivo Dar ejemplos de factores y productos utilizando modelos de áreas.

★ Explorar

En el Capítulo 8 usaste modelos para multiplicar por números de un dígito. Ahora multiplicarás números de dos dígitos por números de dos dígitos.

Pregunta ¿Cómo puedes usar un modelo para multiplicar dos números de dos dígitos?

Marion es panadera. Horneó 26 moldes de panecillos con 12 panecillos por molde. ¿Cuántos panecillos horneó en total?

Multiplica 12 × 26.

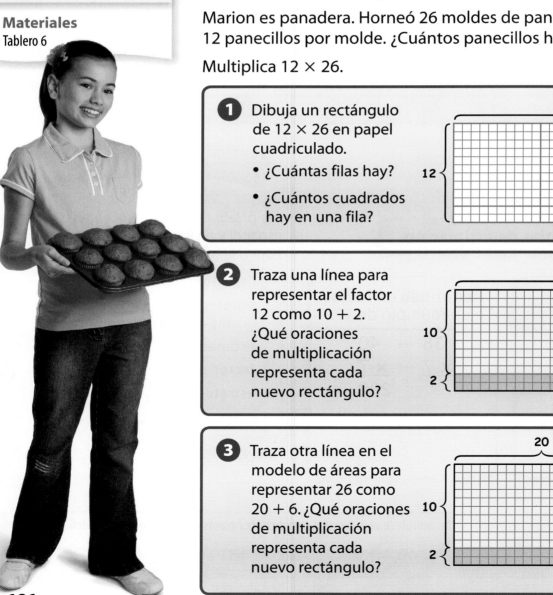

1 Dibuja un rectángulo de 12 × 26 en papel cuadriculado.
- ¿Cuántas filas hay?
- ¿Cuántos cuadrados hay en una fila?

2 Traza una línea para representar el factor 12 como 10 + 2. ¿Qué oraciones de multiplicación representa cada nuevo rectángulo?

3 Traza otra línea en el modelo de áreas para representar 26 como 20 + 6. ¿Qué oraciones de multiplicación representa cada nuevo rectángulo?

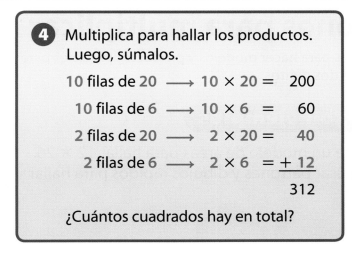

4 Multiplica para hallar los productos. Luego, súmalos.

10 filas de 20 ⟶ 10 × 20 = 200
10 filas de 6 ⟶ 10 × 6 = 60
2 filas de 20 ⟶ 2 × 20 = 40
2 filas de 6 ⟶ 2 × 6 = + 12
312

¿Cuántos cuadrados hay en total?

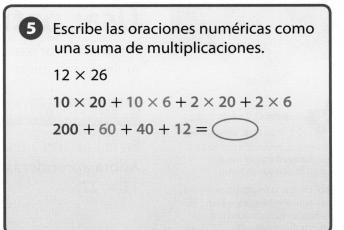

5 Escribe las oraciones numéricas como una suma de multiplicaciones.

12 × 26

10 × 20 + 10 × 6 + 2 × 20 + 2 × 6

200 + 60 + 40 + 12 = ⬭

★ Extender

Usa la cuadrícula para resolver los ejercicios 1 a 4.

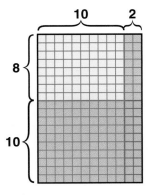

1. Copia la cuadrícula en el tablero. ¿Qué oración de multiplicación representa este modelo?

2. Indica qué multiplicación representa el rectángulo.

3. Completa la información que falta.

8 filas de ◯ = 8 × ◯ = ◯

8 filas de ◯ = ◯ × 2 = ◯

10 filas de ◯ = ◯ × ◯ = ◯

◯ filas de ◯ = ◯ × 2 = ◯

4. Escribe una oración de multiplicación desarrollada que represente todas las partes. Luego, suma los productos para hallar la respuesta.

Haz un modelo para resolver el problema.

5. Anna decoró 17 filas de 14 magdalenas. ¿Cuántas magdalenas decoró en total?

Escribir matemáticas

Analiza Héctor coloca sus tarjetas de béisbol en 15 filas de 24. Quiere saber cuántas tarjetas tiene. Indica cómo puede agruparlas para que sea más fácil multiplicarlas.

Usar patrones para multiplicar

Objetivo Usar patrones para hacer modelos y productos parciales para multiplicar números de dos dígitos.

Objetivos 1, 2 y 6 de TAKS

TEKS 4.4B Representar con dibujos, palabras y números situaciones en que se usa la multiplicación y la división.

4.4D Utilizar la multiplicación para resolver problemas (no más de dos dígitos multiplicados por dos dígitos y sin tecnología).

4.6B Utilizar patrones para multiplicar por 10 y por 100.

También 4.14B y 4.16B

★ Aprender con ejemplos

En la Lección 1 usaste un modelo de áreas para hallar 12 × 26. Ahora aprenderás a usar patrones y dibujos rápidos para hallar 15 × 27.

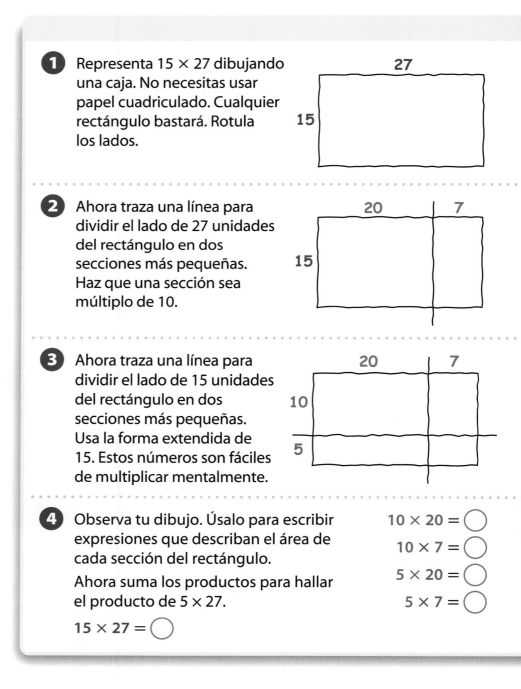

1 Representa 15 × 27 dibujando una caja. No necesitas usar papel cuadriculado. Cualquier rectángulo bastará. Rotula los lados.

2 Ahora traza una línea para dividir el lado de 27 unidades del rectángulo en dos secciones más pequeñas. Haz que una sección sea múltiplo de 10.

3 Ahora traza una línea para dividir el lado de 15 unidades del rectángulo en dos secciones más pequeñas. Usa la forma extendida de 15. Estos números son fáciles de multiplicar mentalmente.

4 Observa tu dibujo. Úsalo para escribir expresiones que describan el área de cada sección del rectángulo.

Ahora suma los productos para hallar el producto de 5 × 27.

10 × 20 = ◯

10 × 7 = ◯

5 × 20 = ◯

5 × 7 = ◯

15 × 27 = ◯

Otro ejemplo

Puedes multiplicar números resolviendo un problema más sencillo. Puedes usar la forma extendida de los factores para hallar los problemas de multiplicación más pequeños.

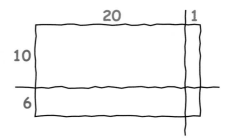

16×21

$16 = 10 + 6$ y $21 = 20 + 1$

$10 \times 20 + 10 \times 1 + 6 \times 20 + 6 \times 1$

$200 + 10 + 120 + 6 = \bigcirc$

★ Práctica guiada

Haz un dibujo rápido y rotúlalo para multiplicar.

1. 18×37 **2.** 23×52 **3.** 34×29

4. 46×71 **5.** 57×18 **6.** 69×45

7. 75×93 **8.** 88×68 **9.** 96×86

10. 26×19 **11.** 31×11 **12.** 42×16

Piénsalo

- ¿Hacer un dibujo me ayudará a entender el problema?
- ¿Cómo puedo descomponer los números?

Resolver problemas con ayuda

Usa las siguientes preguntas para resolver este problema.

13. Jaime hornea 47 tartas de frutas por semana. ¿Cuántas tartas hornea en un año?

     a. Compréndelo/Planéalo ¿Cuántas semanas hay en un año? ¿Cómo descompondrás los números para que la multiplicación sea más fácil?

     b. Resuélvelo Si necesitas ayuda para hallar el producto, haz dibujos rápidos.

     c. Verifícalo Vuelve a leer la pregunta. ¿Cómo puedes comprobar que tu respuesta es razonable?

123 Hablar de matemáticas

Al multiplicar, ¿debes descomponer los factores en forma extendida para resolver un problema más sencillo? Explica tu respuesta.

Haz dibujos rápidos para multiplicar.

14. 17×62 **15.** 38×36 **16.** 55×37 **17.** 73×93

18. 96×83 **19.** 24×52 **20.** 86×84 **21.** 72×67

22. 39×48 **23.** 93×67 **24.** 64×58 **25.** 82×34

Resuelve los siguientes problemas.

26. Ona es fotógrafa profesional. Una tarjeta de memoria para su cámara puede guardar 88 fotos. Si usa 13 tarjetas de memoria durante su viaje por Hill Country, ¿cuántas fotos habrá tomado?

27. Peter es técnico en computadoras. Tarda 25 horas en reparar una computadora dañada. Si repara 27 computadoras, ¿cuántas horas en total dedica a repararlas?

 ## Conexión con los estudios sociales

Usa el mapa para resolver los problemas 28 a 30.

28. Gus conduce un taxi. Sale desde Crockett y conduce hasta Palestine dos veces por semana. ¿Cuántas millas conduce Gus por semana para ir y volver de Palestine?

29. Esta semana Gus hizo 35 viajes de ida y vuelta entre Crockett y Austonio. ¿Cuántas millas condujo?

30. Reto Gus sale desde Crockett y lleva a su tía Silvia una vez a cada ciudad. Gus no le cobra el viaje a la primera ciudad. Si Gus siempre pasa por Crockett cuando viaja a las otras ciudades, ¿cuál es el menor número de millas que la tía Silvia deberá pagar?

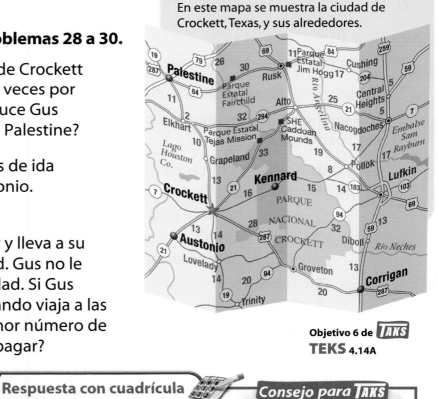

Conducir por Crockett y sus alrededores

En este mapa se muestra la ciudad de Crockett, Texas, y sus alrededores.

Objetivo 6 de **TAKS**

TEKS 4.14A

Consejo para **TAKS**

¿Qué operaciones básicas de multiplicación pueden ayudarte a resolver el problema?

31 Alicia es dueña de una papelería. Vende 73 tarjetas de saludos por día. ¿Cuántas tarjetas venderá en 30 días?

Para **Práctica adicional** consulta la página 201, Conjunto A.

Multiplicar números más grandes

Usa una calculadora para multiplicar números más grandes.

Julianna quiere vender accesorios hechos con cuentas por Internet. Espera que su página de Internet reciba unas 24,150 visitas por mes una vez que esté terminada. ¿Cuántas visitas recibirá la página de Internet en 12 meses?

1 Para hallar el producto, ingresa: `2` `4` `1` `5` `0`
Luego, oprime: `×`

2 Ingresa: `1` `2` Oprime: `Enter =`

Solución: `289800`

La página de Internet de Julianna recibirá 289,800 visitas en 12 meses.

Usa una calculadora para multiplicar.

1. 27 × 41,169   **2.** 38 × 2,438   **3.** 57,238 × 24   **4.** 63 × 3,902

5. Julianna usa 275 cuentas para hacer un brazalete. ¿Cuántas cuentas necesitará para hacer una docena de brazaletes?

6. Julianna trabaja aproximadamente 8 horas por día, 5 días a la semana, 52 semanas al año. ¿Cuántas horas trabaja Julianna en el año?

7. ¿Cuántas horas hay en un año?

8. Reto Julianna hace 1,257 ventas en noviembre. Ella estima que hará aproximadamente el triple de ventas en diciembre. Aproximadamente, ¿cuántas ventas hará en total en noviembre y en diciembre?

Objetivo 6 de TAKS
TEKS 4.14D

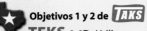

LECCIÓN 3

Objetivos 1 y 2 de TAKS

TEKS 4.4D Utilizar la multiplicación para resolver problemas (no más de dos dígitos multiplicados por dos dígitos y sin tecnología).

4.5B Utilizar estrategias que incluyen el redondeo y los números compatibles para estimar soluciones a problemas de multiplicación y división.

4.6B Utilizar patrones para multiplicar por 10 y por 100.

También 4.14B y 4.16B

Estimar usando el redondeo y números compatibles

Objetivo Usar estrategias para estimar soluciones a problemas de multiplicación.

★ Aprender con ejemplos

La abuela prepara su famosa salsa picante. Un paquete de sus salsas contiene 24 botellas. Aproximadamente, ¿cuántas botellas de salsa hay en un envío de 32 paquetes?

Diferentes maneras de estimar productos

Manera 1 Redondea 24 y 32 a la decena más cercana para estimar 24 × 32.

24 se redondea a 20
32 se redondea a 30

Luego, multiplica los números redondeados.

20 × 30 = 600

Manera 2 También puedes usar números compatibles para multiplicar.

25 está cerca de 24 y 32 está cerca de 30. Estos números son fáciles de calcular mentalmente.

Multiplica 25 por 30.

25 × 30 = 750

El número total de botellas es aproximadamente 600 ó 750.

★ Práctica guiada

Redondea para estimar los productos.

1. 37 × 42   **2.** 52 × 38   **3.** 71 × 11

Usa números compatibles para estimar los productos.

4. 83 × 53   **5.** 33 × 58   **6.** 47 × 93

 Hablar de matemáticas Redondea para estimar 69 × 94. Vuelve a estimar usando números compatibles. ¿Qué estimación da un resultado más cercano a la respuesta exacta? ¿Cómo lo sabes?

Piénsalo

- ¿Cómo redondearé los factores?
- ¿Cuántos ceros habrá en la nueva expresión?
- ¿Qué números serían fáciles de multiplicar mentalmente?

★ Practicar y resolver problemas

Redondea para estimar los productos.

7. 83 × 21 **8.** 41 × 19 **9.** 62 × 68 **10.** 81 × 29 **11.** 38 × 12

12. 33 × 51 **13.** 13 × 78 **14.** 94 × 73 **15.** 37 × 28 **16.** 73 × 16

Usa números compatibles para estimar los productos.

17. 41 × 31 **18.** 39 × 75 **19.** 39 × 35 **20.** 63 × 96 **21.** 24 × 42

22. 28 × 95 **23.** 75 × 87 **24.** 42 × 56 **25.** 22 × 65 **26.** 39 × 84

Usa números compatibles y luego el redondeo para resolver los siguientes problemas.

27. Una trabajadora de la construcción usó paneles de madera de 24 pulgadas para cubrir una pared grande. Colocó 22 paneles uno junto al otro. ¿Cuál es el ancho aproximado de la pared?

28. **Dinero** Durante el verano, un escultor vende animales de alambre en el parque. Un mes vende 48 animales de alambre a $13 cada uno. Aproximadamente, ¿cuánto dinero ganó ese mes?

29. Una bibliotecaria está organizando 500 libros de la biblioteca en estantes. En cada uno de los 22 estantes nuevos entran 37 libros. ¿Le alcanzarán los estantes para ubicar los 500 libros?

30. La mamá de Sarah gana $22 por hora como trabajadora de la construcción. Aproximadamente, ¿cuánto ganará la mamá de Sarah en un trabajo de 48 horas?

31. **Reto** Jugos King vende jugo en cajas de 8 onzas. Entran 12 cajas por paquete. Aproximadamente, ¿cuántas onzas de jugo hay en 28 paquetes?

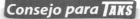

Práctica para TAKS ⟩ **Selección múltiple**

32 Mark y Andrew prepararon 54 pizzas para una fiesta. Cubrieron cada una de las pizzas con 10 rodajas de tomate. ¿Cuántas rodajas de tomate usaron en total?

A 5,400
B 5,000
C 540
D 500

Consejo para TAKS

Elimina las opciones de respuesta que no sean razonables.

LECCIÓN 4

Objetivo 1 de TAKS

TEKS 4.4D Utilizar la multiplicación para resolver problemas (no más de dos dígitos multiplicados por dos dígitos y sin tecnología).

4.5B Utilizar estrategias que incluyen el redondeo y los números compatibles para estimar soluciones a problemas de multiplicación y división.

También 4.5A

Multiplicar por números de dos dígitos

Objetivo Usar la multiplicación para resolver problemas.

★ Aprender con ejemplos

Puedes reagrupar para multiplicar números de dos dígitos. Para algunas personas este método es más rápido que otros.

> El doctor Sánchez está colocando muestras de minerales en una caja para una exposición de ciencias. La caja tiene 14 filas. En cada fila entran 13 minerales. ¿Cuántos minerales puede colocar el doctor Sánchez en la caja?

1 Estima.

14 está cerca de 15 y 13 está cerca de 10.

15 y 10 son números compatibles.

El producto será aproximadamente 150.

$$\begin{array}{r} 15 \\ \times\ 10 \\ \hline 150 \end{array}$$

2 Multiplica 14 por 3 unidades y reagrupa.

$$\begin{array}{r} {}^{1}\\ 14 \\ \times\ 13 \\ \hline 42 \end{array}$$

3 Multiplica 14 por 1 decena.

$$\begin{array}{r} {}^{1}\\ 14 \\ \times\ 13 \\ \hline 42 \\ 140 \end{array}$$

4 Suma los productos.

$$\begin{array}{r} {}^{1}\\ 14 \\ \times\ 13 \\ \hline 42 \\ +\ 140 \\ \hline 182 \end{array}$$

42 $\longrightarrow$ 3 × 14

+ 140 $\longrightarrow$ 10 × 14

182 $\longrightarrow$ 3 × 14 + 10 × 14

5 Comprueba si tu respuesta es razonable.

Como 182 está cerca de 150, la respuesta es razonable.

El doctor Sánchez puede colocar 182 minerales en la caja.

Otro ejemplo

Puedes dividir un número más grande en dos números más pequeños para que sea más fácil de multiplicar.

Halla 25 × 30.

Puedes tomar el número 30 como 3 × 10. Puedes multiplicar en cualquier orden.

$$25 \times 30 = 25 \times 3 \times 10 \qquad 30 = 3 \times 10$$
$$= 75 \times 10 \qquad 25 \times 3 = 75$$
$$= 750 \qquad 75 \times 10 = 750$$

Por lo tanto, 25 × 30 = 750.

★ Práctica guiada

Multiplica usando el método de la página 194.

1.   29
      × 18

2.   32
      × 22

3.   28
      × 28

4.   41
      × 25

5. $41
      × 23

6. $55
      × 18

7. $62
      × 11

8. $60
      × 30

Multiplica usando cualquier método.

9.   31
      × 23

10.   49
      × 17

11.   52
      × 36

12. $22
      × 45

> **Piénsalo**
> • ¿Qué números se multiplican primero?
> • ¿Qué números se multiplican después?
> • ¿Qué sumo para hallar el producto?

 Hablar de matemáticas Explica los pasos que podrías seguir para multiplicar 25 × 15 dividiendo uno o ambos números en partes más pequeñas.

★ Practicar y resolver problemas

Multiplica dividiendo un número más grande en dos más pequeños.

13. 44 × 70 = 44 × ▨ × 10

= ▨ × ▨

= ▨

14. 36 × 20 = ▨ × ▨ × 10

= ▨ × ▨

= ▨

Fluorita

Antimonita

Multiplica usando cualquier método.

15. $\begin{array}{r} 26 \\ \times\ 16 \\ \hline \end{array}$ **16.** $\begin{array}{r} 21 \\ \times\ 31 \\ \hline \end{array}$ **17.** $\begin{array}{r} \$34 \\ \times\ 24 \\ \hline \end{array}$ **18.** $\begin{array}{r} 84 \\ \times\ 42 \\ \hline \end{array}$ **19.** $\begin{array}{r} 71 \\ \times\ 63 \\ \hline \end{array}$

20. 18×30 **21.** 41×50 **22.** 93×70 **23.** 55×60 **24.** 98×90

25. El entrenador de fútbol de Samuel dio una rutina de ejercicios a los 21 jugadores de su equipo. Cada jugador debe correr 25 millas por semana. ¿Cuál es el número total de millas que los jugadores del equipo de Samuel correrán en 12 semanas?

26. Una bióloga hace un experimento. Para cada prueba, usa 35 tubos de ensayo. Hace cada prueba al menos 50 veces para confirmar sus resultados. ¿Cuál es el menor número de tubos de ensayo que usará en el experimento?

Conexión con las ciencias

Usa los Datos divertidos para resolver los siguientes problemas.

27. Brian cultivó una planta de girasol. Dos semanas más tarde, la planta medía 19 cm de alto. Después de 3 meses, la planta era 12 veces más alta que la segunda semana. ¿Qué altura tenía la planta después de 3 meses?

28. En el jardín de Tina había 4 girasoles con 14 cabezas y 3 girasoles con 11 cabezas. ¿Cuántas cabezas había en total?

29. Medición Aproximadamente, ¿cuántas pulgadas medía el girasol más alto?

30. Reto Charlene tiene 12 plantas de girasol en su jardín. Cada planta tiene 18 cabezas. En el jardín de Barack hay 14 plantas con 16 cabezas cada una. ¿En qué jardín hay más cabezas de girasol? ¿Cuántas más?

Datos divertidos

- El girasol más alto del mundo se cultivó en los Países Bajos. Tenía 25 pies y 5 pulgadas de altura.

- Los girasoles pueden tener 20 o más cabezas (flores) en el mismo tallo.

TEKS 4.14A

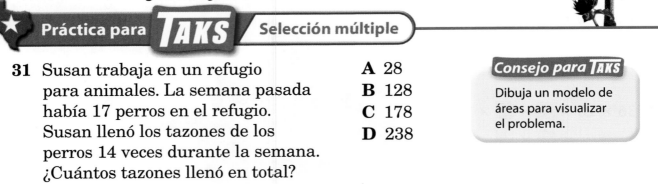

Práctica para TAKS | **Selección múltiple**

31 Susan trabaja en un refugio para animales. La semana pasada había 17 perros en el refugio. Susan llenó los tazones de los perros 14 veces durante la semana. ¿Cuántos tazones llenó en total?

A 28
B 128
C 178
D 238

Consejo para TAKS

Dibuja un modelo de áreas para visualizar el problema.

Para **Práctica adicional** consulta la página 201, Conjunto C.

Peones de rancho

Los peones de rancho crían grandes cantidades de ganado. Se ocupan del ganado y lo arrean hacia las zonas de alimentación. Las técnicas de trabajo en los ranchos llegaron a Norteamérica desde España hace cuatrocientos años. Hoy en día, los ranchos son tan populares que cerca de 100 ranchos de Texas alojan huéspedes que quieren cabalgar, cazar o hasta trabajar en el rancho.

Resuelve los siguientes problemas.

1. Los peones del rancho dividen el ganado en grupos para vacunarlo. Si forman 74 grupos de 25 animales cada uno, ¿cuántos animales había originalmente?

2. Un peón puede arrear el ganado unas 12 millas por día mientras los animales pastan. ¿Qué distancia podría hacer que recorra el ganado en 47 días?

3. Un caballo bebe 16 galones de agua por día en un clima cálido. Si hay 28 caballos en un grupo, ¿alcanzarán 500 galones para un día?

4. El área de Rhode Island es 1,045 millas cuadradas. La superficie de uno de los ranchos más grandes de los Estados Unidos es aproximadamente 1,228 millas cuadradas. Estima para hallar cuántas millas cuadradas más tiene el rancho más grande que Rhode Island.

Objetivos 1 y 6 de **TAKS**
TEKS 4.4D, 4.14A
4B de Estudios sociales

Resolver problemas
Adivina y comprueba

Objetivo Usar estrategias, como adivinar y comprobar, para resolver problemas.

Objetivo 6 de *TAKS*

TEKS 4.14C Seleccionar o desarrollar un plan o una estrategia de resolución de problemas apropiado en el que el estudiante haga un dibujo, busque un patrón, adivine y compruebe sistemáticamente, haga una dramatización, elabore una tabla, resuelva un problema más sencillo o trabaje desde el final hasta el principio para resolver un problema.

4.14B Resolver problemas que incorporen la comprensión del problema, hacer un plan, llevarlo a cabo y evaluar lo razonable de la solución.

4.15A Explicar y anotar observaciones utilizando objetos, palabras, dibujos, números y tecnología.

También 4.3A, 4.14A y 4.16B

★ Razonar y aprender

Kevin trabaja para una revista de Dallas. Está comprobando las soluciones a una serie de juegos de ingenio que saldrán en el próximo número. Adivina y comprueba para resolver el problema de Kevin.

El producto de dos números es 480. La diferencia es 14.

¿Cuáles son los dos números?

Analízalo

Usa los resultados de un intento para hacer el intento siguiente. Si la diferencia es demasiado pequeña, prueba con números que estén más alejados. Si la diferencia es demasiado grande, prueba con números que estén más cerca.

COMPRÉNDELO

Tienes dos pistas para hallar los dos números.

PLANÉALO

Prueba dos números. Comprueba tu respuesta para ver si son correctos. Si no lo son, continúa probando hasta encontrar los números correctos.

RESUÉLVELO

Prueba un par de números que se ajusten a la primera pista. Comprueba si los números se ajustan a la segunda pista. Haz una lista organizada de tus intentos.

Intento	Primer número	Segundo número	Producto	Diferencia
1	20	24	480	4
2	40	12	480	28
3	30	16	480	14

VERIFÍCALO

¿Cómo puedes comprobar que la respuesta es correcta?

★ **Resolver problemas con ayuda**

Usa las preguntas para resolver el problema.

1. Scott y Jon resuelven un juego de ingenio en el que deben hallar dos números cuyo producto sea 180 y la suma, 27. ¿Cuáles son los dos números?

   a. **Compréndelo** ¿Qué información tengo?

   b. **Planéalo/Resuélvelo** Prueba dos números. Anota el producto y la suma. Continúa probando hasta hallar los números correctos. Anota tus intentos en una tabla.

   c. **Verifícalo** Muestra cómo sabes que los números que hallaste son la solución al juego de ingenio.

 Hablar de matemáticas ¿Qué evita que pruebes cualquier número al azar cuando usas la estrategia de adivinar y comprobar?

> **Pista**
> Puedes redondear o usar números compatibles para comprobar si la respuesta es razonable.

★ **Práctica para resolver problemas**

Usa la estrategia de adivinar y comprobar para resolver el resto de los juegos de ingenio de Kevin.

2. El producto de dos números es 960. Un número es 16 más que el otro. ¿Cuáles son los dos números?

3. La diferencia de dos números es 18. Un número es el triple del otro. ¿Cuáles son los dos números?

4. La suma de dos números es 45. Un número es el doble del otro. ¿Cuáles son los dos números?

5. El producto de dos números es 735. La suma de esos números es 56. ¿Cuáles son los dos números?

6. La diferencia de dos números es 29. Su producto es 492. ¿Cuáles son los dos números?

7. La diferencia de dos números es 18. Un número es el doble del otro. ¿Cuáles son los dos números?

Copia y completa. Las filas y las columnas de los cuadrados de 4 × 4 deben contener los números del 1 al 4. Los cuadrados de 2 × 2 también deben contener los números del 1 al 4.

8.

1	2		3
		2	
	1		
3			2

9.

3		4	
	2		1
		2	3
	3		

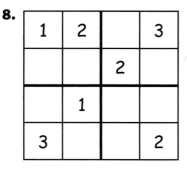

Leer y escribir matemáticas

Vocabulario de TAKS

Keri está haciendo su tarea de matemáticas. Lee el problema y estudia cómo Keri lo resuelve.

Una vez por mes, Jeff conduce hasta la oficina central de su compañía. La distancia del viaje de ida y vuelta es 25 millas. ¿Cuántas millas conduce de ida y vuelta en un año?

Piensa: Un año tiene 12 meses.
12 meses × 25 millas por mes

$$10 \times 25 = 250$$

$$
\begin{array}{r}
1 \\
25 \\
\times\ 12 \\
\hline
50 \\
25 \\
\hline
300
\end{array}
$$

Conduce 300 millas.

Esta tabla nombra o describe los pasos que siguió Keri para resolver el problema.

Halla la parte del problema de Keri que representa cada paso y escríbelo en la tabla.

1.	Estima.	
2.	Multiplica por las unidades.	
3.	Multiplica por las decenas.	
4.	Suma los productos parciales.	
5.	Comprueba si el producto es razonable.	

Escribir Muestra otra manera de hallar 12 × 25.

Leer Busca libros relacionados con este concepto en tu biblioteca.

Objetivo 6 de TAKS
TEKS 4.15A Explicar y anotar observaciones utilizando objetos, palabras, dibujos, números y tecnología.

4.15B Relacionar el lenguaje informal con el lenguaje y los símbolos matemáticos.

Práctica adicional basada en los estándares

Conjunto A ———————————————————————— Objetivo 1 de TAKS TEKS 4.4D página 188

Multiplica.

1. 11×24 **2.** 54×17 **3.** 33×64 **4.** 47×38 **5.** 55×27

6. 82×29 **7.** 81×76 **8.** 46×68 **9.** 22×79 **10.** 44×63

11. 56×37 **12.** 61×28 **13.** 97×17 **14.** 59×68 **15.** 49×72

16. Una historiadora está escribiendo una serie de libros de texto. Cada libro tiene 24 capítulos. Hay 18 libros en la serie. ¿Cuántos capítulos escribirá en total?

Conjunto B ———————————————————————— Objetivos 1, 2 y 6 de TAKS TEKS 4.4D, 4.5B, 4.6B, 4.14B página 192

Redondea para estimar los productos.

1. 12×18 **2.** 16×22 **3.** 39×42 **4.** 55×62 **5.** 72×38

Usa números compatibles para estimar los productos.

6. 19×26 **7.** 52×15 **8.** 42×76 **9.** 44×98 **10.** 57×32

11. Un jardinero está plantando un seto. Coloca 55 arbustos de tejo a 18 pulgadas de distancia entre sí, para que tengan espacio para crecer. ¿Cuántas pulgadas de largo tendrá el seto?

Conjunto C ———————————————————————— Objetivo 1 de TAKS TEKS 4.4D, 4.5B página 194

Multiplica usando cualquier método.

1. $\begin{array}{r} 58 \\ \times\ 47 \\ \hline \end{array}$ **2.** $\begin{array}{r} 48 \\ \times\ 21 \\ \hline \end{array}$ **3.** $\begin{array}{r} 35 \\ \times\ 63 \\ \hline \end{array}$ **4.** $\begin{array}{r} 83 \\ \times\ 56 \\ \hline \end{array}$ **5.** $\begin{array}{r} 94 \\ \times\ 63 \\ \hline \end{array}$

6. 53×20 **7.** 68×40 **8.** 32×70 **9.** 46×60 **10.** 27×90

11. El señor Hyoshi es afinador de pianos. Para afinar un piano, ajusta el tono de las 88 notas a mano. Si la semana pasada afinó 27 pianos, ¿el tono de cuántas notas ajustó?

Education Place
Visita eduplace.com/txmap, donde encontrarás **consejos para tomar exámenes** y más **práctica para TAKS.**

Capítulo 9 Práctica adicional   **201**

Repaso/Examen del capítulo

Vocabulario y conceptos Objetivo 6 de *TAKS* TEKS 4.15B

Escoge el mejor término para completar las oraciones.

1. Cuando dibujas un rectángulo o una cuadrícula para resolver un problema de multiplicación, estás usando un _____.

2. Cuando se descompone en partes un problema de multiplicación difícil, al final se _____ los productos parciales para hallar la solución.

Cálculos Objetivos 1 y 2 de *TAKS* TEKS 4.4D, 4.5B, 4.6B

Estima los productos.

3. 12×89 4. 24×61 5. 32×43 6. 78×21 7. 52×83

Multiplica.

8. $\begin{array}{r} 17 \\ \times\ 32 \\ \hline \end{array}$ 9. $\begin{array}{r} 55 \\ \times\ 48 \\ \hline \end{array}$ 10. $\begin{array}{r} 87 \\ \times\ 63 \\ \hline \end{array}$ 11. $\begin{array}{r} 29 \\ \times\ 96 \\ \hline \end{array}$

12. 26×80 13. 49×30 14. 58×70 15. 78×50 16. 62×60

17. 67×19 18. 86×54 19. 12×41 20. 36×53 21. 87×28

Resolver problemas y razonamiento Objetivos 1 y 6 de *TAKS* TEKS 4.4C, 4.4D, 4.14A, 4.14B, 4.14C

22. En un festival de verano se colocaron 6 filas de mesas para los vendedores. Había 12 mesas por fila. ¿Cuántas mesas se colocaron en total?

23. Un guía organiza recorridos turísticos por Filadelfia para grupos de 48 personas. Si hace 23 recorridos por semana, ¿cuántas personas realizaron los recorridos?

24. En la carretera un camionero puede conducir a 67 millas por hora. ¿Cuántas millas de carretera puede recorrer en 36 horas de viaje?

25. El padre de Karen es 8 veces mayor que ella. Se llevan 21 años de diferencia. ¿Cuantos años tienen?

Diario de matemáticas

Escribir matemáticas Muestra cómo puedes usar productos parciales para multiplicar 25 por 20.

Preparación para TAKS y repaso frecuente

1 El señor Velásquez plantó 1,745 semillas de repollo y 857 semillas de zanahoria en su granja. ¿Cuántas semillas plantó en total?

A 1,502

B 2,592

C 2,602

D 2,612

> **Consejo para** TAKS
>
> Cuando sumas o restas números de tres dígitos, siempre comprueba el cálculo. ¿Sumaste las unidades, decenas y centenas que reagrupaste?

Objetivo 1 de TAKS **TEKS 4.3A** página 100

2 Morgan tiene 60 tarjetas de béisbol en su colección. Kiara tiene el triple de tarjetas en su colección. ¿Cuántas tarjetas de béisbol tiene Kiara?

F 20

G 63

H 180

J 183   **Objetivo 2 de** TAKS **TEKS 4.6B** página 170

3 Tracy compró 12 bolsas de manzanas para un picnic. En cada bolsa había 8 manzanas ¿Cuántas manzanas compró Tracy?

A 20

B 84

C 86

D 96   **Objetivo 1 de** TAKS **TEKS 4.4C** página 152

4 Harry es 4 veces mayor que Sue. Sue tiene 3 años menos que James. James tiene 9 años. ¿Cuál es la mejor manera de calcular la edad de Harry?

F Sumar 3 más 9 y luego multiplicar la suma por 4.

G Restar 9 menos 3 y luego multiplicar la diferencia por 4.

H Restar 9 menos 3 y luego sumar 4 a la diferencia.

J Multiplicar 4 por 3 y luego sumar 9 al producto.

Objetivo 6 de TAKS **TEKS 4.14B** página 82

5 En un lago había 141 patos y 65 gansos nadando. ¿Cuántos patos más que gansos había?

A 76

B 86

C 176

D 206   **Objetivo 1 de** TAKS **TEKS 4.3A** página 104

6 **Respuesta con cuadrícula** Claire horneó 15 tandas de panecillos para una venta de pastelería. En cada tanda había 12 panecillos. ¿Cuántos panecillos horneó Claire?

Objetivo 1 de TAKS **TEKS 4.4D** página 152

Education Place
Visita eduplace.com/txmap, donde encontrarás **consejos para tomar exámenes** y más **práctica para TAKS.**

Examen de la Unidad 4

Vocabulario y conceptos ———————————— Objetivo 1 de **TAKS** TEKS 4.4A, 4.4D

Completa los espacios en blanco para terminar las oraciones.

1. Los números que se multiplican para formar un producto se llaman _____.

2. Dos factores que forman un producto son una _____.

3. Una agrupación de objetos en columnas y filas es un _____.

4. Cuatro operaciones relacionadas de multiplicación y división son una _____.

Cálculos ———————————— Objetivo 1 de **TAKS** TEKS 4.4A, 4.4C, 4.4D

Dibuja un arreglo para representar los problemas.

5. 5×3

6. 9×2

7. 34×45

8. 7×6

9. 8×4

10. 57×14

Multiplica.

11. 9×5

12. 12×6

13. 7×4

14. 11×3

15. $\begin{array}{r} 18 \\ \times\ 45 \\ \hline \end{array}$

16. $\begin{array}{r} 73 \\ \times\ 24 \\ \hline \end{array}$

17. $\begin{array}{r} 37 \\ \times\ 51 \\ \hline \end{array}$

18. $\begin{array}{r} 86 \\ \times\ 62 \\ \hline \end{array}$

Resolver problemas y razonamiento ———————————— Objetivos 1 y 6 de **TAKS** TEKS 4.4D, 4.14B, 4.14C

Adivina y comprueba para resolver.

19. La suma de dos números es 56. Un número es 22 más que el otro. ¿Cuáles son los dos números?

20. El producto de dos números es 720. La diferencia entre los números es 6. ¿Cuáles son los dos números?

21. Tres números suman 39. La diferencia entre el número más grande y el número más pequeño es igual al número más pequeño. Todos los números son múltiplos de 3 menores que 57. ¿Cuáles son los tres números?

22. La diferencia entre dos números es 8. El producto de los dos números es 384. ¿Cuáles son los dos números?

Resuelve un problema más sencillo para hallar la respuesta.

23. Ty necesita 66 tarjetas diferentes. Las tarjetas se venden en paquetes de 10. Cada paquete que compra Ty tiene 4 tarjetas que ella ya tiene. ¿Cuántos paquetes necesita comprar Ty para completar su colección?

24. En el auditorio hay 14 filas de 26 asientos. El club de teatro presenta 3 funciones. En las 2 primeras funciones el auditorio se llena y en la última función sólo se llena la mitad. ¿Cuántas personas vieron la obra?

25. Katie hace 5 lavados de ropa. Lava 26 prendas en cada lavado. Cuando termina de lavar toda la ropa, la dobla. Tarda 5 minutos en doblar 10 prendas. ¿Cuánto tiempo tarda en doblar toda la ropa?

¡LAS GRANDES IDEAS!

Escribir matemáticas Hay muchos patrones en las tablas de multiplicación. Todos los múltiplos de 2 son pares, todos los múltiplos de 5 terminan en 0 ó 5. ¿Qué otros patrones hay en las tablas de multiplicación?

Evaluar el rendimiento

Objetivos 1 y 6 de *TAKS* TEKS 4.3A, 4.4D, 4.14B, 4.14C

Eventos para recaudar fondos

La señora Rhodes organiza eventos en los conciertos del coro de la escuela para recaudar fondos. Tiene $200 para comprar artículos que se venderán en el próximo concierto. Quiere que las ventas sean de por lo menos $500.

Precios de la recaudación de fondos

Artículo	Precio de compra	Precio de venta
CD	$4	$7
Camiseta	$3	$8
Gorra	$2	$5
Imán	$0	$1

Tarea	Información que necesitas
Usa la información de arriba y de la derecha para decidir qué artículos debería comprar la señora Rhodes. Asegúrate de decidir cuántos artículos de cada tipo debería comprar. Explica las razones de tus elecciones.	La señora Rhodes quiere vender por lo menos 3 tipos diferentes de artículos.
	Todos los artículos deben encargarse en grupos de 10.
	La señora Rhodes nunca ha vendido más de 30 camisetas en un mismo evento.
	La Organización de Padres donó 50 imanes para que venda la señora Rhodes.

> Con un grupo de 12 no te sientas abatido, comienza por 10, suma 2 y verás que es divertido.

> "Conozco una manera rápida de multiplicar 12 × 6. Para hallar 12 grupos de 6, sumo 10 grupos de 6 más 2 grupos de 6 y obtengo 60 + 12 = 72. ¡Con los números grandes, el secreto es descomponerlos en números pequeños y fáciles!"

Multiplica por 12

1. $12 \times 6 = \boxed{60} + \boxed{12} = \boxed{72}$
$10 \times 6 \quad 2 \times 6$

2. $12 \times 7 = \blacksquare + \boxed{14} = \blacksquare$
$10 \times 7 \quad 2 \times 7$

3. $12 \times 8 = \blacksquare + \blacksquare = \blacksquare$
$10 \times 8 \quad 2 \times 8$

4. $12 \times 9 = \blacksquare + \blacksquare = \blacksquare$
$10 \times 9 \quad 2 \times 9$

¡Bien hecho! ¡Sigue así!

5. $12 \times 12 = \blacksquare + \blacksquare = \blacksquare$

6. $12 \times 21 = \blacksquare + \blacksquare = \blacksquare$

7. $12 \times 14 = \blacksquare + \blacksquare = \blacksquare$

8. $12 \times 24 = \blacksquare + \blacksquare = \blacksquare$

9. $12 \times 15 = \blacksquare + \blacksquare = \blacksquare$

10. $12 \times 25 = \blacksquare + \blacksquare = \blacksquare$

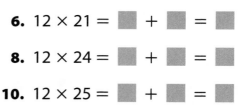

¡Bravo!

¡Sigue adelante!

¡Ahora intenta seguir todos los pasos mentalmente!

11. 12×16

12. 12×35

13. 12×39

14. 12×55

5

División

¡LAS GRANDES IDEAS!

- La división se puede representar y anotar de muchas maneras.
- A veces, cuando se dividen números enteros queda un residuo.
- El valor de posición ayuda a decidir dónde colocar el primer dígito del cociente.

Capítulo 10
Comprender la división

Capítulo 11
Dividir entre divisores de un dígito

Canciones y juegos

Música y matemáticas
Pista 5

Libritos de matemáticas

- Campeones de división
- Cuentas y más cuentas

Crucigrama matemático

Objetivo del juego Usar todas las fichas para hacer oraciones numéricas.

Materiales
3 conjuntos de fichas de números
Número de jugadores 2 a 4

Preparación
Haz una pila con todas las fichas de símbolos y déjala aparte. Reparte todas las fichas de números.

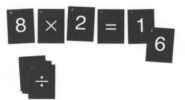
Cómo se juega

1 El jugador 1 forma una oración de multiplicación o de división usando las fichas de números y las fichas de símbolos.

$$8 \times 2 = 16$$
$$\div$$

2 El jugador 2 forma una oración numérica con parte de la oración numérica del jugador 1.

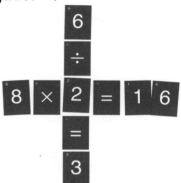

3 Los jugadores se turnan hasta que uno de ellos haya usado todas las fichas de números o hasta que ninguno pueda formar otra oración numérica.

4 Gana el primer jugador que se quede sin fichas. Si a los dos jugadores les sobran fichas, gana el que tenga menos.

Objetivos 1 y 2 de TAKS

TEKS 4.4C Recordar y aplicar las tablas de multiplicación hasta el 12 × 12.

4.6A Utilizar patrones y relaciones para desarrollar estrategias para recordar operaciones básicas de multiplicación y división.

Education Place
Visita eduplace.com/txmap, donde encontrarás **acertijos**.

Leer Cuando lees, puedes usar una tabla S-Q-A para comprender mejor. En matemáticas, puedes usar una tabla S-Q-P-A. En la tabla se muestran los datos importantes sin información adicional. Así es más fácil darse cuenta de cómo resolver un problema. Mira este ejemplo:

Para un proyecto, Tyler escribe a los alcaldes de 12 ciudades pidiéndoles que respondan a 5 preguntas. En cada carta quiere incluir un sobre para que envíen su respuesta. Tyler tiene 35 sobres. ¿Tiene la cantidad suficiente de sobres? Explica cómo lo sabes.

Lo que **S**é	Lo que **Q**uiero saber	Mi **P**lan para hallar la respuesta	Lo que **A**prendí
• 12 ciudades • 1 sobre para la carta • 1 sobre para la respuesta	• ¿Son suficientes 35 sobres?	• Hallar el número total de sobres que se necesitan • Comparar con 35	

12 sobres para las cartas y 12 sobres para las respuestas. 2 × 12 = 24. 24 < 35. Tenemos suficientes sobres.

Escribir Usa la información de esta tabla S-Q-P-A para escribir tu propio problema.

Lo que **S**é	Lo que **Q**uiero saber	Mi **P**lan para hallar la respuesta	Lo que **A**prendí
• La mesa mide 5 pies de ancho y 2 pies de largo. • cinta de 3 yardas	• ¿Hay suficiente cinta para dar la vuelta a la mesa?		

Comprender la división

Vocabulario y conceptos

Escoge el mejor término para completar las oraciones. página 52

1. En la división, los elementos se separan en _____.

2. Cuando divides cero entre un número, la respuesta siempre es _____.

Cálculos

Escribe dos operaciones relacionadas de multiplicación para cada operación de división. página 148

3. $56 \div 8 = 7$

4. $42 \div 6 = 7$

5. $54 \div 9 = 6$

Divide. página 148

6. $6\overline{)6}$

7. $6\overline{)60}$

8. $9\overline{)81}$

9. $7\overline{)35}$

Resolver problemas y razonamiento página 106

10. Gina tiene una cinta larga. Después de cortar un trozo de 2 pies de la cinta, le quedan 60 pulgadas. ¿Cuánto medía la cinta original en pies?

Vocabulario de **TAKS**

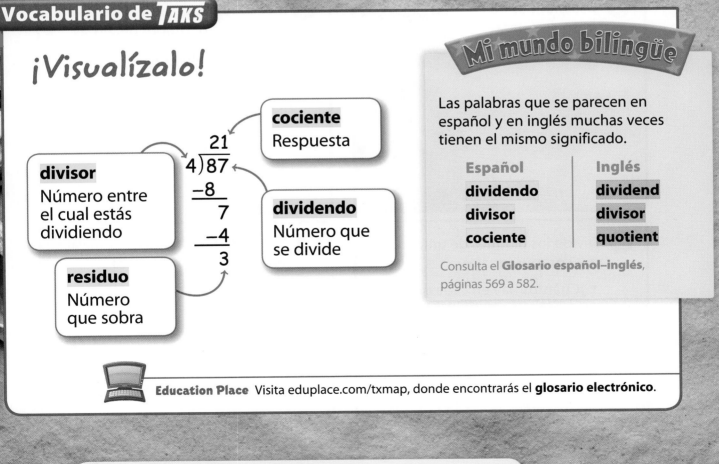

¡Visualízalo!

cociente
Respuesta

divisor
Número entre el cual estás dividiendo

dividendo
Número que se divide

residuo
Número que sobra

$$4\overline{)87}$$

```
   21
4)87
  -8
   7
  -4
   3
```

Mi mundo bilingüe

Las palabras que se parecen en español y en inglés muchas veces tienen el mismo significado.

Español	Inglés
dividendo	dividend
divisor	divisor
cociente	quotient

Consulta el **Glosario español–inglés**, páginas 569 a 582.

Education Place Visita eduplace.com/txmap, donde encontrarás el **glosario electrónico**.

⭐ **Objetivo 6 de TAKS** TEKS **4.15B** Relacionar el lenguaje informal con el lenguaje y los símbolos matemáticos.

Capítulo 10   211

Objetivos 1 y 6 de _TAKS_

TEKS 4.4B Representar con dibujos, palabras y números situaciones en que se usa la multiplicación y la división.

4.4E Utilizar la división para resolver problemas (divisores de no más de un dígito y dividendos de tres dígitos sin tecnología).

4.14D Utilizar herramientas tales como objetos reales, manipulativos y tecnología para resolver problemas.

Materiales
- Bloques de base diez
- Tablero 1
- Manipulativos electrónicos eduplace.com/txmap

Aplícalo
Dividir con modelos

Objetivo Usar manipulativos para resolver problemas de división.

★ Explorar

En el Capítulo 7 aprendiste estrategias para recordar las operaciones básicas de división.

Pregunta ¿Cómo puedes usar bloques de base diez para dividir números más grandes?

Luisa hace dibujos con tapas de botellas. Tiene 46 tapas para hacer 2 dibujos. Usará la misma cantidad de tapas en cada dibujo. ¿Cuántas tapas usará en cada dibujo?

1 Usa bloques de base diez para mostrar 46.

2 Divide los bloques de decenas en 2 grupos. Los grupos deben ser
- de igual tamaño.
- lo más grandes posible.

3 Divide los bloques de unidades en 2 grupos iguales.
- ¿Cuántos hay en cada grupo?
- ¿Cuántos sobran?

4 Haz un dibujo rápido que muestre tu trabajo con los bloques.

Algunas veces te pueden sobrar bloques cuando intentas separarlos en grupos iguales. ¿Qué pasa si Luisa tiene 37 tapas de botella para hacer 3 dibujos?

1 Usa bloques de base diez para mostrar 37.

2 Divide los bloques de decenas en 3 grupos iguales. ¿Cuántas decenas hay en cada grupo? ¿Sobra alguna?

3 Divide los bloques de unidades en 3 grupos iguales. ¿Cuántas unidades hay en cada grupo? ¿Sobra alguna?

4 Haz un dibujo rápido para mostrar tu trabajo.

★ **Extender**

Usa bloques para completar la tabla. Haz dibujos rápidos para mostrar que tus respuestas son correctas.

	Número	Número de grupos iguales	Número en cada grupo	Número que sobra	Muestra la división
1.	85	4		1	$85 \div 4 \to 21$ R1
2.	63	3			
3.	28		14		
4.	48		24		
5.	65	3			
6.	83			1	

7. Escribe un problema en palabras que se pueda resolver con tu solución al ejercicio 4. ¿Qué representan los números de cada grupo?

Diario de matemáticas

Escribir matemáticas

Encuentra el error Ali dividió 14 tapas de botellas en 3 grupos como se muestra a la derecha. Dice que el resultado de $14 \div 3$ es 3 R5. Explica cuál fue su error.

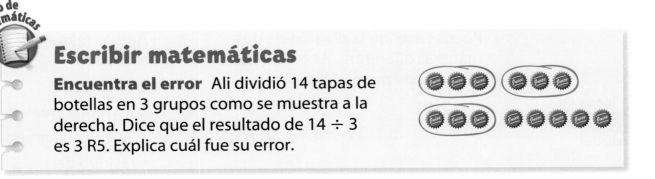

Objetivos 1 y 6 de *TAKS*

TEKS **4.4B** Representar con dibujos, palabras y números situaciones en que se usa la multiplicación y la división.

4.4E Utilizar la división para resolver problemas (divisores de no más de un dígito y dividendos de tres dígitos sin tecnología).

También 4.15B

Vocabulario de *TAKS*

El **residuo** es el número que sobra después de dividir en grupos iguales.

$$\begin{array}{r} 13R1 \\ 2\overline{)27} \end{array}$$

Videos de matemáticas
Dividir con residuos

Dividir con residuos

Objetivo Hallar cocientes de dos dígitos con y sin residuos.

★ Aprender con ejemplos

En la Lección 1 usaste modelos para hallar 37 ÷ 3. Éstos son los pasos para hallar 37 ÷ 3 con dibujos rápidos y números.

Dibújalo	Escríbelo

1 Hay 3 grupos. Puedes dibujar ① decena en cada grupo.

$$\begin{array}{r} 1 \\ 3\overline{)37} \\ -3 \\ \hline 0 \end{array}$$

Divide. 3 decenas ÷ 3
Multiplica. 1 decena × 3
Resta. 3 decenas − 3 decenas
Compara. 0 < 3

Dibujaste 3 × 1, ó 3 decenas. Sobran ⓪ decenas.

2 Puedes dibujar ② unidades en cada grupo.

$$\begin{array}{r} 12 \\ 3\overline{)37} \\ -3\downarrow \\ \hline 07 \\ -6 \\ \hline 1 \end{array}$$

Baja 7 unidades.
Divide. 7 unidades ÷ 3
Multiplica. 2 unidades × 3
Resta. 7 − 6
Compara. 1 < 3

Dibujaste 3 × 2, ó 6 unidades. Sobra ① unidad. Es el **residuo**.

Puedes escribir la división de dos maneras diferentes. Anota ambas en tu Diario de matemáticas.

$$\begin{array}{r} 12 \text{ R1} \\ 3\overline{)37} \end{array} \quad \text{o} \quad 37 \div 3 \rightarrow 12 \text{ R1}$$

Ambas maneras muestran:

- 37 en total
- 3 grupos iguales
- 12 en cada grupo
- residuo de 1

Divide. Si necesitas ayuda, haz dibujos rápidos.

1. $3\overline{)39}$ **2.** $2\overline{)85}$ **3.** $2\overline{)47}$ **4.** $5\overline{)59}$

5. $68 \div 6$ **6.** $95 \div 3$ **7.** $34 \div 3$ **8.** $94 \div 3$

> ## Piénsalo
> • ¿Puedo dividir las decenas?
> • ¿Puedo dividir las unidades?
> • ¿Sobra alguna unidad?

Resolver problemas con ayuda

Usa las siguientes preguntas para resolver este problema.

9. En el museo, **68** estudiantes están esperando para entrar a la sala de las mariposas. Sólo pueden entrar **3** estudiantes a la vez. ¿Cuántos grupos completos podrán entrar a la sala de las mariposas?

  a. Compréndelo ¿Cuántos estudiantes hay en total?

  b. Planéalo ¿Qué debes hallar? Explica por qué puedes usar la división para resolver el problema.

  c. Resuélvelo Escribe la oración de división y resuélvela.

  d. Verifícalo Completa las oraciones.

Hay ◯ grupos de 3 estudiantes.

Habrá ◯ estudiantes en el último grupo.

> ## Analízalo
> A veces el divisor indica el número de objetos que hay en cada grupo en lugar del número de grupos.

10. Vuelve a mirar el problema 9. ¿Qué pasaría si pudieran entrar a la sala 8 estudiantes a la vez? ¿Cuántos grupos completos podrían entrar a la sala de las mariposas?

(123) Hablar de matemáticas ¿Por qué el residuo debe ser siempre menor que el divisor?

★ Practicar y resolver problemas

Divide. Si necesitas ayuda, haz dibujos rápidos.

11. $4\overline{)87}$ **12.** $3\overline{)62}$ **13.** $2\overline{)63}$ **14.** $4\overline{)89}$ **15.** $3\overline{)96}$

16. $91 \div 3$ **17.** $27 \div 2$ **18.** $46 \div 2$ **19.** $68 \div 3$ **20.** $67 \div 6$

Resuelve los siguientes problemas.

21. Una tienda de regalos vendió 25 broches de mariposas por $9 cada uno. También vendió 35 llaveros de dinosaurios por $10 cada uno. ¿Cuánto dinero más recibió la tienda por los llaveros que por los broches?

22. Generaliza En el área de artesanías, los visitantes pueden hacer collares con diseños de mariposas. Lisa usa 84 cuentas para hacer 4 collares, cada uno con el mismo número de cuentas. ¿Cuántas cuentas necesita Lisa para hacer 6 collares?

23. Razonamiento Ed compra dos libros sobre mariposas. Uno cuesta $7 y el otro cuesta $8. Paga con un billete de $20 y le dan $5 de cambio. ¿Crees que es el cambio correcto? ¿Por qué?

24. Reto Cada cliente que compra 4 calcomanías de mariposas recibe una quinta calcomanía de regalo. ¿Cuántas calcomanías deberá comprar Sara si quiere un total de 80 calcomanías?

 Conexión con las ciencias

Usa los Datos divertidos para resolver los problemas.

25. Las mariposas monarca que migran al sur viven aproximadamente 8 veces más que las que migran al norte. Aproximadamente, ¿cuánto tiempo vive una mariposa que migra al norte?

26. ¿Cuántas millas puede recorrer una mariposa monarca en una semana?

27. Una mariposa monarca que migra al sur puede recorrer toda la distancia en aproximadamente 80 días. ¿Cuántas semanas enteras dura esta migración?

28. ¿Qué distancia puede recorrer una mariposa monarca en 4 horas si vuela a su velocidad máxima?

Datos divertidos

Migración de la mariposa monarca

- La mariposa monarca es la mariposa oficial del estado de Texas.
- Las mariposas monarca migran al sur en otoño y al norte en primavera.
- Las mariposas monarca que migran al sur viven aproximadamente 32 semanas.
- Las mariposas monarca pueden recorrer hasta 50 millas por día a 12 millas por hora.

TEKS 4.14A 7B de Ciencias

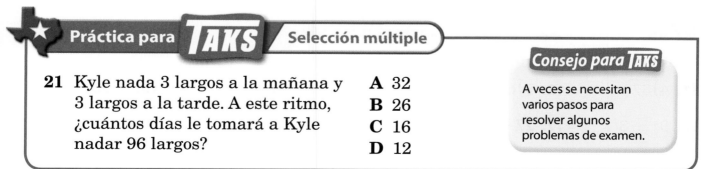

Práctica para TAKS — **Selección múltiple**

21 Kyle nada 3 largos a la mañana y 3 largos a la tarde. A este ritmo, ¿cuántos días le tomará a Kyle nadar 96 largos?

A 32
B 26
C 16
D 12

Consejo para TAKS

A veces se necesitan varios pasos para resolver algunos problemas de examen.

Usa una calculadora para comprobar un cociente con residuo.

Si usas una calculadora para comprobar tu respuesta a un problema de división como éste: $97 \div 3 \rightarrow 32 \text{ R}1$

obtendrás una respuesta ⟶ como ésta

Puedes hacer lo siguiente para comprobar tu división.

1 No tengas en cuenta el punto decimal del número que se ve en la calculadora. Descarta todos los dígitos que estén a la derecha del punto decimal.

2 Multiplica el número entero del cociente por el divisor.
$32 \times 3 = 96$.

3 Suma el residuo. $96 + 1 = 97$.
La suma debe ser igual al dividendo.

Divide. Luego comprueba tus respuestas con una calculadora.

1. $2\overline{)47}$ **2.** $3\overline{)86}$ **3.** $4\overline{)94}$ **4.** $5\overline{)88}$

Objetivo 6 de TAKS
TEKS 4.14D y 4.15A

Corriente abajo...

¿Alguna vez has remado en una canoa? En Texas, puedes competir en una carrera de canoas que va de San Marcos a Seadrift. ¡La carrera cubre 260 millas! Si pudieras recorrer una distancia de 800 pies por minuto en canoa, ¿cuántas horas tardarías en finalizar la carrera? Usa una calculadora.
Pista: ¿Cuántos pies hay en una milla?

Objetivos 4 y 6 de TAKS
TEKS 4.4E, 4.11B, 4.14A, D

Objectivos 1 y 6 de *TAKS*

TEKS 4.4B Representar con dibujos, palabras y números situaciones en que se usa la multiplicación y la división.

4.4E Utilizar la división para resolver problemas (divisores de no más de un dígito y dividendos de tres dígitos sin tecnología).

4.15A Explicar y anotar observaciones utilizando objetos, palabras, números y tecnología.

También 4.14B y 4.16B

Resolver problemas
Interpreta los residuos

Objetivo Comprender el significado del cociente y el residuo en un problema de división.

★ Razonar y aprender

Puedes usar la misma división para resolver cada uno de los siguientes problemas. Para responder a la pregunta del problema, tienes que comprender el significado del cociente y el residuo.

Ejemplo 1

La maestra Ross coloca ⑦ postales en cada página de su álbum de recortes. ¿Cuántas páginas necesita para colocar **79** postales?

$$\begin{array}{r} 11\ \text{R2} \\ 7\overline{)79} \\ -7 \\ \hline 09 \\ -7 \\ \hline 2 \end{array}$$

Como la maestra Ross desea colocar todas las postales, necesitará 12 páginas: 11 páginas enteras más 1 página para 2 postales.

Ejemplo 2

En un museo, una exhibición durará **79** días. ¿Cuántas semanas enteras son?

semanas enteras → $\begin{array}{r} 11\ \text{R2} \\ 7\overline{)79} \\ -7 \\ \hline 09 \\ -7 \\ \hline 2 \end{array}$ ← días que sobran

días en una semana

La pregunta es sobre la cantidad de semanas enteras, por lo que la solución es el cociente.

Ejemplo 3

La maestra Ross divide en partes iguales sus **79** postales entre **7** niños y se queda con las que sobran. ¿Con cuántas postales se queda la maestra Ross?

postales para cada niño → $\begin{array}{r} 11\ \text{R2} \\ 7\overline{)79} \\ -7 \\ \hline 09 \\ -7 \\ \hline 2 \end{array}$ ← postales que sobran

El residuo indica con cuántas postales se queda la maestra Ross, por lo que la solución es el residuo.

★ Resolver problemas con ayuda

Usa las siguientes preguntas para resolver este problema.

1. La maestra Webster quiere comprar 68 postales, una para cada estudiante. Las postales vienen en paquetes de 3. ¿Cuántos paquetes necesita comprar la maestra Webster?

   a. **Compréndelo** ¿Cuántas postales desea comprar la maestra Webster? ¿Cuántas postales vienen en un paquete?

   b. **Planéalo** Usa la división para resolver el problema. ¿Qué número es el dividendo? ¿Qué número es el divisor?

   c. **Resuélvelo** ¿Hay algún residuo? ¿Qué representa el residuo?

   d. **Verifícalo** ¿Cuántos paquetes de postales debe comprar la maestra Webster?

Para resolver este problema, hazte las preguntas de la sección Piénsalo.

2. Todos los días, el maestro Lun muestra nada más que 3 postales a su clase. El maestro Lun tiene 62 postales. ¿Durante cuántos días mostrará postales el maestro Lun?

> **Piénsalo**
> • ¿Qué se pide en la pregunta?
> • ¿Qué representan el cociente y el residuo?

 Hablar de matemáticas Explica por qué pensar en la pregunta te ayuda a decidir qué hacer con el residuo.

★ Práctica para resolver problemas

Resuelve. Para resolver este problema, hazte las preguntas de la sección Piénsalo. Explica por qué tiene sentido tu respuesta.

3. Cincuenta y nueve estudiantes de cuarto grado están de visita en una importante tienda de mascotas. Sólo pueden ver la demostración de entrenamiento de perros 5 estudiantes a la vez. ¿Cuántas veces tendrá que repetirse la demostración para que la puedan ver los 59 estudiantes?

4. **Reto** Sue y Ted quieren juntar dinero para comprar 2 bicicletas. Cada bicicleta cuesta $35. Cobran $3 para bañar un perro. ¿Cuántos perros tienen que bañar para ganar dinero suficiente?

Burnet, TX

La caverna Longhorn está ubicada en el Parque Estatal Longhorn Cavern, en Burnet, Texas. El área se convirtió en parque estatal en 1932.

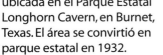

CAVERNA LONGHORN

Usa los datos de esta página para resolver los problemas.

5. ¿Hace cuántos años que el parque se convirtió en parque estatal?

6. Medición Usa una regla para medir la longitud de la punta de flecha a la pulgada más cercana.

7. La elevación más baja de Longhorn es 779 pies. La elevación más alta está a 1,585 pies. ¿Cuál es la diferencia entre la elevación más alta y la más baja del parque?

8. Un grupo de 7 estudiantes de cuarto grado tienen $82 para gastar en la caverna Longhorn. ¿Les alcanza para que cada estudiante haga la visita diaria? ¿Les sobrará dinero?

9. Reto Un grupo de 6 adultos y 25 niños tienen $200. Si hacen la visita diaria, ¿cuál es la cantidad máxima de personas que pueden ir? ¿Quiénes podrían ir? Explica tu respuesta.

Datos divertidos

- Los indígenas norteamericanos hacían puntas de flecha de chert.
- El chert es una roca más dura que la piedra caliza que se encuentra en las paredes de la caverna.

Precios del boleto para la visita diaria		
Adultos	16 a 19 años y adultos mayores	2 a 16 años
$11	$10	$6

Resolver problemas de TAKS

Escoge una estrategia
- Busca un patrón
- Haz un dibujo
- Adivina y comprueba
- Haz una dramatización

1 ¿Cuál de las siguientes ecuaciones es verdadera con el número 7?

A $8 \times \square = 15$

B $8 \times 56 = \square$

C $56 \div 7 = \square$

D $56 \div \square = 8$

Objetivo 1 de TAKS   TEKS 4.4C   página 144

2 El área total del estado de Texas, incluyendo tierra y agua, es doscientos sesenta y ocho mil quinientas ochenta y una millas cuadradas. ¿Cómo se escribe este número en forma normal?

F 286,581

G 268,581

H 268,815

J 266,081

Objetivo 1 de TAKS   TEKS 4.1A   página 8

3 La señora Marvin compra 9 camisetas que cuestan $12 cada una. Paga con seis billetes de $20. ¿Cuánto debe recibir de cambio?

A $8

B $11

C $12

D $22

> **Consejo para TAKS**
> Haz un plan ¿Qué pasos debes seguir para resolver el problema?

Objetivos 1 y 6 de TAKS   TEKS 4.4C, D, 4.14A   página 152

4 Leslie compra dos bolsas de caracoles en una tienda de regalos de la playa. Las bolsas contienen un total de 115 caracoles. ¿Cuáles fueron las dos bolsas que compró Leslie?

F una bolsa de 45 caracoles y otra de 60

G una bolsa de 58 caracoles y otra de 67

H una bolsa de 43 caracoles y otra de 72

J una bolsa de 85 caracoles y otra de 25

Objetivos 1 y 6 de TAKS   TEKS 4.3A, 4.14C   página 76

5 Beth puede escribir 1 palabra cada 2 segundos. A ese ritmo, ¿cuántas palabras puede escribir Beth en 30 segundos?

A 15

B 33

C 60

D 61

Objetivos 1 y 6 de TAKS   TEKS 4.4E, 4.16A   página 222

6 **Respuesta con cuadrícula**
El maestro Boone tiene 57 dibujos. Los divide en partes iguales entre 6 niños y se queda con los que sobran. ¿Con cuántos dibujos se queda?

Objetivos 1 de TAKS   TEKS 4.4E   página 218

Education Place
Visita eduplace.com/txmap, donde encontrarás **consejos para tomar exámenes** y más **práctica para TAKS**.

Capítulo 10 Lección 3   **221**

Objetivo 1 de *TAKS*

TEKS 4.4B Representar con dibujos, palabras y números situaciones en que se usa la multiplicación y la división.

4.5 El estudiante estima para determinar resultados razonables.

4.5A Redondear números enteros a la decena, centena o millar más cercanos para llegar a un resultado favorable en la resolución de problemas.

Vocabulario de *TAKS*

reagrupar

Según la situación, puedes:

• Reagrupar 1 decena como 10 unidades.

• Reagrupar 10 unidades como 1 decena.

Materiales

• Bloques de base diez
• Manipulativos electrónicos eduplace.com/txmap

Aplícalo
Reagrupar en la división

Objetivo Reagrupar para dividir números de dos dígitos.

★ Explorar

Jamie coleccionó 54 postales. Quiere guardar la misma cantidad de postales en cuatro álbumes. ¿Cuántas postales habrá en cada álbum? ¿Cuántas sobrarán?

Debes hallar el tamaño de los grupos iguales, por lo tanto, divide.

Primero, estima. Aproximadamente, ¿cuántas postales crees que habrá en cada álbum?

Dibújalo	**Escríbelo**
1 Usa bloques de base diez para mostrar 54.	• ¿Cuántos grupos iguales hay? • ¿Cuántas decenas hay? • ¿Cuántas unidades hay?
2 Divide 5 bloques de decenas en 4 grupos iguales. • ¿Cuántas decenas hay en cada grupo? • ¿Cuántas decenas usaste? • ¿Cuántas decenas sobran?	$4\overline{)54}$ Divide. 5 decenas ÷ 4 Multiplica. 1 decena × 4 Resta. 5 − 4
3 **Reagrupa** el bloque de decenas que sobró como 10 bloques de unidades. • ¿Cuántas unidades tienes ahora?	$\begin{array}{r} 1 \\ 4\overline{)54} \\ -4 \\ \hline 1 \end{array}$ Baja 4 unidades.

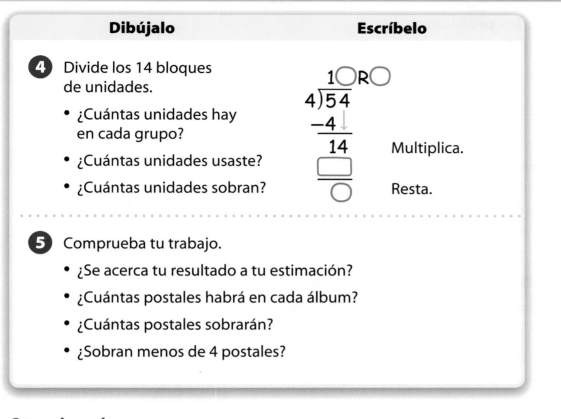

Dibújalo	Escríbelo

4 Divide los 14 bloques de unidades.

- ¿Cuántas unidades hay en cada grupo?
- ¿Cuántas unidades usaste?
- ¿Cuántas unidades sobran?

1○R○
4)54
−4
14   Multiplica.
□
○   Resta.

5 Comprueba tu trabajo.

- ¿Se acerca tu resultado a tu estimación?
- ¿Cuántas postales habrá en cada álbum?
- ¿Cuántas postales sobrarán?
- ¿Sobran menos de 4 postales?

Otro ejemplo

- ¿Qué número va aquí?
- ¿Qué número va aquí?

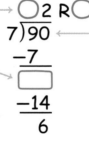

○2 R○
7)90
−7
□
−14
6

Aunque aquí hay un cero, todavía tienes unidades para dividir: las unidades que reagrupaste.

★ Práctica guiada

Divide. Si necesitas ayuda, usa bloques de base diez.

1. 5)74   2. 4)70   3. 3)81   4. 2)57

5. 92 ÷ 6   6. 63 ÷ 4   7. 98 ÷ 7   8. 59 ÷ 3

Piénsalo

- Cuando divido las decenas, ¿sobran algunas?
- ¿Qué debo hacer con las decenas que sobran?

★ Practicar y resolver problemas

Divide.

9. 2)62   10. 8)92   11. 6)74   12. 7)94   13. 5)76

14. 7)96   15. 4)70   16. 2)52   17. 3)97   18. 6)88

Resuelve los siguientes problemas.

Piénsalo

En el problema 20, ¿será la respuesta mayor que $72?

19. Un grupo de 42 niños se divide en 3 equipos iguales. ¿Cuántos niños hay en cada equipo?

20. Manuel compró 3 mesas a $72 cada una. ¿Cuál fue el costo total?

21. **Encuentra el error** Kelly hizo la división de la derecha. ¿Cuál fue su error? Muestra cómo debió haber hecho la división.

$$
\begin{array}{r}
10 \text{ R}3 \\
4\overline{)70} \\
-4 \\
\hline
3
\end{array}
$$

 # Conexión con la información

Usa la gráfica para resolver los problemas 22 a 24.

22. El tanque de agua salada tiene 5 veces más animales que el tanque de agua dulce. ¿Cuántos animales hay en el tanque de agua dulce?

23. Para una futura presentación, se pasarán las medusas del tanque de agua salada a 7 tanques diferentes. En cada tanque habrá la misma cantidad de medusas. ¿Cuántas medusas habrá en cada tanque?

24. **Reto** Si se duplica el número de atunes y se triplica el número de tortugas de mar, ¿cuántos animales habrá en total en el tanque de agua salada?

Tanque de agua salada del acuario

Gráfica de barras — Número vs. Tipo de animal:
- Medusa: 35
- Atún: 15
- Tortuga de mar: 10
- Tiburón: 5

Eje vertical: **Número** (0, 5, 10, 15, 20, 25, 30, 35)
Eje horizontal: **Tipo de animal**

Práctica para TAKS / **Selección múltiple**

25 El señor Jacobson compró calcomanías para repartir entre 9 niños. Cada niño recibe 13 calcomanías y sobran 3 calcomanías. ¿Cuál de estos pares de oraciones numéricas muestra cómo podrías hallar la cantidad de calcomanías que compró el señor Jacobson?

A $39 \div 3 = 13$
$13 \times 9 = 117$

B $13 \times 9 = 117$
$117 + 3 = 120$

C $13 = 16 - 3$
$16 \times 9 = 144$

D $9 \times 3 = 27$
$13 \times 27 = 351$

¡Matemáticas divertidas!

Carpintería

Construye una rampa de patinaje

Cecilia está construyendo rampas para un nuevo parque de patinaje.

1. Tiene una tabla de 86 pulgadas de largo. La corta en dos partes iguales para construir una sección de la pared de su rampa. ¿Cuánto mide cada parte?

2. Observa el diagrama de la rampa. Las vigas de apoyo están a la misma distancia unas de otras. ¿Cuántas pulgadas habrá entre el centro de cada viga?

3. La plataforma de otra rampa medirá 95 pulgadas de largo. Necesita 6 vigas de apoyo. ¿Cuántas pulgadas habrá entre el centro de cada viga?

Parque de patinaje. Grand Prarie, Texas

Objetivos 1 y 6 de **TAKS**
TEKS 4.4E, 4.14A

Objetivo 1 de **TAKS**

TEKS 4.5 Utilizar la división para resolver problemas (divisores de no más de un dígito y dividendos de tres dígitos sin tecnología).

4.5B Utilizar estrategias que incluyen el redondeo y los números compatibles para estimar soluciones a problemas de multiplicación y división.

Dividendos de tres dígitos

Objetivo Dividir un número de tres dígitos entre un número de un dígito.

★ Aprender con ejemplos

Hasta ahora, en este capítulo has dividido números de dos dígitos que, en algunas ocasiones, tenían residuos. Sea cual fuere la cantidad de dígitos que tiene el dividendo, el proceso es siempre el mismo.

Los estudiantes de 3 grados están haciendo **animales de origami**. Cada grado debe hacer la misma cantidad de animales. En total, se harán 505 animales de origami. ¿Cuántos animales hará cada grado?

Mariposa de origami

Ejemplo

1 Piensa en un número que esté cerca de 505 y que sea fácil de dividir entre 3. Luego, divide para estimar el cociente.

Piensa: $600 \div 3 = 200$

2 Divide las centenas.

$$
\begin{array}{r}
1 \\
3\overline{)505} \\
-3 \\
\hline
2
\end{array}
$$

Piensa: ? centenas
$3\overline{)5 \text{ centenas}}$

3 Baja las decenas. Divide las decenas.

$$
\begin{array}{r}
16 \\
3\overline{)505} \\
-3 \\
\hline
20 \\
-18 \\
\hline
2
\end{array}
$$

Piensa: ? decenas
$3\overline{)20 \text{ decenas}}$

4 Haz la división. Usa tu estimación para comprobar que tu resultado sea razonable. Explica tu respuesta al problema.

Piénsalo

¿Es el residuo menor que el divisor?

★ Práctica guiada

Estima los cocientes y luego divide. Comprueba las respuestas.

1. $2\overline{)394}$ **2.** $2\overline{)962}$ **3.** $2\overline{)836}$ **4.** $3\overline{)519}$

5. $450 \div 4$ **6.** $802 \div 7$ **7.** $685 \div 6$ **8.** $945 \div 2$

123 **Hablar de matemáticas** Observa 482 ÷ 4. Sin hacer la división, ¿cómo sabes que el cociente tendrá 3 dígitos?

★ Practicar y resolver problemas

Divide.

10. $2\overline{)860}$　　**11.** $4\overline{)709}$　　**12.** $3\overline{)519}$　　**13.** $3\overline{)404}$　　**14.** $8\overline{)872}$

15. $5\overline{)762}$　　**16.** $6\overline{)913}$　　**17.** $8\overline{)923}$　　**18.** $8\overline{)889}$　　**19.** $7\overline{)598}$

20. $578 \div 3$　　**21.** $710 \div 5$　　**22.** $535 \div 2$　　**23.** $864 \div 5$　　**24.** $925 \div 4$

Conexión con los estudios sociales

25. Un total de 968 estudiantes visitarán una exhibición sobre los indios pomo. Verán la exhibición en grupos de 9. ¿Cuántos grupos habrá?

26. En la exhibición se mostrarán 98 cestas en exhibidores de vidrio. Si en cada exhibidor caben 6 cestas, ¿cuántos exhibidores habrá?

27. Susan Billy, una historiadora y tejedora de cestas de la tribu pomo de Ukiah, escribió un libro llamado *Remember Your Relations*. El libro trata sobre su tía abuela Elsie Allen y el arte de tejer cestas. El libro tiene 128 páginas. Si quieres leer 8 páginas por día, ¿cuántos días tardarás en leer el libro?

Los indios pomo

La comunidad pomo está formada por 70 tribus diferentes que vienen del valle del río Russian, al norte de San Francisco. Los indios pomo son famosos por las cestas que tejen.

"En nuestro pueblo, tanto los hombres como las mujeres tejían cestas. Nuestro estilo de vida estaba relacionado en todos los aspectos con esas cestas. Nuestras vidas estaban entrelazadas como las fibras de una cesta".

– Susan Billy

TEKS 4.14A y 1A, 10A de Estudios sociales

★ **Práctica para** **TAKS** Respuesta con cuadrícula

28 Uri tiene 575 tarjetas de béisbol. Coloca el mismo número de tarjetas en cada uno de sus 4 álbumes. ¿Cuántas tarjetas de béisbol hay en un álbum?

Leer y escribir matemáticas

Vocabulario de TAKS

Kelly está haciendo collares para vender en una feria de artesanías. Cada collar está hecho con 3 cuentas de vidrio y 4 cuentas de piedra. Tiene un paquete de 425 cuentas de vidrio. ¿Cuántos collares puede hacer?

$$\begin{array}{r} 141 \\ 3\overline{)425} \\ -3 \\ \hline 12 \\ -12 \\ \hline 05 \\ -3 \\ \hline 2 \end{array}$$

Usa este problema y la solución para completar la siguiente red de palabras. En cada círculo del diagrama hay una palabra, un ejemplo y un número.

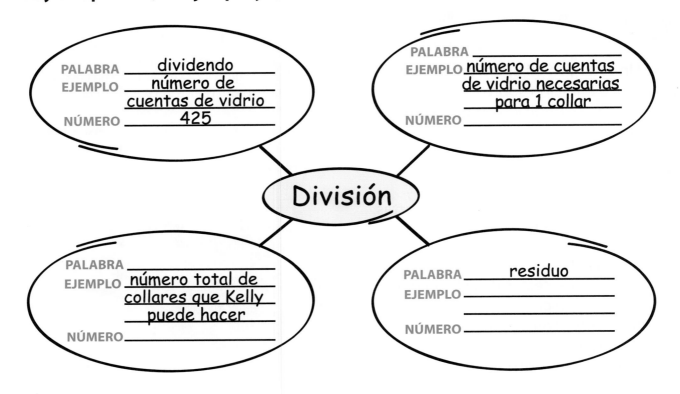

PALABRA _____dividendo_____
EJEMPLO _____número de cuentas de vidrio_____
NÚMERO _____425_____

PALABRA _____
EJEMPLO _número de cuentas de vidrio necesarias para 1 collar_
NÚMERO _____

División

PALABRA _____
EJEMPLO _número total de collares que Kelly puede hacer_
NÚMERO _____

PALABRA _____residuo_____
EJEMPLO _____
NÚMERO _____

Escribir Escribe un problema que se pueda resolver con una división. Haz una red de palabras como ésta para el problema.

Leer Busca libros relacionados con este concepto en tu biblioteca.

Objetivo 6 de TAKS

TEKS 4.15A Explicar y anotar observaciones utilizando objetos, palabras, dibujos, números y tecnología.

4.15B Relacionar el lenguaje informal con el lenguaje y los símbolos matemáticos.

⭐ Práctica adicional basada en los estándares

Conjunto A
Objetivo 1 de **TAKS** TEKS **4.4E** página 214

Divide. Si necesitas ayuda, haz dibujos rápidos.

1. $2\overline{)24}$ **2.** $3\overline{)35}$ **3.** $4\overline{)82}$ **4.** $3\overline{)69}$ **5.** $4\overline{)84}$

6. $2\overline{)67}$ **7.** $5\overline{)59}$ **8.** $3\overline{)98}$ **9.** $4\overline{)85}$ **10.** $5\overline{)56}$

11. $89 \div 8$ **12.** $84 \div 4$ **13.** $99 \div 3$ **14.** $84 \div 2$ **15.** $67 \div 2$

16. $68 \div 6$ **17.** $56 \div 5$ **18.** $96 \div 3$ **19.** $89 \div 5$ **20.** $89 \div 4$

21. Sam quiere recorrer caminando la distancia de una maratón. Piensa caminar 2 millas por día. Si la distancia de una maratón es aproximadamente 26 millas, ¿cuántos días le tomará a Sam alcanzar su objetivo?

Conjunto B
Objetivo 2 de **TAKS** TEKS **4.4E** página 222

Divide. Comprueba tus respuestas.

1. $5\overline{)67}$ **2.** $3\overline{)41}$ **3.** $2\overline{)93}$ **4.** $4\overline{)55}$ **5.** $5\overline{)72}$

6. $3\overline{)70}$ **7.** $4\overline{)62}$ **8.** $7\overline{)87}$ **9.** $3\overline{)84}$ **10.** $7\overline{)84}$

11. $50 \div 2$ **12.** $85 \div 5$ **13.** $47 \div 3$ **14.** $75 \div 6$ **15.** $62 \div 6$

16. Sela tiene 3 veces más dinero que el que tenía hace cinco meses. Si ahora tiene $54, ¿cuánto dinero tenía hace cinco meses?

Conjunto C
Objetivo 3 de **TAKS** TEKS **4.4E** página 226

Divide. Comprueba tus respuestas.

1. $5\overline{)598}$ **2.** $4\overline{)621}$ **3.** $6\overline{)847}$ **4.** $9\overline{)986}$ **5.** $5\overline{)550}$

6. $462 \div 2$ **7.** $598 \div 3$ **8.** $740 \div 7$ **9.** $935 \div 8$ **10.** $627 \div 3$

11. $873 \div 4$ **12.** $989 \div 8$ **13.** $999 \div 7$ **14.** $864 \div 8$ **15.** $549 \div 4$

16. En un teatro se vendieron 819 boletos para 3 funciones de una obra. La misma cantidad de personas asistió a cada función. ¿Cuántas personas vieron las dos primeras funciones de la obra?

Repaso/Examen del capítulo

Vocabulario y conceptos —————————— Objetivo 6 de *TAKS* TEKS 4.15A, B

Completa las oraciones para hacer una oración verdadera.

1. El _____ de un problema de división es siempre menos que el divisor.

2. La respuesta a un problema de división se llama _____.

3. En el problema 276 ÷ 2, el dividendo es _____.

4. El cociente de 276 y 2 es un número de _____ dígitos.

Cálculos ————————————————— Objetivo 1 de *TAKS* TEKS 4.4E

Divide.

5. $2\overline{)68}$　　　**6.** $3\overline{)36}$　　　**7.** $8\overline{)86}$　　　**8.** $3\overline{)96}$　　　**9.** $5\overline{)56}$

10. 59 ÷ 4　　　**11.** 91 ÷ 9　　　**12.** 398 ÷ 2　　　**13.** 736 ÷ 7　　　**14.** 806 ÷ 5

Resolver problemas y razonamiento ———— Objetivos 1 y 6 de *TAKS* TEKS 4.4E, 4,14B, C, 4.16A

Resuelve.

15. Lillian tiene 87 piñas. Necesita 7 piñas para hacer una corona. ¿Cuántas coronas puede hacer?

16. Cada página del álbum de fotos de Mike tiene espacio para 9 fotos. Tiene 76 fotos para poner en el álbum. Si llena las páginas por completo antes de seguir con la siguiente, ¿cuántas fotos habrá en la última página con fotos?

17. El verano pasado, Jerome trabajó 6 semanas en una granja lechera. Cada semana, recibió el mismo pago. Jerome ganó $948 en la granja. ¿Cuánto ganó por semana?

18. Una vaca necesita 8 cuartos de galón de agua para producir 4 cuartos de leche. ¿Cuánta agua necesita para producir 960 cuartos de leche?

Diario de matemáticas

Escribir matemáticas Cuando divides un número entre 4, ¿qué números podrías obtener como residuo? Explica tu respuesta.

Preparación para *TAKS* y repaso frecuente

1 ¿Cuál de las siguientes opciones muestra los números en orden de menor a mayor?

A 125,280 128,260 128,509 125,820

B 125,280 125,820 128,260 128,509

C 125,820 125,280 128,509 128,260

D 128,509 128,260 125,820 125,280

Objetivo 1 de *TAKS* TEKS **4.1A** página 36

2 ¿Cuál de los siguientes números es menor que 6,115,074?

F 6,431,509

G 6,216,113

H 6,400,791

J 6,098,547

Objetivo 1 de *TAKS* TEKS **4.1A** página 30

3 En una página de un álbum de fotos entran 8 fotos. Sue tiene 87 fotos. ¿Cuántas páginas completas del álbum puede llenar?

A 10

B 10 R7

C 95

D 696

Objetivo 1 de *TAKS* TEKS **4.4E** página 218

4 Todos los números del conjunto A se relacionan de la misma manera con el número que está debajo en el conjunto B.

Conjunto A	1	4	7
Conjunto B	10	13	16

Si el número del conjunto B es 21, ¿cuál es una manera de hallar el número relacionado en el conjunto A?

F Sumar 3.

G Restar 3.

H Sumar 9.

J Restar 9.

Objetivo 2 de *TAKS* TEKS **4.7** página 54

5 **Respuesta con cuadrícula** Katie caminó 2 millas en 30 minutos. A ese ritmo, ¿cuántas millas puede caminar en 2 horas?

Objetivo 6 de *TAKS* TEKS **4.14A** página 122

Education Place
Visita eduplace.com/txmap, donde encontrarás **consejos para tomar exámenes** y más **práctica para TAKS**.

Capítulo 11

Dividir entre divisores de un dígito

Tortugas bobas

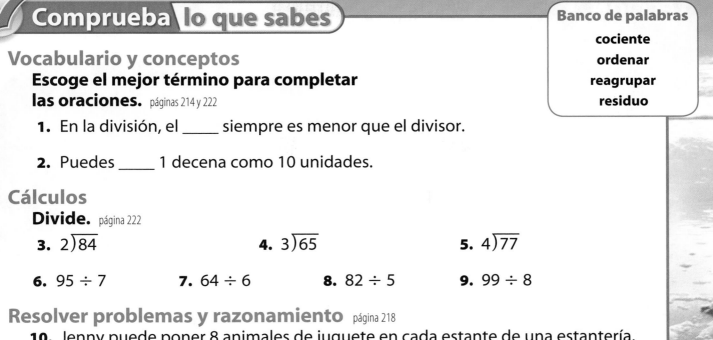

Comprueba lo que sabes

Vocabulario y conceptos

Escoge el mejor término para completar las oraciones. páginas 214 y 222

Banco de palabras

cociente

ordenar

reagrupar

residuo

1. En la división, el _____ siempre es menor que el divisor.

2. Puedes _____ 1 decena como 10 unidades.

Cálculos

Divide. página 222

3. $2\overline{)84}$

4. $3\overline{)65}$

5. $4\overline{)77}$

6. $95 \div 7$

7. $64 \div 6$

8. $82 \div 5$

9. $99 \div 8$

Resolver problemas y razonamiento página 218

10. Jenny puede poner 8 animales de juguete en cada estante de una estantería. ¿Cuántos estantes necesita para poner 85 animales de juguete?

Vocabulario de TAKS

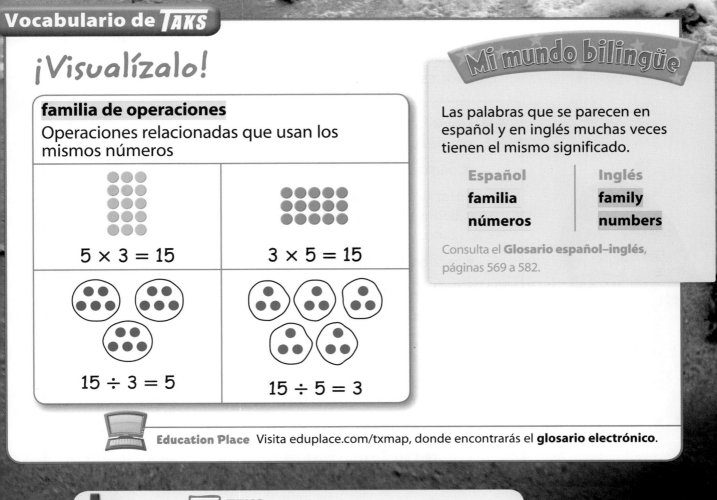

¡Visualízalo!

familia de operaciones

Operaciones relacionadas que usan los mismos números

$5 \times 3 = 15$	$3 \times 5 = 15$
$15 \div 3 = 5$	$15 \div 5 = 3$

Mi mundo bilingüe

Las palabras que se parecen en español y en inglés muchas veces tienen el mismo significado.

Español	Inglés
familia	family
números	numbers

Consulta el **Glosario español–inglés**, páginas 569 a 582.

Education Place Visita eduplace.com/txmap, donde encontrarás el **glosario electrónico**.

Objetivo 6 de TAKS **TEKS 4.15B** Relacionar el lenguaje informal con el lenguaje y los símbolos matemáticos.

Objetivos 1 y 6 de *TAKS*

TEKS 4.4E Utilizar la división para resolver problemas (divisores de no más de un dígito y dividendos de tres dígitos sin tecnología).

4.5B Utilizar estrategias que incluyen el redondeo y los números compatibles para estimar soluciones a problemas de multiplicación y división.

4.6B Utilizar patrones para multiplicar por 10 y por 100.

También 4.6A, 4.14A y 4.14D

Aplícalo
Cocientes parciales

Objetivo Investigar el uso de múltiplos de 10 y de 100 para dividir.

★ Explorar

En el Capítulo 10 usaste la división estándar para resolver problemas. Otro método, llamado de cocientes parciales, usa múltiplos de 10 y de 100.

Pregunta ¿Cómo puedes usar múltiplos de 10 y de 100 para dividir números de tres dígitos entre números de un dígito?

La exposición *Great Barrier Reef* en el zoológico de Fort Worth cuenta con 86 especies marinas australianas. Peces, tiburones y medusas nadan en tres estanques enormes. Si los guardianes del zoológico repartieron en cantidades iguales 456 peces entre los tres estanques, ¿cuántos peces hay en cada uno?

1 Empieza escribiendo $3\overline{)456}$. Al lado, empieza una "columna de cocientes".

¿Cuántas veces entra 3 en 456?

Cocientes

$$
\begin{array}{r}
3\overline{)456} \\
-300 \quad 100 \times 3 \\
\hline
156
\end{array}
$$

- Haz una estimación.
  Sabes que $3 \times 100 = 300$, por lo tanto, en 456 hay al menos 100 veces 3.

- Escribe **100** en la columna de cocientes.

- Resta **300** de **456**. Te quedan **156**.

2 ¿Cuántas veces entra 3 en 156?

$$
\begin{array}{r}
3\overline{)456} \\
-300 \quad 100 \\
\hline
156 \\
-150 \quad 50 \times 3 \\
\hline
\bigcirc
\end{array}
$$

- Haz otra estimación
  Sabes que $3 \times 50 = 150$.

- Escribe 50 en la columna de cocientes.

- Resta 150. Te quedan $\bigcirc$.

3 ¿Cuántas veces entra 3 en 6?

- Sabes que $3 \times \bigcirc = 6$.
- Escribe $\bigcirc$ en la columna de cocientes.
- Resta. Escribe el residuo.

$$3\overline{)456}$$
$$-\underline{300} \quad 100$$
$$156$$
$$-\underline{150} \quad 50$$
$$6$$
$$-\bigcirc \quad \bigcirc \times 3$$
$$\overline{\bigcirc}$$

4 Suma todos los números de la columna de cocientes.

$$100$$
$$50$$
$$+\underline{2}$$
$$\bigcirc$$

Por lo tanto, hay $\bigcirc$ peces en cada estanque.

★ Extender

Resuelve. Escribe la información que falta para completar los problemas de división.

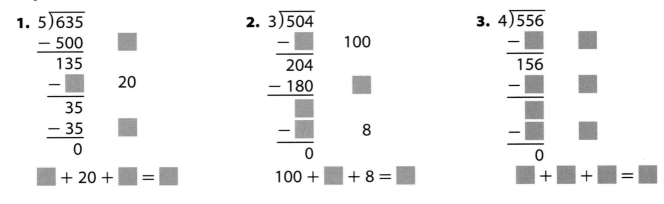

1. $5\overline{)635}$
$-\underline{500}$ ▪
135
$-$ ▪ $\quad 20$
35
$-\underline{35}$ ▪
0

▪ $+ 20 +$ ▪ $=$ ▪

2. $3\overline{)504}$
$-$ ▪ $\quad 100$
204
$-\underline{180}$ ▪
▪
$-$ ▪ $\quad 8$
0

$100 +$ ▪ $+ 8 =$ ▪

3. $4\overline{)556}$
$-$ ▪ ▪
156
$-$ ▪ ▪
▪
$-$ ▪ ▪
0

▪ $+$ ▪ $+$ ▪ $=$ ▪

Diario de matemáticas

Escribir matemáticas

Conecta Explica por qué el nombre "método de cocientes parciales" tiene sentido para este método de división.

Objetivos 1 y 6 de **TAKS**

TEKS 4.4E Utilizar la división para resolver problemas (divisores de no más de un dígito y dividendos de tres dígitos sin tecnología).

4.5B Utilizar estrategias que incluyen el redondeo y los números compatibles para estimar soluciones a problemas de multiplicación y división.

4.14A Identificar las matemáticas en situaciones diarias.

Vocabulario de TAKS

estimar

números compatibles

$$8 \div 4 = 2$$
$$80 \div 4 = 20$$
$$800 \div 4 = 200$$

Los números compatibles son números con los que es fácil hacer cálculos mentales.

Estimar cocientes usando el redondeo y números compatibles

Objetivo Usar números compatibles para estimar cocientes.

★ Aprender con ejemplos

Si no necesitas una respuesta exacta, puedes **estimar**. Una estimación indica una cantidad aproximada. Los **números compatibles** pueden ayudarte a estimar.

Hay 166 perros en un refugio para animales. Van ocho voluntarios para bañarlos. Aproximadamente, ¿a cuántos perros tendrá que bañar cada voluntario?

Estima con números compatibles

1 Selecciona un número que se aproxime a 166 para dividir. Escoge un número que sea divisible entre 8. Usa operaciones básicas y múltiplos de 10 para escoger.

160 está cerca de 166.

16 es fácil de dividir entre 8.

2 Divide 160 entre 8. Sabes que
$16 \div 8 = 2$

Por lo tanto, $160 \div 8 = 20$.

$$\begin{array}{r} 20 \\ 8\overline{)160} \\ -160 \\ \hline 0 \end{array}$$

Cada voluntario baña aproximadamente a 20 perros.

Otro ejemplo

También puedes redondear para estimar cocientes.

Estima el cociente de 206 y 7.

Redondea 206 al lugar de las decenas.

Como $6 > 5$, redondea hacia arriba. 206 se redondea a 210.

$210 \div 7 = 30$, por lo tanto,

$206 \div 7$ es aproximadamente 30.

★ Práctica guiada

Usa números compatibles o redondea para estimar.

1. $5\overline{)327}$

2. $3\overline{)268}$

3. $8\overline{)310}$

4. $196 \div 4$

5. $177 \div 6$

6. $627 \div 9$

123 Hablar de matemáticas ¿Siempre es buena una estimación que se hace usando números compatibles o redondeando? Explica tu respuesta.

Piénsalo

• ¿Debo redondear o usar números compatibles?

• ¿Qué número puedo escoger como dividendo que sea compatible con el divisor?

★ Practicar y resolver problemas

Usa números compatibles para estimar.

7. $2\overline{)154}$

8. $3\overline{)257}$

9. $6\overline{)317}$

10. $4\overline{)358}$

11. $5\overline{)103}$

12. $7\overline{)409}$

13. $3\overline{)188}$

14. $2\overline{)157}$

15. $189 \div 5$

16. $123 \div 2$

17. $172 \div 8$

18. $263 \div 5$

Resuelve los siguientes problemas.

19. Justifica Anna estima que $205 \div$ es aproximadamente 60. Raymond estima que el cociente es aproximadamente 70. ¿Qué estimación está más cerca del cociente exacto? Explica tu razonamiento.

20. Cada perro que se adopta recibe 3 juguetes nuevos. Si en el refugio se regalaron 128 juguetes, aproximadamente, ¿cuántos perros se adoptaron?

21. En el refugio para animales trabajan 6 empleados. En total, trabajan 117 horas por semana. Si cada empleado trabaja el mismo número de horas, aproximadamente, ¿cuántas horas trabaja cada uno?

22. Reto Usa números compatibles y un patrón para estimar $1{,}223 \div 4$.

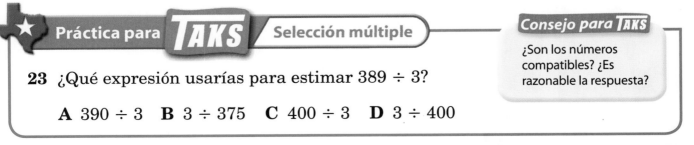

★ Práctica para TAKS — Selección múltiple

23 ¿Qué expresión usarías para estimar $389 \div 3$?

A $390 \div 3$ **B** $3 \div 375$ **C** $400 \div 3$ **D** $3 \div 400$

Consejo para TAKS

¿Son los números compatibles? ¿Es razonable la respuesta?

Objetivos 1 y 6 de *TAKS*

TEKS **4.4E** Utilizar la división para resolver problemas (divisores de no más de un dígito y dividendos de tres dígitos sin tecnología).

4.5B Utilizar estrategias que incluyen el redondeo y los números compatibles para estimar soluciones a problemas de multiplicación y división.

4.14A Identificar las matemáticas en situaciones diarias.

También 4.14B

Cocientes de dos dígitos

Objetivo Dividir un número de tres dígitos entre un número de un dígito.

★ Aprender con ejemplos

Los estudiantes de 3 clases de arte hicieron 237 animales de plastilina para una exposición de arte. Si cada clase hizo el mismo número de animales, ¿cuántos animales hizo cada clase?

Pista

Después de dividir, el residuo debe ser **siempre** menor que el divisor.

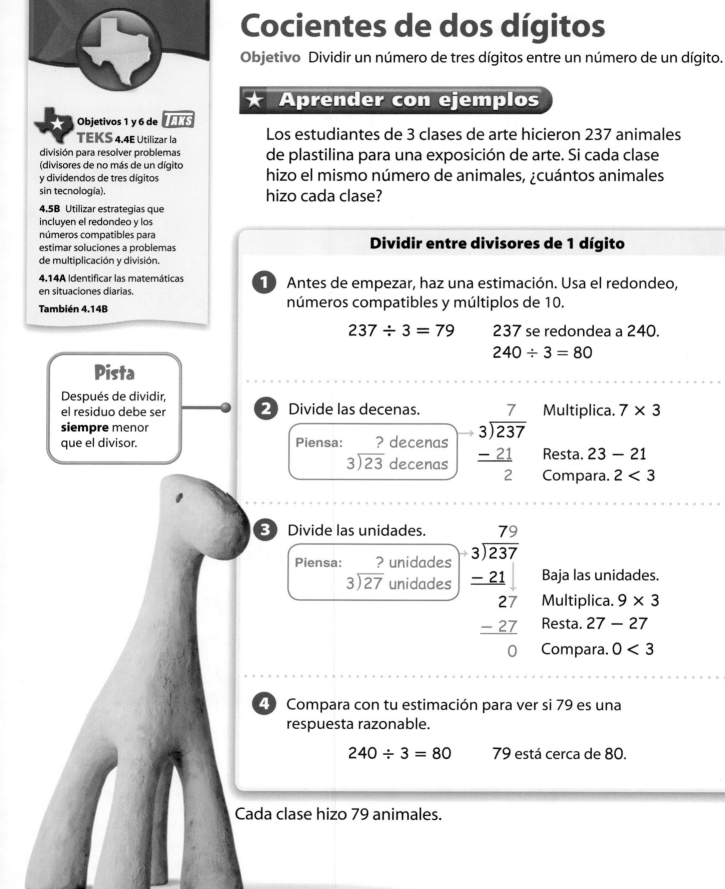

Dividir entre divisores de 1 dígito

1 Antes de empezar, haz una estimación. Usa el redondeo, números compatibles y múltiplos de 10.

$237 \div 3 = 79$ 237 se redondea a 240.
$240 \div 3 = 80$

2 Divide las decenas.

Piensa: ? decenas
$3\overline{)23}$ decenas

$$\begin{array}{r} 7 \\ 3\overline{)237} \\ -21 \\ \hline 2 \end{array}$$

Multiplica. 7×3

Resta. $23 - 21$

Compara. $2 < 3$

3 Divide las unidades.

Piensa: ? unidades
$3\overline{)27}$ unidades

$$\begin{array}{r} 79 \\ 3\overline{)237} \\ -21 \downarrow \\ \hline 27 \\ -27 \\ \hline 0 \end{array}$$

Baja las unidades.

Multiplica. 9×3

Resta. $27 - 27$

Compara. $0 < 3$

4 Compara con tu estimación para ver si 79 es una respuesta razonable.

$240 \div 3 = 80$ 79 está cerca de 80.

Cada clase hizo 79 animales.

Divide. Estima para comprobar tus respuestas.

1. $2\overline{)194}$ 2. $2\overline{)162}$ 3. $4\overline{)350}$ 4. $7\overline{)402}$

5. $557 \div 6$ 6. $344 \div 5$ 7. $175 \div 4$ 8. $237 \div 6$

Piénsalo
- ¿Puedo dividir las centenas?
- ¿Puedo dividir las decenas?
- ¿Puedo dividir las unidades?

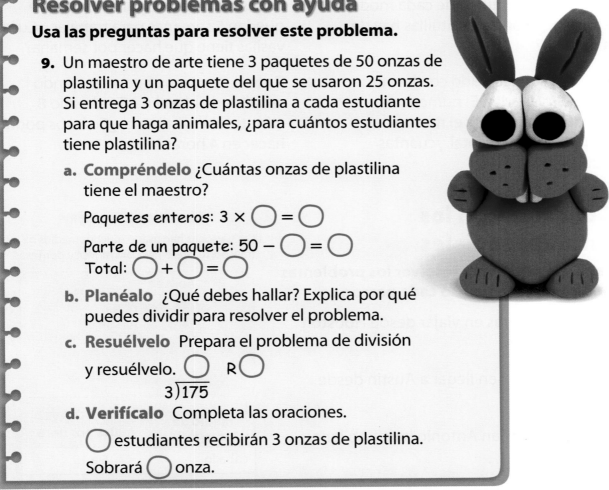

Resolver problemas con ayuda

Usa las preguntas para resolver este problema.

9. Un maestro de arte tiene 3 paquetes de 50 onzas de plastilina y un paquete del que se usaron 25 onzas. Si entrega 3 onzas de plastilina a cada estudiante para que haga animales, ¿para cuántos estudiantes tiene plastilina?

a. **Compréndelo** ¿Cuántas onzas de plastilina tiene el maestro?

Paquetes enteros: $3 \times \bigcirc = \bigcirc$

Parte de un paquete: $50 - \bigcirc = \bigcirc$

Total: $\bigcirc + \bigcirc = \bigcirc$

b. **Planéalo** ¿Qué debes hallar? Explica por qué puedes dividir para resolver el problema.

c. **Resuélvelo** Prepara el problema de división y resuélvelo. $\bigcirc$ R$\bigcirc$

$3\overline{)175}$

d. **Verifícalo** Completa las oraciones.

$\bigcirc$ estudiantes recibirán 3 onzas de plastilina.

Sobrará $\bigcirc$ onza.

(123) Hablar de matemáticas Piensa en $382 \div 4$. Sin dividir, ¿cómo sabes que el cociente tiene 2 dígitos?

★ **Practicar y resolver problemas**

Divide. Estima para comprobar tus respuestas.

10. $2\overline{)136}$ 11. $6\overline{)542}$ 12. $4\overline{)210}$ 13. $5\overline{)462}$ 14. $8\overline{)289}$

Divide. Estima para comprobar tus respuestas.

15. 4)‾333‾   **16.** 3)‾122‾   **17.** 280 ÷ 7   **18.** 432 ÷ 6   **19.** 346 ÷ 4

20. 647 ÷ 7   **21.** 278 ÷ 3   **22.** 410 ÷ 5   **23.** 135 ÷ 2   **24.** 364 ÷ 5

Resuelve los siguientes problemas.

25. En mayo una tienda tiene 468 estatuillas de arcilla en la vidriera. Hay seis modelos diferentes. Si la cantidad de cada modelo es la misma, ¿cuántas estatuillas hay de cada modelo?

26. Sigue los pasos Una artista quiere hacer 500 vasijas de arcilla para una exposición. Esta semana hizo 95. Le quedan 5 semanas para trabajar. ¿Cuántas vasijas tiene que hacer por semana?

27. Un edificio está decorado con losetas rojas, azules y verdes. El número de losetas de cada color es el mismo. Si hay 192 losetas en total, ¿cuántas son azules?

28. Reto Luz es muy buena haciendo caballos de plastilina. Tarda sólo 8 minutos en hacer uno. ¿Cuántos podrá hacer en 4 horas?

Conexión con los estudios sociales

Usa el mapa y la tabla para resolver los problemas 29 a 33. Indica qué medio usó cada persona.

29. Ashley tardó 4 horas en viajar desde Houston hasta San Antonio.

30. Willy tardó 9 horas en llegar a Austin desde San Antonio.

31. Stella viajó desde San Antonio hasta Abilene durante 9 horas.

32. Terry fue desde Abilene hasta Austin en 4 horas.

33. Demi tardó 15 horas en viajar desde Abilene hasta Houston.

Maneras de viajar

Las personas han usado muchos medios de transporte diferentes para moverse por Texas.

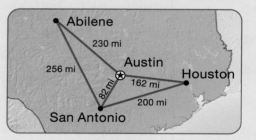

medio de transporte	millas por hora
caballo	5 a 15
tren	20 a 35
carro	45 a 65

TEKS 4.14A, 6A de Estudios sociales

Práctica para TAKS   Respuesta con cuadrícula

Consejo para TAKS
Escribe una oración numérica para resolver el problema.

34 Adam encargó 128 ruedas de patineta. ¿Cuántas patinetas puede hacer con esas ruedas?

Detective de dígitos

Resuelve estos problemas de división trabajando desde el final hasta el principio.

Tienes el cociente, ahora halla el divisor y el dividendo.

Completa los problemas de división usando los dígitos de las fichas que hay a continuación. Usa cada dígito sólo una vez por ejercicio.

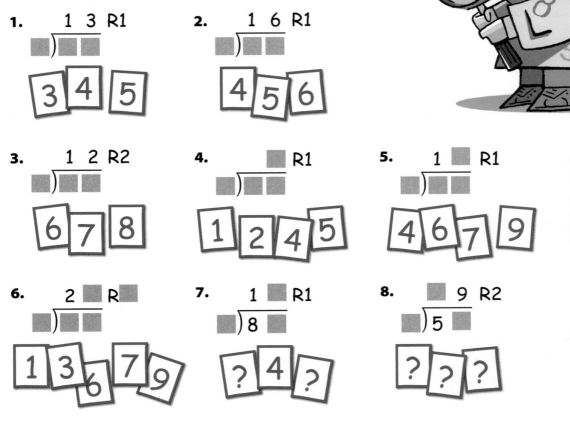

1. 1 3 R1
■)■■
3 4 5

2. 1 6 R1
■)■■
4 5 6

3. 1 2 R2
■)■■
6 7 8

4. ■ R1
■)■■
1 2 4 5

5. 1 ■ R1
■)■■
4 6 7 9

6. 2 ■ R■
■)■■
1 3 6 7 9

7. 1 ■ R1
■)8 ■
? 4 ?

8. ■ 9 R2
■)5 ■
? ? ?

9. ¿Puedes resolver alguno de estos problemas de más de una manera? Si es así, menciona uno.

10. Crea tu propio problema. Haz un problema de división, luego quita algunos de los números y escríbelos debajo. Asegúrate de dejar suficientes números para resolver el problema.

Objetivo 1 de **TAKS**
TEKS 4.4E

Objetivos 1, 2 y 6 de *TAKS*

TEKS 4.4E Utilizar la división para resolver problemas (divisores de no más de un dígito y dividendos de tres dígitos sin tecnología).

4.7 Se espera que el estudiante describa la relación entre dos conjuntos relacionados de datos, por ejemplo, pares ordenados en una tabla.

4.14A Identificar las matemáticas en situaciones diarias.

Dividir usando el valor de posición

Objetivo Decidir dónde escribir el primer dígito del cociente.

★ Aprender con ejemplos

Cuando divides un número de tres dígitos, el cociente puede tener dos o tres dígitos. Puedes hacer una estimación para determinar cuántos dígitos tendrá el cociente.

> Para un proyecto de ciencias, la clase del maestro Reynold hizo 237 tarjetas de insectos. La clase quiere exponer las tarjetas en 5 grupos del mismo tamaño. ¿Cuántas tarjetas pueden poner en cada grupo?

1 Estima dónde colocar el primer dígito.

237 está cerca de 250.

250 ÷ 5 = 50

Como la estimación es un número de dos dígitos, el cociente exacto probablemente tenga dos dígitos. El primer dígito está en el lugar de las decenas.

2 Divide las decenas.

Piensa:
? decenas
$5\overline{)23}$ decenas

$$
\begin{array}{r}
4 \\
5\overline{)237} \\
-20 \\
\hline
3
\end{array}
$$

4 × 5   Multiplica.
23 − 20   Resta.
3 < 5   Compara.

3 Baja las unidades. Divide y escribe el residuo.

4 Comprueba tu respuesta comparándola con la estimación.

◯ está cerca de 50.

La respuesta es razonable.

Se pueden poner ◯ tarjetas en cada grupo. Sobrarán ◯ tarjetas.

Otro ejemplo

Ceros en el cociente

A veces, cuando bajas un dígito, el número que se forma es demasiado pequeño para dividirlo. Coloca un cero en este lugar del cociente

```
      40   R2
 3)122
  − 12↓
     02
   −  0
      2
```

★ **Práctica guiada**

Divide. Haz una estimación para colocar el primer dígito.

1. 6)384   **2.** 8)672   **3.** 4)544   **4.** 3)349

5. 437 ÷ 6   **6.** 235 ÷ 5   **7.** 341 ÷ 2   **8.** 473 ÷ 6

Resuelve los siguientes problemas.

9. Una exposición muestra 7 especies de mariposas. Si hay 658 mariposas y un número igual de mariposas de cada especie, ¿cuántas mariposas hay de cada especie?

Piénsalo

• ¿Va el primer dígito en el lugar de las centenas, de las decenas o de las unidades?

• ¿Se acerca mi respuesta a la estimación?

 Hablar de matemáticas Cuando divides un dividendo de tres dígitos entre un divisor de un dígito, ¿cuántos dígitos habrá como mínimo en el cociente? Explica tu razonamiento.

★ **Practicar y resolver problemas**

Divide. Haz una estimación para colocar el primer dígito.

10. 4)396   **11.** 8)272   **12.** 6)532   **13.** 8)889

14. 134 ÷ 2   **15.** 504 ÷ 3   **16.** 317 ÷ 9   **17.** 587 ÷ 6

Copia y completa las siguientes tablas.

18.

Número	Número ÷ 3
209	
361	
577	

19.

Número	Número ÷ 4
209	
361	
577	

20.

Número	Número ÷ 9
347	
628	
944	

Resuelve los siguientes problemas.

21. Patrones Vuelve a mirar los problemas 18 a 20. ¿Qué patrones ves? Explica tu razonamiento.

22. Tim quiere repartir 242 fotos de mariposas en 5 grupos iguales. ¿Cuántas fotos le sobrarán?

23. El grupo de Rachel hizo 452 tarjetas de insectos para un proyecto de la clase. Ella repartió las tarjetas en 4 pilas. Cada pila tiene el mismo número de tarjetas. ¿Cuántas tarjetas hay en cada pila?

24. Reto Cuando divides un número de tres dígitos entre un número de un dígito, compara los dígitos de cada número que están más a la izquierda. ¿Qué te indica esto sobre cuántos dígitos tiene el cociente?

Conexión con las ciencias

Usa la tabla de temperaturas para resolver los problemas 25 a 30. Escribe *falta información* si no tienes información suficiente para resolver el problema.

25. ¿Qué ciudad tiene la temperatura promedio más alta en octubre?

26. ¿Qué mes fue el más caluroso en Houston?

27. ¿Qué ciudad tuvo la temperatura más baja en julio?

28. ¿Cuántas ciudades tuvieron una temperatura superior a 60 grados en diciembre?

29. ¿Hace más calor en Lubbock en octubre o en Corpus Christi en diciembre?

30. ¿Qué ciudad tuvo la temperatura más baja en septiembre? ¿En qué otros meses esa ciudad fue también la de menor temperatura?

Datos divertidos

- La temperatura más alta que se registró en Seymour, Texas, fue 120 °Fahrenheit en 1936.
- La temperatura más baja que se registró en Seminole, Texas, fue −23 °Fahrenheit en 1933.

Promedio de temperaturas altas (°F)				
	Sept.	**Oct.**	**Nov.**	**Dic.**
Austin	91	82	72	62
Corpus Christi	90	84	76	68
Dallas	88	79	67	58
Houston	88	82	72	65
Lubbock	83	75	63	54

TEKS 4.1A
6A de Ciencias

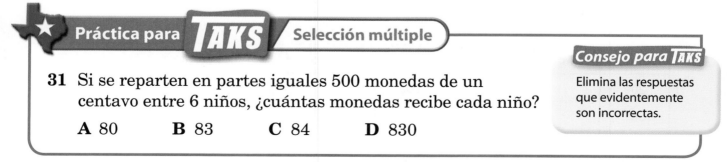

Práctica para TAKS (Selección múltiple)

31 Si se reparten en partes iguales 500 monedas de un centavo entre 6 niños, ¿cuántas monedas recibe cada niño?

A 80 **B** 83 **C** 84 **D** 830

Consejo para TAKS

Elimina las respuestas que evidentemente son incorrectas.

Dividir en una hoja de cálculo

Los programas de hojas de cálculo permiten trabajar con grandes cantidades de datos. Puedes programar fórmulas matemáticas en las celdas de una hoja de cálculo. Luego el programa hará los cálculos por ti.

◇	A	B	C
1	332	4	=A1/B1
2			
3			

A continuación verás una manera de comprobar tu división.

❶ Haz clic en la celda A1. Escribe 332 y luego oprime TAB. El cursor pasará a la celda B1.

❷ En la celda B1, escribe 4 y oprime TAB. El cursor pasará a la celda C1.

❸ En la celda C1, escribe una fórmula de división. Indícale al programa que divida el número de la celda A1 entre el número de la celda B1. Para hacerlo, escribe =A1/B1

❹ Oprime TAB y el programa calculará automáticamente 332 ÷ 4. La respuesta 83 aparece en la celda C1.

❺ Con esta fórmula puedes dividir dos números cualesquiera. Escribe un dividendo en la celda A1 y un divisor en la celda B1. El cociente aparecerá en la celda C1.

Divide. Luego comprueba tus respuestas con un programa de hojas de cálculo.

1. $7\overline{)847}$

2. $5\overline{)905}$

3. $3\overline{)327}$

4. $4\overline{)628}$

Usa la hoja de cálculo para hallar los cocientes.

5. El doctor Prong atrapó luciérnagas durante dos meses. Atrapó el mismo número de luciérnagas todas las noches durante 61 noches. En total, atrapó 2,257. ¿Cuántas luciérnagas atrapó cada noche?

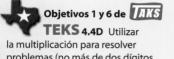

Objetivos 1 y 6 de TAKS

TEKS 4.4D Utilizar la multiplicación para resolver problemas (no más de dos dígitos multiplicados por dos dígitos y sin tecnología).

4.4E Utilizar la división para resolver problemas (divisores de no más de un dígito y dividendos de tres dígitos sin tecnología).

4.14B Resolver problemas que incorporen la comprensión del problema, hacer un plan, llevarlo a cabo y evaluar lo razonable de la solución.

También 4.14C

Resolver problemas
Escoge una operación

Objetivo Escoger una estrategia adecuada para resolver un problema.

★ Aprender con ejemplos

El armadillo de nueve bandas tiene el tamaño de un gato. El cuerpo de un armadillo adulto mide aproximadamente 16 pulgadas de largo, sin incluir la cola de 14 pulgadas. Los armadillos viven en madrigueras que cavan bajo la tierra. Un solo armadillo puede tener hasta 25 madrigueras. Cada madriguera mide 8 pulgadas de ancho y entre 2 y 25 pies de largo.

> Un armadillo cava una madriguera que tiene una longitud de nueve veces su largo. ¿Cuál es la longitud de esta madriguera expresada en pies?

COMPRÉNDELO

¿Qué debes hallar?

¿Cuánto mide el cuerpo de un armadillo de nueve bandas?

PLANÉALO

Haz un diagrama como ayuda. Usa un modelo de barras. Dibuja una barra para representar la longitud de la madriguera y otra barra para representar 9 largos.

?								
16 pulg	16 pulg	16 pulg	16 pulg	16 pulg	16 pulg	16 pulg	16 pulg	16 pulg

Escribe una ecuación que represente el problema.

RESUÉLVELO/VERIFÍCALO

Resuelve el problema de multiplicación.

16 pulg × 9 = ◯ pulg

Vuelve a mirar el problema. Debes hallar la longitud de la madriguera expresada en pies.

Convierte de pulgadas a pies.

144 pulg ÷ 12 = ◯ pies

La madriguera mide ◯ pies de largo.

Armadillo de nueve bandas

Usa las siguientes preguntas para resolver este problema.

1. Eli gana dinero como paseador de perros. Pasea 6 perros. A cuatro de ellos puede pasearlos juntos. A dos debe pasearlos solos. Eli dedica 30 minutos a cada caminata y pasea a todos los perros antes y después de la escuela. ¿Cuánto tiempo por día dedica Eli a pasear perros?

   a. **Compréndelo** ¿Cuánto tiempo dedica Eli por la mañana a los cuatro perros que pasean juntos?

   ¿Cuánto tiempo tarda Eli en pasear a cada uno de los otros dos perros por la mañana?

   b. **Planéalo** ¿Cuánto tiempo dedica Eli a pasear a todos los perros por la mañana?

   ¿Cuántas veces por día pasea Eli a los perros?

   c. **Resuélvelo/Verifícalo** ¿Cuánto tiempo por día dedica Eli a pasear perros? ¿Qué operación u operaciones usaste para resolver el problema?

 Hablar de matemáticas Si un problema te pide que halles un total o un entero, ¿qué operaciones es probable que uses? Si te piden que halles una parte, ¿qué operaciones es probable que uses?

Escoge la operación correcta para resolver los problemas.

2. Una tigresa grande puede pesar hasta 352 libras. Un tigre grande puede pesar hasta 570 libras. ¿Cuánto más pesa el tigre que la tigresa?

3. Una orca macho normalmente vive alrededor de la mitad de los años que vive una orca hembra. Una orca hembra puede vivir hasta 70 años. ¿Cuántos años puede vivir una orca macho?

4. Gwen visitó el zoológico con su clase. Vio 38 monos, 84 pájaros y 142 reptiles. ¿Cuántos animales vio en total?

5. **Cálculo mental** En un elevador entran un máximo de 20 personas. Si el número máximo de personas suben al elevador 9 veces, ¿cuántas personas suben en total?

6. **Reto** Un koala come hasta 7 kilogramos de hojas por semana. Los koalas comen sólo una de cada 20 hojas que recogen. ¿Cuántos kilogramos de hojas de eucalipto recoge por día un koala?

Austin, TX

El puente de la avenida Congress, en el centro de Austin, es el hogar de la colonia urbana de murciélagos más grande del mundo.

MURCIÉLAGOS DE LA AVENIDA CONGRESS

Cientos de miles de murciélagos molosos comunes migran a este puente cada año.

Usa los datos de esta página y la siguiente para resolver los problemas.

7. Cada hembra puede tener una cría. Aproximadamente, ¿cuántos de los murciélagos que puede haber debajo del puente a mediados de agosto son crías?

8. Razonamiento Explica cómo determinaste la respuesta al problema 7.

9. Sigue los pasos Un murciélago moloso que migra vuela 189 millas en 7 horas. Si vuela a una velocidad constante, ¿qué distancia recorre en las 3 primeras horas?

10. Al amanecer, un murciélago está en el límite de la zona de caza. Con viento a favor, regresa al puente a máxima velocidad. ¿Cuánto tarda en llegar al lugar adonde se cuelga?

11. Medición En una milla hay 5,280 pies. Aproximadamente, ¿a cuántas millas de altura puede volar un murciélago moloso?

Vuelo de los murciélagos molosos	
Migración máxima	1,000 millas
Zona de caza	50 millas
Altura máxima	10,000 pies
Velocidad máxima	60 millas por hora (con viento a favor)

Datos divertidos

- En el puente hay tantos murciélagos que, cuando se pone el sol, tardan hasta 45 minutos en salir todos a cazar.

- En una noche, los murciélagos comen una cantidad estimada de entre 5 y 15 toneladas de insectos.

- Un murciélago moloso común adulto mide 4 pulgadas de largo y 12 pulgadas de un extremo a otro y pesa sólo $\frac{1}{2}$ onza.

- La mayoría de los murciélagos que llegan al puente son hembras preñadas.

- Para mediados de agosto, cuando nacen todas las crías, viven cerca de 1.5 millones de murciélagos debajo del puente.

Murciélago moloso común adulto

Escoge una estrategia
- Haz un dibujo
- Haz una dramatización
- Resuelve un problema más sencillo

12. Los murciélagos comienzan a dejar el puente para cazar a las 8:20 una tarde. Si tardan la mayor cantidad de tiempo en salir todos, ¿a qué hora sale el último murciélago?

13. Las crías no pueden salir a alimentarse hasta que tienen 5 semanas de edad. ¿Cuál es el peso de los insectos que una hembra que amamanta comerá durante este tiempo?

14. En una tonelada hay 2,000 libras. Aproximadamente, ¿cuántas libras de insectos comen todos los murciélagos en una noche?

Crea y resuelve

Lee el problema que escribió Sora sobre los Datos divertidos de la derecha.

> En agosto, ¿cuántos murciélagos más hay en la cueva Bracken que en el puente de la avenida Congress? Escribe tu respuesta en forma normal.

15. a. ¿Qué debes hallar?

b. ¿Cuántos murciélagos hay en la cueva?

c. ¿Cuántos murciélagos hay en el puente en agosto?

d. ¿Cuál es la diferencia?

16. Escribe un problema que se pueda resolver con la información de estas dos páginas. Incluye la solución del problema y muestra todo el trabajo que se necesita para hallar la solución.

17. Escribe y resuelve un problema en palabras con un divisor de un dígito. Halla el residuo de la división y explica su significado. Haz un dibujo para resolver el problema.

Datos divertidos

- La cueva Bracken, en las afueras de San Antonio, es la colonia de murciélagos más grande del mundo. En agosto, viven allí 20 millones de murciélagos.

- Los murciélagos tardan 3 horas en salir todos de la cueva al anochecer.

Cueva Bracken

Práctica para TAKS / **Selección múltiple**

18 Diez equipos de baloncesto irán a una cena de entrega de premios. Cada equipo tiene 12 jugadores. En cada mesa hay lugar para 8 personas. ¿Cuántas mesas se necesitan?

A 10
B 12
C 15
D 16

Consejo para TAKS

Haz un plan. ¿Qué pasos debes seguir para resolver el problema?

Leer y escribir matemáticas

Vocabulario de TAKS

Has aprendido acerca de las familias de operaciones de suma y resta y de operaciones de multiplicación y división. Aplica lo que sabes para completar esta tabla sobre las familias de operaciones.

Definición:
Operaciones relacionadas que usan los mismos números.

Datos sobre familias de operaciones:
Las operaciones relacionadas de suma y _____ forman familias de operaciones.

Las operaciones relacionadas de _____ y división forman familias de operaciones.

Familias de operaciones
8, 9, 17
6, 7, 42

Ejemplos de familias de operaciones:
$8 + 9 = 17$ _____
$17 - 8 = 9$ _____
$6 \times 7 = 42$ _____
_____
_____

Ejemplos que no son familias de operaciones:
$8 \times 9 = 72$

Escribir ¿Cómo te ayudan las familias de operaciones a hallar las respuestas a los problemas de matemáticas?

Leer Busca libros relacionados con este concepto en tu biblioteca.

Objetivo 6 de TAKS
TEKS 4.15A Explicar y anotar observaciones utilizando objetos, palabras, dibujos, números y tecnología.

4.15B Relacionar el lenguaje informal con el lenguaje y los símbolos matemáticos.

Práctica adicional basada en los estándares

Conjunto A
Objetivo 1 de TAKS TEKS 4.4E página 236

Usa números compatibles o redondea para estimar el cociente.

1. 4)317

2. 640 ÷ 7

3. 9)261

4. 501 ÷ 6

5. 3)215

6. 241 ÷ 5

7. 8)331

8. 192 ÷ 3

9. Sonia repartió un montón de 418 piedritas en 6 montones más pequeños. Si los nuevos montones son casi todos del mismo tamaño, aproximadamente, ¿cuántas piedritas hay en cada montón?

10. La familia de Hamid condujo 327 millas desde Lubbock, Texas, hasta Santa Fe, Nuevo México. Se detuvieron 3 veces y condujeron aproximadamente la misma distancia entre las paradas. Aproximadamente, ¿qué distancia condujeron entre las paradas?

Conjunto B
Objetivo 1 de TAKS TEKS 4.4E página 238

Divide. Comprueba tus respuestas.

1. 3)114

2. 284 ÷ 4

3. 6)288

4. 216 ÷ 8

5. 6)318

6. 448 ÷ 7

7. 9)792

8. 465 ÷ 5

9. Brooke tiene 438 fotos para repartir en 6 álbumes. ¿Cuántas fotos pondrá en cada uno?

Conjunto C
Objetivo 1 de TAKS TEKS 4.4E página 242

Divide.

1. 7)399

2. 514 ÷ 3

3. 9)260

4. 827 ÷ 4

5. 8)288

6. 370 ÷ 6

7. 5)435

8. 936 ÷ 8

9. Michele y su familia cultivan manzanas. Una tarde, recolectaron 228 manzanas. Si colocan el mismo número de manzanas en 9 cestas, ¿cuántas manzanas van en cada cesta? ¿Cuántas sobran?

10. Pía prepara platos de galletas para vender en una pastelería. Coloca 3 galletas en cada plato. ¿Cuántos platos completos puede preparar con 100 galletas?

Education Place
Visita eduplace.com/txmap, donde encontrarás **consejos para tomar exámenes** y más **práctica para TAKS**.

Repaso/Examen del capítulo

Vocabulario y conceptos ──────── Objetivo 6 de TAKS TEKS 4.15B

Escoge el mejor término para completar las oraciones.

1. Hallar 180 ÷ 9 para hallar 173 ÷ 9 es un ejemplo del uso de _____.

2. En situaciones donde no se necesita una respuesta exacta, puedes hallar una _____.

Cálculos ──────── Objetivo 1 de TAKS TEKS 4.4E

Estima el cociente.

3. $6\overline{)239}$ **4.** $377 \div 7$ **5.** $3\overline{)239}$

6. $9\overline{)717}$ **7.** $143 \div 5$ **8.** $8\overline{)491}$

Divide.

9. $7\overline{)168}$ **10.** $336 \div 6$ **11.** $8\overline{)536}$ **12.** $412 \div 3$

13. $5\overline{)193}$ **14.** $658 \div 7$ **15.** $4\overline{)518}$ **16.** $306 \div 9$

Resolver problemas y razonamiento ──────── Objetivos 1 y 6 de TAKS TEKS 4.4E, 4,14A, 4.14B

Resuelve.

17. Paula tiene 4 clases diferentes de frutos secos para una receta extensa. Tiene 152 onzas de frutos secos en total. Si tiene la misma cantidad de cada clase de fruto seco, ¿cuántas onzas de frutos secos de cada clase tiene?

18. Una compañía entrega bolsas de concreto para 7 obras en construcción. Hay 168 bolsas para entregar. Cada obra recibe el mismo número de bolsas. ¿Cuántas bolsas recibe cada obra en construcción?

19. Marina tiene 219 libros para empacar en cajas. Si en cada caja entran 8 libros, ¿cuántas cajas llenará? ¿Cuántos libros sobrarán?

20. Un sábado, una granja recibió 171 visitantes. Si cada visitante venía en un grupo de excursión y fueron 9 grupos de excursión, ¿cuántas personas había en cada grupo?

Diario de matemáticas

Escribir matemáticas ¿Cómo hiciste un plan para resolver el problema 20?

Preparación para TAKS y repaso frecuente

1 May agrupó algunas losetas para formar este arreglo.

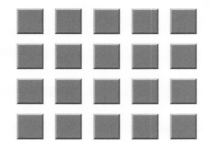

¿Qué oración numérica representa mejor el patrón de May?

A $4 + 5 = 9$

B $5 + 5 = 10$

C $4 \times 4 = 16$

D $4 \times 5 = 20$

> **Consejo para TAKS**
>
> ¿Cuántas filas tiene el arreglo? ¿Cuántos cuadrados hay en cada fila? Puedes usar esta información para hallar el producto.

Objetivo 1 de TAKS TEKS **4.4A** página 142

2 Este dibujo muestra cómo agrupó John algunas calcomanías.

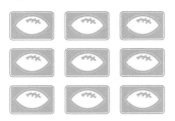

¿Qué oración numérica representa mejor las calcomanías de John?

F $3 + 3 = 6$

G $3 \times 3 = 9$

H $3 - 3 = 0$

J $3 \div 3 = 1$

Objetivo 1 de TAKS TEKS **4.4A** página 142

3 Gina hizo este arreglo.

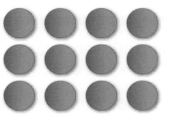

¿Qué expresión representa mejor el arreglo que hizo Gina?

A $4 + 3$

B $4 - 3$

C 4×4

D 3×4 Objetivo 1 de TAKS TEKS **4.4A** página 142

4 ¿En qué oración numérica la ecuación es verdadera si se completa con un 7?

F $\blacksquare \div 2 = 5$

G $35 \div \blacksquare = 7$

H $42 \div 6 = \blacksquare$

J $45 \div 5 = \blacksquare$

Objetivo 1 de TAKS TEKS **4.4B** página 148

5 **Respuesta con cuadrícula**
Donnie hizo un arreglo para representar un problema de multiplicación. Cada fila del arreglo tiene 6 losetas. Hay 4 filas. ¿Cuántas losetas tiene el arreglo de Donnie?

Objetivo 1 de TAKS TEKS **4.4A** página 142

Examen de la Unidad 5

Vocabulario y conceptos ———————— Objetivos 1 y 2 de *TAKS* TEKS 4.4E, 4.6A

Escoge la mejor palabra para completar las oraciones.

Banco de palabras

cociente
dividendo
divisor
reagrupamiento
residuo

1. El número que sobra después de que se divide un número entero entre otro es el _____.

2. En la ecuación 630 ÷ 9 = 70, el número 9 es el _____.

3. En la ecuación 322 ÷ 2 = 161, el número 161 es el _____.

Cálculos ———————— Objetivos 1 y 6 de *TAKS* TEKS 4.4E, 4.6A

Divide. Haz dibujos rápidos para demostrar que tu respuesta es correcta.

6. 39 ÷ 3   7. 47 ÷ 2   8. 86 ÷ 4   9. 67 ÷ 3   10. 137 ÷ 8

11. 39 ÷ 4   12. 36 ÷ 2   13. 80 ÷ 5   14. 23 ÷ 4   15. 294 ÷ 7

Estima.

16. $6\overline{)34}$ 17. $9\overline{)350}$ 18. $7\overline{)567}$ 19. $5\overline{)245}$ 20. $9\overline{)376}$

Divide. Comprueba tus respuestas.

21. $4\overline{)85}$ 22. $3\overline{)67}$ 23. $4\overline{)448}$ 24. $7\overline{)938}$ 25. $8\overline{)562}$

26. $9\overline{)504}$ 27. $6\overline{)594}$ 28. $5\overline{)155}$ 29. $8\overline{)128}$ 30. $7\overline{)975}$

Resolver problemas y razonamiento ———————— Objetivos 1 y 6 de *TAKS* TEKS 4.4E, 4,14C, 4.16A

Resuelve.

31. Setenta personas asistirán a un partido de béisbol. En cada camioneta entran 8 personas. ¿Cuántas camionetas se necesitan para que cada persona tenga un asiento? ¿Cuántas personas más pueden asistir sin tener que conseguir otra camioneta?

32. Una florista tiene 7 docenas de claveles. Coloca el mismo número de claveles en 5 floreros. La florista se llevará las flores que sobren a su casa. ¿Cuántas flores se llevará a su casa?

¡LA GRAN IDEA!

Escribir matemáticas En la multiplicación y en la división se usan grupos. ¿En qué se parecen? ¿En qué se diferencian?

Evaluar el rendimiento

El problema de la cena de espaguetis para recaudar fondos

La señora Owens necesita decidir cuántas mesas de cada figura conviene usar en la cena de espaguetis para recaudar fondos.

mesa cuadrada   **mesa rectangular**   **mesa circular**

Tarea	Información que necesitas
Usa la información de arriba y de la derecha. ¿Cuántas mesas de cada figura debe usar? Explica tu razonamiento.	Debe haber exactamente 184 asientos.
	Hay 10 mesas cuadradas disponibles.
	Hay 12 mesas rectangulares disponibles.
	Hay 15 mesas circulares disponibles.

Unidad 5 Estrategias de cálculo mental

> Dividir entre 10 no es nada estresante, quita el cero del final y lo haces en un instante.

> "Conozco una manera rápida de calcular 50 ÷ 10. La respuesta es 50 sin el cero, o 5. El problema es simplemente calcular cuántas decenas hay. Como 50 son 5 decenas, ¡nada más elimina el cero y ya tienes la respuesta!"

Divide entre 10

1. 50 ÷ 10 = ⬚ 5
Número de decenas

2. 80 ÷ 10 = ⬚
Número de decenas

3. 160 ÷ 10 = ⬚
Número de decenas

4. 340 ÷ 10 = ⬚
Número de decenas

¡Así se hace!

5. 40 ÷ 10 = ⬚

6. 150 ÷ 10 = ⬚

7. 70 ÷ 10 = ⬚

8. 230 ÷ 10 = ⬚

9. 90 ÷ 10 = ⬚

10. 360 ÷ 10 = ⬚

11. 100 ÷ 10 = ⬚

12. 410 ÷ 10 = ⬚

13. 590 ÷ 10 = ⬚

14. 890 ÷ 10 = ⬚

¡Excelente!

¡Sigue adelante!

¡Ahora inténtalo siguiendo todos los pasos mentalmente!

15. 60 ÷ 10   **16.** 520 ÷ 10   **17.** 750 ÷ 10   **18.** 620 ÷ 10

Medición

¡LAS GRANDES IDEAS!

- Hay instrumentos y unidades estándares para estimar y medir.
- La situación ayuda a determinar la unidad de medida más apropiada.
- Se pueden hacer conversiones entre las unidades de medida.

Capítulo 12
La longitud

Capítulo 13
El peso y la masa

Capítulo 14
La capacidad

Canciones y juegos

Música y matemáticas
Pista 6

Libritos de matemáticas

- A medir el Mississippi
- El peso en el espacio
- Llena el tanque

¿Cuántas unidades mido?

Objetivo del juego Estimar la longitud, la masa y la capacidad usando cubos de unidades.

Materiales
- 4 a 5 conjuntos de cubos de unidades
- 3 objetos que puedan contener cubos
- Balanza
- Recurso de enseñanza 11

Preparación
Cada jugador tiene una copia del Recurso de enseñanza 11.

Número de jugadores 4 a 5

Cómo se juega

1 Los jugadores escogen un objeto. Cada jugador adivina el número de cubos de unidades que tendrán la misma altura que el objeto 1. Los jugadores anotan sus estimaciones.

2 Un jugador mide la altura real del objeto. El jugador con la estimación más cercana gana 1 punto. Los jugadores siguen los pasos 1 y 2 para los otros objetos.

3 Los jugadores estiman cuántos cubos caben en cada objeto. Los jugadores siguen el paso 2 pero hallan la capacidad en lugar de la altura.

4 Los jugadores estiman cuántos cubos equilibrarán cada objeto en la balanza. Los jugadores siguen el paso 2 pero hallan la masa en lugar de la altura.

5 Gana el jugador que obtenga más puntos.

Objetivos 4 y 6 de TAKS

TEKS 4.11A Estimar y utilizar instrumentos de medición para determinar longitud (incluyendo perímetro), área, capacidad y peso/masa usando unidades del sistema internacional (SI o métrico) y el sistema inglés (usual).

4.14D Utilizar herramientas tales como objetos reales, manipulativos y tecnología para resolver problemas.

Education Place
Visita eduplace.com/txmap, donde encontrarás **acertijos**.

Leer La mayoría de los libros de texto tienen glosarios y otros materiales de referencia al final del libro. Cuando haces la tarea o tomas una prueba, usa la ayuda que tengas a mano.

Usar un glosario En los próximos tres capítulos, aprenderás más sobre mediciones. Leerás algunas palabras que ya conoces. Encontrarás palabras nuevas.

¿Cuáles de estas palabras conoces? ¿Cuáles debes buscar en el glosario?

Unidades de longitud del sistema métrico (SI)	Unidades de longitud del sistema inglés (usual)
centímetro, metro, kilómetro	pulgada, pie, yarda

> Usar el glosario es fácil. Las palabras están en orden alfabético.

Usar tablas de matemáticas A veces puedes usar una tabla para responder preguntas. Imagina que necesitas saber cuántas pulgadas tiene un pie o una yarda. Puedes usar la Tabla de matemáticas de la página 567.

Tabla de matemáticas
LONGITUD

Métrico	Inglés (usual)
1 kilómetro = 1,000 metros	1 milla = 1,760 yardas
1 metro = 100 centímetros	1 milla = 5,280 pies
	1 yarda = 3 pies
	1 pie = 12 pulgadas

Escribir Usa la Tabla de matemáticas para resolver este problema.

Francine midió el ancho de la puerta.
Mide 1 yarda 3 pulgadas de ancho.
¿Cuántas pulgadas de ancho mide la puerta?

La longitud

Banco de palabras

metro

milímetro

pulgada

yarda

Vocabulario y conceptos

Escoge la mejor palabra para completar las oraciones. Grado 3

1. La unidad estándar de longitud que es igual a 100 centímetros se llama ____.

2. En las unidades de medida del sistema inglés (usual), 3 pies equivalen a 1 ____.

Mide la longitud de los objetos al centímetro más cercano. Grado 3

3. tu lápiz   **4.** tu libro de matemáticas   **5.** tu zapato

Escoge la unidad que usarías para medir cada objeto.
Escribe *pulgada, pie, yarda* o *milla.* Grado 3

6. la longitud de un campo de fútbol   **7.** la altura de una puerta

8. la distancia de un lado a otro de Texas   **9.** la altura de una taza

Resolver problemas y razonamiento Grado 3

10. ¿Cuál es el perímetro de un cuadrado cuyos lados miden 10 pies cada uno?

Vocabulario de *TAKS*

¡Visualízalo!

convertir

Expresar una medida con una unidad de medida diferente

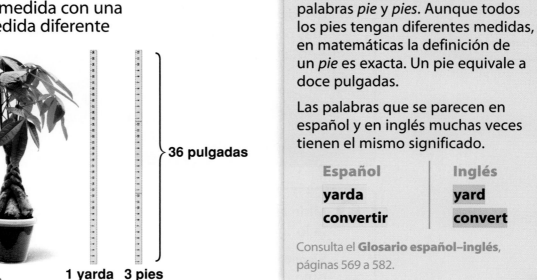

36 pulgadas

1 yarda   3 pies

Mi mundo bilingüe

Ya sabes lo que significan las palabras *pie* y *pies*. Aunque todos los pies tengan diferentes medidas, en matemáticas la definición de un *pie* es exacta. Un pie equivale a doce pulgadas.

Las palabras que se parecen en español y en inglés muchas veces tienen el mismo significado.

Español	Inglés
yarda	yard
convertir	convert

Consulta el **Glosario español–inglés**, páginas 569 a 582.

Education Place Visita eduplace.com/txmap, donde encontrarás el **glosario electrónico**.

Objetivo 6 de *TAKS* **TEKS** 4.15B Relacionar el lenguaje informal con el lenguaje y los símbolos matemáticos.

Capítulo 12   261

Objetivos 4 y 6 de TAKS

TEKS 4.11A Estimar y utilizar instrumentos de medición para determinar longitud (incluyendo perímetro), área, capacidad y peso/masa usando unidades del sistema internacional (SI o métrico) y el sistema inglés (usual).

También 4.14D y 4.15A

Materiales
- Regla de pulgadas
- eduplace.com/txmap

Aplícalo
Estimar y medir la longitud en el sistema inglés (usual)

Objetivo Estimar y medir longitudes con una regla de pulgadas.

★ Explorar

Pregunta ¿Cómo puedes usar una regla para medir la longitud a la pulgada y media pulgada más cercanas?

Las aguileñas son flores que miden entre $1\frac{1}{2}$ y 4 pulgadas de ancho. Trabaja con un compañero para estimar el ancho de la flor y luego mide con una regla de pulgadas.

Aguileña

① Estima la longitud de la aguileña. Anota tu estimación.

Pista

Algunas reglas no tienen el cero. En esas reglas se usa el borde izquierdo como punto de partida para medir.

② Usa una regla de pulgadas para medir la flor a la pulgada más cercana. Usa una marca de media pulgada para decidir qué marca de pulgada está más cerca del ancho de la flor. Anota la longitud.

③ Mide la aguileña a la media pulgada más cercana. Anota la longitud.

Piensa: Si el borde de la flor está justo en la marca de media pulgada, redondea a la pulgada siguiente. Si el borde de la flor está entre una media pulgada y la pulgada siguiente más grande, redondea hacia arriba a ese número.

Compara tu estimación con tus dos medidas de la flor.
¿Cuál se acerca más al ancho real de la flor?

Busca cinco objetos en el salón de clases que puedan medirse en pulgadas. Estima la longitud de cada objeto a la pulgada más cercana. Luego, mide cada objeto a la pulgada y media pulgada más cercanas. Anota tu trabajo en una tabla.

★ **Extender**

Mide a la pulgada y media pulgada más cercanas.

1. Hierba amarilla

2. Campanilla playera

Estima a la pulgada más cercana. Luego, mide a la pulgada y media pulgada más cercanas.

3. Romero

4. Onagra

Escribir matemáticas

Diario de matemáticas

Explica El ancho de una flor es menos de 2 pulgadas y el ancho de otra flor es más de 2 pulgadas. Cuando se mide cada flor a la pulgada más cercana, ambas miden aproximadamente 2 pulgadas de ancho. Explica por qué es posible.

Objetivo 4 de TAKS

TEKS 4.11B Realizar conversiones sencillas entre diferentes unidades de longitud, entre diferentes unidades de capacidad y entre diferentes unidades de peso en el sistema de medida inglés (usual).

También 4.4B, 4.4D y 4.4E

Vocabulario de TAKS

pulgada

pie

yarda

Unidades de longitud del sistema inglés (usual)

1 pie = 12 pulgadas (pulg)
1 yarda = 3 pies
1 yarda = 36 pulgadas

Convertir unidades de longitud

Objetivos Estimar distancias y convertir unidades de longitud del sistema inglés (usual).

★ Aprender con ejemplos

Los estudiantes de cuarto grado plantaron flores en el patio de la escuela. El jardín tiene 9 pies de longitud. ¿Cuál es la longitud del jardín en pulgadas y en yardas?

La **pulgada**, el **pie** y la **yarda** son unidades de medida del sistema inglés.

Para convertir de una unidad de medida a otra, deberás multiplicar o dividir.

Convierte pies a pulgadas

Cuando conviertes una unidad de medida más grande (pies) a una unidad de medida más pequeña (pulgadas), el número de unidades aumenta. Por lo tanto, multiplicas.

Multiplica el número de pies por el número de pulgadas que hay en 1 pie.

$$9 \times 12 = 108$$

número de pies	pulgadas en 1 pie	pulgadas en 9 pies

Convierte pies a yardas

Cuando conviertes una unidad de medida más pequeña (pies) a una unidad de medida más grande (yardas), el número de unidades disminuye. Por lo tanto, divides.

Divide el número de pies entre el número de pies que hay en 1 yarda.

$$9 \div 3 = 3$$

número de pies	pies en 1 yarda	yardas en 9 pies

El jardín tiene 108 pulgadas o 3 yardas de longitud.

Otros ejemplos

A. Pulgadas a pies

Las pulgadas son más
pequeñas que los pies,
por lo tanto, debes dividir.

___ pies = 36 pulgadas

$3 \times 12 = 36$

3 pies = 36 pulgadas

B. Usa una calculadora

264 pulgadas = ___ pies

Usa una calculadora para hallar el número de pies: $264 \div 12 = \bigcirc$

★ Práctica guiada

Halla los números que faltan.

1. 57 pies = $\bigcirc$ yd   **2.** 6 yd = $\bigcirc$ pies   **3.** 12 pies = $\bigcirc$ pulg

Compara. Escribe >, < ó = en cada ejercicio.

4. 4 pies $\bigcirc$ 58 pulg   **5.** 76 pulg $\bigcirc$ 2 yd   **6.** 15 yd $\bigcirc$ 45 pies

Piénsalo

- ¿Estoy convirtiendo a una unidad más grande o más pequeña?
- ¿Debo multiplicar o dividir?

Resolver problemas con ayuda

Usa las preguntas para resolver este problema.

7. María estima que la altura de un roble es 50 pies. Manuel estima que es 15 yardas. Si la altura real es 47 pies, ¿qué estimación se acerca más a la altura real del árbol?

  a. Compréndelo/Planéalo ¿Qué debes hallar?

  b. Resuélvelo Halla la estimación de Manuel en pies. ¿Cuál de las estimaciones se acerca más a 47 pies?

  c. Verifícalo Completa las oraciones.

  Manuel se equivocó en su estimación por $\bigcirc$ pies.

  María se equivocó en su estimación por $\bigcirc$ pies.

  La estimación de ☐ se acerca más a la altura real.

123 Hablar de matemáticas ¿Qué unidad de medida usarías para medir la longitud de tu salón de clases? ¿Por qué?

Halla los números que faltan.

8. 21 pies = ___ yd   **9.** ___ pulg = 12 pies   **10.** 36 pulg = ___ yd   **11.** 132 pulg = ___ pies

12. ___ pies = 48 pulg **13.** 33 yd = ___ pies   **14.** 6 yd = ___ pulg   **15.** 6 pies = ___ yd

Copia y completa las tablas. Escribe la regla que describe las tablas.

16.

Pies	2	3	4	7	9	12
Pulgadas	24	36				

17.

Pies	3	6	9	12	18	24
Yarda	1		3			

Resuelve los siguientes problemas.

18. Un saltamontes saltó 25 pulgadas. Estima la distancia del salto en pies.

19. Alicia tiene una tabla de 2 yardas de longitud. Corta un trozo de 4 pies de longitud para hacer una cerca. ¿Cuánto mide el trozo que sobra?

20. **Reto** Un caracol sube una cerca de 5 yardas de altura. Sube 3 pies por día, pero retrocede 1 pie por noche. ¿Cuánto tiempo tarda el caracol en subir hasta la parte superior de la cerca?

Conexión con las ciencias

Usa los Datos divertidos para resolver los siguientes problemas.

21. El acantilado se erosionó a un ritmo de aproximadamente 36 pulgadas por año. ¿Cuántos pies se erosionaron entre 1990 y el año en que se trasladó el faro?

22. ¿Cuántos pies se trasladó el faro?

23. Imagina que la erosión continúa produciéndose al mismo ritmo. Describe cómo podrías estimar la distancia que hay desde el faro hasta el borde del acantilado.

Datos divertidos

- Originariamente, el faro Highland estaba a 500 pies del borde de un acantilado de 125 pies.
- Debido a la erosión, el faro quedó a sólo 100 pies del borde del acantilado para el año 1990.
- En 1996, el faro de 404 toneladas se trasladó 150 yardas detrás de su ubicación original.

TEKS 4.14A,10A, 11B de Ciencias

★ **Práctica para TAKS** Respuesta con cuadrícula

Consejo para TAKS

Es posible que se necesite más de un paso para resolver algunos problemas de conversión.

24 Malik mide 2 pies 3 pulgadas más que su hermanita. ¿Cuántas pulgadas más que su hermana mide Malik?

Tecnología

Calculadora

Calcular distancias

Puedes sorprender a tus amigos y a tu familia calculando el número de pies y de yardas entre ciudades. Usa una calculadora para convertir millas a pies y yardas.

Hay 165 millas entre Houston y Austin. ¿Cuántos pies son?

1 Escribe 165 en la calculadora.

2 Multiplica por 5,280. ← *Hay 5,280 pies en una milla.*

La respuesta es 871,200.

La distancia entre Houston y Austin es 871,200 pies.

¡Son casi un millón de pies!

Puedes escribir 5,280 en la calculadora primero y luego multiplicarlo por 165. La respuesta sería la misma.

También puedes convertir las millas a yardas.

1 Escribe 165 en la calculadora.

2 Multiplica por 1,760. ← *Hay 1,760 yardas en una milla.*

La respuesta es 290,400.

La distancia entre Houston y Austin es 290,400 yardas.

La tabla muestra las distancias entre algunas ciudades de Texas. Usa la calculadora para convertir las millas a pies y yardas.

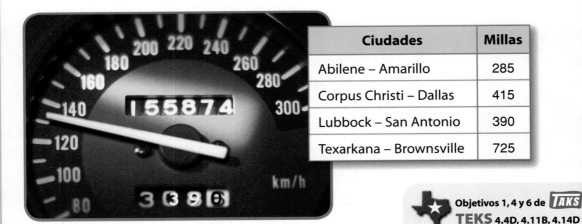

Ciudades	Millas
Abilene – Amarillo	285
Corpus Christi – Dallas	415
Lubbock – San Antonio	390
Texarkana – Brownsville	725

Objetivos 1, 4 y 6 de **TAKS**
TEKS 4.4D, 4.11B, 4.14D y 4.15A

Objetivos 4 y 6 de **TAKS**

TEKS 4.11A Estimar y utilizar instrumentos de medición para determinar longitud (incluyendo perímetro), área, capacidad y peso/masa usando unidades del sistema internacional (SI o métrico) y el sistema inglés (usual)

También 4.15B

Vocabulario de *TAKS*

centímetro (cm)

metro (m)

kilómetro (km)

Unidades de longitud del sistema métrico

Objetivo Aprender las unidades métricas de longitud y escoger las unidades apropiadas para medir unidades métricas de longitud.

★ Aprender con ejemplos

En la Lección 2 aprendiste sobre las unidades de longitud del sistema inglés (usual). Ahora aprenderás algunas unidades de longitud del sistema métrico.

Los **centímetros**, los **metros** y los **kilómetros** son unidades del sistema métrico que se usan para medir la longitud.

Las longitudes más cortas se pueden medir en centímetros. Las longitudes medianas se pueden medir en metros. Las longitudes más largas se pueden medir en kilómetros.

Pista

Los centímetros son más cortos que las pulgadas y sirven para medir objetos muy pequeños.

Un grano de maíz mide aproximadamente 1 centímetro (cm) de largo.

Una planta joven de maíz mide aproximadamente 1 metro (m) de alto.

Un campo de maíz puede medir aproximadamente 1 kilómetro (km) de largo.

Escoge unidades de medida

1 Una piña puede caber en la mano de una persona, por lo tanto, la longitud que debe medirse es corta. Usa [ ].

2 Un pino joven es casi tan alto como una persona adulta. La altura de un pino joven y la estatura de una persona adulta se pueden medir en centímetros o [ ].

3 Un pino adulto es aproximadamente 6 veces más alto que una persona adulta. Usa [ ] para medir esta longitud mayor.

Piénsalo
¿Debo medir una distancia pequeña, mediana o grande?

Escoge la unidad apropiada para describir las longitudes. Escribe *centímetro* (cm), *metro* (m) o *kilómetro* (km).

1. altura de una planta de lechuga

2. longitud de un bate de béisbol

3. distancia desde El Paso hasta Houston

4. longitud de una camioneta

 Hablar de matemáticas Dos estudiantes miden la longitud de su salón de clases usando unidades diferentes: centímetros y metros. ¿Qué medida tendrá el mayor número de unidades? Explica tu respuesta

★ **Practicar y resolver problemas**

Escoge la unidad apropiada para describir las longitudes. Escribe *centímetro* (cm), *metro* (m) o *kilómetro* (km).

5. distancia hasta la escuela

6. altura de un mástil

7. ancho de una moneda de 25 centavos

8. longitud de un lápiz

9. distancia de un lado al otro del océano

10. longitud de un autobús

11. Jared plantó 8 filas de semillas de girasol y puso 11 semillas en cada fila. ¿Cuántas semillas plantó Jared?

Escribe *centímetro(s)*, *metro(s)*, or *kilómetro(s)* en los espacios en blanco para que el problema tenga sentido. Luego, resuelve.

12. La mamá de Jared condujo 5 _____ hasta el vivero para comprar semillas de girasol.

13. Cuando Jared plantó las semillas, vio que cada semilla tenía aproximadamente 2 _____ de largo.

14. Jared preparó la tierra con un rastrillo de metal que era más alto que él. El rastrillo medía casi 2 _____ de alto y 50 _____ de ancho.

★ **Práctica para TAKS** (**Selección múltiple**)

Consejo para TAKS
Elimina primero las respuestas que no son razonables.

15 ¿Qué unidad describe mejor la altura de una casa?

 A kilómetro **B** metro **C** centímetro **D** pulgada

Objetivos 4 y 6 de **TAKS**

TEKS 4.11.A Estimar y utilizar instrumentos de medición para determinar longitud (incluyendo perímetro), área, capacidad y peso/masa usando unidades del sistema internacional (SI o métrico) y el sistema inglés (usual).

También 4.14D y 4.15A

Vocabulario de TAKS

milímetro (mm)

1 cm = 10 mm

Materiales
- Cordel de aproximadamente 15 centímetros de largo
- Regla de centímetros

Pista
Si el extremo de lo que estás midiendo no llega al punto medio entre dos centímetros enteros, redondea hacia abajo al centímetro menor.

Aplícalo
Estimar y medir la longitud en el sistema métrico (SI)

Objetivo Estimar y medir longitudes con una regla de centímetros.

★ Explorar

En la Lección 3 aprendiste sobre las unidades métricas de longitud del sistema métrico. Ahora medirás longitudes con esas unidades.

Pregunta ¿Cómo puedes usar una regla para medir la longitud al milímetro y centímetro más cercanos?

Usa una regla de centímetros para medir la longitud de la totora de la derecha.

1 Estima la longitud de la totora al centímetro más cercano.

2 Usa una regla de centímetros para medir la longitud de la totora al centímetro más cercano. Usa una marca de medio centímetro para decidir qué marca de centímetro está más cerca del extremo de la totora. Por ejemplo, este escarabajo está más cerca de 1 centímetro de largo que de 2 centímetros de largo.

centímetros

3 Ahora mide la totora al **milímetro** más cercano. Determina qué marca de milímetro está más cerca del extremo de la totora.

Busca 5 objetos de diferentes longitudes para medir. Sigue los pasos anteriores. Anota tus estimaciones y mediciones en una tabla.

★ Extender

Mide la longitud de cada objeto al centímetro y milímetro más cercanos.

1.

2.

Estima la longitud al centímetro más cercano. Luego, mide cada objeto al centímetro y milímetro más cercanos.

3.

4.

Resuelve los siguientes problemas.

5. Imagina que conoces la altura de una planta en centímetros. ¿Cómo hallarías la altura en milímetros?

6. Reto Halla la distancia desde el parque Gus Fruth hasta Albany. Usa un cordel para hallar la longitud de la curva entre el parque y Albany. Mide la longitud del cordel al centímetro y milímetro más cercanos. Usa la escala 1 cm = 1 km para hallar la distancia entre el parque Gus Fruth y Albany.

> Consulta la Tabla de matemáticas de la página 567.

Austin

Parque Gus Fruth

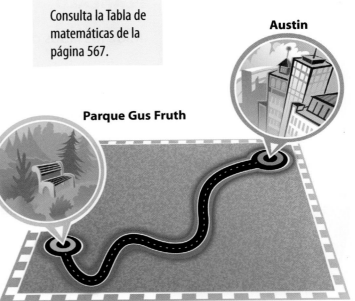

Diario de matemáticas

Escribir matemáticas

Justifica Imagina que estás midiendo un trozo de madera para hacer una pajarera. ¿Sería mejor medir en centímetros o en milímetros? Explica tu razonamiento.

Objetivos 4 y 6 de *Taks*

TEKS 4.11A Estimar y utilizar instrumentos de medición para determinar longitud (incluyendo perímetro), área, capacidad y peso/masa usando unidades del sistema internacional (SI o métrico) y el sistema inglés (usual).

4.14C Seleccionar o desarrollar un plan o una estrategia de resolución de problemas apropiado en el que el estudiante haga un dibujo, busque un patrón, adivine y compruebe sistemáticamente, haga una dramatización, elabore una tabla, resuelva un problema más sencillo o trabaje desde el final hasta el principio para resolver un problema.

Materiales
• Regla de centímetros
• Regla de pulgadas

Resolver problemas
Usa un dibujo

Objetivo Usar un dibujo para resolver problemas sobre perímetro.

★ Aprender con ejemplos

Bernie ha dibujado un diagrama de su jaula de conejos. La jaula es rectangular. ¿Cuánto mide el borde exterior del diagrama al centímetro más cercano?

COMPRÉNDELO

El perímetro es la distancia alrededor de una figura, o la suma de las longitudes de todos los lados de una figura. Para hallar la longitud del borde exterior, halla el perímetro.

PLANÉALO

Mide los lados del diagrama y luego súmalos.

RESUÉLVELO

Mide los lados al centímetro más cercano.

Los dos lados más largos miden ◯ centímetros y los dos más cortos miden ◯ centímetros. Escribe una oración numérica para hallar el perímetro.

El perímetro del diagrama es ◯ centímetros.

VERIFÍCALO

¿Es razonable tu respuesta?

¿Incluiste cuatro medidas en la suma para hallar el perímetro? Un rectángulo tiene cuatro lados. Si las medidas son exactas, la respuesta debería ser correcta.

Conejo doméstico

★ Resolver problemas con ayuda

Usa las siguientes preguntas para resolver el problema.

1. Los carteles que se usaron para rotular los árboles de un arboreto de Austin son rectángulos de 2 pulgadas de alto por 4 pulgadas de ancho. El borde de los carteles está hecho con ramitas. ¿Qué longitud deben tener las ramitas para los carteles?

a. Compréndelo/Planéalo Conoces las dimensiones del rectángulo. ¿Qué estrategia puedes usar para resolver este problema?

b. Resuélvelo Dibuja un rectángulo y rotula la medida de los lados. Suma la longitud de todos los lados para hallar el perímetro.

$$2 + 4 + \bigcirc + \bigcirc = \bigcirc$$

c. Verifícalo ¿Qué longitud deben tener las ramitas para el borde de los carteles?

 Hablar de matemáticas Explica cómo hacer un dibujo en el problema 1 te ayuda a resolverlo.

★ Práctica para resolver problemas

Usa la regla para medir o haz un dibujo para resolver.

2. Para recordar dónde plantó las semillas de zanahoria, Bill planea pegar el paquete vacío a un palo. Bill quiere que sobren 18 pulgadas por debajo del paquete para poder enterrar parte del palo en la tierra. ¿Cuál es la longitud más corta del palo que puede usar Bill?

3. Brian dibujó el diagrama de un jardín cuadrado de flores. Todos los lados tienen un borde de ladrillos. En el diagrama, los lados miden 5 pulgadas de longitud. ¿Cuál es la distancia del diagrama que representa el borde de ladrillos?

4. James dibujó este diagrama de un parque. Un sendero para bicicletas recorre el límite exterior del parque. Cada centímetro del dibujo de James representa un kilómetro. Si James recorre todo el sendero en bicicleta, ¿qué distancia recorrerá?

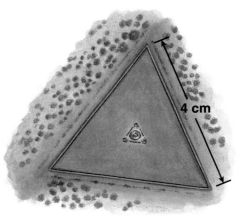

4 cm

Vocabulario de 𝕋𝔸𝕂𝕊

Usa referencias para determinar la unidad de medida más razonable.

¿Cómo lo medirías?

Escribe la unidad que usarías para medir los siguientes objetos:

1.

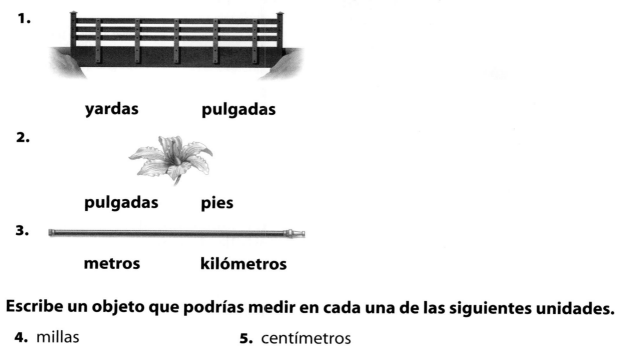

    yardas   **pulgadas**

2.

    pulgadas   **pies**

3.

    metros   **kilómetros**

Escribe un objeto que podrías medir en cada una de las siguientes unidades.

4. millas   **5.** centímetros

6. metros   **7.** milímetros

Completa las siguientes equivalencias.

8. 1 yarda = _____ pies = 36 _____

9. _____ metro = 100 _____ = _____ milímetros

Escribir Halla una planta en tu casa, en el patio de atrás o en el parque. Mide la altura y la longitud de una hoja. Haz una tabla con esas medidas y explica qué unidades usaste y por qué.

Leer Busca libros relacionados con este concepto en tu biblioteca.

Objetivo 6 de 𝕋𝔸𝕂𝕊

TEKS **4.15A** Explicar y anotar observaciones utilizando objetos, palabras, dibujos, números y tecnología.

4.15B Relacionar el lenguaje informal con el lenguaje y los símbolos matemáticos.

3 Intenta hallar dos objetos más que pesen aproximadamente una libra.

Usa la balanza para pesarlos. Agrégalos a tu lista.

4 Sostén una pesa de 1 onza.

Repite los pasos 1 a 3 para hallar cinco objetos que pesen aproximadamente una onza.

★ Extender

Una **tonelada** es igual a 2,000 libras. La tonelada se usa para medir el peso de objetos muy pesados, como un tractor o una ballena.

Aplica lo que sabes sobre onzas, libras y toneladas. Escoge la unidad de medida más adecuada para cada objeto.

1. una calabaza

2. una manzana

3. un avión

4. un caballo

5. una banana

6. un melón

7. un elefante

8. una oveja

Caballo Clydesdale

Estima. Escoge el peso más razonable para cada objeto.

9. un carro
  a. 3,000 lb   **b.** 3,000 T

10. un perro
  a. 20 oz   **b.** 20 lb

11. una bolsa de papas
  a. 10 lb   **b.** 10 oz

12. una bolsa de nueces
  a. 8 lb   **b.** 8 oz

13. un camión
  a. 2 T   **b.** 2 lb

14. un huevo
  a. 2 oz   **b.** 2 lb

15. una mesa
  a. 15 oz   **b.** 15 lb

16. un teclado
  a. 30 oz   **b.** 30 lb

17. una pared de piedra
  a. 2 lb   **b.** 2 T

Diario de matemáticas

Escribir matemáticas

Justifica ¿Los objetos pequeños siempre pesan menos que los objetos grandes? Da ejemplos para justificar tu respuesta.

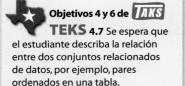

Objetivos 4 y 6 de *TAKS*

TEKS 4.7 Se espera que el estudiante describa la relación entre dos conjuntos relacionados de datos, por ejemplo, pares ordenados en una tabla.

4.11E Explicar la diferencia entre peso y masa.

También 4.14D

Vocabulario de *TAKS*

La **masa** es la cantidad de materia que hay en un objeto.

Aplícalo
El peso y la masa

Objetivo Comprender la diferencia entre peso y masa.

★ Explorar

En la Lección 1 estimaste y mediste el peso de algunos objetos. El peso de un objeto depende de la gravedad. Leyendo un libro, Ben aprendió que los objetos en la Luna tienen un peso diferente del que tienen en la Tierra.

Pregunta ¿Cómo puede cambiar el peso de un objeto sin que cambie su masa?

Ben pesa una toronja. La toronja pesa 12 onzas en la Tierra. ¿Cuánto pesaría en la Luna? ¿Cambiaría la masa de la toronja en la Luna?

1 Ben hizo esta tabla con los ejemplos de su libro.

Objeto	Peso en la Tierra (lb)	Peso en la Luna (lb)
Calabaza	54	9
Caballo	1,200	200
Sandía	36	6

Compara la segunda y la tercera columna de la tabla.

¿Qué patrón observas?

2 Escribe una regla para convertir el peso en la Tierra al peso en la Luna. Divide el peso en la Tierra entre ◯ para obtener el peso en la Luna.

3 Usa la regla para hallar cuánto pesa la toronja en la Luna.

12 oz ÷ ◯ = ◯ oz

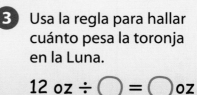

El peso es la fuerza que ejerce la gravedad sobre un objeto. La gravedad generalmente es diferente en los distintos planetas. El vehículo explorador lunar pesa menos en la Luna de lo que pesa en la Tierra porque en la Luna hay menos gravedad.

La cantidad de materia de este vehículo es la misma en la Luna y en la Tierra, por lo tanto, su **masa** no cambia.

El vehículo explorador lunar en la Luna.

★ Extender

La gravedad en Marte y en Júpiter es diferente. Necesitas otras reglas para hallar el peso en estos planetas.

Marte	Júpiter
Divide el peso en la Tierra entre 3.	Multiplica el peso en la Tierra por 5 y luego, divide entre 2.

Pesa los objetos de la tabla. Usa la regla que hallaste en la página 284 y las reglas anteriores para completar la tabla. Redondea los pesos a la libra más cercana.

	Objeto	Peso en la Tierra (lb)	Peso en la Luna (lb)	Peso en Marte (lb)	Peso en Júpiter (lb)
1.	libro				
2.	zapatos				
3.	mochila				
4.	tu peso				

5. La masa del objeto del ejercicio 4 en la Tierra, ¿será diferente en la Luna, Marte o Júpiter? ¿Por qué?

6. **Reto** Compara los pesos de cada uno de los objetos. Usa tus observaciones para ordenar los nombres Tierra, Luna, Marte y Júpiter de menor a mayor según el peso de cada objeto.

Diario de matemáticas

Escribir matemáticas

Explica ¿Qué depende de dónde se encuentre un objeto: el peso del objeto, la masa del objeto o el peso y la masa del objeto? Explica tu respuesta.

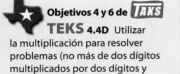

Objetivos 4 y 6 de *TAKS*

TEKS 4.4D Utilizar la multiplicación para resolver problemas (no más de dos dígitos multiplicados por dos dígitos y sin tecnología).

4.4E Utilizar la división para resolver problemas (divisores de no más de un dígito y dividendos de tres dígitos sin tecnología).

4.11B Realizar conversiones sencillas entre diferentes unidades de longitud, entre diferentes unidades de capacidad y entre diferentes unidades de peso en el sistema de medida inglés (usual).

También 4.14A

Materiales
Calculadora

Convertir unidades de peso del sistema inglés (usual)

Objetivo Convertir entre unidades de peso del sistema inglés.

★ Aprender con ejemplos

El peso de las mulas que tiran de este carro es 6,000 libras. ¿Cuántas toneladas pesan las mulas?

Una tonelada es una unidad de medida más grande que una libra. Por lo tanto, necesitarás menos toneladas para describir cuánto pesan las mulas.

Para convertir de unidades más pequeñas a unidades más grandes, debes dividir.

Unidades de peso
1 libra (lb) = 16 onzas (oz)
1 tonelada (T) = 2,000 libras

Analízalo

Como las unidades son más pequeñas, la medida será más grande. Puedes multiplicar.

Represéntalo	Escríbelo
Una tonelada son 2,000 libras. Muestra cuántos grupos de 2,000 libras hay en 6,000 libras.	$6{,}000 \div 2{,}000 = 3$

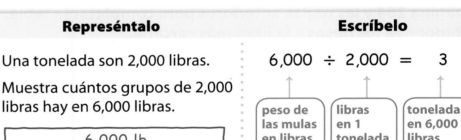

Las mulas pesan ◯ toneladas.

Otro ejemplo

A las mulas les gustan las zanahorias. Estas zanahorias pesan 4 libras. ¿Cuántas onzas pesan las zanahorias?

Represéntalo	Escríbelo
Muestra el número total de onzas en 4 grupos de 16 onzas.	$4 \times 16 = 64$

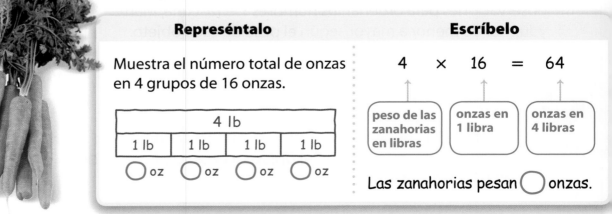

Las zanahorias pesan ◯ onzas.

Halla los números que faltan.

1. 8,000 lb = _____ T

2. 5 lb = _____ oz

3. 112 oz = _____ lb

4. 5 T = _____ lb

Resolver problemas con ayuda

Usa las siguientes preguntas para resolver este problema.

5. Karen puede llevar 2 toneladas de caballos en su remolque para caballos. Tiene cuatro caballos. Pesan 900 libras, 1,010 libras, 950 libras y 1,000 libras. ¿Puede llevar los cuatro caballos en el remolque? ¿Cómo lo sabes?

  a. Compréndelo ¿Cuál es el peso total de los caballos que puede llevar Karen en el remolque?

  b. Planéalo/Resuélvelo Explica cómo puedes usar la suma y la multiplicación para resolver el problema.

  c. Verifícalo Completa las oraciones.

    Los caballos pesan ◯ libras en total.
    El remolque para caballos puede llevar ◯ libras.
    Por lo tanto, Karen ▭ llevar los cuatro caballos en el remolque.

(123) Hablar de matemáticas ¿Cómo podrías hallar cuántas onzas hay en una tonelada?

Halla los números que faltan.

6. 32 oz = _____ lb

7. 8 T = _____ lb

8. 10 lb = _____ oz

9. 12,000 lb = _____ T

10. 8 lb = _____ oz

11. 80 oz = _____ lb

Resuelve los siguientes problemas.

12. Darnell compró 1 tonelada de heno para sus caballos. El heno venía en fardos que pesaban 50 libras cada uno. ¿Cuántos fardos compró?

13. A una fábrica le entregaron dos toneladas de acero. El día siguiente, se entregaron cinco toneladas. ¿Cuántas libras de acero se entregaron?

14. Iván compró un paquete de carne que pesaba 1 libra y 3 onzas. ¿Cuántas onzas de carne compró Iván?

15. Sigue los pasos La señora Ruiz vendió 12 pollitos. Cada pollito pesa 4 onzas. ¿Cuánto pesan los pollitos en total en libras?

Conexión con la información

Usa los datos para resolver estos problemas.

Peso de ganado vacuno adulto (en libras)		
Raza	Macho	Hembra
Hereford	1,800	1,200
Shorthorn	2,000	1,800
Texas Longhorn	1,100	1,000

16. Cálculo mental Haz cálculos mentales para hallar qué raza de ganado tiene la mayor diferencia de peso entre machos y hembras. ¿De cuánto es la diferencia?

17. Escribe las razas de ganado de la más liviana a la más pesada.

18. ¿Cuál es la distancia en pulgadas entre los cuernos de este Texas Longhorn?

19. Tres vacunos pesan exactamente 5,000 libras. Dos son hembras y uno es macho. ¿De qué raza son los tres vacunos?

20. Reto En una granja hay 6 toneladas de ganado vacuno hembra. ¿A cuántos Hereford equivale?

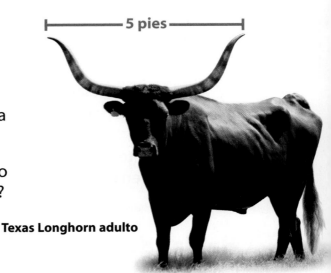
5 pies

Texas Longhorn adulto

TEKS 4.1A, 4.3B, 4.3E, 4.11B y 4.14A

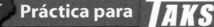

Práctica para TAKS Respuesta con cuadrícula

21 El peso de dos pollitos es 1 libra. Si un pollito pesa 12 onzas, ¿cuánto pesa el otro?

Consejo para TAKS

Puedes hacer un dibujo para decidir qué operación usar.

Conversión de unidades

Para hallar cuántas onzas hay en un número determinado de libras se puede usar una forma de multiplicación que se usa en Rusia. Para hallar cuántas onzas hay en 18 libras, multiplica 18 por 16. Multiplica por 16 porque en 1 libra hay 16 onzas. Puedes usar la duplicación repetida y la división por la mitad de los números para hallar el producto.

1 Escribe los dos factores uno al lado del otro.

2 Duplica el número de la izquierda.

3 Si el número de la derecha es impar, resta 1 y divide entre 2. Si el número es par, sólo divide entre dos.

4 Si el número de la derecha es par, tacha toda la fila.

5 Continúa repitiendo los pasos 2, 3 y 4 hasta que el número de la derecha sea 1.

6 Suma todos los números de la izquierda que no hayas tachado. El total es el producto de tus factores originales.

~~16~~	~~18~~	Tacha porque el 18 es par.
32	9	18 ÷ 2 = 9.
~~64~~	~~4~~	9 − 1 = 8. 8 ÷ 2 = 4. Tacha porque el 4 es par.
~~128~~	~~2~~	4 ÷ 2 = 2. Tacha porque el 2 es par.
+ 256	1	2 ÷ 2 = 1.
288		Suma los números que no están tachados.

En 18 libras hay 288 onzas.

Multiplica para hallar el número de onzas que hay en cada libra.

1. 13 lb = _____ oz   **2.** 11 lb = _____ oz   **3.** 9 lb = _____ oz

4. 16 lb = _____ oz   **5.** 31 lb = _____ oz   **6.** 39 lb = _____ oz

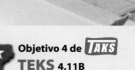

Objetivo 4 de TAKS
TEKS 4.11B

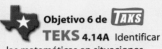
Objetivo 6 de *TEKS*

TEKS 4.14A Identificar las matemáticas en situaciones diarias.

4.14B Resolver problemas que incorporen la comprensión del problema, hacer un plan, llevarlo a cabo y evaluar lo razonable de la solución.

4.14C Seleccionar o desarrollar un plan o una estrategia de resolución de problemas apropiado en el que el estudiante haga un dibujo, busque un patrón, adivine y compruebe sistemáticamente, haga una dramatización, elabore una tabla, resuelva un problema más sencillo o trabaje desde el final hasta el principio para resolver un problema.

Resolver problemas
Demasiada o poca información

Objetivo Hallar la información que necesitas para resolver un problema.

★ Aprender con ejemplos

Algunos problemas tienen demasiada información. Debes hallar la información que se necesita para resolver el problema.

Otros problemas no tienen suficiente información. Para resolverlos, debes conocer algo más.

> Este soporte grande para plantas de tomate mide 1 pie de ancho y 4 pies de alto y cuesta $99. ¿Cuánto cuestan cuatro soportes grandes?

COMPRÉNDELO

¿Qué información se da?

- Tamaño de un soporte grande para plantas de tomate
- Precio de un soporte grande

PLANÉALO

¿Qué información se necesita?

Precio de cada soporte

RESUÉLVELO

¿Cómo puedes hallar la respuesta?

Multiplica.

$4 \times \$99 = \$\bigcirc.$

Cuatro soportes grandes cuestan $\$\bigcirc.$

VERIFÍCALO

Estima. ¿Es razonable tu respuesta?

$4 \times \$100 = \$400.$ La respuesta está cerca de $400.

Resolver problemas con ayuda

1. Enviar un soporte para plantas de tomate cuesta $6. Se cobra $1 adicional por cada libra de otros objetos que se agregan al envío. ¿Cuánto cuesta enviar 2 soportes grandes y un rastrillo?

   a. **Compréndelo** ¿Qué información necesitas?

   b. **Resuélvelo/Verifícalo** ¿Hay información suficiente para resolver el problema? ¿Qué información adicional se necesita?

Dato divertido

¡Es posible que necesites un soporte de 6 pies en Texas! Las plantas de tomate son más altas allí porque la temporada de crecimiento es más larga.

 Hablar de matemáticas Explica cómo los dos primeros pasos de los cuatro que se describen en el ejemplo de la página 290 te ayudan a hallar si hay demasiada o poca información para resolver el problema.

Práctica para resolver problemas

Resuelve. Si la información no es suficiente, indica la información que se necesita para resolver el problema.

2. Carol plantó semillas en unas macetas con 20 onzas de tierra cada una. ¿Cuánto pesaba toda la tierra que usó?

3. **Reto** Un astronauta llevó su camisa favorita al espacio. La camisa pesaba 2 libras en la Tierra. ¿Cuánto pesaba en la Luna?

 ## Conexión con las ciencias

Usa la tabla de temperaturas para resolver los problemas 4 a 7 o indica la información que se necesita para resolver el problema.

4. ¿Qué ciudad tuvo la temperatura promedio más alta en octubre?

5. ¿Qué mes fue el más caluroso en Houston?

6. ¿Qué ciudad tuvo la temperatura más baja en julio?

7. ¿Cuántas ciudades tuvieron una temperatura superior a 60 grados en diciembre?

Promedio de temperaturas altas (°F)				
	Sept.	**Oct.**	**Nov.**	**Dic.**
Austin	91	82	72	62
Corpus Cristi	90	84	76	68
Dallas	88	79	67	58
Houston	88	82	72	65
Lubbock	83	75	63	54

TEKS 6A de Ciencias

Needville, TX

En el Parque Estatal Brazos Bend viven muchos tipos diferentes de aves, mamíferos, reptiles y anfibios. En esta tranquila reserva cerca de Houston los visitantes pueden hacer excursiones, andar en bicicleta, pescar, acampar e ir de picnic.

Parque Estatal
Brazos Bend

El Parque Estatal Brazos Bend lleva el nombre del río Brazos y del condado Fort Bend.

Resuelve estos problemas usando los datos de esta página.

1. El Parque Estatal Brazos Bend ocupa 4,897 acres. Aproximadamente, ¿cuántos acres mide el parque al millar más cercano?

2. Anthony subió a la torre de observación y vio un gato montés. Un gato montés mide alrededor de 20 pulgadas de alto y 33 pulgadas de largo. ¿Cuál es la diferencia entre la altura y la longitud de un gato montés?

Longitud del caimán (pies)	10	12		16	
Longitud de la cola (pies)	5		7		9

3. Sophie hizo la caminata del sistema de senderos del lago Elm y vio varios caimanes. Los caimanes adultos pueden medir hasta 18 pies de longitud. La cola de un caimán mide la mitad de la longitud de su cuerpo. Copia y completa esta tabla que muestra la relación entre la longitud de un caimán y la longitud de su cola.

4. Cuando Nicole hizo la caminata para observar búhos en su ambiente natural vio un búho cornudo. La envergadura de un búho cornudo mide entre 36 y 60 pulgadas. ¿Cuál es el rango de la envergadura de estos búhos en pies?

Crea y resuelve

Lou recorrió en bicicleta el sendero de 40 acres del Parque Estatal Brazos Bend y anotó el nombre de los árboles que vio. Luego, hizo una tabla con la información que reunió. Usa esta tabla para responder a las preguntas de Lou.

Árbol	Altura (pies)	Ancho (pies)
Sicómoro	100	50-57
Roble Blanco	100	60-80
Sauce Negro	30-50	24-40
Álamo de Texas	90	30-40

5. ¿Cuál es el árbol más pequeño?

6. ¿Cuál es el árbol más grande?

7. Escribe dos problemas con los datos que reunió Lou. Escribe un problema que tenga demasiada información. Escribe un segundo problema que no incluya toda la información necesaria.

8. Resuelve el problema que tiene suficiente información. Anota la respuesta en otra hoja de papel.

9. Intercambia las preguntas con un amigo. Identifica el problema que puedes resolver y resuélvelo.

10. Identifica el problema que no puedes resolver. ¿Qué información necesitas para resolverlo?

Sicómoro

Roble blanco

Práctica para TAKS / Selección múltiple

11 ¿Qué información necesitas para resolver este problema? Un jardín mide 7 yardas de largo y 5 yardas de ancho. ¿Cuánto mide en pies?

A 35 yardas cuadradas
B el número de pies que hay en una yarda
C el número de pulgadas que hay en un pie
D 21 pies de largo, 15 pies de ancho

Consejo para TAKS

¿Se te pide que resuelvas el problema? Determina la información que se necesita para responder a la pregunta.

Objetivos 4 y 6 de TAKS

TEKS 4.11A Estimar y utilizar instrumentos de medición para determinar longitud (incluyendo perímetro), área, capacidad y peso/masa usando unidades del sistema internacional (SI o métrico) y el sistema inglés (usual).

También 4.14D y 4.15B

Vocabulario de TAKS

gramo (g) , unidad métrica que se usa para medir masa.

kilogramo (kg) , 1,000 gramos.

Materiales
- Balanza
- Masa de 1 kilogramo
- Cubos de unidades

Aplícalo
Estimar y medir la masa en el sistema métrico (SI)

Objetivo Estimar y medir la masa en el sistema métrico.

★ Explorar

En la Lección 1 estimaste el peso. En esta lección estimarás y medirás la masa usando una balanza.

Estas cuatro semillas de calabaza tienen una masa de 1 gramo (g) , al igual que el cubo de unidades.

Esta calabaza tiene una masa de 45 kilogramos (kg) .

1 Sostén la masa de 1 kilogramo.

Ahora busca tres objetos en el salón de clases que estimes que tengan una masa de aproximadamente 1 kilogramo.

2 Usa una balanza y masas de unidades métricas para medir la masa de cada objeto.

3 Repite los pasos 1 y 2 con un cubo de unidades. Un cubo de unidades pesa aproximadamente 1 gramo.

Halla la masa de los objetos y anota tus observaciones en una lista como la siguiente.

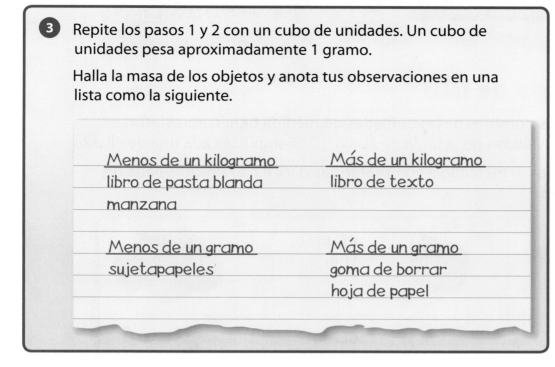

Menos de un kilogramo	Más de un kilogramo
libro de pasta blanda	libro de texto
manzana	

Menos de un gramo	Más de un gramo
sujetapapeles	goma de borrar
	hoja de papel

★ Extender

**Escoge la mejor unidad para medir cada objeto.
Escribe *gramo* o *kilogramo*.**

1. una moneda   **2.** un escritorio   **3.** un diccionario

4. una uva   **5.** una engrapadora   **6.** una bolsa de manzanas

7. un lápiz   **8.** una silla   **9.** una lonchera

Escoge la mejor estimación.

10. un perro
  a. 10 g   **b.** 10 kg

11. una linterna
  a. 450 g   **b.** 45 kg

12. una caja de galletas
  a. 60 g   **b.** 6 kg

13. una bicicleta
  a. 8 g   **b.** 8 kg

14. un sombrero
  a. 100 g   **b.** 10 kg

15. un caballo
  a. 500 g   **b.** 500 kg

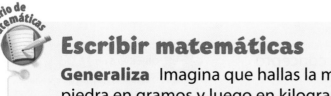

Escribir matemáticas

Generaliza Imagina que hallas la masa de una piedra en gramos y luego en kilogramos. ¿Tendrás más gramos o kilogramos? ¿Por qué?

Leer y escribir matemáticas

Vocabulario de TAKS

La mayoría de los nombres de las unidades de medida tienen abreviaturas. Observa las abreviaturas de la tabla de abajo. ¿Qué significa cada una de ellas?

Cuatro amigos van al mercado a comprar frutas para hacer una ensalada de frutas para la clase.

ANNA 240 oz		BILL 11 lb	
OWEN 3 kg		CLARA 2,500 gr	
TINA 13 gr		MIKE 3,000 gr	

Copia y completa las siguientes oraciones.
Pista: Una libra (lb) es igual que 16 onzas (oz).

1. Anna compró (más/menos) manzanas que Bill.

2. El estudiante que más bananas compró fue _____.

3. Tina tiene (más/menos) uvas que Mike.

4. Owen y Tina juntos tienen (más/menos) fruta que Clara y Mike.

Escribir Halla en tu casa tres objetos que pesen aproximadamente 1 libra y tres objetos que pesen aproximadamente 1 onza. Explica cómo estimaste el peso de cada objeto.

Leer Busca libros relacionados con este concepto en tu biblioteca.

Objetivo 6 de TAKS
TEKS 4.15A Explicar y anotar observaciones utilizando objetos, palabras, dibujos, números y tecnología.

4.15B Relacionar el lenguaje informal con el lenguaje y los símbolos matemáticos.

Práctica adicional basada en los estándares

Conjunto A ———————————————————— Objetivo 4 de TAKS TEKS **4.11A** página 282

Escoge la unidad de medida más adecuada para cada objeto.
Escribe *onza, libra* o *tonelada*.

1.

2.

3.

Estima. Escoge el peso más adecuado para cada objeto.

4. un gato

    a. 9 oz

    b. 9 lb

5. un suéter

    a. 14 oz

    b. 14 lb

6. un Longhorn de Texas

    a. 1,000 lb

    b. 10 T

Conjunto B ———————————————— Objetivos 1 y 4 de TAKS TEKS **4.4D, 4.4E, 4.11A** página 286

Halla los números que faltan.

1. 4 lb = ▢ oz

2. 6,000 lb = ▢ T

3. 80 oz = ▢ lb

4. Vivian compró 19 onzas de tomates y 1 libra de pepinos.
¿Qué pesa más? ¿Cómo lo sabes?

Conjunto C ———————————————————— Objetivo 4 de TAKS TEKS **4.11A** página 294

Escoge la mejor unidad de medida para cada objeto.
Escribe *gramo* or *kilogramo*.

1. un limón

2. un cacahuate

3. una sandía

Escoge la mejor estimación.

4. una ciruela

    a. 50 g

    b. 50 kg

5. un cerdo

    a. 1,500 g

    b. 150 kg

6. un fardo de heno

    a. 25 g

    b. 25 kg

Education Place
Visita eduplace.com/txmap, donde encontrarás **consejos**
para tomar exámenes y más **práctica para TAKS.**

Repaso/Examen del capítulo

Vocabulario y conceptos

Objetivos 1 y 4 de ***TAKS*** TEKS 4.4D, 4.4E, 4.11A, 4.11B

Escoge el mejor término para completar las oraciones.

> **Banco de palabras**
> **libra**
> **masa**
> **peso**
> **tonelada**

1. El _____ es la medida de cuán pesado es un objeto basada en la gravedad.

2. La _____ es la medida de la cantidad de materia que hay en un objeto.

3. Una _____ es una unidad de peso del sistema inglés (usual) que equivale a 2,000 libras.

Escoge la unidad de medida más adecuada para cada objeto. Escribe *onza*, *libra* o *tonelada*.

4. una bicicleta
5. un par de guantes
6. un autobús escolar

Escoge la unidad de medida más adecuada para cada objeto. Escribe *gramo* o *kilogramo*.

7. un vaso de plástico
8. un ladrillo
9. una bellota

Halla los números que faltan.

10. 64 oz = _____ lb
11. 4 T = _____ lb
12. 4,000 lb = _____ T

Resolver problemas y razonamiento

Objetivos 1 y 4 de ***TAKS*** TEKS 4.4D, 4.4E, 4.11A, 4.11E

13. El peso de un objeto en la Tierra es 6 veces mayor que en la Luna. Si una roca lunar pesa 3 onzas en la Luna, ¿cuánto pesará la roca en la Tierra?

14. Para hacer una ensalada de frutas, Mike tiene 2 libras de duraznos, Juan tiene 22 onzas de cerezas y Lía tiene 14 onzas de fresas. ¿Cuánta fruta más que Juan tiene Mike?

15. ¿Cómo se compara la masa de la roca lunar en la Luna con su masa en la Tierra? Explica tu respuesta.

Diario de matemáticas

Escribir matemáticas Un objeto pesa menos en Mercurio que en la Tierra. ¿Qué te indica esta información sobre ambos planetas?

Preparación para *TAKS* y repaso frecuente

1 ¿Qué medida representa mejor la masa de un perro grande?

   A 16 onzas

   B 32 onzas

   C 20 libras

   D 60 libras

Objetivo 4 de *TAKS* **TEKS 4.11A** página 282

2 Kevin compró 32 premios para poner en las bolsas para los invitados de su fiesta. Puso 4 premios en cada bolsa. ¿Qué oración numérica muestra mejor cómo hallar la cantidad de bolsas que usó?

   F $4 \times \blacksquare = 32$

   G $4 \div \blacksquare = 32$

   H $32 - \blacksquare = 4$

   J $32 \times \blacksquare = 4$

Objetivo 2 de *TAKS* **TEKS 4.6A** página 148

3 ¿Qué medida representa mejor la masa de una silla escolar?

   A 5 gramos

   B 20 gramos

   C 5 kilogramos

   D 20 kilogramos

Objetivo 4 de *TAKS* **TEKS 4.11A** página 294

4 El termómetro muestra la temperatura a las 8:00 a.m.

¿Qué temperatura muestra el termómetro?

   F 80 °F

   G 83 °F

   H 84 °F

   J 85 °F

> **Consejo para** *TAKS*
>
> Lee el termómetro con atención. Todos los grados están marcados, por lo tanto, cuenta de 1 en 1 hacia arriba o hacia abajo desde el número más cercano.

Objetivo 4 de *TAKS* **TEKS 4.12A** página 118

5 **Respuesta con cuadrícula** El termómetro muestra la temperatura a las 7:00 p.m.

Para las 11:00 p.m., la temperatura bajó 13 grados. ¿Cuál era la temperatura a las 11:00 p.m.?

Objetivo 4 de *TAKS* **TEKS 4.12A** página 118

La capacidad

Comprueba lo que sabes

Banco de palabras

capacidad

cuarto de galón

galón

pinta

Vocabulario y conceptos

Escoge la mejor palabra para completar las oraciones. Grado 3

1. Una _____ es una unidad de capacidad más pequeña que una pinta.

2. Un _____ es una unidad de capacidad más grande que un cuarto de galón.

3. La _____ de un recipiente es la cantidad que puede contener.

Escoge la unidad que usarías para medir la capacidad de cada objeto. Escribe *mL* o *L*. Grado 3

4. un acuario

5. un dedal

Escoge la mejor estimación de la capacidad de los objetos. Grado 3

6. una cubeta: ¿2 gal ó 20 gal?

7. un cuentagotas de un medicamento: ¿5 L ó 5 mL?

8. un tazón de sopa: ¿1 pt ó 1 gal?

9. un vaso para beber: ¿1 tz ó 1 ct?

Resolver problemas y razonamiento

10. Una botella tiene 60 mL más que un vaso. La botella contiene 4 veces más que el vaso. ¿Cuál es la capacidad del vaso?

Vocabulario de TAKS

¡Visualízalo!

galón							
cuarto de galón				**cuarto de galón**			
pinta		**pinta**		pinta		pinta	
taza	taza	taza	taza	**taza**	taza	taza	taza

Mi mundo bilingüe

Las palabras que se parecen en español y en inglés muchas veces tienen el mismo significado.

Español	Inglés
pinta	**pint**
cuarto	**quart**
galón	**gallon**
capacidad	**capacity**

Consulta el **Glosario español–inglés**, páginas 569 a 582.

Education Place Visita eduplace.com/txmap, donde encontrarás el **glosario electrónico**.

Objetivo 6 de TAKS **TEKS** 4.15B Relacionar el lenguaje informal con el lenguaje y los símbolos matemáticos.

Capítulo 14 301

★ Objetivos 4 y 6 de **TAKS**

TEKS 4.11A Estimar y utilizar instrumentos de medición para determinar longitud (incluyendo perímetro), área, capacidad y peso/masa usando unidades del sistema internacional (SI o métrico) y el sistema inglés (usual).

4.11B Realizar conversiones sencillas entre diferentes unidades de longitud, entre diferentes unidades de capacidad y entre diferentes unidades de peso en el sistema de medida inglés (usual).

También 4.14D y 4.15B

Vocabulario de **TAKS**

capacidad

cuarto de galón (ct)

pinta (pt)

taza (tz)

galón (gal)

Materiales
Recipientes de una taza, una pinta, un cuarto y un galón

Aplícalo
Estimar y medir la capacidad en el sistema inglés (usual)

Objetivo Estimar y medir usando unidades de capacidad del sistema inglés (usual).

★ Explorar

Pregunta ¿Cómo puedes estimar y medir el tamaño del recipiente que necesitarás para contener un líquido?

La **capacidad** es la cantidad de líquido que puede contener un recipiente.

Imagina que llevas un **cuarto de galón** de jugo de naranja a un picnic. Si quieres poner el jugo en botellas de una **pinta**, ¿cuántas botellas puedes llenar?

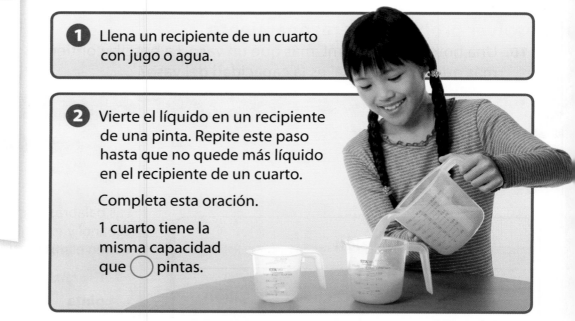

1 Llena un recipiente de un cuarto con jugo o agua.

2 Vierte el líquido en un recipiente de una pinta. Repite este paso hasta que no quede más líquido en el recipiente de un cuarto.

Completa esta oración.

1 cuarto tiene la misma capacidad que ◯ pintas.

Imagina que quieres 1 pinta de limonada pero que sólo tienes recipientes de una **taza**. Puedes hallar cuántas tazas son 1 pinta.

1 Vierte tazas de agua en un recipiente de una pinta.

2 Continúa agregando tazas de agua hasta que el recipiente esté lleno. Completa esta oración.

Se necesitan ◯ tazas para tener 1 pinta.

★ Extender

Ahora sabes cuánto ocupan una taza, una pinta y un cuarto de líquido.

Los **galones** se usan para medir la capacidad de cantidades más grandes de líquido. Un fregadero puede contener aproximadamente 10 galones de agua.

Escoge la unidad que usarías para medir la capacidad de cada recipiente. Escribe *taza, pinta, cuarto* o *galón*.

1.

2.

3.

4.

5.

6.

7. una cacerola

8. un basurero

9. un tazón

10. un florero

11. una cubeta

12. una ponchera

Escribir matemáticas

Explica Greg y Roya juntan agua de lluvia en un barril para un proyecto de ciencias. El barril es casi tan alto como ellos. Está lleno hasta la mitad. ¿Qué tipo de recipiente deben usar para medir el agua que hay en el barril con el menor número de pasos? Explica tu respuesta.

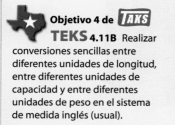

Objetivo 4 de TAKS

TEKS 4.11B Realizar conversiones sencillas entre diferentes unidades de longitud, entre diferentes unidades de capacidad y entre diferentes unidades de peso en el sistema de medida inglés (usual).

Vocabulario de TAKS

Conversiones del sistema inglés (usual)
2 tazas = 1 pinta
2 pintas = 1 cuarto de galón
2 cuartos de galón = medio galón
2 medio galones = 1 galón

Convertir unidades de capacidad del sistema inglés (usual)

Objetivo Convertir unidades de capacidad en el sistema inglés (usual).

★ Aprender con ejemplos

Los galones, los cuartos, las pintas y las tazas sirven para medir la capacidad, que es la cantidad de líquido que puede contener un recipiente.

galón			
medio galón		medio galón	
ct	ct	ct	ct
pt	pt	pt	pt	pt	pt	pt	pt
tz tz tz tz tz tz tz tz tz tz tz tz tz tz tz tz

La jarra de agua de Ángela tiene capacidad para 4 pintas de agua. ¿Cuántas tazas son? ¿Cuántos cuartos son?

Convierte pintas a tazas

Cuando conviertes de una unidad más grande a una unidad más pequeña, el número de unidades aumenta. Por lo tanto, debes multiplicar.

$$4 \times 2 = 8$$

número de pintas   tazas en 1 pinta   tazas en 4 pintas

Hay 8 tazas en 4 pintas.

Convierte pintas a cuartos de galón

Cuando conviertes de una unidad más pequeña a una unidad más grande, el número de unidades disminuye. Por lo tanto, debes dividir.

$$4 \div 2 = 2$$

número de pintas   pintas en 1 cuarto de galón   cuartos de galón en 4 pintas

Hay 2 cuartos en 4 pintas.

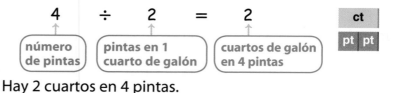

La jarra tiene capacidad para 8 tazas, o 2 cuartos, de agua.

Otros ejemplos

A. Tazas a pintas

10 tazas = ○ pintas

10 ÷ 2 = ○

10 tazas = ○ pintas

B. Galones a pintas

3 galones = ○ pintas

3 × ○ = ○

3 galones = ○ pintas

Analízalo

Las tazas son unidades más pequeñas que las pintas, por lo tanto, debes dividir.

Los galones son unidades más grandes que las pintas, por lo tanto, debes multiplicar.

★ Práctica guiada

Piénsalo

¿Estoy convirtiendo a una unidad más grande o más pequeña?

¿Debo multiplicar o dividir?

Halla los números que faltan.

1. 10 tz = _____ pt

2. _____ ct = 5 gal

3. 16 pt = _____ ct

4. 2 ct = _____ tz

5. 4 gal = _____ pt

6. 8 pt = _____ gal

Resolver problemas con ayuda

Usa las preguntas para resolver este problema.

7. Sandra hizo 2 cuartos de té. ¿Cuántas tazas hizo?

   a. Compréndelo ¿Cuántas tazas hay en un cuarto?

   b. Planéalo ¿Estás convirtiendo de una unidad más grande a una unidad más pequeña o de una unidad más pequeña a una unidad más grande?

   c. Resuélvelo Multiplica el número de cuartos de líquido por el número de tazas que hay en 1 cuarto.

   d. Verifícalo Completa la oración.

   Sandra tiene ○ tazas de té.

 Hablar de matemáticas Explica cómo hallar cuántas tazas hay en 1 cuarto de leche.

★ Practicar y resolver problemas

8. 14 tz = _____ pt

9. 8 gal = _____ ct

10. 9 pt = _____ tz

11. _____ ct = 10 pt

12. 4 pt = _____ ct

13. 16 tz = _____ ct

14. _____ pt = 2 gal

15. _____ gal = 16 ct

Resuelve los siguientes problemas.

16. Explica ¿Qué es más barato: 4 cuartos de alimento para plantas por $5.00 o medio galón por $3.00? Explica cómo hallaste la respuesta.

17. Jane tiene 5 tazas de salsa de tomate. Sam tiene 3 pintas y Bert tiene 1 cuarto de salsa de tomate. Ordena las cantidades de menor a mayor.

18. La clase del maestro Franco necesita 24 pintas de jugo para una excursión al faro de cabo Isabel. El jugo sólo viene en recipientes de un cuarto. ¿Cuántos recipientes de un cuarto necesitará la clase?

19. Reto Un galón de pintura cuesta $17.00. Un cuarto de pintura cuesta $6.00. La señora O'Hare necesita 10 cuartos de pintura. Describe la manera menos costosa en que la señora O'Hare puede comprar la pintura que necesita.

Conexión con las ciencias

Usa la gráfica para responder a las preguntas.

20. ¿Cuántos galones más de agua se usan para tomar un baño en la bañera que para tomar una ducha de 5 minutos?

21. Álgebra Escribe una oración numérica que muestre cuántos cuartos de agua se usan en dos cargas de lavaplatos.

22. ¿Cuántos cuartos más de agua se usan al tomar un baño en la bañera de los que se usan al tomar una ducha de cinco minutos y usar una carga del lavaplatos?

23. ¿Cuántas pintas de agua se usan en una ducha de cinco minutos?

24. Imagina que se necesitan 12 galones de agua para lavar a mano una carga de platos. ¿Cuántos cuartos de agua se ahorran si se lavan 7 cargas en un lavaplatos?

Datos divertidos

Uso del agua

En los Estados Unidos se usan aproximadamente 400 mil millones de galones de agua por día. Casi la mitad de esa cantidad se usa en centrales eléctricas.

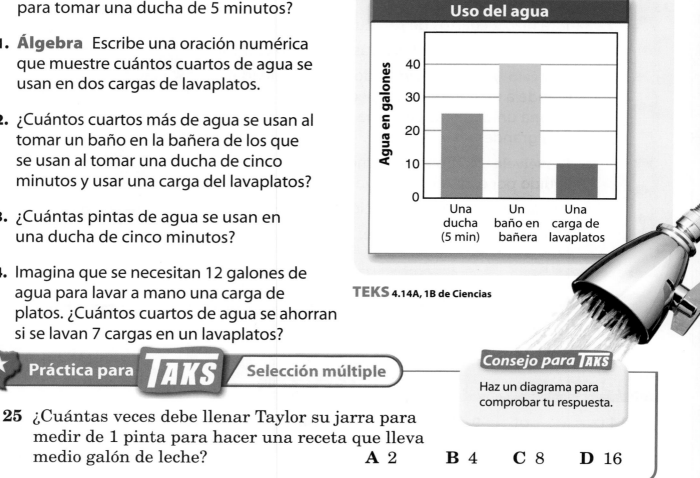

TEKS 4.14A, 1B de Ciencias

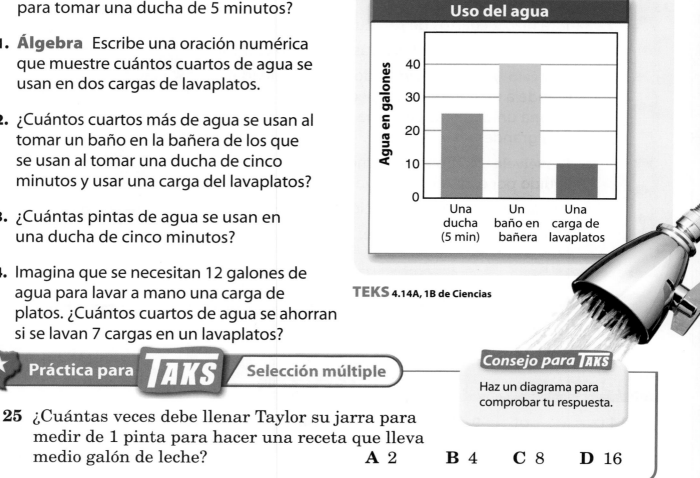

★ **Práctica para** ⟅**TAKS**⟆ **Selección múltiple**

Consejo para TAKS

Haz un diagrama para comprobar tu respuesta.

25 ¿Cuántas veces debe llenar Taylor su jarra para medir de 1 pinta para hacer una receta que lleva medio galón de leche? **A** 2   **B** 4   **C** 8   **D** 16

Enfriar el concreto

Por increíble que parezca, el concreto se seca, o cura, cuando se mezcla con agua. A medida que se cura, el concreto libera calor. Esta reacción produce calor. El excesivo calor hace que el concreto se debilite e incluso que pueda resquebrajarse. Se puede usar un líquido muy frío, el nitrógeno líquido, para enfriar el concreto mientras se cura. Esto hace que el concreto sea más resistente.

El concreto se enfría.

Usa tu calculadora para resolver el problema.

1. Una sección de un puente lleva aproximadamente 1,266,540 galones de una mezcla de concreto y nitrógeno líquido. Un camión mezclador de concreto tiene capacidad para 2,222 galones de mezcla. ¿Cuántos camiones mezcladores de concreto se necesitan para el proyecto?

2. ¿Cuántos cuartos de mezcla de concreto hay en un camión mezclador?

3. **Patrones** Un proveedor de concreto tiene 445,800 galones de mezcla de concreto. ¿Cuántos camiones mezcladores tiene el proveedor?

4. **Razonamiento algebraico** Un trabajador de la construcción usa aproximadamente 40 veces más concreto que nitrógeno líquido. Si usa 920,000 galones de concreto, ¿cuántos galones de nitrógeno líquido usa?

Los camiones de concreto mezclan el concreto mientras los camiones van por la carretera.

Objetivos 1, 4 y 6 de **TAKS**
TEKS 4.4E, 4.11B, 4.14A

Objetivos 4 y 6 de *TAKS*

TEKS 4.11A Estimar y utilizar instrumentos de medición para determinar longitud (incluyendo perímetro), área, capacidad y peso/masa usando unidades del sistema internacional (SI o métrico) y el sistema inglés (usual).

También 4.14D y 4.15B

Vocabulario de *TAKS*

litro (L)

mililitro (mL)

Materiales
• Jarra para medir en litros
• Agua

Aplícalo
Estimar y medir la capacidad en el sistema métrico (SI)

Objetivo Estimar y medir usando unidades de capacidad del sistema métrico.

★ Explorar

En la Lección 1 estimaste y mediste con unidades del sistema inglés (usual). Ahora aprenderás sobre las unidades de capacidad del sistema métrico.

Pregunta ¿Cómo puedes estimar y medir la capacidad con unidades del sistema métrico?

El **litro (L)** y el **mililitro (mL)** son unidades que se usan para medir la capacidad en el sistema métrico.

1 Busca tres recipientes que estimes que tengan una capacidad de aproximadamente 1 litro de líquido cada uno.

2 Llena una jarra para medir en litros con algún líquido. Viértelo en cada uno de los recipientes que escogiste. Completa la siguiente tabla.

Recipiente	Más o menos que 1 litro
A	
B	
C	

3 Decide si la capacidad de cada recipiente es mayor, menor o igual que un litro.

¿La capacidad de qué recipiente se acerca más a un litro?

★ Extender

Has comparado la capacidad de recipientes hasta 1 litro.
Imagina que intentas dividir un recipiente de 1 litro en 1,000 partes.
Si pudieras hacerlo, una de esas partes mediría 1 mililitro.
Los mililitros se usan para medir capacidades muy pequeñas.

Escoge la mejor estimación de capacidad para cada recipiente.

1.

a. 20 mL
b. 20 L

2.

a. 400 mL
b. 400 L

3.

a. 250 mL
b. 25 L

4.

a. 8 mL
b. 8 L

5.

filtro
solar

*

a. 215 mL
b. 215 L

6.

a. 280 mL
b. 28 L

Escoge la mejor unidad para medir cada capacidad.
Escribe *mililitros* o *litros*.

7. una jarra

8. una cuchara

9. jugo de un limón

10. un vaso de leche

11. agua en botella

12. un globo de agua

Escribir matemáticas

Diario de matemáticas

13. Encuentra el error Ali sabe que es importante beber mucha agua para mantenerse sana. Anotó la cantidad de agua que bebió en un día y dice que bebió 4 mililitros de agua. Explica cuál fue su error.

Objetivos 4 y 6 de *TAKS*

TEKS 4.14C Seleccionar o desarrollar un plan o una estrategia de resolución de problemas apropiado en el que el estudiante haga un dibujo, busque un patrón, adivine y compruebe sistemáticamente, haga una dramatización, elabore una tabla, resuelva un problema más sencillo o trabaje desde el final hasta el principio para resolver un problema.

Resolver problemas
Adivina y comprueba

Objetivo Usar la estrategia de adivinar y comprobar para resolver un problema.

★ Razonar y aprender

Los 20 estudiantes de la clase de la maestra Pham salen de excursión. Almorzarán al aire libre. Todos los excursionistas, incluso la maestra Pham, comen una hamburguesa de 4 onzas o un perro caliente de 2 onzas.

Si la carne que lleva la maestra Pham para el almuerzo pesa 66 onzas en total, ¿cuántas hamburguesas y perros calientes podrán comer los excursionistas?

COMPRÉNDELO

- En total, las 21 hamburguesas y perros calientes pesan 66 onzas.
- Cada perro caliente pesa 2 onzas y cada hamburguesa, 4 onzas.

PLANÉALO

Prueba dos números y luego comprueba si son correctos. Si no lo son, usa el resultado para mejorar tu próximo intento.

RESUÉLVELO

Usa el resultado para hacer tu próximo intento.

	Intento 1		Intento 2		Intento 3	
	almuerzo	peso	almuerzo	peso	almuerzo	peso
hamburguesas	14	56	11	44	12	48
perros calientes	7	14	10	20	9	18
Totales	21	73	21	64	21	66

Almuerzan 9 perros calientes y 12 hamburguesas.

VERIFÍCALO

¿Coincide la solución con los datos del problema?

★ **Resolver problemas con ayuda**

Usa las siguientes preguntas para resolver el problema.

1. Tim y Jared llevaron cuerdas a una excursión. Tim llevó 8 pies más que Jared. Entre los dos tienen 104 pies de cuerda. ¿Cuánta cuerda llevó cada uno?

   a. **Compréndelo** ¿Qué datos conoces?

   b. **Planéalo/Resuélvelo** Puedes adivinar y comprobar sistemáticamente. Si Tim llevó 50 pies, entonces Jared llevó ◯ pies. Si tu respuesta no es correcta, vuelve a adivinar. ¿Cuánta cuerda llevó cada uno?

   c. **Verifícalo** ¿Coincide tu respuesta con la información con la que comenzaste?

Conexión con la salud

Usa la etiqueta con información nutricional para resolver los problemas.

2. Durante una caminata agotadora, Eloise comió 3 barras Granola Snax. ¿Cuántas calorías le aportaron las barras?

3. Un gramo de proteína contiene cerca de 4 calorías de energía alimenticia. Aproximadamente, ¿cuántas calorías de proteína aporta una barra Granola Snax?

4. **Reto** John compró 15 barras energéticas para una caminata. Una marca de barras tenía 180 calorías por barra. Las otras barras eran barras Granola Snax. En total, las barras tenían 3,500 calorías. ¿Cuántas eran barras Granola Snax?

Información nutricional

Tamaño de la porción 1 barra (65 g)
Calorías 280
   Calorías grasas 80

Cantidad por porción

Grasas totales 9 g
   Grasas saturadas 5 g
   Grasas trans 0 g
Colesterol < 5 mg
Sodio 150 mg

Cantidad por porción

Potasio 190 mg
Carbohidratos totales 40 g
   Fibra dietética 1 g
   Azúcares 18 g
Proteína 10 g

TEKS 1B de Salud

Leer y escribir **matemáticas**

Vocabulario de TAKS

Los **galones**, los **cuartos de galón**, las **pintas** y las **tazas** están relacionados entre sí. Usa la siguiente tabla para mostrar la relación que hay entre ellos.

Completa la tabla.

Unidades de capacidad del sistema inglés (usual)

1 galón = _____ cuartos de galón = _____ pintas = _____ tazas

¿Qué unidad usarías . . .

4. para regar una planta?

5. para llenar una piscina?

Los **litros** y los **mililitros** están relacionados. Usa la siguiente tabla para mostrar la relación que hay entre ellos.

Unidades de capacidad del sistema métrico (SI)

_____ litro = 1,000 mililitros

¿Qué unidad usarías . . .

6. para medir cuánta medicina tomar?

7. para preparar una jarra de limonada?

Escribir ¿Cuánta leche bebes durante el fin de semana? Estima cuánta leche bebes cada día. Explica cómo estimaste el total. Luego anota y suma las cantidades. ¿Cuánto bebiste?

Leer Busca libros relacionados con este concepto en tu biblioteca.

Objetivo 6 de TAKS
TEKS 4.15A Explicar y anotar observaciones utilizando objetos, palabras, dibujos, números y tecnología.

4.15B Relacionar el lenguaje informal con el lenguaje y los símbolos matemáticos.

Práctica adicional basada en los estándares

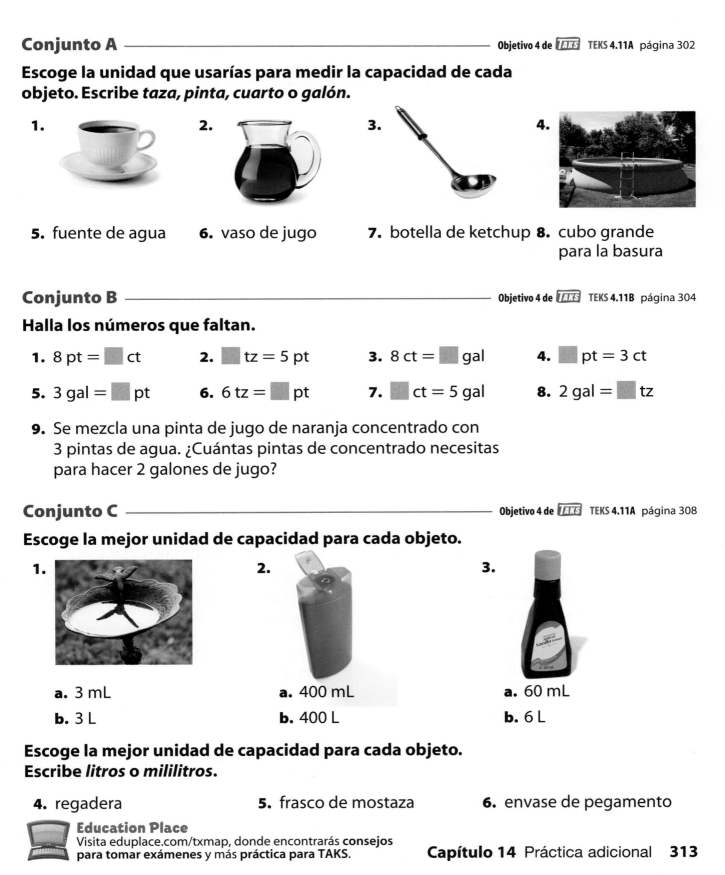

Conjunto A — Objetivo 4 de TAKS TEKS 4.11A página 302

Escoge la unidad que usarías para medir la capacidad de cada objeto. Escribe *taza, pinta, cuarto* o *galón*.

1.

2.

3.

4.

5. fuente de agua   **6.** vaso de jugo   **7.** botella de ketchup **8.** cubo grande para la basura

Conjunto B — Objetivo 4 de TAKS TEKS 4.11B página 304

Halla los números que faltan.

1. 8 pt = ▮ ct   **2.** ▮ tz = 5 pt   **3.** 8 ct = ▮ gal   **4.** ▮ pt = 3 ct

5. 3 gal = ▮ pt   **6.** 6 tz = ▮ pt   **7.** ▮ ct = 5 gal   **8.** 2 gal = ▮ tz

9. Se mezcla una pinta de jugo de naranja concentrado con 3 pintas de agua. ¿Cuántas pintas de concentrado necesitas para hacer 2 galones de jugo?

Conjunto C — Objetivo 4 de TAKS TEKS 4.11A página 308

Escoge la mejor unidad de capacidad para cada objeto.

1.

2.

3.

a. 3 mL

b. 3 L

a. 400 mL

b. 400 L

a. 60 mL

b. 6 L

Escoge la mejor unidad de capacidad para cada objeto. Escribe *litros* o *mililitros*.

4. regadera   **5.** frasco de mostaza   **6.** envase de pegamento

Education Place
Visita eduplace.com/txmap, donde encontrarás **consejos para tomar exámenes** y más **práctica para TAKS**.

Capítulo 14 Práctica adicional   **313**

Repaso/Examen del capítulo

Vocabulario y conceptos

Objetivos 4 y 6 de TAKS   TEKS 4.11A, 4.11B, 4.15B

Escoge el mejor término para completar las oraciones.

1. Dos _____ equivalen a 1 pinta.

2. Un _____ equivale a 1,000 mililitros.

3. La cantidad que puede contener un recipiente es su _____.

4. Cuatro cuartos de galón equivalen a un _____.

Escoge la unidad que usarías para medir la capacidad de los objetos. Escribe *taza, pinta, cuarto* o *galón*.

5. una cacerola pequeña   **6.** una lavadora   **7.** una botella de agua

Escoge la mejor unidad de capacidad. Escribe *litro* o *mililitro*.

8. una pecera   **9.** un tubo de pasta dentífrica **10.** una lata de sopa

Halla los números que faltan.

11. _____ ct = 3 gal   **12.** 12 pt = _____ ct   **13.** 12 pt = _____ tz

14. _____ gal = 16 ct   **15.** 3 ct = _____ tz   **16.** _____ pt = 2 gal

Resolver problemas y razonamiento

Objetivos 4 y 6 de TAKS   TEKS 4.11A, 4.11B, 4.14A, 4.14B, 4.14C, 4.16B

17. Charlie y María están organizando una fiesta. Para el refresco de frutas, necesitan 1 galón de jugo de naranja, 2 cuartos de jugo de arándano y 3 pintas de agua con gas. ¿Cuántas tazas de refresco tendrán?

18. A Jan le regalaron una cantimplora. Le dijo a Miguel: "¡Es métrica! Tiene capacidad para 500 litros". Miguel contestó: "Eso no puede ser correcto. Querrás decir 500 mililitros". ¿Quién tiene razón? Explica.

19. Una clase necesita 1 galón de pintura azul, 1 pinta de pintura marrón y 5 cuartos de pintura verde. Ordena las cantidades de mayor a menor.

20. La mamá de Nikki es 24 pulgadas más alta que Nikki. Entre las dos, miden 112 pulgadas. ¿Cuánto miden Nikki y su mamá?

Diario de matemáticas

Escribir matemáticas Cuando conviertes de una unidad pequeña a una unidad más grande, ¿el número de las unidades aumenta o disminuye? Da un ejemplo.

Preparación para TAKS y repaso frecuente

1 ¿Qué medida representa mejor la capacidad de un tarro?

A 1 taza

B 5 tazas

C 1 galón

D 5 galones

Objetivo 4 de TAKS TEKS **411A** página 302

2 ¿Qué medida representa mejor la capacidad de un cubo de basura?

F 10 mL

G 50 mL

H 10 L

J 50 L

Objetivo 2 de TAKS TEKS **4.6B** página 188

3 Damon leyó 6 libros. Cada libro tenía 60 páginas. ¿Cuántas páginas leyó Damon?

A 10

B 36

C 360

D 3,600

Objetivo 4 de TAKS TEKS **4.11A** página 308

4 Los relojes muestran a qué hora comenzó y a qué hora terminó Donna su clase.

¿Cuál de las siguientes opciones muestra cuánto duró la clase de Donna?

F 30 minutos

G 2 horas 30 minutos

H 3 horas 30 minutos

J 6 horas 15 minutos

Objetivo 4 de TAKS TEKS **4.12B** página 124

5 **Respuesta con cuadrícula** Los relojes muestran la hora a la que Kendra salió a una excursión y la hora a la que regresó.

¿Cuántas horas duró la excursión de Kendra?

Objetivo 4 de TAKS TEKS **4.12B** página 124

Education Place
Visita eduplace.com/txmap, donde encontrarás **consejos para tomar exámenes** y más **práctica para TAKS**.

Examen de la Unidad 6

Vocabulario y conceptos ———————————— Objetivo 4 de *TAKS* TEKS 4.11A, 4.11E

Escoge la mejor palabra para completar las oraciones.

1. Un cuarto de galón es una unidad que mide la _____.

2. Hay 2,000 _____ en una tonelada.

3. El _____ de un objeto depende de la gravedad.

4. El _____ es una unidad del sistema métrico que mide distancias grandes.

Escoge la unidad de medida más adecuada para cada caso.

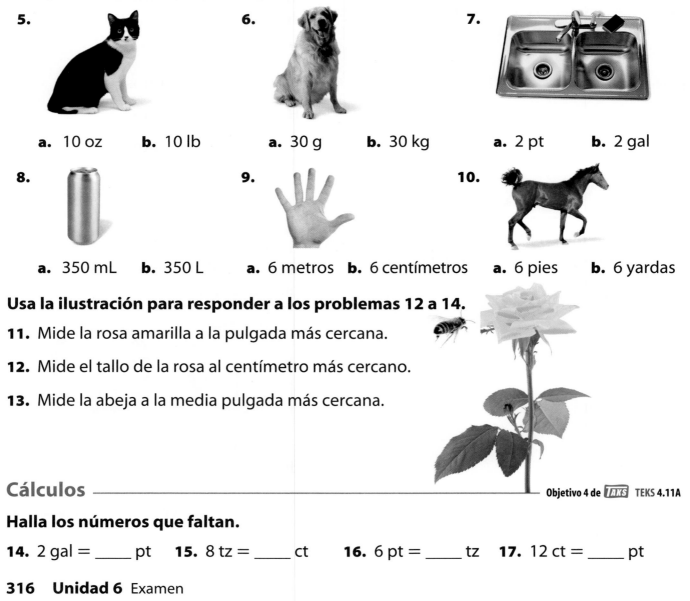

5.
  a. 10 oz   **b.** 10 lb

6.
  a. 30 g   **b.** 30 kg

7.
  a. 2 pt   **b.** 2 gal

8.
  a. 350 mL   **b.** 350 L

9.
  a. 6 metros   **b.** 6 centímetros

10.
  a. 6 pies   **b.** 6 yardas

Usa la ilustración para responder a los problemas 12 a 14.

11. Mide la rosa amarilla a la pulgada más cercana.

12. Mide el tallo de la rosa al centímetro más cercano.

13. Mide la abeja a la media pulgada más cercana.

Cálculos ———————————————— Objetivo 4 de *TAKS* TEKS 4.11A

Halla los números que faltan.

14. 2 gal = ____ pt   **15.** 8 tz = ____ ct   **16.** 6 pt = ____ tz   **17.** 12 ct = ____ pt

Resolver problemas y razonamiento

Objetivo 4 de TAKS   TEKS 4.11A

18. Paolo tiene un termo de 4 cuartos de galón. ¿Cuántas tazas caben en el termo?

19. La señora Rogers pesa 126 libras. ¿Cuál es su peso en la Luna?

¡LAS GRANDES IDEAS!

Escribir matemáticas ¿Tienen la misma capacidad un litro de rocas pequeñas y un litro de palomitas de maíz? ¿Tienen el mismo peso un litro de rocas y un litro de palomitas de maíz? Explica tu respuesta.

Evaluar el rendimiento

Objetivos 4 y 6 de TAKS   TEKS 4.11A, 4.11B, 4.14B, 4.14C

Organizar una fiesta

Deanna necesita organizar todo para una fiesta.

Tarea	Información que necesitas
Necesita $1\frac{1}{2}$ metros de tela para hacer un mantel. Necesita mezclar $\frac{1}{2}$ litro de jugo y 4 tazas de sorbete para hacer refrescos de frutas. Por último, necesita medir $\frac{1}{4}$ de libra de mantequilla de un pan de mantequilla para hacer pasteles. Ayúdala a medir la cantidad correcta de tela, jugo, sorbete y mantequilla. Explica tus respuestas.	Deanna no tiene una regla con marcas ni jarras para medir, pero sí tiene una balanza.
	Deanna tiene una vara de 25 cm de longitud.
	Tiene una botella de 2 litros vacía y limpia.
	Tiene un tarro limpio de un cuarto de galón.
	Tiene un paquete de frijoles de 1 libra.

Frijoles 1 lb

Agua 2 litros

Por once es fácil multiplicar: ¡sólo la suma debes insertar!

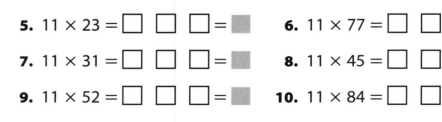

"Conozco una manera rápida de multiplicar 11 × 45. Separo 45 y ubico el 4 en el lugar de las centenas y el 5 en el lugar de las unidades. Luego inserto la suma de ellos en el medio, en el lugar de las decenas, y obtengo 495. ¡Si la suma es mayor que 9, sólo reagrupo!"

Multiplica por 11

1. $11 \times 45 =$ [4] [9] [5] = ■ (100 10 1)

2. $11 \times 66 =$ [6] [12] [6] = ■ (100 10 1)

3. $11 \times 24 =$ [2] [ ] [4] = ■ (100 10 1)

4. $11 \times 88 =$ [8] [ ] [8] = ■ (100 10 1)

¡Maravilloso! ¡Vas por buen camino!

5. $11 \times 23 =$ [ ] [ ] [ ] = ■

6. $11 \times 77 =$ [ ] [ ] [ ] = ■

7. $11 \times 31 =$ [ ] [ ] [ ] = ■

8. $11 \times 45 =$ [ ] [ ] [ ] = ■

9. $11 \times 52 =$ [ ] [ ] [ ] = ■

10. $11 \times 84 =$ [ ] [ ] [ ] = ■

¡Bravo!

¡Sigue adelante!

¡Ahora inténtalo siguiendo todos los pasos mentalmente!

11. 11×63 **12.** 11×75 **13.** 11×57 **14.** 11×99

Figuras geométricas

¡LAS GRANDES IDEAS!

- Dos líneas pueden ser paralelas o intersecantes.
- Los polígonos se definen según sus lados y ángulos.
- Se pueden usar transformaciones para comprobar la congruencia y la simetría de las figuras.

Capítulo 15
Identificar y describir figuras geométricas

Capítulo 16
Relaciones entre figuras

Canciones y juegos

Música y matemáticas
Pista 7

Libritos de matemáticas

- Patinando entre figuras
- Una imagen idéntica

Comenzar con un Juego

Tangramas

Objetivo del juego Crear y resolver rompecabezas de tangramas.

Materiales

Recurso de enseñanza 13 o un conjunto de piezas de tangrama

Número de jugadores 2

Preparación
Recorta las piezas de tangrama del Recurso de enseñanza 13.

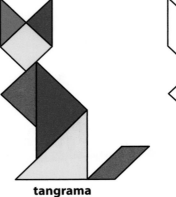

tangrama   **contorno**

Cómo se juega

1 Ambos jugadores hacen una figura con las piezas del tangrama y trazan el contorno. Las piezas no se pueden superponer. Al menos algunas de ellas deben colocarse unidas por las aristas.

Pista
Haz un esquema de tu diseño para recordarlo.

2 Se quitan las piezas y se mezclan. Los jugadores intercambian los contornos. El primer jugador que completa el diseño del otro jugador, gana 1 punto.

3 Se repiten los pasos 1 y 2 por turnos. Se juegan 4 rondas. Gana el jugador que obtenga más puntos.

Objetivo 6 de TAKS
TEKS 4.14D Utilizar herramientas tales como objetos reales, manipulativos y tecnología para resolver problemas.

4.15A Explicar y anotar observaciones utilizando objetos, palabras, dibujos, números y tecnología.

Education Place
Visita eduplace.com/txmap, donde encontrarás **acertijos**.

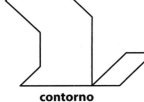

Leer

El vocabulario es importante en el lenguaje diario. Las matemáticas también tienen su propio conjunto de palabras que necesitas aprender.

 Las palabras de matemáticas tienen significados precisos. Los siguientes polígonos tienen el número exacto de lados y vértices que indican sus nombres.

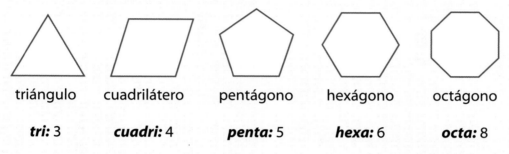

triángulo	cuadrilátero	pentágono	hexágono	octágono
tri: 3	*cuadri:* 4	*penta:* 5	*hexa:* 6	*octa:* 8

2 **Debes conocer el lenguaje de las matemáticas para seguir aprendiendo.** En matemáticas, aprendes cosas nuevas en todos los grados. En cada capítulo y lección aprendes temas nuevos. En matemáticas, siempre te basas en lo que ya sabes.

Escribir

Da un vistazo a los capítulos 15 y 16. Haz una lista de las palabras que están resaltadas o en negrita. Escribe "sí" junto a las palabras que conoces. Escribe "no" junto a las palabras nuevas. Ten la lista a mano mientras estudias las lecciones. ¡Convierte cada "no" en un "sí"!

¡Llevo un registro de todas las palabras de matemáticas que aprendo!

Identificar y describir figuras geométricas

Edificios de Dallas, Texas

Banco de palabras

cuadrado
cuadrilátero
pentágono
rectángulo
triángulo

Vocabulario y conceptos

Escoge la mejor palabra para completar las oraciones. Grado 3

1. Un polígono con tres lados es un ____.

2. Un polígono con cuatro lados de la misma longitud es un ____.

3. Cualquier polígono con cuatro lados se llama ____.

Escribe el número de vértices de cada figura. Grado 3

4.   5.   6.   7.

Dibuja un polígono para cada descripción. Identifica el polígono que dibujes. Grado 3

8. un polígono con cinco vértices

9. un polígono con tres lados

Resolver problemas y razonamiento Grado 3

10. Usa por lo menos tres nombres que describan esta figura.

Vocabulario de TAKS

¡Visualízalo!

triángulo
3 ángulos
y 3 lados

cuadrilátero
4 ángulos
y 4 lados

Polígonos
• figuras de dos dimensiones
• 3 o más segmentos de línea

pentágono
5 ángulos
y 5 lados

hexágono
6 ángulos
y 6 lados

Education Place Visita eduplace.com/txmap, donde encontrarás el **glosario electrónico**.

Mi mundo bilingüe

Usa el prefijo de una palabra para entender su significado. Por ejemplo, *tri-, cuadri-, penta-* y *hexa-* significan *tres, cuatro, cinco* y *seis*.

Las palabras que se parecen en español y en inglés muchas veces tienen el mismo significado.

Español	Inglés
polígono	polygon
triángulo	triangle
cuadrilátero	quadrilateral
pentágono	pentagon
hexágono	hexagon

Consulta el **Glosario español–inglés**, páginas 569 a 582.

★ **Objetivo 6 de TAKS** **TEKS** 4.15B Relacionar el lenguaje informal con el lenguaje y los símbolos matemáticos.

Capítulo 15   323

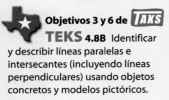
Objetivos 3 y 6 de *TAKS*

TEKS 4.8B Identificar y describir líneas paralelas e intersecantes (incluyendo líneas perpendiculares) usando objetos concretos y modelos pictóricos.

4.16A Hacer generalizaciones de patrones o de conjuntos de ejemplos y contraejemplos.

También 4.14A, 4.14D y 4.15B

Vocabulario de *TAKS*

líneas paralelas

líneas perpendiculares

líneas intersecantes

Materiales
Palillos o popotes

Aplícalo
Figuras geométricas

Objetivo Identificar y describir líneas paralelas e intersecantes.

★ Explorar

Las cosas que ves a diario pueden ser ejemplos de figuras geométricas. Por ejemplo, una raya continua pintada en el medio de una carretera recta es un modelo de línea. Describe los pares de segmentos de línea que ves en estos edificios.

Pregunta ¿Puedes usar modelos para identificar características de los pares de líneas?

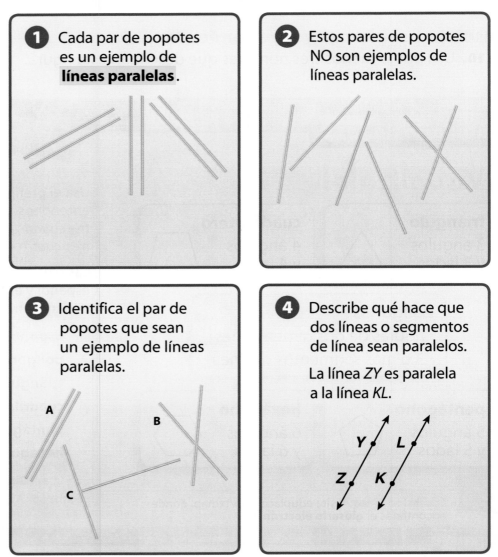

1 Cada par de popotes es un ejemplo de **líneas paralelas**.

2 Estos pares de popotes NO son ejemplos de líneas paralelas.

3 Identifica el par de popotes que sean un ejemplo de líneas paralelas.

A

B

C

4 Describe qué hace que dos líneas o segmentos de línea sean paralelos.

La línea ZY es paralela a la línea KL.

Y   L

Z   K

1 Cada par de popotes es un ejemplo de **líneas perpendiculares**.

2 Estos pares de popotes NO son ejemplos de líneas perpendiculares.

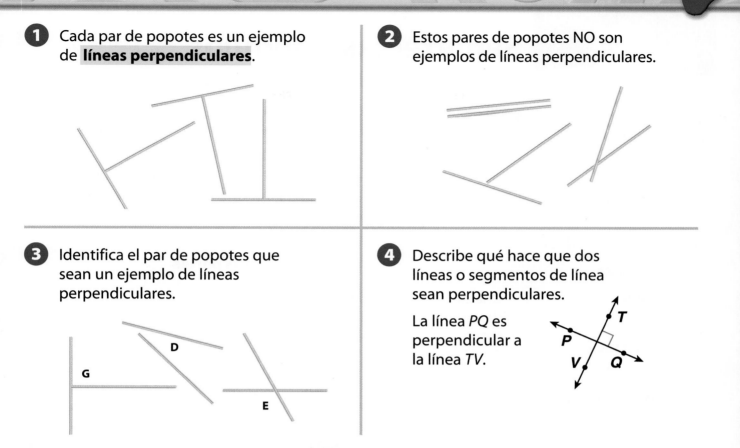

3 Identifica el par de popotes que sean un ejemplo de líneas perpendiculares.

4 Describe qué hace que dos líneas o segmentos de línea sean perpendiculares.

La línea *PQ* es perpendicular a la línea *TV*.

Las líneas que se cruzan entre sí son **intersecantes**.

La línea *EF* y la línea *GH* se intersecan en el punto *J*.

★ **Extender**

1. Coloca palillos o popotes sobre un ejemplo de líneas paralelas en los edificios. Ahora busca líneas intersecantes.

2. Coloca palillos o popotes sobre un ejemplo de líneas perpendiculares en los edificios.

3. Con una regla, haz un dibujo que incluya pares de líneas paralelas, intersecantes y perpendiculares. Rotula y describe los pares de segmentos de línea que usas.

Escribir matemáticas

Justifica ¿Todas las líneas intersecantes son también líneas perpendiculares? Explica por qué.

Objectivos 3 y 6 de TAKS

TEKS 4.8A Identificar y describir los ángulos rectos, agudos y obtusos.

También 4.15B

Vocabulario de TAKS

- **semirrecta**
- **ángulo**
- **vértice**
- **ángulo recto**
- **ángulo obtuso**
- **ángulo agudo**

Semirrectas y ángulos

Objetivo Identificar y describir ángulos rectos, agudos y obtusos.

★ Aprender con ejemplos

En la Lección 1 usaste palillos o popotes para representar líneas intersecantes. Las líneas intersecantes forman ángulos. Los ángulos se clasifican según el tamaño de la abertura entre las semirrectas.

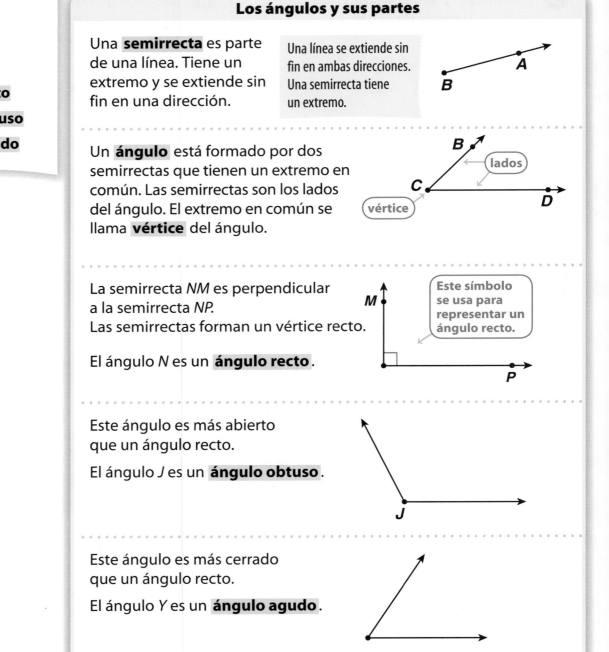

Los ángulos y sus partes

Una **semirrecta** es parte de una línea. Tiene un extremo y se extiende sin fin en una dirección.

Una línea se extiende sin fin en ambas direcciones. Una semirrecta tiene un extremo.

Un **ángulo** está formado por dos semirrectas que tienen un extremo en común. Las semirrectas son los lados del ángulo. El extremo en común se llama **vértice** del ángulo.

La semirrecta *NM* es perpendicular a la semirrecta *NP*.
Las semirrectas forman un vértice recto.

El ángulo *N* es un **ángulo recto**.

Este símbolo se usa para representar un ángulo recto.

Este ángulo es más abierto que un ángulo recto.

El ángulo *J* es un **ángulo obtuso**.

Este ángulo es más cerrado que un ángulo recto.

El ángulo *Y* es un **ángulo agudo**.

★ Práctica guiada

Clasifica los ángulos como agudo, obtuso o recto.

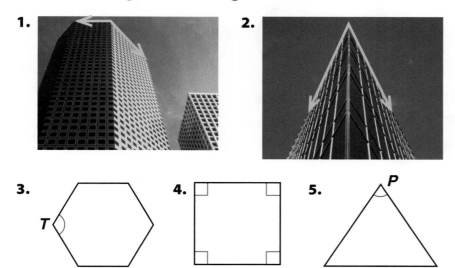

1.

2.

3.

4.

5.

Piénsalo

- ¿El ángulo forma un vértice recto?
- ¿El ángulo es *más* o *menos* abierto que un ángulo recto?

Resuelve.

6. Rosa dibuja una figura de cuatro lados. Uno de sus ángulos es un ángulo obtuso. ¿Tiene que haber otro ángulo obtuso en la figura? Explica o dibuja para mostrar tu solución.

(123) Hablar de matemáticas ¿Un ángulo más abierto que un ángulo agudo debe ser un ángulo obtuso? ¿Por qué?

★ Practicar y resolver problemas

Clasifica los ángulos como agudo, obtuso o recto.

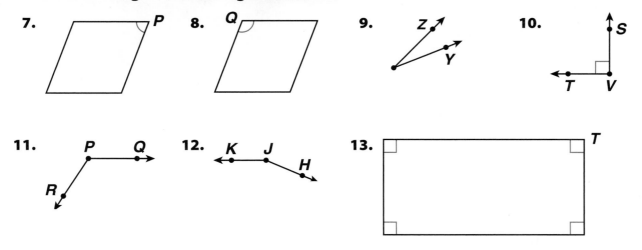

7.

8.

9.

10.

11.

12.

13.

Usa los relojes para resolver el ejercicio 14.

14. ¿Qué hora es en el reloj cuyas manecillas forman

    a. un ángulo recto?

    b. un ángulo obtuso?

    c. un ángulo agudo?

Observa las señales de tránsito. Identifica los ángulos de cada figura como agudo, obtuso o recto.

15.

16.

17.

 Conexión con la información

Usa la fotografía del Museo de Arte Geométrico y Madi. **Dibuja sobre partes de la fotografía para mostrar un ejemplo de cada una de las siguientes opciones.**

18. un ángulo agudo

19. un ángulo obtuso

20. líneas paralelas

21. líneas perpendiculares

22. Un grupo de estudiantes llegan al Museo de Arte Geométrico y Madi a las 3:45 p.m. El museo está abierto hasta las 8:00 p.m. ¿Cuánto tiempo pueden estar los estudiantes en el museo?

Museo de Arte Geométrico y Madi, Dallas, TX

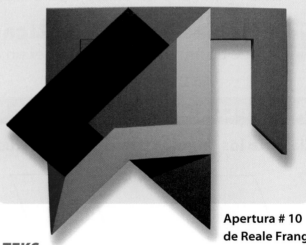

Apertura # 10 de Reale Frangi

TEKS 4.14A

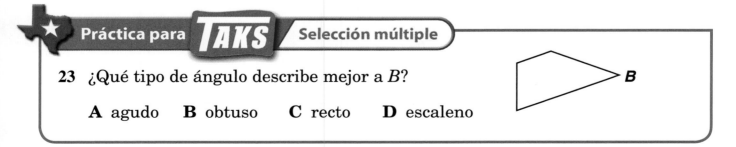

Práctica para *TAKS* **Selección múltiple**

23 ¿Qué tipo de ángulo describe mejor a *B*?

    A agudo   **B** obtuso   **C** recto   **D** escaleno

Dibujar una bandera

Usa un programa de dibujo en una computadora para hacer una bandera de Texas.

1 Dibuja una línea vertical de 4 pulgadas de largo. Rotúlala Línea 1.

2 Dibuja una segunda línea, también de 4 pulgadas de largo, que sea paralela a la primera línea y que esté 2 pulgadas a la derecha de esa línea. Rotúlala Línea 2.

3 Comienza en la parte superior de la Línea 1. Dibuja una línea horizontal de 6 pulgadas de largo que sea perpendicular a las Líneas 1 y 2. Rotúlala Línea 3.

4 Comienza en la parte inferior de la Línea 1. Dibuja una segunda línea horizontal de 6 pulgadas de largo que sea paralela a la Línea 3 y perpendicular a las Líneas 1 y 2. Rotúlala Línea 4.

5 Dibuja una línea vertical que una el extremo de la Línea 3 con el extremo de la Línea 4. Rotúlala Línea 5. Ahora deberías tener un rectángulo grande con una línea vertical que lo divida en un rectángulo más pequeño y un cuadrado.

6 Ubica el mouse sobre la Línea 2 en un punto ubicado a 2 pulgadas de distancia de la Línea 3. Dibuja una línea horizontal hasta la línea 5. Rotúlala Línea 6.

7 En el rectángulo pequeño, entre la Línea 1 y la Línea 2, dibuja una estrella de 5 puntas. Es posible que haya una herramienta de estrellas en el programa.

8 Imprime el dibujo. Colorea los espacios de manera correcta para que el dibujo se parezca a la bandera del estado de Texas.

Objetivo 6 de **TAKS**
TEKS 4.14D

Objetivos 3 y 6 de TAKS

TEKS 4.8A Identificar y describir los ángulos rectos, agudos y obtusos.

4.8B Identificar y describir líneas paralelas e intersecantes (incluyendo líneas perpendiculares) usando objetos concretos y modelos pictóricos.

4.8C Utilizar atributos esenciales para definir figuras geométricas de dos y tres dimensiones.

También 4.15B

Vocabulario de TAKS

- **polígono**
- **lados**
- **vértice**
- **cuadrilátero**
- **pentágono**
- **hexágono**
- **octágono**
- **trapecio**
- **paralelogramo**
- **rombo**
- **figura de dos dimensiones**

Cuadriláteros y otros polígonos

Objetivo Usar atributos para definir figuras de dos dimensiones.

★ Aprender con ejemplos

Observa las figuras de la siguiente ilustración.
¿Cómo describirías esas figuras?

Dallas, Texas

Un **polígono** es una figura plana y cerrada formada por tres o más segmentos de línea llamados **lados**. El punto donde se encuentran los lados de un polígono se llama **vértice**.

A los polígonos se los puede nombrar según el número de lados que tienen.

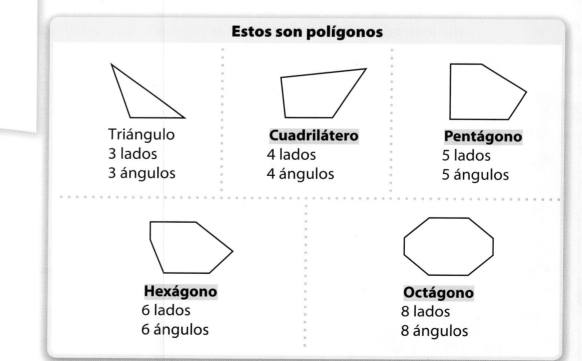

Estos son polígonos

Triángulo
3 lados
3 ángulos

Cuadrilátero
4 lados
4 ángulos

Pentágono
5 lados
5 ángulos

Hexágono
6 lados
6 ángulos

Octágono
8 lados
8 ángulos

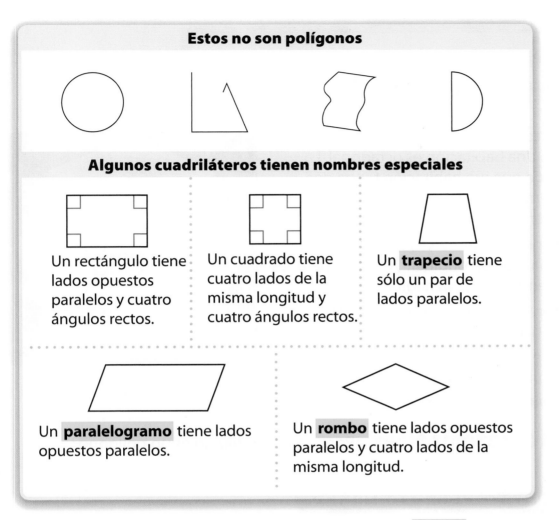

Estos no son polígonos

Algunos cuadriláteros tienen nombres especiales

Un rectángulo tiene lados opuestos paralelos y cuatro ángulos rectos.

Un cuadrado tiene cuatro lados de la misma longitud y cuatro ángulos rectos.

Un **trapecio** tiene sólo un par de lados paralelos.

Un **paralelogramo** tiene lados opuestos paralelos.

Un **rombo** tiene lados opuestos paralelos y cuatro lados de la misma longitud.

Una figura como un octágono o un triángulo es una **figura de dos dimensiones** . Una figura de dos dimensiones es una figura que tiene longitud y ancho.

★ Práctica guiada

Nombre los polígonos. Si el polígono es un cuadrilátero, escribe todos los nombres que correspondan.

1.
2.
3.
4.

5. ¿Cuántos lados tiene un octágono?

6. ¿Cómo se llama una figura que tiene cuatro lados y cuatro vértices?

Piénsalo

- ¿Cuántos lados tiene el polígono?
- Si tiene cuatro lados, ¿tiene lados paralelos o ángulos rectos?

Resolver problemas con ayuda

Usa las siguientes preguntas para resolver este problema.

7. Un arquitecto está dibujando planos para una casa nueva. Una habitación es octagonal. La dueña decide que esa habitación tenga dos paredes menos. ¿Qué forma tendrá la nueva habitación en el plano?

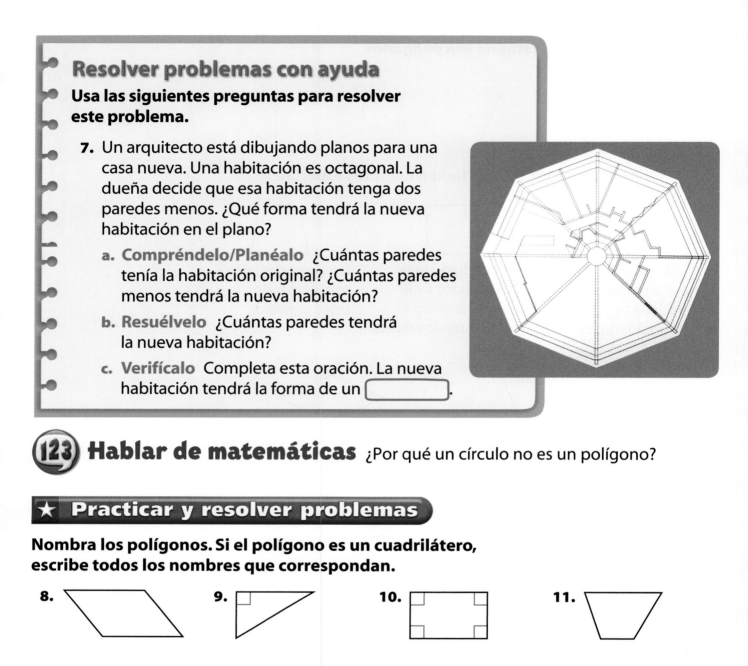

a. Compréndelo/Planéalo ¿Cuántas paredes tenía la habitación original? ¿Cuántas paredes menos tendrá la nueva habitación?

b. Resuélvelo ¿Cuántas paredes tendrá la nueva habitación?

c. Verifícalo Completa esta oración. La nueva habitación tendrá la forma de un ☐.

123 Hablar de matemáticas ¿Por qué un círculo no es un polígono?

★ Practicar y resolver problemas

Nombra los polígonos. Si el polígono es un cuadrilátero, escribe todos los nombres que correspondan.

8. 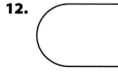 **9.** **10.** **11.**

Indica si la figura es un polígono.

12. 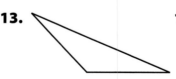 **13.** **14.**  **15.**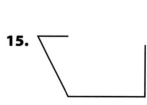

Resuelve.

16. Razonamiento Tengo un número par de lados. Tengo más lados que un pentágono, pero menos lados que un octágono.

17. Reto ¿Por qué no hay polígonos con menos de tres lados? Haz un dibujo y explica tu razonamiento.

Nombra los polígonos.

18. Tengo cinco lados de diferente longitud. Tengo cinco vértices.

19. Tengo un lado menos y un vértice menos que un cuadrilátero.

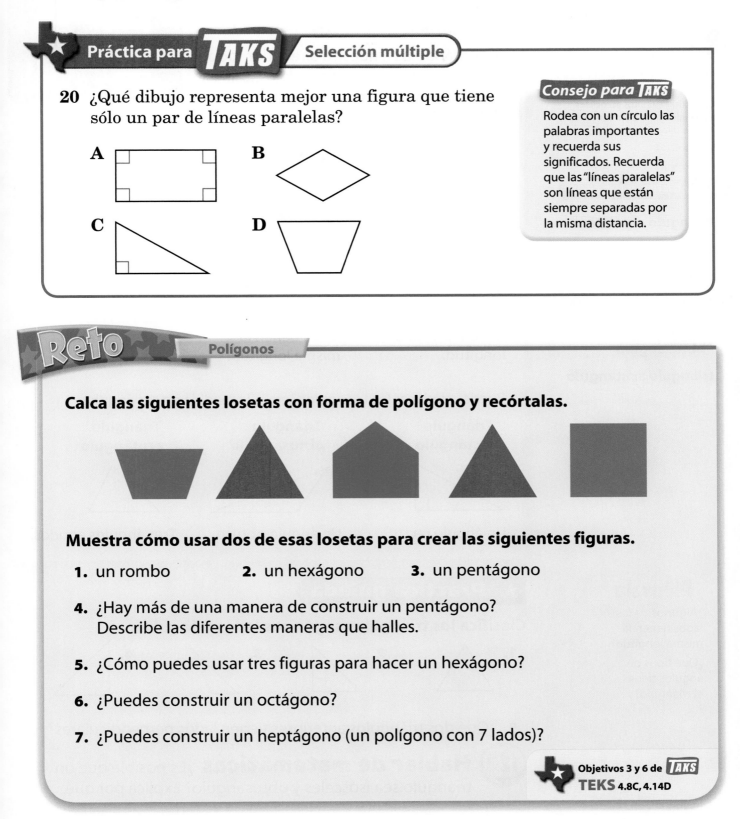

20 ¿Qué dibujo representa mejor una figura que tiene sólo un par de líneas paralelas?

A

B

C

D

Consejo para TAKS

Rodea con un círculo las palabras importantes y recuerda sus significados. Recuerda que las "líneas paralelas" son líneas que están siempre separadas por la misma distancia.

Reto — Polígonos

Calca las siguientes losetas con forma de polígono y recórtalas.

Muestra cómo usar dos de esas losetas para crear las siguientes figuras.

1. un rombo

2. un hexágono

3. un pentágono

4. ¿Hay más de una manera de construir un pentágono? Describe las diferentes maneras que halles.

5. ¿Cómo puedes usar tres figuras para hacer un hexágono?

6. ¿Puedes construir un octágono?

7. ¿Puedes construir un heptágono (un polígono con 7 lados)?

Objetivos 3 y 6 de **TAKS**
TEKS 4.8C, 4.14D

LECCIÓN 4

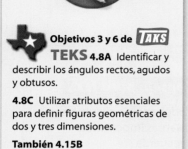

Objetivos 3 y 6 de **TAKS**

TEKS 4.8A Identificar y describir los ángulos rectos, agudos y obtusos.

4.8C Utilizar atributos esenciales para definir figuras geométricas de dos y tres dimensiones.

También 4.15B

Vocabulario de **TAKS**

- **triángulo equilátero**
- **triángulo isósceles**
- **triángulo escaleno**
- **triángulo rectángulo**
- **triángulo obtusángulo**
- **triángulo acutángulo**

Clasificar triángulos

Objetivo Usar atributos para definir triángulos.

★ Aprender con ejemplos

Vemos triángulos a nuestro alrededor todo el tiempo, ¡hasta en los rascacielos! Clasificar los triángulos que vemos hace que sea más fácil describirlos.

Tipos de triángulos

Puedes clasificar los triángulos según la longitud de sus lados.

Triángulo equilátero	**Triángulo isósceles**	**Triángulo escaleno**
Todos los lados tienen la misma longitud.	Al menos dos lados tienen la misma longitud.	Todos los lados tienen diferente longitud.

Puedes clasificar los triángulos según la medida de sus ángulos.

Triángulo rectángulo	**Triángulo obtusángulo**	**Triángulo acutángulo**
Un ángulo recto.	Un ángulo obtuso.	Tres ángulos agudos.

Piénsalo

- ¿Algunos de los lados tienen la misma longitud?
- ¿Qué tipos de ángulos tiene el triángulo?

★ Práctica guiada

Clasifica los triángulos según sus lados y ángulos.

1.
2.
3.
4.

5. ¿Qué dos triángulos anteriores tienen lados perpendiculares?

 Hablar de matemáticas ¿Es posible que un triángulo sea isósceles y obtusángulo? Explica por qué.

Clasifica los triángulos como equilátero, isósceles o escaleno y como rectángulo, obtusángulo o acutángulo.

6.　　　　7.　　　　8.　　　　9.

10.　　　　11.　　　　12.　　　　13.

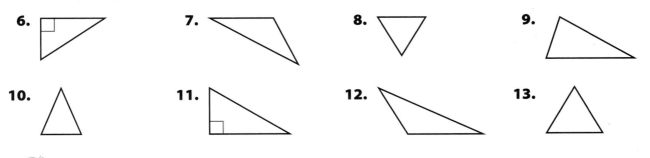

Conexión con las ciencias

Resuelve los problemas 14 y 15 usando las siguientes ilustraciones.

14. Observa la imagen de la cúpula geodésica de la derecha. Dibuja los triángulos que veas. Clasifica los triángulos como acutángulo, obtusángulo o rectángulo.

15. **Reto** En la cúpula aparecen muchas otras figuras, como hexágonos, trapecios y paralelogramos. Muestra cómo harías estas figuras usando los triángulos de la cúpula. Clasifica los triángulos como equilátero, escaleno o isósceles.

Dato divertido

La cúpula de Spaceship Earth, en Epcot, está formada por más de 11,000 triángulos.

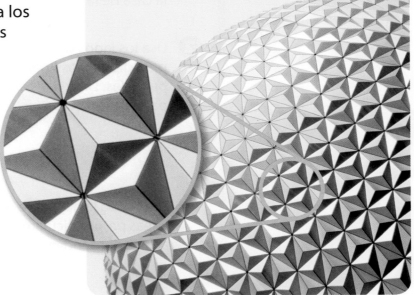

TEKS 4.14A, 2B de Ciencias

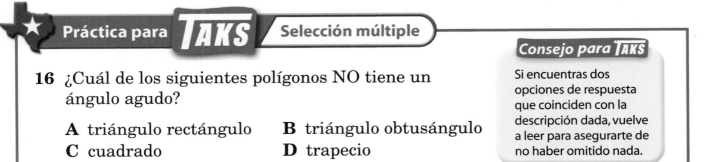

★ **Práctica para** TAKS 〉 **Selección múltiple**

16 ¿Cuál de los siguientes polígonos NO tiene un ángulo agudo?

　A triángulo rectángulo　　**B** triángulo obtusángulo
　C cuadrado　　　　　　　　**D** trapecio

Consejo para TAKS

Si encuentras dos opciones de respuesta que coinciden con la descripción dada, vuelve a leer para asegurarte de no haber omitido nada.

LECCIÓN 5

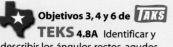

Objetivos 3, 4 y 6 de *TAKS*
TEKS 4.8A Identificar y describir los ángulos rectos, agudos y obtusos.

4.8B Identificar y describir líneas paralelas e intersecantes (incluyendo líneas perpendiculares) usando objetos concretos y modelos pictóricos.

4.8C Utilizar atributos esenciales para definir figuras geométricas de dos y tres dimensiones.

También 4.14C

Resolver problemas
Haz un dibujo

Objetivo Usar estrategias de resolución de problemas apropiadas, como hacer un dibujo, para resolver problemas.

★ Aprender con ejemplos

La señora Chan quiere hacer un plano para construir una terraza nueva en su casa. Quiere que los lados opuestos de la terraza sean paralelos y que todos los lados que se unan sean perpendiculares. Haz un plano que ella pueda usar para su terraza.

1 Dibuja una línea que represente la casa de la señora Chan.

Casa

2 Usa los lados de una hoja para dibujar las líneas paralelas. Dibuja las aristas paralelas a la casa.

Casa

3 Ahora usa la hoja para dibujar las líneas perpendiculares. Dibuja las aristas perpendiculares a la casa.

Casa

4 Compara tu plano con lo que se pide en el problema. ¿Son paralelos los lados opuestos? ¿Cada lado se conecta con dos lados perpendiculares?

★ Resolver problemas con ayuda

Usa las preguntas para resolver este problema.

1. John hizo un cuadrilátero de vidrio de colores con dos triángulos. Un lado de un triángulo se une a un lado del otro triángulo. Un lado de un triángulo es perpendicular a un lado del otro triángulo. Dibuja un modelo posible del vidrio de colores.

   a. **Compréndelo/Planéalo** ¿Qué sabes del modelo? ¿Qué instrumentos necesitarás para dibujarlo?

   b. **Resuélvelo** Dibuja un triángulo. Dibuja otro triángulo de manera tal que se unan dos lados. ¿Forman un ángulo recto los dos triángulos? Si no es así, ¿cómo puedes colocar los triángulos para que formen un ángulo recto en el lugar donde se unen?

   c. **Verifícalo** Comprueba tus dibujos. ¿La figura es un cuadrilátero? ¿La figura tiene lo que se pide en el problema? Explica tu respuesta.

 Hablar de matemáticas ¿Es posible dibujar un paralelogramo que no sea un rectángulo? Dibuja un ejemplo y explica tu respuesta.

★ Práctica para resolver problemas

Haz dibujos para resolver. Usa una regla o el Tablero 1 para trazar líneas rectas.

2. **Medición** En una escuela de Texas hay un mosaico rectangular sobre la puerta de entrada. Muchas de las piezas tienen forma de triángulos acutángulos. Cada mosaico tiene dos lados que miden 2 centímetros de largo. Usa un tablero. Dibuja dos losetas posibles del mosaico.

3. La explanada a la salida de un rascacielos de Texas tiene forma de triángulo obtusángulo. Una acera junto a la explanada es paralela al lado más largo del triángulo. Dibuja dos versiones posibles de la explanada.

4. La puerta de la casa de Rob es un rectángulo. Pintó una franja en la puerta que la divide en dos triángulos rectángulos. Dibuja dos versiones posibles de la puerta de Rob.

Austin, TX

La torre de la Universidad de Texas (UT) se construyó en 1936 y fue el primer rascacielos de Austin.

TORRE DE LA UNIVERSIDAD DE TEXAS

La torre de la UT es el edificio principal de la Universidad de Texas en Austin.

5. ¿Es el costado de la torre paralelo o perpendicular al techo del edificio?

6. ¿Cuántas de las campanas más grandes podría haber si el peso total de las campanas no pudiera superar las dos toneladas? Explica tu razonamiento.

7. Un día, un fotógrafo toma una fotografía de la esfera del reloj de la torre a cada hora en punto desde las 6 a.m. hasta las 6 p.m. ¿En cuántas fotografías las manecillas del reloj forman un ángulo recto?

8. Durante un concierto por la tarde, suena una canción en el carillón. Cada campana suena 7 veces. Aproximadamente, ¿cuántas notas tiene la canción en total?

9. De vez en cuando, la universidad envía a una persona a lustrar las campanas del carillón. Con una lata de limpiametales se pueden limpiar 5 campanas. ¿Cuántas latas de limpiametales necesita la persona para hacer el trabajo?

10. ¿Cuántas veces al año suena el carillón?

11. El carillón que tiene la mayor cantidad de campanas en el mundo tiene 77 campanas. ¿Cuántas campanas más tiene este carillón que el de la UT?

Datos divertidos

- Las campanas de la torre forman un instrumento musical llamado carillón. El carillón de la UT tiene 56 campanas. Se toca en conciertos 3 veces por semana.

- La torre tiene 27 pisos o 301 pies de alto.

- La campana más grande del carillón pesa 800 libras.

campanas del carillón

TEKS 4.11B

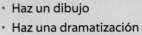

Escoge una estrategia
- Haz un dibujo
- Haz una dramatización
- Adivina y comprueba

Resolver problemas de TAKS

1 Jason tiene un trozo de hilo de 415 cm de largo. Lo corta en 8 trozos de igual longitud para un proyecto de arte. ¿Cuál es la mejor estimación de la longitud de cada trozo nuevo de hilo?

Consejo para TAKS
Usa números compatibles.

A aproximadamente 30 cm

B aproximadamente 40 cm

C aproximadamente 51 cm

D aproximadamente 60 cm

Objetivo 1 de TAKS TEKS 4.5B página 236

2 ¿Qué término describe el ángulo que se muestra abajo?

F ángulo agudo

G ángulo llano

H ángulo recto

J ángulo obtuso

Objetivo 3 de TAKS TEKS 4.8A página 326

3 **Respuesta con cuadrícula** Naomi lanzó una pelota a una distancia de 18 pies. ¿Cuántas yardas son?

Consejo para TAKS
¿Cuántos pies hay en una yarda?

Objetivo 4 de TAKS TEKS 4.11B página 264

4 Para el Día del sombrero una fábrica de sombreros envió 100 cajas de gorras de béisbol al estadio de los Astros de Houston. Si hay 78 gorras en cada caja, ¿cuántas gorras se enviaron en total?

A 780

B 7,800

C 78,000

D 780,000

Objetivo 2 de TAKS TEKS 4.6B página 188

5 En 2005 la población de ganado en Texas era 13,800,000. ¿Qué representa el 1 en ese número?

F una centena de millar

G diez millones

H diez mil

J un millón

Objetivo 1 de TAKS TEKS 4.1A página 74

6 **Respuesta con cuadrícula**
Marta y sus primas usaron hojas de 22 calcomanías para decorar un cartel para sus abuelos. Cuando terminaron, habían usado 308 calcomanías. ¿Cuántas hojas usaron?

Objetivo 1 de TAKS TEKS 4.4D página 174

Education Place
Vista eduplace.com/txmap, donde encontrarás **consejos para tomar exámenes** y más **práctica para TAKS.**

Leer y escribir matemáticas

Vocabulario de TAKS

Repasa las definiciones de diferentes polígonos para resolver los problemas.

¿Soy un polígono?

Lee cada una de las descripciones y escribe "*Sí*" si describe a un polígono o "*No*" si no lo hace. Explica tus respuestas.

1. Tengo sólo dos lados y dos vértices.

2. Soy un un retazo de cinta.

3. Tengo sólo tres ángulos y tres lados.

4. Soy una pirámide.

5. Soy una parte de un cuadrado que cortaron desde el vértice superior izquierdo hasta el vértice inferior derecho.

¿Qué falta?

Completa la tabla con el dibujo de un polígono o con su descripción.

	Polígono	Descripción	Contraejemplo
6.		4 ángulos y 4 lados	
7.	(hexágono)		
8.		5 ángulos y 5 lados	
9.	(triángulo)		

Escribir Haz una lista de al menos 5 polígonos que puedes encontrar en el salón de clases.

Leer Busca libros relacionados con este concepto en tu biblioteca.

Objetivo 6 de TAKS
TEKS 4.15A Explicar y anotar observaciones utilizando objetos, palabras, dibujos, números y tecnología.
4.15B Relacionar el lenguaje informal con el lenguaje y los símbolos matemáticos.

★ Práctica adicional basada en los estándares

Conjunto A ———————————————— Objetivos 3 y 6 de TAKS TEKS 4.8A, 4.14C, 4.15A, 4.16A página 326

Clasifica los ángulos como *agudos*, *obtusos* o *rectos*.

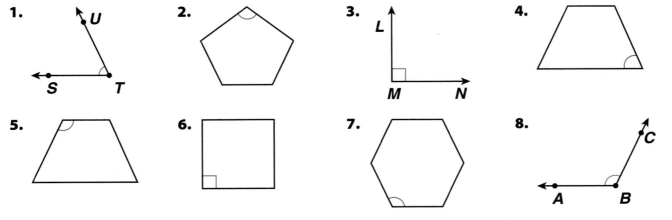

1. U / S / T

2.

3. L / M / N

4.

5.

6.

7.

8. C / A / B

Conjunto B ———————————————— Objetivo 3 de TAKS TEKS 4.8B, 4.8C, 4.15A página 330

Identifica los polígonos. Escribe todos los nombres que correspondan.

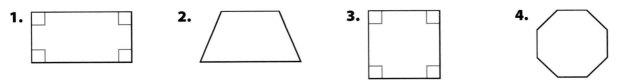

1.

2.

3.

4.

5. Describe un rectángulo. Usa las palabras *paralelo* y *perpendicular* en la descripción.

Conjunto C ———————————————— Objetivos 1, 3 y 6 de TAKS TEKS 4.8A, 4.8B, 4.14C página 334

Clasifica los triángulos como *equiláteros*, *isósceles* o *escalenos* y como *rectángulos*, *obtusángulos* o *acutángulos*.

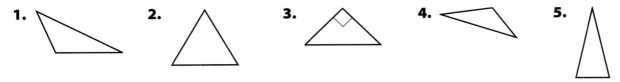

1.

2.

3.

4.

5.

6. Se divide un triángulo equilátero en dos partes iguales trazando una línea por el centro. Identifica los dos triángulos más pequeños.

 Education Place
Visita eduplace.com/txmap, donde encontrarás **consejos para tomar exámenes** y más **práctica para TAKS**.

Capítulo 15 Práctica adicional **341**

Repaso/Examen del capítulo

Vocabulario y conceptos

Objetivos 3 y 6 de **TAKS** TEKS 4.8A, 4.8B, 4.8C, 4.15B

Escoge el mejor término para completar las oraciones.

1. Una _____ tiene un extremo y sigue infinitamente en una dirección.

2. El extremo común de dos semirrectas que forman un ángulo es un _____.

3. Dos líneas que se intersecan y forman ángulos rectos son _____.

4. Un cuadrilátero que tiene sólo un par de lados paralelos es un _____.

Escribe _paralelas, intersecantes_ o _perpendiculares_.
Escribe todos los nombres que correspondan.

5.   6.   7.

Clasifica los ángulos como _agudo_, _obtuso_ o _recto_.

Nombra los polígonos. Escribe todos los nombres que correspondan.

8.   9.

10.   11.

Resolver problemas y razonamiento

Objetivos 3 y 6 de **TAKS** TEKS 4.8A, 4.8B, 4.8C, 4.14B, 4.14C

12. Elena dibuja un cuadrilátero con dos ángulos rectos. ¿Los otros dos ángulos también deben ser ángulos rectos? Haz un dibujo para mostrar la solución.

13. Tres relojes muestran las 3 en punto, las 5 en punto y las 10 en punto. ¿En cuál de ellos las manecillas forman un ángulo agudo?

14. El jardín de Luis es un rombo. Luis lo divide en una parte de césped rectangular y en dos jardines de flores que son triángulos rectos idénticos. Dibuja un diagrama del jardín.

15. ¿Todas las líneas intersecantes también son líneas perpendiculares? Explica tu respuesta.

Diario de matemáticas

Escribir matemáticas ¿En que se parecen un triángulo equilátero y un triángulo isósceles? ¿En qué se diferencian?

Preparación para *TAKS* y repaso frecuente

1 ¿Cuál de las siguientes opciones puede contener aproximadamente 5 litros de agua?

A un vaso de agua

B una cubeta

C un gotero

D una piscina

Objetivo **4** de *TAKS* TEKS **4.11A** página 308

2 ¿Cuál es la mejor estimación de la capacidad del objeto?

F 1 mililitro

G 10 mililitros

H 1 litro

J 10 litros

Objetivo **4** de *TAKS* TEKS **4.11A** página 308

3 ¿Cuál de las siguientes opciones representa mejor el peso del objeto?

A 1 onza

B 5 onzas

C 5 libras

D 50 libras

Objetivo **4** de *TAKS* TEKS **4.11A** página 282

4 ¿Cuál de las siguientes opciones representa mejor la capacidad del objeto?

F 10 litros

G 1 litro

H 10 mililitros

J 1 mililitro

Objetivo **4** de *TAKS* TEKS **4.11A** página 308

5 ¿Cuál es la masa del objeto?

A 1 gramo

B 2 gramos

C 1 kilogramo

D 2 kilogramos

Objetivo **4** de *TAKS* TEKS **4.11A** página 294

6 **Respuesta con cuadrícula**
¿Cuánto líquido muestra el vaso de precipitados?

Objetivo **4** de *TAKS* TEKS **4.11A** página 308

Capítulo 16

Relaciones entre figuras

Museo de Historia del Estado de Texas en Austin, Texas

Banco de palabras

congruentes
cubos
simetría
similitud

Vocabulario y conceptos

Escoge la mejor palabra para completar las oraciones. Grado 3

1. Dos figuras que tienen la misma forma y el mismo tamaño son ____.

2. Una figura que tiene ____ se puede doblar en dos de manera que ambas partes sean exactamente iguales.

¿Son congruentes las dos figuras? Escribe *sí* o *no*. Grado 3

3.
4.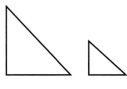
5.

¿Puede ser que la letra tenga una línea de simetría? Escribe *sí* o *no*. Grade 3

6. A   **7.** S   **8.** K   **9.** H

Resolver problemas y razonamiento

10. ¿De cuántas maneras diferentes puedes doblar un cuadrado de manera que ambos lados sean iguales? Usa un modelo o un diagrama para averiguarlo.

Vocabulario de *TAKS*

¡Visualízalo!

traslación
Deslizamiento a lo largo de una línea recta

Transformaciones
Maneras de mover una figura

reflexión
Inversión sobre una línea

rotación
Giro alrededor de un punto

Mi mundo bilingüe

Las palabras que se parecen en español y en inglés muchas veces tienen el mismo significado.

Español	Inglés
reflexión	reflection
rotación	rotation
transformación	transformation
traslación	translation

Consulta el **Glosario español–inglés**, páginas 569 a 582.

Education Place Visita eduplace.com/txmap, donde encontrarás el **glosario electrónico**.

Objetivo 6 de *TAKS* **TEKS** 4.15B Relacionar el lenguaje informal con el lenguaje y los símbolos matemáticos.

Capítulo 16   345

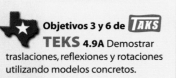
Objetivos 3 y 6 de *TAKS*

TEKS 4.9A Demostrar traslaciones, reflexiones y rotaciones utilizando modelos concretos.

También 4.14D, 4.15A y 4.15B

Vocabulario de *TAKS*

- transformación
- traslación
- reflexión
- rotación

Materiales
- Bloques de figuras
- Recurso de enseñanza 12 (cuadrícula de un cuarto de pulgada)

Aplícalo
Transformaciones

Objetivo Trasladar, reflejar y rotar modelos concretos.

★ Explorar

En el Capítulo 15 trabajaste con figuras geométricas.

Pregunta ¿Cómo puedes mover figuras geométricas sin cambiar su forma?

Las **transformaciones** son maneras de cambiar la posición de una figura.

Una **traslación** es un tipo de transformación para trasladar o deslizar una figura a lo largo de una línea recta. Mediante la traslación se puede mover una figura en línea recta en cualquier dirección.

Usa un bloque de figura para mostrar la traslación.

1 Coloca el bloque de figura del rombo marrón sobre tu Recurso de enseñanza.

2 Traza el contorno de las aristas del bloque de figura.

3 Traslada el bloque a lo largo de la fila de cuadrados hacia abajo y hacia la derecha. Desplázalo cinco unidades hacia la derecha y una unidad hacia abajo.

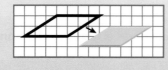

4 Vuelve a dibujar el contorno del bloque.

¿Cómo cambió a la figura la traslación?

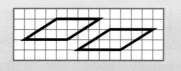

Una **reflexión** consiste en invertir una figura sobre una línea. El nuevo dibujo es un reflejo exacto del dibujo original. Este polígono se reflejó sobre una línea horizontal.

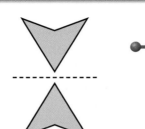

Consejo de vocabulario

Una **reflexión** es una inversión.

Ahora usa el bloque de figura para mostrar una reflexión.

1 Coloca el bloque de figura sobre tu Recurso de enseñanza. Dibuja el contorno del bloque.

2 Dibuja una línea horizontal una fila más arriba de tu dibujo.

3 Invierte el bloque sobre la línea y vuelve a dibujar el contorno. Esto creará un reflejo exacto.

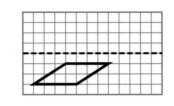

4 ¿En qué se diferencia la primera figura de la segunda?

Analízalo

Los contornos del rombo están a la misma distancia de la línea horizontal que dibujaste.

Una **rotación** consiste en girar o mover una figura sobre un punto. Este polígono se rotó sobre un punto en sentido de las manecillas del reloj.

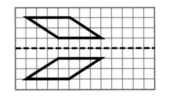

Consejo de vocabulario

Girar en sentido de las manecillas del reloj significa en la misma dirección en que se mueven las manecillas de un reloj.

Ahora, usa el bloque de figura para mostrar una rotación.

1 Coloca el bloque de figura sobre tu Recurso de enseñanza. Dibuja el contorno del bloque.

2 Levanta el bloque y dibuja un punto en el lugar donde se encontraba el vértice superior derecho del bloque.

3 Coloca el bloque de figura nuevamente en su lugar. Rótalo medio giro sobre el punto que dibujaste en sentido de las manecillas del reloj. Vuelve a dibujar el contorno del bloque.

4 Describe cómo cambió la figura.

Este es un medio giro.

5 Coloca el bloque sobre el primer contorno que dibujaste.

Rota el bloque un cuarto de giro sobre su vértice superior derecho en sentido de las manecillas del reloj. Dibuja el contorno del rombo en su nueva posición.

Este es un cuarto de giro.

6 Vuelve a colocar el bloque sobre el contorno que dibujaste primero.

Rota el bloque tres cuartos de giro sobre su vértice superior derecho en sentido de las manecillas del reloj. Dibuja el contorno del rombo en la nueva posición.

Ésta es una rotación de tres cuartos de giro.

★ **Extender**

Dibuja el contorno de los bloques de figuras sobre el Recurso de enseñanza 15.
Luego, mueve el bloque como se indica y dibuja el resultado.

Consejo de vocabulario

Una línea *vertical* es una línea que se traza de arriba hacia abajo.

1. Traslada la figura 1 unidad hacia abajo y 5 unidades hacia la izquierda.

2. Refleja la figura sobre una línea vertical.

3. Rota la figura medio giro sobre su vértice inferior izquierdo en sentido de las manecillas del reloj.

4. Refleja la figura sobre una línea horizontal.

5. Rota la figura un cuarto de giro sobre su vértice derecho en sentido de las manecillas del reloj.

Resuelve los siguientes problemas.

6. Trabaja con un compañero. Dibuja cualquier figura, transfórmala de alguna manera y dibuja la figura en la nueva posición. Pide a tu compañero que descubra qué transformación usaste.

7. ¿Hay más de una manera de transformar la figura en el problema 6? Explica tu razonamiento. ¿Tu compañero y tú hicieron el mismo razonamiento?

Indica cómo se movieron las figuras desde la Posición A hasta la Posición B. Escribe *traslación*, *reflexión* o *rotación*.

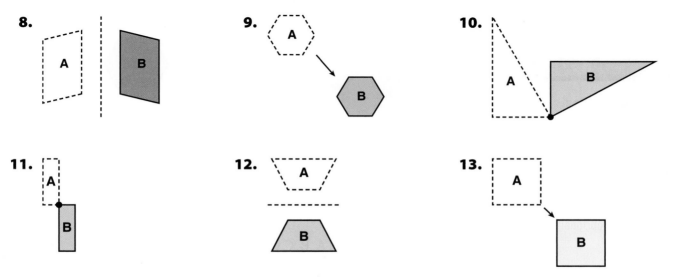

8.

9.

10.

11.

12.

13.

14. **Reto** Dibuja un polígono y un punto en el Recurso de enseñanza 12. Luego, dibuja tu polígono después de una rotación de un cuarto de giro sobre el punto que dibujaste en sentido contrario a las manecillas del reloj.

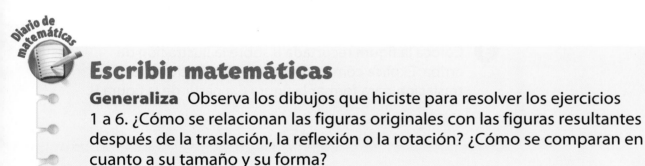

Diario de matemáticas

Escribir matemáticas

Generaliza Observa los dibujos que hiciste para resolver los ejercicios 1 a 6. ¿Cómo se relacionan las figuras originales con las figuras resultantes después de la traslación, la reflexión o la rotación? ¿Cómo se comparan en cuanto a su tamaño y su forma?

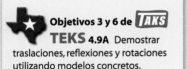
Objetivos 3 y 6 de TAKS

TEKS **4.9A** Demostrar traslaciones, reflexiones y rotaciones utilizando modelos concretos.

4.9B Utilizar traslaciones, reflexiones y rotaciones para verificar que dos figuras sean congruentes.

4.16A Hacer generalizaciones de patrones o de conjuntos de ejemplos y contraejemplos.

También 4.14B

Vocabulario de TAKS

congruentes

Materiales
- Recurso de enseñanza 12 (cuadrícula de un cuarto de pulgada)
- Tijeras
- Papel de calcar (opcional)

Figuras congruentes

Objetivo Usar transformaciones para verificar si dos figuras son congruentes.

★ Aprender con manipulativos

Las figuras geométricas que tienen el mismo tamaño y la misma forma son figuras **congruentes**.

Congruentes	No congruentes
Tienen el mismo tamaño y la misma forma.	Tienen la misma forma pero diferentes tamaños.

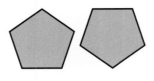
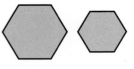

Puedes usar las transformaciones para determinar si dos figuras son congruentes.

1 Traza las figuras A, B, C y D en el Recurso de enseñanza y recórtalas. Observa las figuras. ¿Cuáles de ellas parecen ser congruentes?

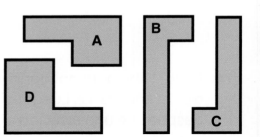

2 Traslada, refleja y rota las figuras para ver si tienen la misma forma y el mismo tamaño. ¿Qué figuras coinciden exactamente?

3 Coloca la figura recortada B sobre la ilustración de arriba. Explica cómo puedes usar la rotación y la traslación para formar la figura C a partir de la figura B.

¿Parecen congruentes estas dos figuras? Si *es así*, indica qué transformación puedes usar para ver si tienes razón.

1.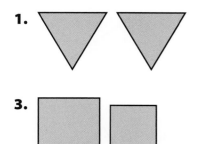

2.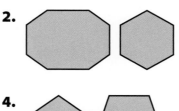

3.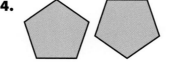

4.

5. Dibuja una reflexión de una de las figuras del ejercicio 3. ¿La nueva figura es congruente con las otras dos? Explica cómo lo sabes.

6. Dibuja una rotación del pentágono del ejercicio 4. Describe tu rotación.

Consejo de vocabulario
Una **rotación** es un giro.

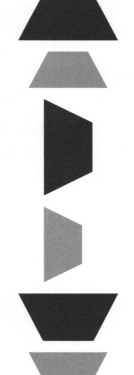

Resolver problemas con ayuda

Usa las preguntas para resolver este problema.

7. Las figuras del diseño de la derecha forman un patrón. Kwame quiere extender el patrón. ¿Qué debería dibujar a continuación? Explica cómo lo sabes.

   a. **Compréndelo** Las figuras siguen un patrón. ¿Qué figuras se usan? ¿Todas ellas son congruentes?

   b. **Planéalo/Resuélvelo** ¿Cuántos tamaños hay? ¿Cómo cambia el tamaño en el patrón? ¿Cuál es el patrón de transformación? Traza el patrón y dibuja la figura siguiente.

   c. **Verifícalo** Completa las oraciones.
   La ⬚, ⬚ y ⬚ figuras son de tamaño grande. La séptima figura es una rotación de ⬚ de la quinta figura en sentido de las manecillas del reloj.

 Hablar de matemáticas ¿Son todos los cuadrados congruentes? ¿Por qué?

¿Parecen congruentes estas dos figuras? Si es *así*, indica qué transformación puedes usar para ver si tienes razón.

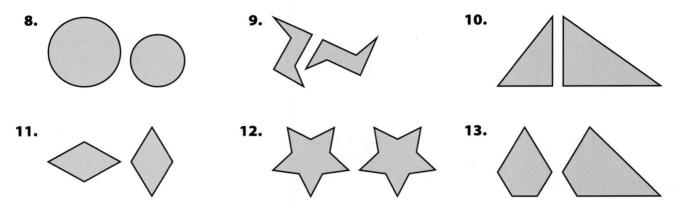

8.　　　　　　　9.　　　　　　　10.

11.　　　　　　　12.　　　　　　　13.

14. **Reto** Madison está cosiendo un pantalón. Al patrón de papel que compró le falta una parte. Madison tiene los patrones para la parte de adelante y la parte de atrás de la pierna izquierda, pero sólo tiene la parte de adelante de la pierna derecha. ¿Cómo puede hacer la parte de atrás de la pierna derecha?

★ **Práctica para** **TAKS** **Selección múltiple**

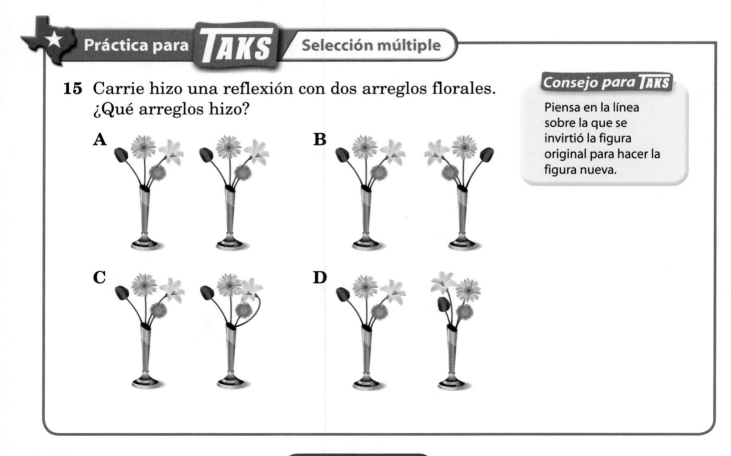

15 Carrie hizo una reflexión con dos arreglos florales. ¿Qué arreglos hizo?

A

B

C

D

Consejo para TAKS

Piensa en la línea sobre la que se invirtió la figura original para hacer la figura nueva.

RoboPacker

Juega a RoboPacker para practicar cómo hacer transformaciones.

RoboPacker (empacador de robots) es un juego en línea muy divertido. Los robots están listos para salir de la fábrica. Los robots son de diferentes figuras. Debes guardarlos en una maleta.

Cómo se juega.

1. Visita el juego en línea RoboPacker en eduplace.com.

2. Los robots que debes empacar aparecen en la parte superior. En la banda transportadora hay una maleta gris.

3. Haz clic en uno de los robots y arrástralo hacia la maleta gris.

4. Usa los botones del panel de control para trasladar, reflejar o rotar los robots. Intenta que entren en la maleta. Puedes trasladar los robots más rápidamente si haces clic sobre ellos y los arrastras.

> **Pista**
> Empaca primero los robots más grandes. Luego haz lugar para los robots más pequeños.

5. Cuando el robot esté en el lugar que deseas, empaca otro. Continúa hasta que todos los robots estén dentro de la maleta.

6. Haz clic en el botón rojo Check (comprobar). Si empacaste los robots correctamente, aparecerá una luz verde y la maleta irá hacia el camión.

Objetivos 3 y 6 de **TAKS**
TEKS 4.9A, 4.9B, 4.14D

Objetivos 3 y 6 de *TAKS*

TEKS 4.9A Demostrar traslaciones, reflexiones y rotaciones utilizando modelos concretos.

4.9B Utilizar traslaciones, reflexiones y rotaciones para verificar que dos figuras sean congruentes.

4.14C Seleccionar o desarrollar un plan o una estrategia de resolución de problemas apropiado en el que el estudiante haga un dibujo, busque un patrón, adivine y compruebe sistemáticamente, haga una dramatización, elabore una tabla, resuelva un problema más sencillo o trabaje desde el final hasta el principio para resolver un problema.

Materiales

- Tijeras
- Palillos
- Recurso de enseñanza 17 (usar modelos)

Resolver problemas
Usa modelos para hacer una dramatización

Objetivo Usar estrategias adecuadas, como hacer una dramatización, para resolver problemas.

★ Aprender con manipulativos

Puedes usar modelos para comprender y resolver problemas.

¿Es posible ordenar estas cinco figuras para que formen una figura congruente con el cuadrado rojo?

COMPRÉNDELO

Las figuras congruentes tienen el mismo tamaño y la misma forma.

PLANÉALO

Hacer una dramatización del problema puede ayudarte a hallar la solución.

Recorta las figuras del Recurso de enseñanza 16.

RESUÉLVELO

Coloca las cinco figuras de manera que entren en el cuadrado rojo sin superponerse.

Es posible que tengas que intentar varias veces hasta hallar una solución. Sigue ordenando las figuras para hallar una figura congruente.

VERIFÍCALO

¿Cómo puedes asegurarte de que tu respuesta es correcta?

★ **Resolver problemas con ayuda**

Usa cuatro de las figuras del Recurso de enseñanza 16 para resolver el problema.

1. Forma una figura congruente con el paralelogramo.

a. **Compréndelo/Planéalo** Coloca dos piezas juntas al mismo tiempo para crear los ángulos que necesitas.

b. **Resuélvelo** ¿La figura que formé es exactamente igual al paralelogramo?

c. **Verifícalo** Hay alguna otra manera de disponer las figuras para hacer un paralelogramo congruente?

★ **Práctica para resolver problemas**

Usa las figuras del Recurso de enseñanza 16 para resolver los problemas 2 y 3. Haz un dibujo para mostrar tu respuesta.

2. Usa cuatro de las figuras para formar un pentágono congruente con el siguiente pentágono.

3. Usa las cinco figuras para formar una figura congruente con el siguiente triángulo.

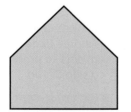

Usa 12 palillos para resolver los problemas 4 y 5.

4. **Reto** Usa los 12 palillos para formar 2 rectángulos congruentes. Dibuja la solución.

5. Usa los 12 palillos para formar 4 cuadrados congruentes.

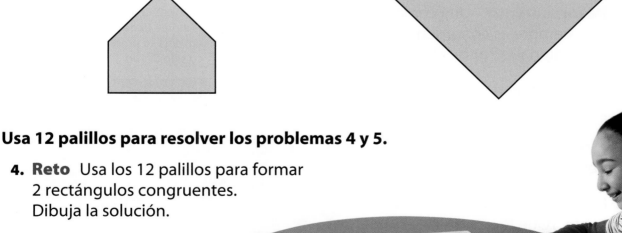

Houston, TX

En el Museo de Bellas Artes hay pinturas, dibujos, esculturas, fotografías y objetos decorativos de todo el mundo.

El Museo de Bellas Artes de Houston cuenta con una colección de más de 51,000 piezas de arte.

Usa los datos de esta página para resolver los problemas.

6. Observa la letra O de la palabra *Houston* de la foto. ¿Cuántas otras figuras de la foto son congruentes con esa figura?

7. La E de la palabra *fine,* ¿es congruente con la E de la palabra *museum*? ¿Por qué?

8. Razonamiento ¿Una copia de una obra de arte siempre es congruente con la obra de arte original? ¿Por qué?

9. ¿Las líneas negras de los rectángulos rayados son paralelas? ¿Cómo lo sabes?

10. ¿Son congruentes todos los cuadrados del patrón? ¿Cómo lo sabes?

11. Halla un hexágono en la tela kente. ¿Qué formas más pequeñas forman el hexágono?

Datos divertidos

Tela kente

- La tela kente es una tela ceremonial originaria de Ghana de por lo menos el siglo XVII. Tradicionalmente, estaba reservada a la realeza y se usaba sólo en ocasiones especiales.

- La tela kente es una forma de arte usada para expresar la historia, la filosofía y los valores. Cada tela lleva en sí misma su propio nombre y significado.

Escoge una estrategia

- Haz una dramatización
- Haz un dibujo
- Adivina y comprueba
- Busca un patrón

12. Observa el cuadrado en el centro de la colcha que se muestra abajo. Describe una manera de usar dos triángulos para crear una figura congruente con el cuadrado. ¿Podrías usar cuatro triángulos?

13. Observa las tres tiras blancas de la izquierda de la colcha. ¿Qué transformación se usó para hacer las tres tiras de la parte derecha? Explica tu respuesta.

Crea y resuelve

14. Brian dice que puede transformar el triángulo que forma el vértice superior izquierdo de la colcha en el triángulo que forma el vértice inferior derecho sin usar una rotación. ¿Cómo podría hacerlo?

15. Escribe tu propio problema sobre transformaciones usando la colcha.

16. Traza las figuras que se usan en tu problema y dibuja la transformación en papel cuadriculado.

17. ¿Podrías usar más de una transformación para obtener la misma respuesta a tu problema?

Manta de la tercera fase, 1880–1890

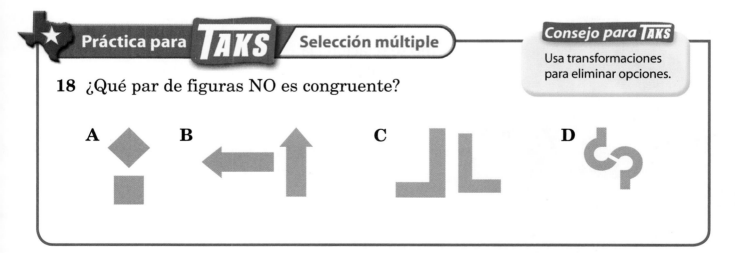

Práctica para TAKS / **Selección múltiple**

Consejo para TAKS

Usa transformaciones para eliminar opciones.

18 ¿Qué par de figuras NO es congruente?

A   B   C   D

LECCIÓN 4

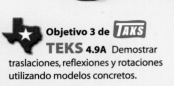

Objetivo 3 de *TAKS*

TEKS 4.9A Demostrar traslaciones, reflexiones y rotaciones utilizando modelos concretos.

4.9C Utilizar reflexiones para verificar que una figura tenga simetría.

Vocabulario de *TAKS*

simetría lineal

eje de simetría

Materiales
- Recurso de enseñanza 12 (cuadrícula de un cuarto de pulgada)
- Tijeras

La simetría

Objetivo Usar reflexiones para verificar que una figura tenga simetría.

★ Aprender con manipulativos

Amir está decorando la tapa de un álbum de fotos con figuras geométricas. Amir dobla el papel por la mitad antes de cortarlo para asegurarse de que las dos partes de su figura coincidan exactamente.

Una figura tiene **simetría lineal** si se puede doblar por la mitad en dos partes exactamente iguales. La línea por donde se dobla es el **eje de simetría**.

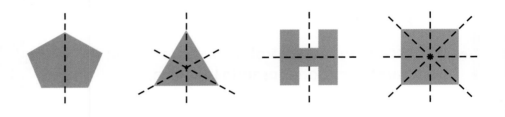

Ejes de simetría

1 Dibuja una línea vertical y el diseño que se muestra a la derecha en papel cuadriculado.

2 Dibuja una reflexión del diseño a la derecha de la línea.

3 ¿Cómo se relaciona la reflexión con el eje de simetría?

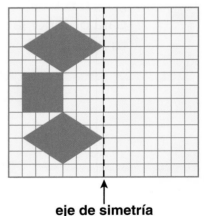

eje de simetría

★ Práctica guiada

¿La línea punteada es un eje de simetría? Escribe *sí* o *no*.

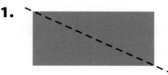 **Piénsalo**
- ¿Son exactamente iguales las dos partes?
- ¿Es una de las partes una reflexión de la otra?

1.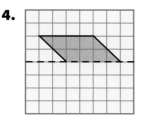

2.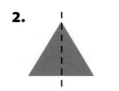

3.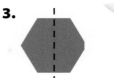

Dibuja las figuras en papel cuadriculado. Traza el eje de simetría. Luego, dibuja la reflexión para completar las figuras.

4.

5.

 Hablar de matemáticas ¿Cómo se comparan un eje de simetría y un eje de reflexión?

★ Practicar y resolver problemas

¿La línea punteada es un eje de simetría? Escribe *sí* o *no*.

6. **7.** **8.** **9.**

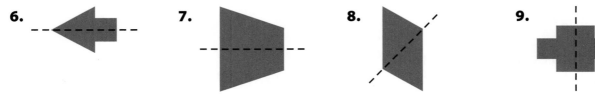

Dibuja las figuras en papel cuadriculado. Traza el eje de simetría. Luego, dibuja la reflexión para completar las figuras.

10. **11.** **12.** **13.**

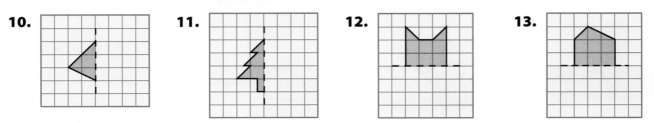

Resuelve los siguientes problemas.

14. Observa el trapecio del ejercicio 7. Imagina que trazas una línea vertical que pasa por el centro de la figura. ¿Podrías reflejar el trapecio sobre la línea para hacer una figura igual?

15. Justifica Deb escribe su nombre en una hoja de papel en letra minúscula. ¿Hay algún eje de simetría en su nombre? ¿Por qué? ¿Y si usa todas letras mayúsculas?

16. Roberto dibuja un triángulo con 1 eje de simetría. Luego dibuja un triángulo con 3 ejes de simetría. ¿Puede dibujar un triángulo con 2 ejes de simetría?

17. El menú de postres de un restaurante ofrece tartas de COCO, FRESAS y NUECES. ¿Cuál de estas palabras tiene un eje de simetría?

18. Reto ¿Cuántos ejes de simetría tiene este octágono?

Conexión con las ciencias

Usa las fotos que aparecen a la derecha para resolver los problemas 19 a 22.

19. ¿Qué fotos no tienen ejes de simetría?

20. ¿Qué foto tiene un solo eje de simetría?

21. ¿Qué foto tiene más de un eje de simetría?

22. Calca la foto de la estrella de mar. Dibuja todos los ejes de simetría que encuentres.

Datos divertidos

La simetría en la naturaleza

Busca ejes de simetría en objetos de la naturaleza. ¿Tienen simetría estas fotos de animales?

TEKS 4.14A, 6C de Ciencias

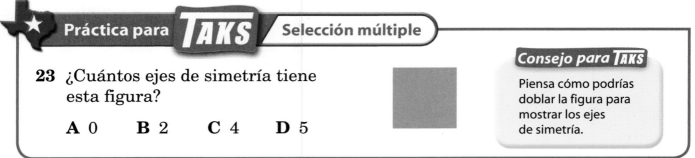

Práctica para **TAKS** **Selección múltiple**

23 ¿Cuántos ejes de simetría tiene esta figura?

A 0 **B** 2 **C** 4 **D** 5

Consejo para TAKS

Piensa cómo podrías doblar la figura para mostrar los ejes de simetría.

Para **Práctica adicional** consulta la página 363, Conjunto C.

Girar pero no cambiar

Otro tipo de simetría que tienen algunas figuras es la simetría rotacional.

Una figura tiene *simetría rotacional* si puedes rotarla menos de un giro completo sobre su punto central y se ve exactamente igual que antes de rotarla. La siguiente estrella es simétrica cuando se rota medio giro.

un cuarto de giro

medio giro

tres cuartos de giro

Las siguientes banderas, ¿tienen simetría lineal, simetría rotacional, ambas simetrías o ninguna de ellas?

1.

Canadá

2.

Jamaica

3.

Panamá

4.

Macedonia

5.

Suiza

6.

Hong Kong

Objetivos 3 y 6 de **TAKS**
TEKS 4.9A, 4.15A

Leer y escribir

Vocabulario de TAKS

Completa el organizador gráfico identificando la transformación que se muestra.

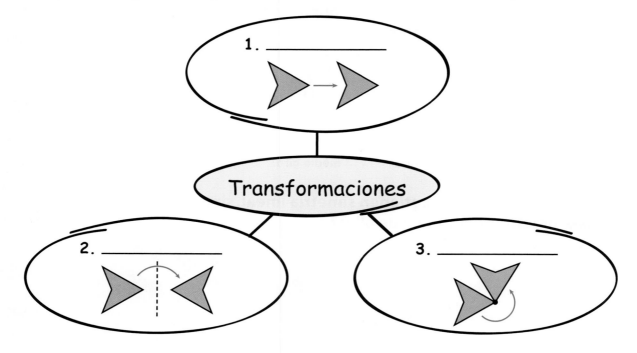

1. _____

Transformaciones

2. _____

3. _____

¿Qué tipo de transformación es?

Lee las siguientes descripciones y escribe qué tipo de transformación representa.

4. El movimiento del minutero del reloj

5. Un carro que avanza por una carretera en línea recta

6. Tu imagen en un espejo

Escribir Escoge tu transformación favorita. Luego escribe una situación real en que suceda esta transformación. Explica por qué ocurre.

Leer Busca libros relacionados con este concepto en tu biblioteca.

Objetivo 6 de TAKS

TEKS 4.15A Explicar y anotar observaciones utilizando objetos, palabras, dibujos, números y tecnología.

4.15B Relacionar el lenguaje informal con el lenguaje y los símbolos matemáticos.

Práctica adicional basada en los estándares

Conjunto A ———————————————————— **Objetivo 3 de** TAKS **TEKS 4.9A** página 346

**Indica cómo se han movido las figuras. Escribe *traslación*,
reflexión o *rotación*.**

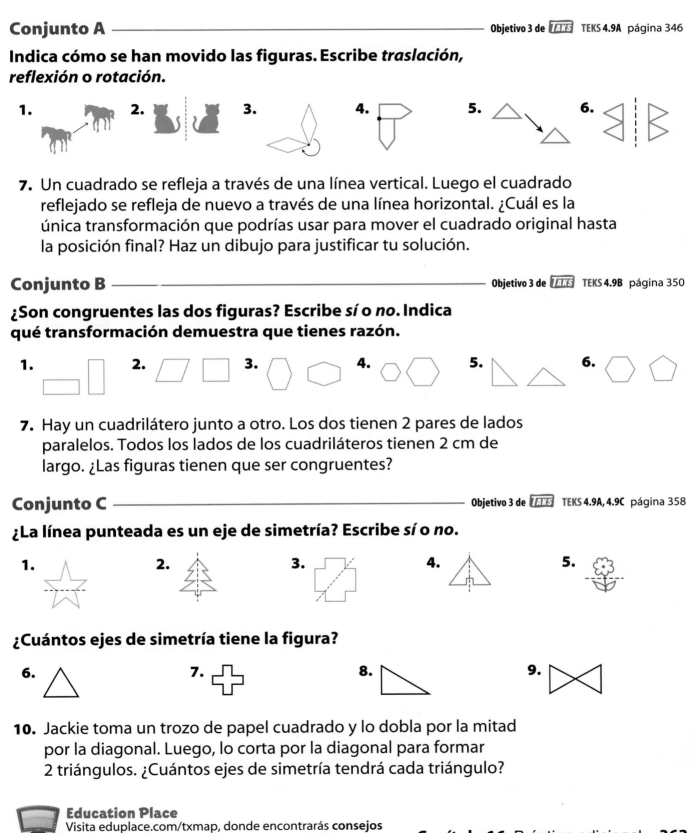

7. Un cuadrado se refleja a través de una línea vertical. Luego el cuadrado
reflejado se refleja de nuevo a través de una línea horizontal. ¿Cuál es la
única transformación que podrías usar para mover el cuadrado original hasta
la posición final? Haz un dibujo para justificar tu solución.

Conjunto B ———————————————————— **Objetivo 3 de** TAKS **TEKS 4.9B** página 350

**¿Son congruentes las dos figuras? Escribe *sí* o *no*. Indica
qué transformación demuestra que tienes razón.**

7. Hay un cuadrilátero junto a otro. Los dos tienen 2 pares de lados
paralelos. Todos los lados de los cuadriláteros tienen 2 cm de
largo. ¿Las figuras tienen que ser congruentes?

Conjunto C ———————————————————— **Objetivo 3 de** TAKS **TEKS 4.9A, 4.9C** página 358

¿La línea punteada es un eje de simetría? Escribe *sí* o *no*.

¿Cuántos ejes de simetría tiene la figura?

10. Jackie toma un trozo de papel cuadrado y lo dobla por la mitad
por la diagonal. Luego, lo corta por la diagonal para formar
2 triángulos. ¿Cuántos ejes de simetría tendrá cada triángulo?

Education Place
Visita eduplace.com/txmap, donde encontrarás **consejos
para tomar exámenes** y más **práctica para TAKS**.

Capítulo 16 Práctica adicional   **363**

Repaso/Examen del capítulo

Vocabulario y conceptos

Escoge el mejor término para completar las oraciones.

1. Si una figura se puede doblar por una línea de manera que las dos partes coincidan exactamente, tiene _____.

2. Las figuras que tienen el mismo tamaño y la misma forma son figuras _____.

3. Un cambio de posición como resultado de un deslizamiento se llama _____.

4. La inversión de una figura sobre una línea se llama _____.

Indica cómo se movieron las figuras. Escribe *traslación*, *reflexión* o *rotación*.

5. 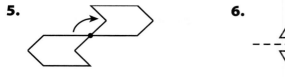   **6.** 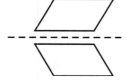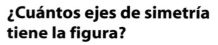   **7.**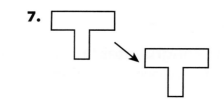

¿Son congruentes las dos figuras? Escribe *sí* o *no*.

¿Cuántos ejes de simetría tiene la figura?

8.    **9.**   **10.** 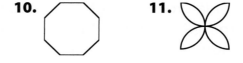   **11.**

Resolver problemas y razonamiento

12. Haz un dibujo sobre cómo puedes cortar la letra X por la mitad de manera que las dos partes coincidan exactamente.

13. Haz un dibujo de cómo se ve la letra Y si se rota un cuarto de giro en sentido contrario a las manecillas del reloj.

14. Según Mel, una letra S se ha rotado tres cuartos de giro en sentido de las manecillas del reloj. Según Tom, se ha rotado un cuarto de giro en sentido contrario a las manecillas del reloj. ¿Quién tiene razón? Explica tu respuesta.

15. Ernesto dice que un diagrama incluye una figura reflejada. Mavis dice que las figuras que observa Ernesto no son congruentes. ¿Es posible que ambos tengan razón? Explica tu respuesta.

Diario de matemáticas

Escribir matemáticas Carrie cree que una traslación es lo mismo que una reflexión. Cuando refleja un cuadrado, éste luce igual que una traslación. ¿Tiene razón? Explica por qué.

Preparación para *TAKS* y repaso frecuente

1 Marla mide la capacidad de los objetos de su cocina. ¿Cuál de las siguientes opciones es probable que tenga una capacidad de 6 onzas?

A cucharita

B tetera

C tazón

D cucharón

Objetivo 4 de *TAKS* **TEKS 4.11A** página 282

---

2 ¿Cuál es la mejor estimación de la longitud de una manguera de jardín?

F 10 pulgadas

G 10 pies

H 10 yardas

J 10 millas

Objetivo 4 de *TAKS* **TEKS 4.11A** página 262

---

3 ¿Cuál es la masa del objeto?

A 501 gramos

B 600 gramos

C 1 kilogramo 500 gramos

D 1,500 kilogramos

Objetivo 4 de *TAKS* **TEKS 4.11A** página 294

4 ¿Cuál de las siguientes opciones representa mejor la masa del objeto?

F 10 gramos

G 100 gramos

H 10 kilogramos

J 100 kilogramos

Objetivo 4 de *TAKS* **TEKS 4.11A** página 294

---

5 ¿Cuál es la mejor estimación de la capacidad del objeto?

A 50 galones

B 1 galón

C 1 cuarto de galón

D 50 onzas

Objetivo 4 de *TAKS* **TEKS 4.11A** página 302

---

6 **Respuesta con cuadrícula** ¿Cuál es la longitud de la recta a la pulgada más cercana?

●━━━━━━━━━━●

Objetivo 4 de *TAKS* **TEKS 4.11A** página 262

Education Place
Visita eduplace.com/txmap, donde encontrarás **consejos para tomar exámenes** y más **práctica para TAKS**.

Examen de la Unidad 7

Vocabulario y conceptos

Escoge la mejor palabra para completar las oraciones.

1. Dos lados de un polígono se encuentran en un _____.

2. Las figuras planas _____ tienen la misma forma y el mismo tamaño.

3. La rotación, la reflexión y la traslación son _____.

¿Son congruentes las dos figuras? Escribe *sí* o *no*.
Nombra la transformación que te indica que tienes razón.

4.

5.

Nombra los polígonos.

6.

7.

Clasifica las figuras según su mejor equivalente: equilátero, isósceles o escaleno; rectángulo, obtusángulo o acutángulo y recto, obtuso o agudo.

8.

9.

10.

11.

A
B C

12.

F G

13.

Q R

Indica qué transformación se usó para mover la figura de la posición A a la posición B.

14.

A
B

15.

B

A

16.

A
B

Resolver problemas y razonamiento ——————— Objetivo 3 de *TAKS* TEKS 4.8A, 4.8C, 4.9C

17. Soy un polígono de ocho lados y ocho vértices. ¿Qué soy?

18. ¿Cuántos ejes de simetría tiene un hexágono?

19. La piscina de Sam es un polígono. La piscina tiene tres lados menos que un octágono. ¿Qué clase de polígono es la piscina?

20. Copia la figura A del problema 16. Traza un eje de simetría en la figura.

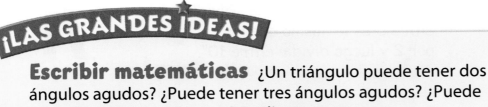

¡LAS GRANDES IDEAS!

Escribir matemáticas ¿Un triángulo puede tener dos ángulos agudos? ¿Puede tener tres ángulos agudos? ¿Puede tener dos ángulos obtusos? Explica tu respuesta.

Evaluar el rendimiento ———— Objetivos 3 y 6 de *TAKS* TEKS 4.8C, 4.9A, 4.9B, 4.14C, 4.14D

Formar figuras

¿Puedes identificar las figuras de la derecha? Usa palabras como *equilátero, acutángulo* o *rectángulo* para describirlas.

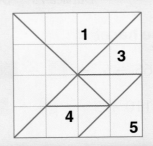

Tarea	Información que necesitas
Ayuda a Su-Li a hacer un cuadrado con las figuras de arriba.	El cuadrado debe tener dos de cada tipo de triángulo.
¿Qué transformaciones usaste?	Se debe usar cada figura por lo menos una vez.
	Las figuras no pueden superponerse. No puede haber espacios entre las figuras.
	Usa 7 figuras en total.

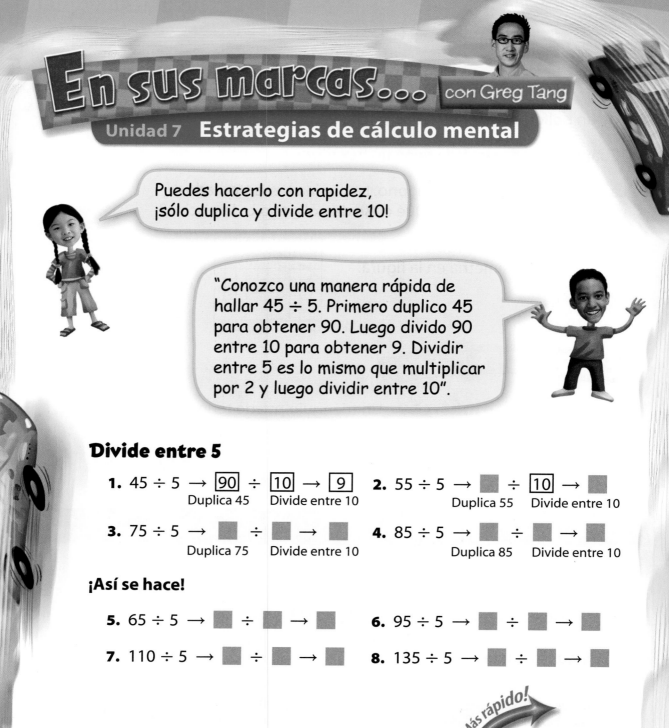

En sus marcas... con Greg Tang

Unidad 7 Estrategias de cálculo mental

Puedes hacerlo con rapidez, ¡sólo duplica y divide entre 10!

"Conozco una manera rápida de hallar 45 ÷ 5. Primero duplico 45 para obtener 90. Luego divido 90 entre 10 para obtener 9. Dividir entre 5 es lo mismo que multiplicar por 2 y luego dividir entre 10".

Divide entre 5

1. 45 ÷ 5 → 90 ÷ 10 → 9
Duplica 45   Divide entre 10

2. 55 ÷ 5 → ▨ ÷ 10 → ▨
Duplica 55   Divide entre 10

3. 75 ÷ 5 → ▨ ÷ ▨ → ▨
Duplica 75   Divide entre 10

4. 85 ÷ 5 → ▨ ÷ ▨ → ▨
Duplica 85   Divide entre 10

¡Así se hace!

5. 65 ÷ 5 → ▨ ÷ ▨ → ▨

6. 95 ÷ 5 → ▨ ÷ ▨ → ▨

7. 110 ÷ 5 → ▨ ÷ ▨ → ▨

8. 135 ÷ 5 → ▨ ÷ ▨ → ▨

¡Más rápido!

¡Sigue adelante!
¡Ahora inténtalo siguiendo los pasos mentalmente!

9. 150 ÷ 5

10. 225 ÷ 5

11. 330 ÷ 5

12. 415 ÷ 5

8

Fracciones y decimales

¡LAS GRANDES IDEAS!

- Una fracción puede tener un valor menor, igual o mayor que uno.
- Las fracciones y los decimales están relacionados y se pueden ubicar en una recta numérica.
- Se pueden usar modelos para sumar y restar decimales.

Capítulo 17
Conceptos sobre las fracciones

Capítulo 18
Conceptos sobre los decimales y el dinero

Capítulo 19
Los números de la recta numérica

Capítulo 20
La suma y la resta con decimales y dinero

Canciones y juegos

Música y matemáticas
Pista 8

- Melodía en fracciones
- Decimales en un diamante
- Durmiendo medio día
- El total es…

Fracciones de pizza

Objetivo del juego Completar una pizza o bloquear al oponente.

Materiales
Un conjunto de círculos de fracciones

Número de jugadores 3

Cómo se juega

1 El jugador 1 escoge una pieza de fracciones para formar una parte de la pizza. El jugador coloca la pieza boca abajo e identifica la parte de la pizza.

2 El jugador 2 escoge una pieza de fracciones y hace lo mismo que el jugador 1. La pieza que escoja el jugador 2 NO debe completar la pizza.

3 El jugador 3 halla una pieza de fracciones para completar la pizza e identifica la parte de la pizza.

4 Si el jugador 3 tiene razón, gana 1 punto. Si ninguna pieza puede completar la pizza, los jugadores 1 y 2 ganan 1 punto cada uno.

5 Los jugadores intercambian los papeles en cada ronda. El juego termina cuando uno de los jugadores llega a 5 puntos.

Objetivos 1 y 6 de TAKS
TEKS 3.2A Construir modelos concretos de fracciones.

4.14D Utilizar herramientas tales como objetos reales, manipulativos y tecnología para resolver problemas.

Education Place
Visita eduplace.com/txmap, donde encontrarás **acertijos**.

Leer Para comprender las lecturas, usas estrategias. También usas estrategias para resolver problemas en palabras. Lee este problema:

Tienes dos pizzas del mismo tamaño. Una pizza está cortada en 6 porciones iguales. La otra está cortada en 8 porciones iguales. Si tienes mucha hambre, ¿deberías tomar una porción de la pizza cortada en 6 porciones o de la pizza cortada en 8 porciones?

Antes de resolver este problema, Jon anota las estrategias para resolver problemas que conoce.

¡Ajá! Debo comparar $\frac{1}{6}$ con $\frac{1}{8}$.

Estrategias para resolver problemas

Busca un patrón.

Haz una tabla.

Adivina y comprueba.

Resuelve un problema más sencillo.

Haz un dibujo.

Usa modelos para hacer una dramatización.

Trabaja desde el final.

Escribir Usa la lista de Jon como si fuera tuya. Copia las estrategias que anotó y agrega otras estrategias que conozcas. Luego usa una de las estrategias para resolver el problema. Describe cómo resolviste el problema.

Conceptos sobre las fracciones

Banco de palabra

denominador

equivalentes

fracción

numerador

Vocabulario y conceptos

Escoge la mejor palabra para completar las oraciones. Grado 3

1. Las fracciones que indican la misma parte de un entero son _____.

2. La parte de la fracción que indica el número total de partes iguales del entero es el _____.

Escribe la parte sombreada de la figura como una fracción del entero. Grado 3

3.

4.

5.

Escribe <, > ó = para comparar las fracciones. Grado 3

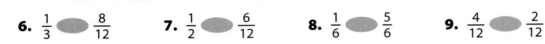

6. $\frac{1}{3}$ ⬭ $\frac{8}{12}$ **7.** $\frac{1}{2}$ ⬭ $\frac{6}{12}$ **8.** $\frac{1}{6}$ ⬭ $\frac{5}{6}$ **9.** $\frac{4}{12}$ ⬭ $\frac{2}{12}$

Resolver problemas y razonamiento

10. Elizabeth tenía 3 calcomanías rosas y 2 calcomanías violetas. ¿Qué fracción de sus calcomanías eran rosas?

Vocabulario de TAKS

¡Visualízalo!

fracción

Número que indica una parte de un entero, de un conjunto o de una región

numerador
Muestra cuántas de las partes iguales del total son azules

$$\frac{5}{12}$$

denominador
Indica la cantidad total de partes iguales

Mi mundo bilingüe

Cuando se dice que algo sucede en una *fracción* de segundo significa que sucede muy rápidamente. Cuando usamos *fracción* en matemáticas, el significado es exacto y preciso. Las palabras que se parecen en español y en inglés muchas veces tienen el mismo significado.

Español	Inglés
fracción	fraction
numerador	numerator
denominador	denominator

Consulta el **Glosario español–inglés**, páginas 569 a 582.

 Education Place Visita eduplace.com/txmap, donde encontrarás el **glosario electrónico**.

Objetivo 6 de TAKS **TEKS** 4.15B Relacionar el lenguaje informal con el lenguaje y los símbolos matemáticos.

Capítulo 17   3

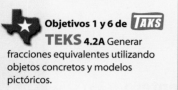
Objetivos 1 y 6 de *TAKS*

TEKS 4.2A Generar fracciones equivalentes utilizando objetos concretos y modelos pictóricos.

También 4.14A

Vocabulario de *TAKS*

fracciones equivalentes

Materiales
- Círculos de fracciones
- Cubos de unidades
- Manipulativos electrónicos eduplace.com/txmap (optional)

Aplícalo
Hacer fracciones equivalentes

Objetivo Usar objetos para representar fracciones equivalentes.

★ Explorar

El año pasado aprendiste que las fracciones describen partes de un entero y partes de un grupo.

Pregunta ¿Cómo se puede usar más de una fracción para indicar la misma cantidad?

Lita hizo pizza. La ilustración muestra cuánta pizza quedó después de que Lita y sus amigas terminaron de comer. ¿Qué fracciones describen la cantidad que sobró?

1 Usa tus círculos de fracciones. Halla una pieza que cubra exactamente la pizza restante. Escribe la fracción.

2 Quita la primera pieza de fracción. Busca dos piezas de fracción del mismo tamaño que cubran exactamente la pizza. Escribe la fracción.

3 Continúa buscando piezas de fracción que cubran exactamente la pizza. Usa siempre piezas del mismo tamaño. Luego nombra la fracción que hiciste.

4 ¿Cuántas maneras diferentes hallaste para cubrir la pizza? ¿Todas estas fracciones representan la misma cantidad? ¿Cómo lo sabes?

Las fracciones que representan la misma cantidad se llaman **fracciones equivalentes**.

Las fracciones también pueden nombrar parte de un grupo. Lita hizo 6 pizzas. Cuatro pizzas eran de salchichón. ¿Qué fracciones representan la porción del grupo de pizzas que eran de salchichón?

1 Representa el problema. Usa cubos rojos para representar las pizzas de salchichón.

2 Escribe una fracción para la porción de pizzas de salchichón.

3 Lita colocó las pizzas en dos mesas. Escribe una fracción para la porción de pizzas de salchichón que hay en una de las mesas.

Mesa 1　　　　**Mesa 2**

4 ¿Son equivalentes las fracciones que escribiste en los pasos 2 y 3? Comprueba tu respuesta usando círculos de fracciones.

★ **Extender**

Escribe dos fracciones para describir cada modelo.

1.

2.

Escribe dos fracciones que describan la porción de los cubos de unidades que son rojos.

3.

4.

Diario de matemáticas

Escribir matemáticas

Justifica Carlos quiere saber si las fracciones $\frac{2}{3}$ y $\frac{8}{12}$ son equivalentes. Describe un método que pueda usar para averiguarlo.

LECCIÓN 2

Objetivo 1 de *TAKS*

TEKS 4.2C Comparar y ordenar fracciones utilizando objetos concretos y modelos pictóricos.

Materiales
- Tablero 8
- Círculos de fracciones

Resolver problemas
Usa fracciones

Objetivo Usar modelos concretos para resolver problemas.

★ Aprender con ejemplos

Joseph y Rebecca pintaron murales en el corredor de la escuela. Empezaron con cantidades iguales de pintura. Cuando terminaron, a Joseph le sobraron $\frac{2}{6}$ de pintura y a Rebecca le sobraron $\frac{3}{12}$ de pintura. ¿A quién le sobró más pintura?

COMPRÉNDELO

¿Qué debes hallar?

PLANÉALO

¿Cómo puedes usar modelos para hallar la respuesta?

RESUÉLVELO

Usa el Tablero 8.

Representa la cantidad de pintura que le sobró a Joseph. La fracción $\frac{2}{6}$ significa "2 partes de 6". Usa los puntos para dividir el círculo en 6 partes. Sombrea 2 partes.

Representa la cantidad de pintura que le sobró a Rebecca. Le sobraron $\frac{3}{12}$ de pintura, por lo tanto divide su círculo en ◯ partes. Luego, sombrea ◯ partes.

A [   ] le sobró más pintura.

VERIFÍCALO

Comprueba tu respuesta. Asegúrate de dividir cada círculo en el número correcto de secciones de igual tamaño.

★ Resolver problemas con ayuda

Usa el Tablero 8 o los círculos de fracciones para resolver el problema.

1. Sarah hizo dos platos para sus abuelos. Pintó de azul $\frac{3}{4}$ de un plato. Pintó de azul $\frac{5}{12}$ del otro plato. ¿Qué plato tiene más azul?

   a. Compréndelo/Planéalo ¿Cuáles son las dos fracciones que debes comparar? ¿Cómo las compararás?

   b. Resuélvelo Completa $\frac{3}{4}$ del círculo superior y $\frac{5}{12}$ del círculo inferior. ¿Qué modelo tiene la porción más grande sombreada?

   c. Verifícalo ¿Qué plato tiene más azul? Resuelve el problema de otra manera diferente para comprobar tu respuesta.

123 Hablar de matemáticas ¿Qué significa que un plato sea $\frac{5}{12}$ azul? Explícalo con tus propias palabras.

★ Práctica para resolver problemas

Usa el Tablero 8 o los círculos de fracciones para resolver los problemas.

2. Matthew hizo dos pequeños patrones de mosaicos. El patrón del primero tenía 6 piezas. Cuatro piezas eran rojas. El segundo patrón tenía 12 piezas. Nueve piezas eran rojas. ¿Qué patrón tenía más color rojo?

3. Explica Jorge y Alex tienen cada uno un tazón lleno de canicas. Dos tercios de las canicas del tazón de Jorge son verdes. Cuatro sextos de las canicas del tazón de Alex son verdes. ¿Quién tiene la fracción más grande de canicas verdes? Indica cómo lo sabes.

4. Serena ha tejido $\frac{3}{8}$ de una bufanda. Mary ha tejido $\frac{4}{6}$ de una bufanda. ¿Quién ha tejido más de la bufanda?

5. ¿Correcto o incorrecto? Toni corrió $\frac{3}{4}$ de milla. Michelle corrió $\frac{5}{6}$ de milla. Michelle asegura que debe correr más para completar una milla. ¿Tiene razón?

6. Reto ¿El círculo de fracciones muestra más o menos que $\frac{3}{5}$? Explica tu razonamiento.

 Objetivos 1 y 3 de **TAKS**
TEKS 4.4E, 4.8B, 4.14A

Escribe una fracción impropia para representar las partes sombreadas. Luego escribe un número mixto. Usa círculos de fracciones como ayuda.

7.

8.

9.

10.

Halla los números que faltan.

LECCIÓN 4

Objetivos 1 y 6 de TAKS

TEKS 4.2A Generar fracciones equivalentes utilizando objetos concretos y modelos pictóricos.

4.2D Determinar la relación entre decimales y fracciones que representan décimos y centésimos utilizando objetos concretos y modelos pictóricos.

También 4.15A

Vocabulario de TAKS

decimal

décimo

centésimo

Materiales
• Fichas de fracciones
• Tablero 7
• Manipulativos electrónicos eduplace.com/txmap (opcional)

Explorar fracciones como decimales

Objetivo Usar modelos para relacionar fracciones y decimales.

★ **Aprender con manipulativos**

Puedes usar modelos para mostrar fracciones y **decimales**.

Ejemplo 1

1 Usa fichas de fracciones para representar $\frac{3}{10}$.

$\frac{3}{10}$ de las fichas están boca arriba.

2 Escribe la fracción con palabras.

Tres de diez, o tres **décimos** de las fichas están boca arriba.

3 Escribe un decimal.

El lugar de los décimos está un lugar después del punto decimal.

tres décimos = 0.3

Ejemplo 2

1 Usa una cuadrícula de 100 para representar $\frac{26}{100}$.

$\frac{26}{100}$ de la cuadrícula están sombreados.

2 Escribe la fracción con palabras.

Veintiséis de 100, o veintiséis **centésimos** de la cuadrícula están sombreados.

3 Escribe un decimal.

El lugar de los centésimos está dos lugares después del punto decimal.

veintiséis centésimos = 0.26

Escribe una fracción y un decimal para describir cada modelo. Puedes usar fichas de fracciones o el Tablero 7 como ayuda.

Piénsalo
- ¿Cuántas partes iguales hay?
- ¿Cuántas partes están sombreadas?

1.

2.

(123) **Hablar de matemáticas** ¿Es lo mismo 5 décimos que 50 centésimos? Explica tu respuesta. Si lo deseas, usa un dibujo.

★ **Practicar y resolver problemas**

Escribe una fracción y un decimal para describir cada modelo. Puedes usar fichas de fracciones o el Tablero 7 como ayuda.

3.
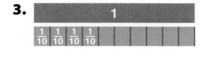

1

| $\frac{1}{10}$ | $\frac{1}{10}$ | $\frac{1}{10}$ | $\frac{1}{10}$ | | | | | | |

4.

5.

Escribe un decimal equivalente para las fracciones.

6. $\frac{1}{10}$

7. $\frac{9}{10}$

8. $\frac{35}{100}$

9. $\frac{68}{100}$

Resuelve el siguiente problema.

10. Reto El milésimo de dólar es una unidad monetaria que a veces usan los contadores. Equivale a $\frac{1}{10}$ de 1 centavo. Escribe 9 milésimos de dólar como fracción y como decimal de 1 centavo.

★ **Práctica para** TAKS **Selección múltiple**

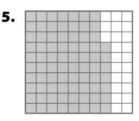

11 ¿Qué decimal describe a este modelo?

A 0.02   **B** 0.03   **C** 0.30   **D** 3.00

Objetivo 1 de *TAKS*

TEKS 4.2A Generar fracciones equivalentes utilizando objetos concretos y modelos pictóricos.

4.2C Comparar y ordenar fracciones utilizando objetos concretos y modelos pictóricos.

Materiales
Fichas de fracciones

Comparar fracciones

Objetivo Usar modelos para comparar fracciones y números mixtos.

★ Aprender con manipulativos

Ji Sun y Cody están pintando las paredes de una habitación. Ji Sun ha pintado $\frac{4}{8}$ de una pared y Cody ha pintado $\frac{1}{2}$ de otra. Compara cuánto pintó cada una.

Represéntalo	**Escríbelo**
Usa piezas de fracciones para mostrar $\frac{4}{8}$ y $\frac{1}{2}$.	$\frac{4}{8}$ y $\frac{1}{2}$ son fracciones equivalentes. $$\frac{4}{8} = \frac{1}{2}$$

Hay $\frac{2}{3}$ de pintura roja y $\frac{1}{2}$ de pintura amarilla en el estante. ¿Hay más pintura roja o amarilla?

Represéntalo	**Escríbelo**
Usa fichas de fracciones para mostrar $\frac{2}{3}$ y $\frac{1}{2}$.	Usa $>$, $<$ ó $=$ para comparar las dos fracciones. $$\frac{2}{3} > \frac{1}{2}$$

Otro ejemplo

Ordena las fracciones

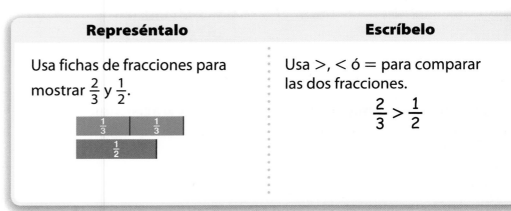

Escribe las fracciones $\frac{1}{8}$, $\frac{5}{6}$ y $\frac{5}{8}$ en orden de menor a mayor.

La tira más corta es $\frac{1}{8}$; por lo tanto, es la menor.

La tira más larga es $\frac{5}{6}$; por lo tanto, es la mayor.

De menor a mayor, las fracciones son $\frac{1}{8}$, $\frac{5}{8}$ y $\frac{5}{6}$.

Compara. Escribe >, < ó =.

Piénsalo
• ¿Cuál tiene más partes sombreadas?
• ¿Qué fracción tiene una tira más larga de fichas de fracciones?

1.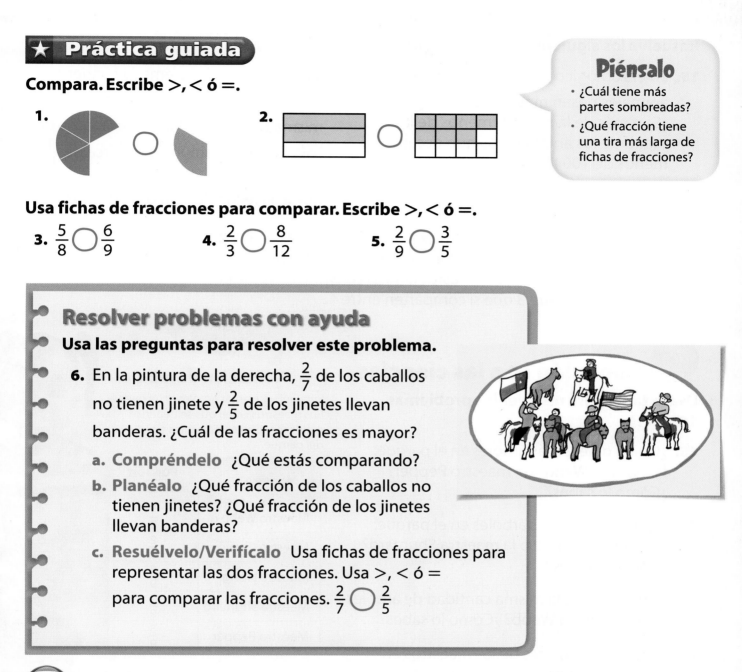

2.

Usa fichas de fracciones para comparar. Escribe >, < ó =.

3. $\dfrac{5}{8} \bigcirc \dfrac{6}{9}$

4. $\dfrac{2}{3} \bigcirc \dfrac{8}{12}$

5. $\dfrac{2}{9} \bigcirc \dfrac{3}{5}$

Resolver problemas con ayuda

Usa las preguntas para resolver este problema.

6. En la pintura de la derecha, $\dfrac{2}{7}$ de los caballos no tienen jinete y $\dfrac{2}{5}$ de los jinetes llevan banderas. ¿Cuál de las fracciones es mayor?

   a. **Compréndelo** ¿Qué estás comparando?

   b. **Planéalo** ¿Qué fracción de los caballos no tienen jinetes? ¿Qué fracción de los jinetes llevan banderas?

   c. **Resuélvelo/Verifícalo** Usa fichas de fracciones para representar las dos fracciones. Usa >, < ó = para comparar las fracciones. $\dfrac{2}{7} \bigcirc \dfrac{2}{5}$

123 Hablar de matemáticas ¿Cómo puedes ordenar $\dfrac{1}{6}$, $\dfrac{3}{8}$ y $\dfrac{3}{4}$ de menor a mayor?

Usa fichas de fracciones para comparar. Escribe <, > ó = en cada ◯.

7. $\dfrac{7}{9} \bigcirc \dfrac{5}{9}$

8. $\dfrac{5}{9} \bigcirc \dfrac{5}{8}$

9. $\dfrac{2}{3} \bigcirc \dfrac{7}{12}$

10. $3\dfrac{1}{4} \bigcirc 3\dfrac{2}{5}$

11. $\dfrac{3}{8} \bigcirc \dfrac{5}{12}$

12. $\dfrac{9}{10} \bigcirc \dfrac{5}{6}$

13. $3\dfrac{8}{15} \bigcirc 3\dfrac{3}{5}$

14. $2\dfrac{3}{10} \bigcirc 2\dfrac{1}{3}$

Resuelve los siguientes problemas. Usa modelos como ayuda.

15. En el zoológico de la zona, $\frac{5}{8}$ de los animales pesan más de 100 libras. ¿Son más de la mitad o menos de la mitad de los animales los que pesan menos de 100 libras?

16. Reto La leche descremada contiene cerca de $\frac{2}{100}$ de grasa. Esto es casi la misma cantidad de grasa de la leche de soja. La leche común tiene cerca de $\frac{1}{25}$ de grasa. ¿Qué leche contiene más grasa: la leche de soja o la común?

17. Reto Los estudiantes hacen máscaras de plumas. Tienen plumas para compartir en partes iguales. Usa fracciones para explicar cómo sabes que los estudiantes recibirán más plumas si comparten entre 3 que si comparten entre 4.

Conexión con las ciencias

Usa la tabla para resolver los problemas 18 a 21.

18. ¿Quién quiere más árboles en el parque: la maestra Wang o el maestro Pepper? ¿Cómo lo sabes?

19. ¿Quién quiere más árboles en el parque: el maestro Chávez o la maestra Shumard? ¿Cómo lo sabes?

20. ¿Quién quiere la misma cantidad de árboles que la maestra Webb? ¿Cómo lo sabes?

21. Coloca los nombres de los maestros en orden de mayor a menor según la porción de parque que quieran cubrir con árboles.

Datos divertidos

Plantación de árboles

Kyra quiere plantar árboles en el parque. Sus maestros creen que se deberían cubrir con árboles diferentes porciones del parque.

Maestro	Porción por cubrir
Maestro Webb	$\frac{1}{3}$
Maestro Chavez	$\frac{2}{9}$
Maestra Wang	$\frac{3}{9}$
Maestra Shumard	$\frac{7}{9}$
Maestro Pepper	$\frac{5}{9}$

TEKS 4.14A
11C de Ciencias

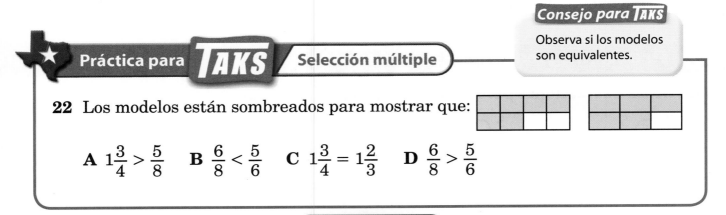

Consejo para TAKS

Observa si los modelos son equivalentes.

★ **Práctica para** **TAKS** / **Selección múltiple**

22 Los modelos están sombreados para mostrar que:

A $1\frac{3}{4} > \frac{5}{8}$ **B** $\frac{6}{8} < \frac{5}{6}$ **C** $1\frac{3}{4} = 1\frac{2}{3}$ **D** $\frac{6}{8} > \frac{5}{6}$

Tecnología

Internet

Comparar fracciones

1. Visita Education Place
www.eduplace.com/txmap

    Elige "Fractions" (fracciones) y "eManipulatives" (manipulativos electrónicos). Verás un tablero con 4 círculos.

2. Con el botón ✂ se cortan los círculos en fracciones. Mueve tu cursor hasta las tijeras, luego haz clic en la fracción que quieres usar para dividir el círculo.

    Corta el primer círculo en partes de $\frac{1}{4}$ y el segundo en partes de $\frac{1}{8}$.

3. El botón 🖌 es una herramienta para colorear. Úsalo para colorear (o limpiar) las partes del círculo. Haz clic en 2 partes del primer círculo y en 5 partes del segundo.

4. ¿Qué fracciones has hecho? Haz clic en el número 1 en la parte inferior del tablero. Las fracciones de las partes que coloreaste aparecen debajo de los círculos. Compara las fracciones. ¿Cuál es mayor?

5. El botón 📚 que está abajo a la izquierda te permite cambiar manipulativos electrónicos. Coloca tu cursor encima de la figura y haz clic en las piezas de fracciones. Verás $\frac{2}{4}$ y $\frac{5}{8}$ representados con piezas de fracciones.

6. El botón 🧹 limpia el tablero para que puedas comenzar de nuevo.

Compara. Escribe $>$, $<$ ó $=$ en cada $\bigcirc$. Luego comprueba tu respuesta usando manipulativos electrónicos.

1. $\frac{1}{2}$ ⬭ $\frac{6}{10}$ 2. $\frac{4}{12}$ ⬭ $\frac{1}{3}$ 3. $\frac{9}{10}$ ⬭ $\frac{7}{8}$ 4. $\frac{5}{6}$ ⬭ $\frac{2}{5}$

5. $\frac{1}{3}$ ⬭ $\frac{1}{5}$ 6. $\frac{6}{9}$ ⬭ $\frac{7}{12}$ 7. $\frac{8}{10}$ ⬭ $\frac{8}{12}$ 8. $\frac{4}{5}$ ⬭ $\frac{1}{4}$

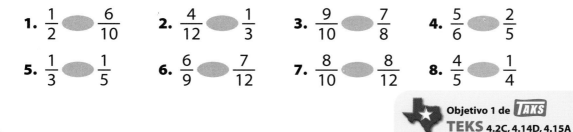

Objetivo 1 de TAKS
TEKS 4.2C, 4.14D, 4.15A

Capítulo 17 Lección 5   **387**

Leer y escribir matemáticas

Vocabulario de TAKS

Puedes determinar si cada número es mayor o menor
que 1 para clasificar los números.

Cuadro de números

$\frac{3}{5}$	$3\frac{1}{3}$	$\frac{12}{7}$	$\frac{7}{12}$	$\frac{18}{6}$
$\frac{11}{8}$	$8\frac{2}{7}$	$\frac{5}{9}$	$6\frac{9}{10}$	

Clasifica los ejemplos del cuadro de números según las categorías
de esta tabla. Escribe ejemplos propios para los ejercicios 10 a 15.
Explica por qué los números van en cada categoría.

Fracciones propias	Fracciones impropias	Números mixtos
1. _____	4. _____	7. _____
2. _____	5. _____	8. _____
3. _____	6. _____	9. _____
10. _____	11. _____	12. _____
13. _____	14. _____	15. _____

Escribir Observa los números que escribiste en
Fracciones impropias. Explica en qué se parecen y en qué
se diferencian de las fracciones propias. Luego convierte
todas las fracciones impropias en números mixtos.
¿En qué se parecen? ¿En qué se diferencian?

Leer Busca libros relacionados con este concepto
en tu biblioteca.

Objetivo 6 de TAKS
TEKS 4.15A Explicar y anotar
observaciones utilizando objetos, palabras,
dibujos, números y tecnología.

4.15B Relacionar el lenguaje informal con
el lenguaje y los símbolos matemáticos.

Práctica adicional basada en los estándares

Conjunto A — Objetivo 1 de TAKS TEKS **4.2A** página 374

Escribe dos fracciones correspondientes a la parte sombreada.

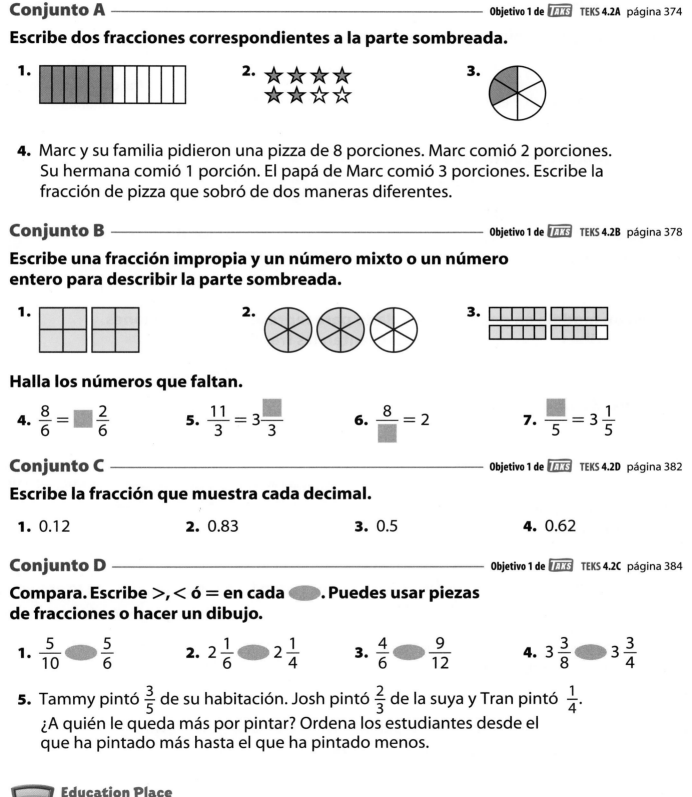

1.   **2.**   **3.**

4. Marc y su familia pidieron una pizza de 8 porciones. Marc comió 2 porciones. Su hermana comió 1 porción. El papá de Marc comió 3 porciones. Escribe la fracción de pizza que sobró de dos maneras diferentes.

Conjunto B — Objetivo 1 de TAKS TEKS **4.2B** página 378

Escribe una fracción impropia y un número mixto o un número entero para describir la parte sombreada.

1.   **2.**   **3.**

Halla los números que faltan.

4. $\dfrac{8}{6} = \blacksquare \dfrac{2}{6}$ **5.** $\dfrac{11}{3} = 3\dfrac{\blacksquare}{3}$ **6.** $\dfrac{8}{\blacksquare} = 2$ **7.** $\dfrac{\blacksquare}{5} = 3\dfrac{1}{5}$

Conjunto C — Objetivo 1 de TAKS TEKS **4.2D** página 382

Escribe la fracción que muestra cada decimal.

1. 0.12   **2.** 0.83   **3.** 0.5   **4.** 0.62

Conjunto D — Objetivo 1 de TAKS TEKS **4.2C** página 384

Compara. Escribe >, < ó = en cada ⬭. Puedes usar piezas de fracciones o hacer un dibujo.

1. $\dfrac{5}{10}$ ⬭ $\dfrac{5}{6}$ **2.** $2\dfrac{1}{6}$ ⬭ $2\dfrac{1}{4}$ **3.** $\dfrac{4}{6}$ ⬭ $\dfrac{9}{12}$ **4.** $3\dfrac{3}{8}$ ⬭ $3\dfrac{3}{4}$

5. Tammy pintó $\dfrac{3}{5}$ de su habitación. Josh pintó $\dfrac{2}{3}$ de la suya y Tran pintó $\dfrac{1}{4}$. ¿A quién le queda más por pintar? Ordena los estudiantes desde el que ha pintado más hasta el que ha pintado menos.

Repaso/Examen del capítulo

Vocabulario y conceptos

Objetivos 1 y 6 de TAKS   TEKS 4.2A, 4.2B, 4.2C, 4.2D, 4.15B

Escoge el mejor término para completar las oraciones.

> **Banco de palabras**
>
> **denominador**
> **fracción impropia**
> **numerador**

1. El número 4 en $\frac{4}{7}$ es el _____ de la fracción.

2. Si el denominador es menor que el numerador, entonces el número es una _____.

Halla los números que faltan.

3. $\frac{3}{2} = \frac{\blacksquare}{2}\frac{1}{2}$

4. $\frac{9}{4} = 2\frac{\blacksquare}{4}$

5. $\frac{12}{\blacksquare} = 3$

6. $\frac{\blacksquare}{6} = 3\frac{3}{6}$

Dibuja un modelo en papel cuadriculado para representar los decimales. Luego escribe las fracciones que representan los decimales.

7. 0.04

8. 0.72

9. 0.6

Dibuja un modelo en papel cuadriculado para representar las fracciones. Luego escribe los decimales que representan las fracciones.

10. $\frac{5}{10}$

11. $\frac{42}{100}$

12. $\frac{9}{100}$

Compara. Escribe >, < ó = en cada ⬭.

13. $\frac{3}{10}$ ⬭ $\frac{7}{10}$

14. $\frac{5}{25}$ ⬭ $\frac{1}{5}$

15. $\frac{5}{8}$ ⬭ $\frac{6}{16}$

16. $3\frac{1}{4}$ ⬭ $3\frac{3}{8}$

Resolver problemas y razonamiento

Objetivos 1 y 6 de TAKS   TEKS 4.2A, 4.2B, 4.2C, 4.2D, 4.14A, 4.14B, 4.14C

17. ¿Cuántos octavos hay en 3 enteros? Haz un dibujo para demostrar que tu respuesta es correcta.

18. Shana tiene 2 obras en una muestra de arte. Jake tiene 6 y Kaya, 4. ¿Qué fracción de las obras no son de Jake?

19. Audra compró 6 docenas de huevos para hacer pasteles. Cuando termina, le sobran 26 huevos. ¿Cuántas docenas de huevos le sobran? Haz un dibujo para demostrar que tu respuesta es correcta.

20. Aaron ha leído la mitad de *La telaraña de Charlotte*. Isa leyó $\frac{3}{4}$ y Amiri leyó $\frac{5}{8}$ del libro. Ordena los estudiantes del que ha leído más al que ha leído menos.

Escribir matemáticas Jeff ha vivido en Waco $\frac{1}{3}$ de su vida. El señor Fatah también ha vivido en Waco $\frac{1}{3}$ de su vida. ¿Han vivido en Waco la misma cantidad de tiempo? Explica tu respuesta.

Preparación para TAKS y repaso frecuente

1 El sábado fueron 1,225 personas a una feria del condado. El domingo fueron 972 personas. ¿Cuál de las siguientes opciones muestra cuántas personas más fueron el sábado?

A 133

B 243

C 253

D 353   **Objetivo 1 de** TAKS   TEKS **4.3A**   página 100

2 En un patio de juegos había 122 estudiantes de cuarto grado y 151 estudiantes de tercer grado. ¿Cuál es la mejor estimación del número total de estudiantes?

F 200

G 270

H 280

J 290   **Objetivo 1 de** TAKS   TEKS **4.5A**   página 98

3 El señor Wayne compró 2,347 losetas azules y 1,566 losetas verdes. ¿Cuál es la mejor estimación del número de losetas que compró Wayne, al millar más cercano?

A 3,000

B 3,800

C 3,900

D 4,000

Consejo para TAKS

Comprende la pregunta para saber a qué lugar debes redondear para resolver el problema.

Objetivo 1 de TAKS   TEKS **4.5A**   página 98

4 Josh ganó $28 cortando el césped. Clare ganó $6 menos que Josh. Darius ganó el triple que Clare. ¿Cuál es la mejor manera de hallar cuánto ganó Darius?

F multiplicar 6 por 3 y luego restar el producto de 28

G multiplicar 28 por 3 y luego restar 6 del producto

H restar 6 de 28 y luego multiplicar la diferencia por 3

J sumar 6 más 28 y luego multiplicar la suma por 3

Objetivo 6 de TAKS   TEKS **4.14C**   página 106

5 **Respuesta con cuadrícula** La tabla muestra el número de libros de diferentes géneros que tiene la señora Hines en su tienda.

Género del libro	Número de libros
Arte	847
Ciencias	1,754
Viajes	1,067
Biografías	964

¿Cuántos libros de ciencias más que libros de viajes tiene la señora Hines en su tienda?

Objetivo 1 de TAKS   TEKS **4.3A**   página 100

Education Place
Visita eduplace.com/txmap, donde encontrarás **consejos para tomar exámenes** y más **práctica para TAKS.**

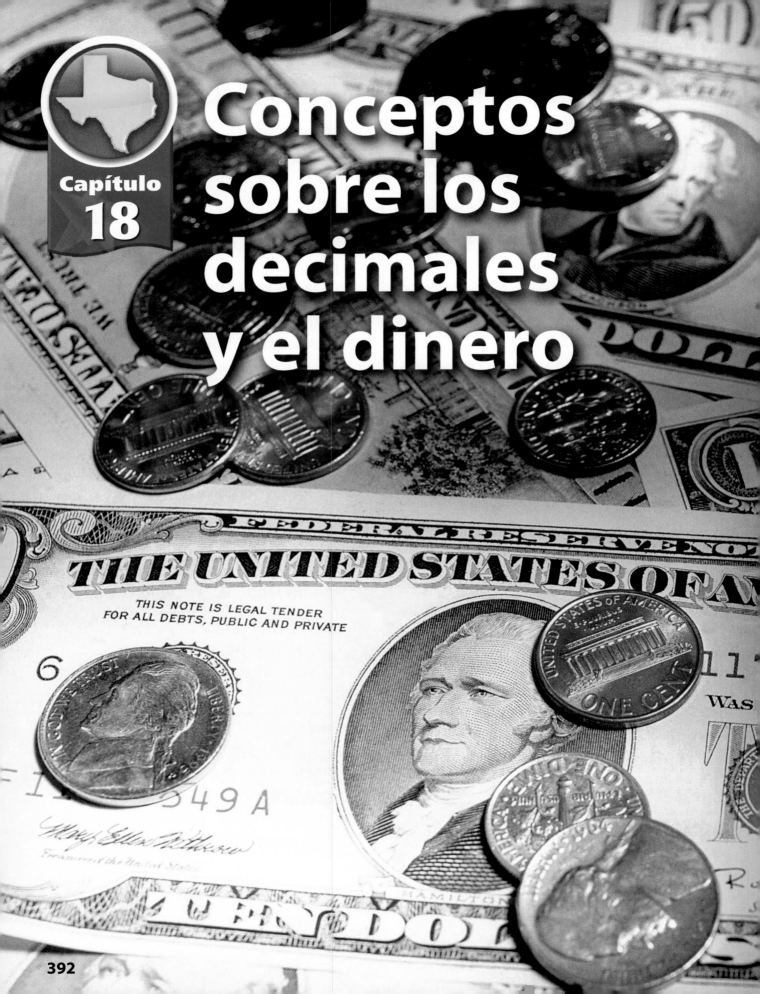

Conceptos sobre los decimales y el dinero

Comprueba lo que sabes

Vocabulario y conceptos

Escoge el mejor término para completar las oraciones. Grado 3

1. Los dólares y los centavos se separan con un ____.

2. Dos monedas de 25 centavos y cinco de 10 centavos son ____.

3. Una de diez partes iguales es un ____.

Escribe las cantidades usando el símbolo de dólar y el punto decimal. Grado 3

4. 2 dólares con treinta y cinco centavos

5. 5 dólares con veintiocho centavos

6. 1 billete de un dólar;
   3 monedas de 25 centavos;
   3 monedas de 10 centavos;
   3 monedas de 5 centavos

7. 8 billetes de un dólar;
   9 monedas de 10 centavos;
   3 monedas de 1 centavo

8. 7 billetes de un dólar;
   3 monedas de 25 centavos;
   2 monedas de 1 centavo

9. 3 billetes de un dólar;
   2 monedas de 25 centavos;
   1 moneda de 10 centavos;
   3 monedas de 5 centavos

City Bakery	
Número de ingredientes	**Costo del sándwich**
1	$8
2	$12
3	$16
4	$20

Resolver problemas y razonamiento Grado 3

10. El cartel muestra los precios de los sándwiches de City Bakery. Si el patrón continúa, ¿cuánto costaría un emparedado de 6 ingredientes?

Vocabulario de TAKS

¡Visualízalo!

Hay 3 cubos rojos.
Hay 10 cubos en total.

$\frac{3}{10}$ de los cubos son rojos.

$\frac{3}{10}$ es una fracción.

Puedes escribir la fracción como decimal.

0.3 de los cubos son rojos.

decimal

Número que usa el sistema de valor de posición y tiene un punto decimal

Mi mundo bilingüe

La raíz de la palabra *decimal* significa 10. Un decimal es como una fracción, pero el número total de partes tiene que ser 10, 100 u otro múltiplo de 10.

Las palabras que se parecen en español y en inglés muchas veces tienen el mismo significado.

Español	Inglés
fracción	**fraction**
decimal	**decimal**
punto	**point**

Consulta el **Glosario español–inglés**, páginas 569 a 582.

 Education Place Visita eduplace.com/txmap, donde encontrarás el **glosario electrónico**.

Objetivo 6 de TAKS **TEKS** 4.15B Relacionar el lenguaje informal con el lenguaje y los símbolos matemáticos.

Capítulo 18 393

Objetivos 1 y 6 de *TAKS*

TEKS 4.1B Utilizar el valor de posición para leer, escribir, comparar y ordenar con objetos concretos y modelos pictóricos decimales usando los décimos y los centésimos, e incluyendo el dinero.

4.2D Determinar la relación entre decimales y fracciones que representan décimos y centésimos utilizando objetos concretos y modelos pictóricos.

También 4.14D

Vocabulario de *TAKS*

El número 4.5 es un número **decimal**.

4.5
↑
punto decimal

Materiales
- Bloques de base diez
- Tablero 1
- Manipulativos electrónicos eduplace.com/txmap (opcional)

Aplícalo
Relacionar fracciones y decimales

Objetivo Usar objetos concretos para representar decimales.

★ Explorar

En el Capítulo 17 dividiste un entero en grupos iguales para representar una fracción. También puedes dividir un entero en grupos iguales para representar un **decimal**.

Jason quiere representar 2 con 6 décimos pulgadas de lluvia usando bloques de base diez.

Pregunta ¿Cómo puedes usar bloques de base diez para representar decimales?

1 Haz de cuenta que una placa de centenas representa un entero.

un entero
1
$\frac{100}{100}$

2 Una placa se puede dividir en 10 barras. Haz de cuenta que cada barra representa un décimo de un entero.

un entero
0.1
$\frac{1}{10}$

3 Una placa se puede dividir en 100 cubos. Haz de cuenta que cada cubo representa un centésimo de un entero.

un centésimo
0.01
$\frac{1}{100}$

Ahora usa bloques de base diez para representar 2 con 6 décimos.

Represéntalo	Escríbelo
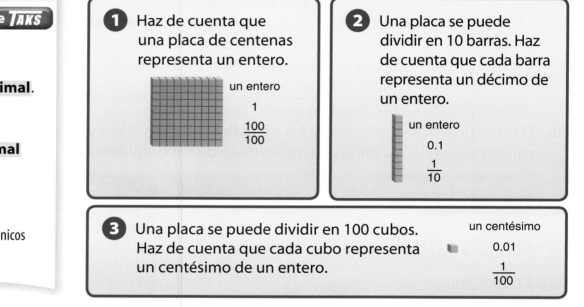	2 con 6 décimos 2.6 $2\frac{6}{10}$

¿Cómo puedes usar bloques de base diez para representar $\frac{1}{2}$ como decimal?

1 Usa diez barras para representar 1 entero.

2 Divide las barras en dos grupos iguales para representar $\frac{1}{2}$ de un entero.

3 ¿Qué decimal representa 5 décimos?

★ Extender

Escribe $\frac{1}{4}$ como decimal.

1. Usa diez barras para representar 1 entero. Divide las barras en 4 grupos iguales para representar $\frac{1}{4}$. ¿Cuántos décimos hay en cada grupo? ¿Hay alguno que sobre?

2. Intercambia cada barra sobrante por 10 cubos de un centésimo. Divide los bloques de centésimos en 4 grupos iguales. ¿Cuántos centésimos hay en cada grupo? ¿Hay alguno que sobre?

3. ¿Cuántos décimos y centésimos hay en cada grupo?

4. ¿Qué decimal representa $\frac{1}{4}$ de 1 entero?

Usa bloques de base diez para representar cada decimal. Usa el menor número de bloques posible. Haz dibujos rápidos de tus modelos.

5. 1.2

6. 0.26

7. 0.98

8. 2.39

9. 0.8

10. 0.63

11. 2.4

12. 1.47

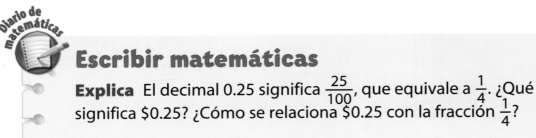

Diario de matemáticas

Escribir matemáticas

Explica El decimal 0.25 significa $\frac{25}{100}$, que equivale a $\frac{1}{4}$. ¿Qué significa $0.25? ¿Cómo se relaciona $0.25 con la fracción $\frac{1}{4}$?

Objetivo 1 de **TAKS**

TEKS 4.1B Utilizar el valor de posición para leer, escribir, comparar y ordenar con objetos concretos y modelos pictóricos decimales usando los décimos y los centésimos, e incluyendo el dinero.

4.2D Determinar la relación entre decimales y fracciones que representan décimos y centésimos utilizando objetos concretos y modelos pictóricos.

Materiales
• Tablero 7

Leer y escribir decimales

Objetivo Escribir decimales que incluyan décimos y centésimos.

★ Aprender con ejemplos

Están remodelando el área de juegos de la ciudad donde vive Simón. Simón ayuda pintando una sección de la cerca. Mira la sección de la cerca que se muestra aquí. Tiene 10 partes iguales. Tres de las partes son azules. ¿Qué parte de la cerca es azul?

Represéntalo	Escríbelo
Puedes usar un modelo. 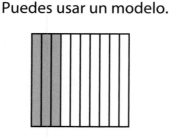	Tres décimos. Puedes escribir una fracción . $\frac{3}{10}$ Puedes escribir un decimal. unidades ⟶ 0.3 ⟵ décimos

0.3 o tres décimos de la cerca es azul.

Otros ejemplos

A. Centésimos

Rhea hizo un modelo del número de voluntarios que ayudan en el área de juegos.

81 de 100 cuadrados están coloreados.

ochenta y un centésimos

$\frac{81}{100}$

0.81

¿Qué parte de la cuadrícula coloreó?

B. Decimales mayores que 1

Algunos padres están construyendo plataformas de madera para el área de picnic. Pintaron 1 plataforma entera y 5 décimos de otra plataforma. Existen diferentes maneras de representar el número de plataformas pintadas.

Represéntalo	Escríbelo
Sombrea 1 cuadrado entero y 5 décimos de otro cuadrado. 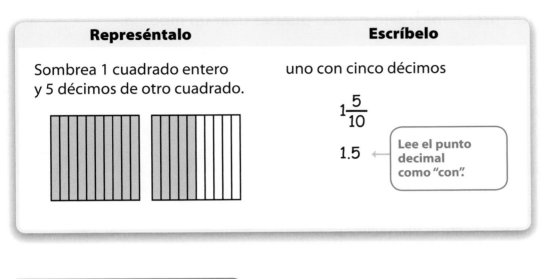	uno con cinco décimos $1\frac{5}{10}$ 1.5 ← **Lee el punto decimal como "con".**

★ **Práctica guiada**

Escribe una fracción y un decimal para cada modelo.

Piénsalo
- ¿Cuántas partes iguales hay?
- ¿Cuántas partes están sombreadas?
- ¿Cuántos enteros hay?

1.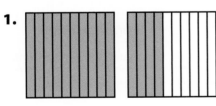

2.

Usa un modelo para escribir las siguientes expresiones como fracciones y decimales.

3. seis décimos   **4.** tres décimos   **5.** cuatro con dos centésimos

 Hablar de matemáticas ¿Qué significa el cero en el número 0.3? ¿Qué significa el cero en 3.0?

★ **Practicar y resolver problemas**

Escribe una fracción y un decimal para cada modelo.

6.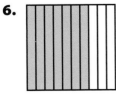

7.

8.

9.

Usa un modelo para escribir las expresiones como fracciones y decimales.

10. un décimo

11. ocho décimos

12. catorce centésimos

13. dos centésimos

14. dos con cuatro décimos

15. seis con veintiún centésimos

Resuelve los siguientes problemas. Si lo deseas puedes usar un modelo.

16. Razonamiento Jo pintó 7 de 10 secciones de su cerca. Dijo que le quedaba por pintar 0.2 de la cerca. ¿Cuál fue su error?

17. Nick colocó 6 fotos en un marco que tiene aberturas para 10 fotos. Escribe un decimal para mostrar qué parte del marco se completó.

18. Reto El reloj A muestra la hora a la que Jorge entró en el patio de juegos. El reloj B muestra la hora a la que Horacio entró en el patio de juegos. ¿Cuánto tiempo estuvo Jorge en los juegos antes de que Horacio llegara? Escribe un decimal para mostrar ese tiempo como parte de una hora.

Reloj A   Reloj B

Conexión con la información

Usa la tabla para resolver los problemas 19 a 24.

Haz un dibujo rápido para representar la porción del jardín de Margo que tiene flores en cada mes. Luego, escribe la respuesta en decimales para mostrar cuántas de las flores ya florecieron.

Flor	Florece en...
Violeta	marzo, abril, mayo
Ranúnculo	marzo, abril, mayo, junio
Tulipero	abril, mayo
Geranio silvestre	mayo, junio
Lirio	junio, julio

19. marzo

20. junio

21. abril

22. julio

23. mayo

24. agosto

Geranio silvestre

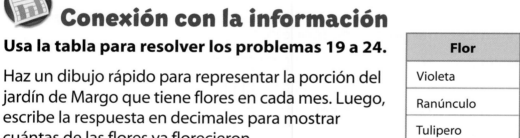

TEKS 4.14A

Práctica para TAKS   **Selección múltiple**

25 El señor Casse usó 3 latas enteras de pintura y 8 décimos de otra lata para pintar bancos en el área de juegos. ¿Qué decimal muestra el número total de latas que usó el señor Casse?

A 38   **B** 3.8   **C** 3.08   **D** 0.38

Consejo para TAKS

Determina si tu respuesta es mayor o menor que 1.

La conexión fracción – decimal

Damián caminó $\frac{3}{10}$ de milla para llegar al parque. ¿Cuál es la notación decimal para $\frac{3}{10}$ de milla?

Puedes usar los manipulativos electrónicos para fracciones y decimales que se encuentran en Education Place en www.eduplace.com/txmap

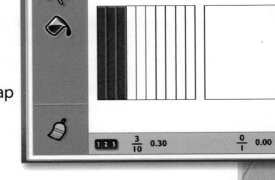

Haz un modelo para representar la caminata de Damián.

1 Coloca el cursor sobre ✂ y selecciona $\frac{1}{10}$.

2 Haz clic en el primer Tablero para dividirlo en décimos.

3 Haz clic en 🖌. Luego haz clic en las primeras 3 secciones para mostrar $\frac{3}{10}$.

4 Haz clic en el número 1 para ver la fracción y el decimal que representaste.

Copia y completa la tabla.

1. ¿Cuál de los amigos caminó más?

2. ¿Cuál de los amigos caminó menos?

3. Ordena las distancias expresadas en fracciones y en decimales de menor a mayor. ¿Es igual el orden? Explica tu respuesta.

Nombre	Distancia	Equivalente decimal
Damián	$\frac{3}{10}$	■
Rosa	$\frac{50}{100}$	■
Patricia	$\frac{5}{10}$	■
Marco	$\frac{41}{100}$	■
Marita	$\frac{7}{10}$	■
Otis	$\frac{99}{100}$	■

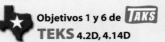

Objetivos 1 y 6 de TAKS
TEKS 4.2D, 4.14D

Objetivos 1 y 6 de TAKS

TEKS **4.14B** Resolver problemas que incorporen la comprensión del problema, hacer un plan, llevarlo a cabo y evaluar lo razonable de la solución.

4.14C Seleccionar o desarrollar un plan o una estrategia de resolución de problemas apropiado en el que el estudiante haga un dibujo, busque un patrón, adivine y compruebe sistemáticamente, haga una dramatización, elabore una tabla, resuelva un problema más sencillo o trabaje desde el final hasta el principio para resolver un problema.

4.16A Hacer generalizaciones de patrones o de conjuntos de ejemplos y contraejemplos.

También 4.3A, 4.7, 4.15A, y 4.16B

Resolver problemas
Busca un patrón

Objetivo Seleccionar y usar una estrategia, como buscar un patrón, para resolver un problema.

★ Aprender con ejemplos

El abuelo de Hallie construyó una casa en un árbol. Ahora quiere pintarla. El cartel de la derecha muestra los precios de los galones de pintura. Si el patrón continúa, ¿cuánto costarán 6 galones de pintura?

Precios de la pintura

Número de galones	Precio
1	$15
2	$29
3	$42
4	$54

COMPRÉNDELO

El cartel muestra el precio de la pintura por galón.

PLANÉALO

Busca un patrón. Halla cuánto más cuesta cada galón.

$15 $\longrightarrow$ $29 $\longrightarrow$ $42 $\longrightarrow$ $54

$+ \$14$ $+ \$13$ $+ \$12$

El patrón es sumar ◯ a la primera cantidad y ◯ menos a cada cantidad que sigue.

RESUÉLVELO

Ahora usa el patrón para resolver el problema.

• Calcula cuánto cuestan 5 galones.
  Suma $11 al costo de 4 galones.
  $54 + $11 = $65

• Calcula cuánto cuestan 6 galones.
  Suma ◯ al costo de 5 galones.
  $65 + ◯ = ◯

VERIFÍCALO

Comprueba tu respuesta trabajando desde el final.

6 galones de pintura costarán $75.

★ Resolver problemas con ayuda

Usa las preguntas para resolver este problema.

1. Dos latas de pintura en aerosol cuestan $6. Tres latas cuestan $9 y ocho latas cuestan $24. Si el patrón continúa, ¿cuál sería el costo de 10 latas de pintura en aerosol?

   a. **Compréndelo/ Planéalo** Busca un patrón. ¿Cómo se relaciona el número de latas con el precio total?

   b. **Resuélvelo** Asegúrate de que tu patrón se adapte a los números del problema. Luego usa el patrón para hallar el costo de 10 latas.

   c. **Verifícalo** ¿Cómo puedes usar el costo de 2 y 3 latas para comprobar tu respuesta?

 Hablar de matemáticas Michelle dice que el patrón para los números de la tabla es multiplicar por 2. Lisa dice que el patrón es sumar 2. ¿Quién tiene razón? ¿Cómo lo sabes?

Conjunto A	Conjunto B
2	4
5	10
7	14

★ Resolver problemas sin ayuda

2. Observa este patrón de números.

4	7	6	9	8	11	10	13	12

   Si el patrón continúa, ¿cuál sería el número que sigue?

Conexión con la información

Usa la tabla para resolver los problemas 3 a 5.

3. El abuelo de Albert hace sillas de madera. Le pagará a Albert para pintar las sillas de rojo. La tabla muestra cuánto ganará Albert por cada silla que pinte. Gana $8 por la cuarta silla que pinta. Busca un patrón. Luego copia y completa la tabla.

4. ¿Cuánto ganará Albert si pinta 11 sillas?

5. **Reto** ¿Cuántas sillas tendrá que pintar Albert para ganar más de $4,000?

Número de sillas pintadas	Paga de Albert
1	$1
2	$2
3	$4
4	$8
5	▪
6	▪
7	▪
8	▪
9	▪
10	▪

TEKS 4.14A

San Antonio, TX

En el Museo Witte, en San Antonio, Texas, está la casa del árbol de las ciencias H-E-B Science Treehouse.

En la casa del árbol de las ciencias puedes hacer experimentos con la energía, la fuerza del viento, máquinas sencillas, el clima y las ondas del sonido.

Usa los datos de esta página para resolver los problemas.

6. En el museo hay casas históricas de San Antonio. La casa Twohig fue construida en piedra tallada en el año 1841 por John Twohig, un inmigrante irlandés. Cien años más tarde fue reconstruida en el museo. ¿En qué año se reconstruyó la casa Twohig en el museo?

7. Se exhibe un modelo a escala de un triceratops como los que vivieron en Texas hace 65,000,000 de años. Escribe este número en forma verbal.

8. Los visitantes valientes pueden andar en una bicicleta por un cable elevado. ¿A cuántas pulgadas de altura sobre el nivel del piso está el cable?

9. Medición ¿Cuántas veces tendrías que andar en la bicicleta hacia adelante y hacia atrás para recorrer una distancia de 80 yardas?

10. Reto Cada ciclista recorre el largo del cable ida y vuelta una vez. Tres ciclistas tardan 9 minutos en completar su recorrido y 5 ciclistas tardan 15 minutos. ¿Cuántos ciclistas hacen el recorrido en una hora? ¿Cuál es la distancia total recorrida en una hora?

Datos divertidos

La bicicleta aérea H-E-Buddy es la única bicicleta aérea del mundo que está instalada al aire libre de manera permanente.

- Esta bicicleta está sobre un cable de 40 pies a unos 14 pies del suelo.
- Los ciclistas primero pedalean hacia atrás a lo largo de todo el cable y luego hacia adelante hasta volver a la casa del árbol.

Resolver problemas de TAKS

Escoge una estrategia
- Adivina y comprueba
- Trabaja desde el final
- Haz un dibujo

1 ¿Qué número representa el modelo?

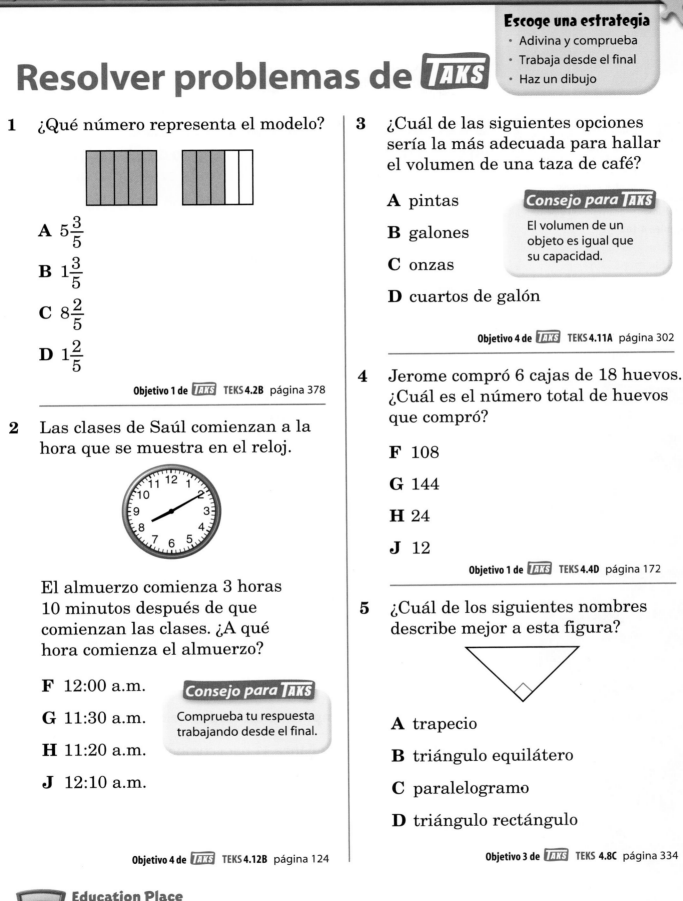

A $5\dfrac{3}{5}$

B $1\dfrac{3}{5}$

C $8\dfrac{2}{5}$

D $1\dfrac{2}{5}$

Objetivo 1 de TAKS TEKS **4.2B** página 378

2 Las clases de Saúl comienzan a la hora que se muestra en el reloj.

El almuerzo comienza 3 horas 10 minutos después de que comienzan las clases. ¿A qué hora comienza el almuerzo?

F 12:00 a.m.

G 11:30 a.m.

H 11:20 a.m.

J 12:10 a.m.

Consejo para TAKS

Comprueba tu respuesta trabajando desde el final.

Objetivo 4 de TAKS TEKS **4.12B** página 124

3 ¿Cuál de las siguientes opciones sería la más adecuada para hallar el volumen de una taza de café?

A pintas

B galones

C onzas

D cuartos de galón

Consejo para TAKS

El volumen de un objeto es igual que su capacidad.

Objetivo 4 de TAKS TEKS **4.11A** página 302

4 Jerome compró 6 cajas de 18 huevos. ¿Cuál es el número total de huevos que compró?

F 108

G 144

H 24

J 12

Objetivo 1 de TAKS TEKS **4.4D** página 172

5 ¿Cuál de los siguientes nombres describe mejor a esta figura?

A trapecio

B triángulo equilátero

C paralelogramo

D triángulo rectángulo

Objetivo 3 de TAKS TEKS **4.8C** página 334

Education Place
Visita eduplace.com/txmap, donde encontrarás **consejos para tomar exámenes** y más **práctica para TAKS**.

Capítulo 18 Lección 3 **403**

LECCIÓN 4

Objetivo 1 de **TAKS**

TEKS 4.1B Utilizar el valor de posición para leer, escribir, comparar y ordenar con objetos concretos y modelos pictóricos decimales usando los décimos y los centésimos, e incluyendo el dinero.

También 4.16B

Materiales

- Bloques de base diez
- Tableros 6 y 7
- Recurso de enseñanza 41
- Manipulativos electrónicos eduplace.com/txmap

Comparar decimales

Objetivo Comparar decimales usando décimos y centésimos e incluyendo el dinero.

★ Aprender con manipulativos

En el área de juegos se construyó un muro de escalada al aire libre. El muro tiene asideros verdes, rojos, azules y amarillos.

0.25 de los asideros son verdes y 0.4 son rojos. ¿Hay más asideros verdes o rojos?

Diferentes maneras de comparar decimales

Manera 1	**Usa modelos.**

Usa bloques de base diez para representar los decimales.

El modelo de 0.4 muestra más, por lo tanto 0.4 es mayor que 0.25.

0.25   0.4

Manera 2	**Sombrea una cuadrícula de décimos y una de centésimos.**

¿Cuál tiene más espacio sombreado?

Usa el Tablero 7 para hacer un modelo.

25 centésimos   4 décimos

Hay más asideros rojos que verdes.

Por lo tanto, $0.4 > 0.25$ ó $0.25 < 0.4$.

Comparar cantidades de dinero

Usa el Recurso de enseñanza 41 para comparar $0.41 y $0.38. ¿Cuál es mayor?

¿Cuántas monedas de un centavo hay en cada cantidad?

$0.41 = ◯ monedas de un centavo $0.38 = ◯ monedas de un centavo

$0.41 es ▢ que $0.38.

> **Piensa:** $0.25 tiene el mismo valor que 25 monedas de un centavo.

★ Práctica guiada

Compara. Puedes usar un modelo o el Recurso de enseñanza 41. Escribe >, < ó = en cada ◯.

Piénsalo
- ¿Qué decimal es mayor?
- ¿Qué decimal es menor?

1. $1.20 ◯ $1.50
2. 0.39 ◯ 0.32
3. $0.40 ◯ $0.40

4. $0.99 ◯ $0.90
5. 2.09 ◯ 2.9
6. 0.8 ◯ 0.08

Resolver problemas con ayuda

Usa las preguntas para resolver este problema.

7. El muro de escalada al aire libre tiene 0.25 asideros azules y 0.1 asideros marrones. ¿Hay más asideros azules o marrones?

   a. Compréndelo / Planéalo ¿Qué debes hallar? Explica cómo puedes comparar los decimales para resolver el problema.

   b. Resuélvelo Haz modelos de los números.

   c. Verifícalo Completa la oración.
   Hay más asideros ◯ que ◯.

123 **Hablar de matemáticas** ¿Cómo puedes saber cuál es mayor: 0.8 ó 0.08?

★ Practicar y resolver problemas

Copia y completa. Puedes usar un modelo o el recurso de enseñanza 41. Escribe >, < ó = en cada ⬤.

8. 0.3 ⬤ 0.2
9. $0.58 ⬤ $0.61
10. 1.9 ⬤ 1.09
11. 1.6 ⬤ 1.3

12. 0.49 ⬤ 0.43
13. 0.5 ⬤ 0.50
14. $0.79 ⬤ $0.70
15. $4.03 ⬤ $4.3

Resuelve los siguientes problemas.

16. Hoon tiene 4 monedas de diez centavos. Cande tiene 2 monedas de veinticinco centavos. Escribe la cantidad de dinero que tiene cada uno. Indica quién tiene más.

17. Otis compró un cuaderno que cuesta $2.25. El recibo mostraba que le habían cobrado $2.52. ¿Le cobraron de más o de menos?

18. Reto El camino desde la entrada hasta el área de picnic tiene 7.5 metros de largo. Desde la entrada hasta los columpios hay 7.08 metros de largo. Desde la entrada hasta el estanque hay 7.05 metros de largo. ¿Cuál es el camino más largo?

Conexión con los estudios sociales

Resuelve los siguientes problemas.

19. ¿Cuántos años hace que el presidente Rooosevelt estableció *WPA*?

20. ¿Durante cuántos años funcionó *WPA* en Texas?

21. *WPA* construyó y arregló las áreas de juego de las escuelas de Texas. ¿Fueron más o menos de 0.5 los costos de construcción proporcionados por los patrocinadores? Explica tu respuesta.

22. Sigue los pasos *WPA* contrató a muchos estudiantes secundarios y universitarios. Imagina que por un mes le pagaron a 20 estudiantes secundarios la cantidad mínima y a 15 estudiantes universitarios la cantidad máxima. ¿Qué grupo recibió la mayor paga total? ¿Cuánto más?

23. Escribe en forma verbal cuántas personas recibieron en Texas un salario de *WPA*.

Administración de proyectos de trabajo (*WPA*)

El presidente Franklin D. Roosevelt creó este organismo nacional en 1935. WPA ayudó a las personas de Texas a tener trabajo hasta 1943. Unas 600,000 personas recibían un ingreso por trabajar para WPA. Los trabajadores ganaban entre $45 y $75 por mes. Los patrocinadores proporcionaron 0.25 de los costos de construcción.

Paseo River Walk realizado por WPA en San Antonio, Texas.

TEKS 4.14A
5A de Estudios sociales

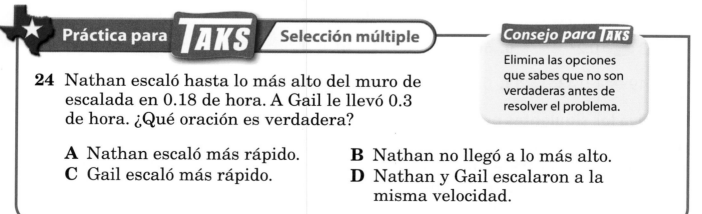

Práctica para TAKS (Selección múltiple)

24 Nathan escaló hasta lo más alto del muro de escalada en 0.18 de hora. A Gail le llevó 0.3 de hora. ¿Qué oración es verdadera?

A Nathan escaló más rápido.
C Gail escaló más rápido.

B Nathan no llegó a lo más alto.
D Nathan y Gail escalaron a la misma velocidad.

Consejo para TAKS

Elimina las opciones que sabes que no son verdaderas antes de resolver el problema.

Diseñar decimales

Los arquitectos planean y diseñan todo tipo de edificios y estructuras. Un arquitecto diseña las plantas de un nuevo edificio. Luego, se dibujan los planos como modelo del edificio.

Un plano es más detallado que una planta. Los planos le indican al constructor dónde colocar exactamente las paredes, puertas, ventanas, armarios y corredores de un edificio.

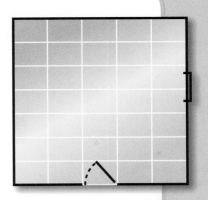

Dibuja la planta de un club.

1. Usa el Tablero 6 para hacer una planta. Los bordes externos del cuadrado principal son las paredes externas del club. Incluye una puerta y una ventana en tu planta. ¿Cuántos cuadrados hay dentro de la planta del club?

2. Divide el cuadrado principal en diferentes áreas. Dibuja muebles u otros objetos que quieras para el club. Rotula las áreas y los objetos.

3. Describe la parte de la planta cubierta por las habitaciones, los muebles y los objetos usando fracciones y decimales.

Objetivo 6 de **TAKS**
TEKS 4.8B, 4.14A, y 4.14D

Objetivo 1 de *TAKS*

TEKS 4.1B Utilizar el valor de posición, para leer, escribir, comparar y ordenar con objetos concretos y modelos pictóricos decimales usando los décimos y los centésimos, e incluyendo el dinero.

Materiales

- Tablero 3
- Tablero 7
- Recurso de enseñanza 41

Alberto

Kele

Luz

Ordenar decimales y cantidades de dinero

Objetivo Ordenar decimales usando décimos y centésimos e incluyendo el dinero.

★ Aprender con ejemplos

En la Lección 4 comparaste decimales. Puedes aplicar lo que sabes sobre comparar decimales para ordenarlos.

Ejemplo 1

Escribe las diferentes cantidades de dinero de mayor a menor.

1 Escribe el valor de cada conjunto de monedas.

Alberto	Kele	Luz
$0.45	$0.21	$0.40

2 Compara las cantidades de dinero con monedas de un centavo.

Alberto	Kele	Luz
45 monedas de un centavo	21 monedas de un centavo	40 monedas de un centavo

> Sabes que $0.50 son 50 monedas de un centavo.

3 Compara los números enteros.

$$45 \quad > \quad 40 \quad > \quad 21$$

$$\$0.45 > \$0.40 > \$0.21$$

Represéntalo	**Escríbelo**

Dibuja un modelo que te ayude a ordenar 4.5, 3.75 y 4.25 de menor a mayor.

1 Compara la parte de los números enteros.

$3 < 4$, por lo tanto 3.75 es el número menor.

2 Compara la parte decimal.

$0.25 < 0.5$, por lo tanto $3.75 < 4.25 < 4.5$

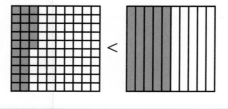

★ Práctica guiada

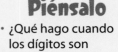

Piénsalo
- ¿Qué hago cuando los dígitos son iguales?
- ¿Qué hago cuando los números no tienen la misma cantidad de valores decimales?

Ordena los decimales de menor a mayor. Puedes hacer un dibujo o usar una tabla de valor de posición.

1. $0.48 $0.86 $0.64   **2.** 2.1 1.3 1.9   **3.** 1.35 1.6 2.05 2.8

Resuelve el siguiente problema.

4. Un científico está midiendo la altura de las olas del océano. La altura de 3 olas diferentes son 2.4, 2.08 y 2.25 pies. Ordena la altura de las olas de menor a mayor.

★ Practicar y resolver problemas

Ordena los decimales de menor a mayor. Puedes hacer un dibujo o usar el Recurso de enseñanza 41.

5. 2.9 3.5 3.2 2.3   **6.** $4.70 $4.78 $4.73 $4.67 **7.** 5.6 5.06 5.66

Ordena los números de mayor a menor.

8. $1.22 $1.20 $1.09 $1.90 **9.** 0.55 0.5 0.59   **10.** 6.24 6.2 6.09 6.9

11. 3.76 3.07 3.7 3.66   **12.** 6.9 8.29 9.85   **13.** $0.36 $0.06 $0.03 $0.12

Resuelve los siguientes problemas.

14. Analiza Un número decimal de dos dígitos está entre 7.3 y 7.9. Es menor que 7.89 y mayor que 7.58. El dígito que ocupa el lugar de los décimos es impar. ¿Cuál es el número?

15. Sam pescó tres peces. Uno medía 49.5 cm de largo. Otro medía 49.4 cm y el tercero, 49.45 cm de largo. Ordena los peces desde el más largo hasta el más corto.

16. Reto Hannah anotó los gastos de sus almuerzos. Ordena los días de menor a mayor según los gastos. ¿Cuáles son los dos días cuyos costos se aproximan?

L	Ma	Mi	J	V
$3.14	$2.89	$3.07	$2.98	$3.19

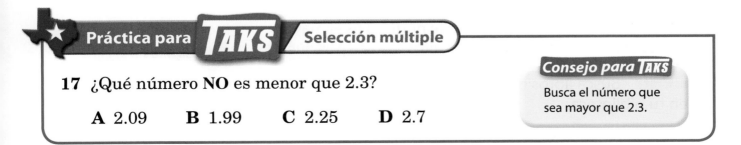

Práctica para TAKS **Selección múltiple**

17 ¿Qué número **NO** es menor que 2.3?

A 2.09   **B** 1.99   **C** 2.25   **D** 2.7

Consejo para TAKS
Busca el número que sea mayor que 2.3.

Leer y escribir matemáticas

Vocabulario de TAKS

Puedes usar una tabla de valor de posición para estimar cuán grande es un número.

Usa el Tablero 2. Escribe estos números en tu tabla usando diferentes colores. Asegúrate de escribir los dígitos en los lugares correctos.

45.3

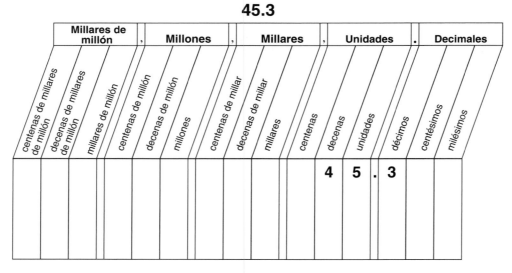

Millares de millón				Millones				Millares				Unidades				Decimales		
centenas de millón	decenas de millón	millares de millón	centenas de millón	decenas de millón	millones	centenas de millar	decenas de millar	millares	centenas	decenas	unidades	décimos	centésimos	milésimos
										4	5	.	3					

452.09
2.7
0.13
1,532

Usa los números de la tabla de valor de posición para responder a estas preguntas.

1. Qué número tiene el mayor número de dígitos?

2. ¿Qué número tiene el menor número de dígitos?

3. Escribe la forma verbal del número que tiene el valor mayor.

Escribir ¿Puedes indicar qué número es el mayor con sólo contar la cantidad de dígitos? Indica por qué.

Leer Busca libros relacionados con este concepto en tu biblioteca.

Objetivo 6 de TAKS
TEKS 4.15A Explicar y anotar observaciones utilizando objetos, palabras, dibujos, números y tecnología.

4.15B Relacionar el lenguaje informal con el lenguaje y los símbolos matemáticos.

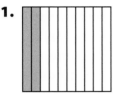 **Práctica adicional basada en los estándares**

Conjunto A ———————————————— Objetivo 1 de *TAKS* TEKS 4.1B, 4.2D página 396

Escribe una fracción y un decimal correspondiente a la parte sombreada.

1. 2. 3.

Escribe los números como fracción y como decimal.

4. ocho décimos   5. treinta y cuatro centésimos 6. seis con seis décimos

Conjunto B ———————————————— Objetivo 1 de *TAKS* TEKS 4.1B página 404

Compara. Escribe >, < ó = en cada ⬭.

1. 0.5 ⬭ 0.3 2. 0.74 ⬭ 0.47 3. 0.58 ⬭ 0.6

4. 1.8 ⬭ 1.9   5. 0.03 ⬭ 0.3   6. 6.06 ⬭ 0.66   7. 0.53 ⬭ 0.35

8. Un carpintero sierra un tablero de 9 pies en dos partes. Una de ellas tiene 4.4 pies de largo. La otra tiene 4.6 pies de largo. ¿Cuál de las dos partes es más larga?

Conjunto C ———————————————— Objetivo 1 de *TAKS* TEKS 4.1B página 408

Ordena los números de menor a mayor.

1. 0.6, 0.16, 0.06, 1.6 2. 0.53, 0.35, 5.03, 3.50 3. 0.84, 0.08, 0.8, 0.48

4. 2.1, 0.12, 0.21, 1.02 5. 0.59, 0.64, 0.6, 0.5 6. 1.11, 1.10, 1.01, 0.11

7. Durante una tormenta cayeron 1.3 pulgadas de lluvia en Yorktown, 1.09 en Bonita y 1.28 en Woodlawn. ¿En qué ciudad llovió más? Ordena las ciudades desde la ciudad donde cayó más lluvia hasta la ciudad donde cayó menos.

Education Place
Visita eduplace.com/txmap, donde encontrarás **consejos para tomar exámenes** y más **práctica para TAKS**.

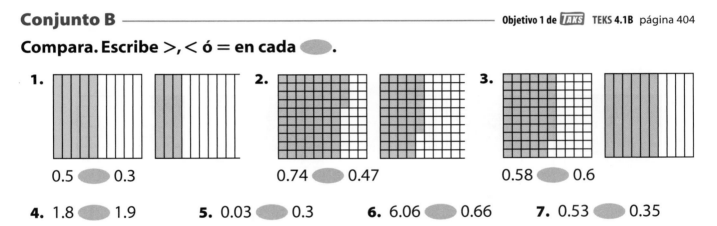

Repaso/Examen del capítulo

Vocabulario y conceptos ———————— Objetivos 1 y 6 de *TAKS* TEKS 4.1B, 4.2D, 4.15B

1. Una fracción también se puede escribir como un _____.

2. Un objeto dividido en diez partes iguales se divide en _____.

3. Un objeto dividido en cien partes iguales se divide en _____.

Banco de palabras

centésimos
decimal
décimos
numerador

Escribe el decimal que representa la parte sombreada.

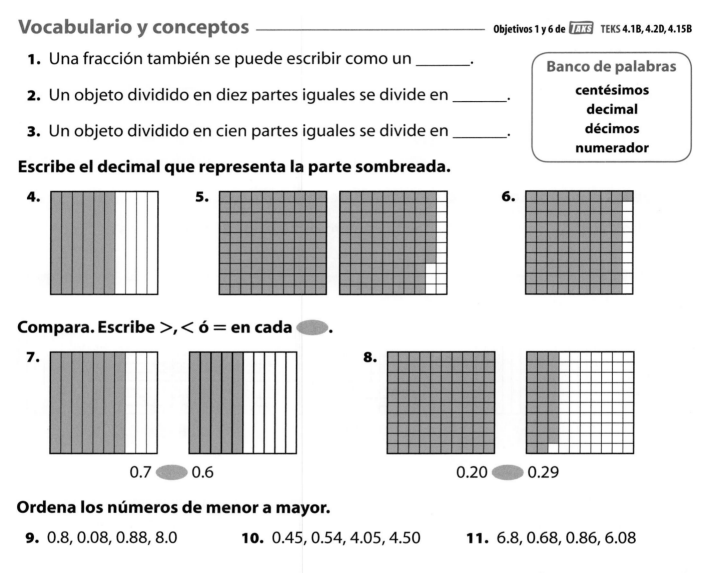

4.

5.

6.

Compara. Escribe >, < ó = en cada ⬭.

7.

8.

0.7 ⬭ 0.6

0.20 ⬭ 0.29

Ordena los números de menor a mayor.

9. 0.8, 0.08, 0.88, 8.0

10. 0.45, 0.54, 4.05, 4.50

11. 6.8, 0.68, 0.86, 6.08

Resolver problemas y razonamiento ——— Objetivos 1 y 6 de *TAKS* TEKS 4.1B, 4.2D, 4.14B, 4.14C, 4.16A

12. En la casa de la familia Janovic, $\frac{1}{2}$ de los ambientes tienen alfombra y $\frac{3}{8}$ tienen pisos de madera. ¿Hay más ambientes con alfombra o con pisos de madera?

13. Una camiseta cuesta $25, dos cuestan $46, tres cuestan $63 y cuatro, $76. ¿Cuánto costarán 6 camisetas?

Diario de matemáticas

Escribir matemáticas ¿Cómo se compara 0.40 con 0.4? Haz un dibujo o escribe una explicación para justificar tu respuesta.

Preparación para *TAKS* y repaso frecuente

1 ¿Qué clase de ángulo describe mejor ∠Y?

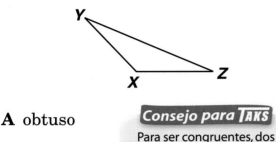

A obtuso

B agudo

C recto

D No está aquí.

Consejo para *TAKS*
Para ser congruentes, dos atributos deben tener el mismo tamaño y la misma forma.

Objetivo 3 de *TAKS* TEKS **4.8A** página 326

---

2 ¿Qué dibujo representa mejor un pentágono?

F

G

H

J

Objetivo 3 de *TAKS* TEKS **4.8C** página 336

3 María dibujó este triángulo.

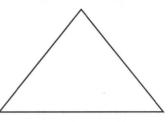

¿Qué opción describe mejor el triángulo que dibujó María?

A rectángulo

B escaleno

C equilátero

D isósceles

Objetivos 3 y 6 de *TAKS* TEKS **4.8C, 4.15B** página 334

---

4 ¿Qué dos figuras son congruentes?

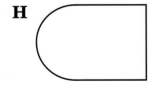

F L y M

G L y N

H M y N

J No está aquí.

Objetivo 1 de *TAKS* TEKS **4.9B** página 350

---

5 **Respuesta con cuadrícula** ¿Qué número resuelve la ecuación?

$$15 \div \blacksquare = 3$$

Objetivo 1 de *TAKS* TEKS **4.4E** página 148

Education Place
Visita eduplace.com/txmap, donde encontrarás **consejos para tomar exámenes** y más **práctica para TAKS**.

Los números de la recta numérica

Abejarucos pequeños

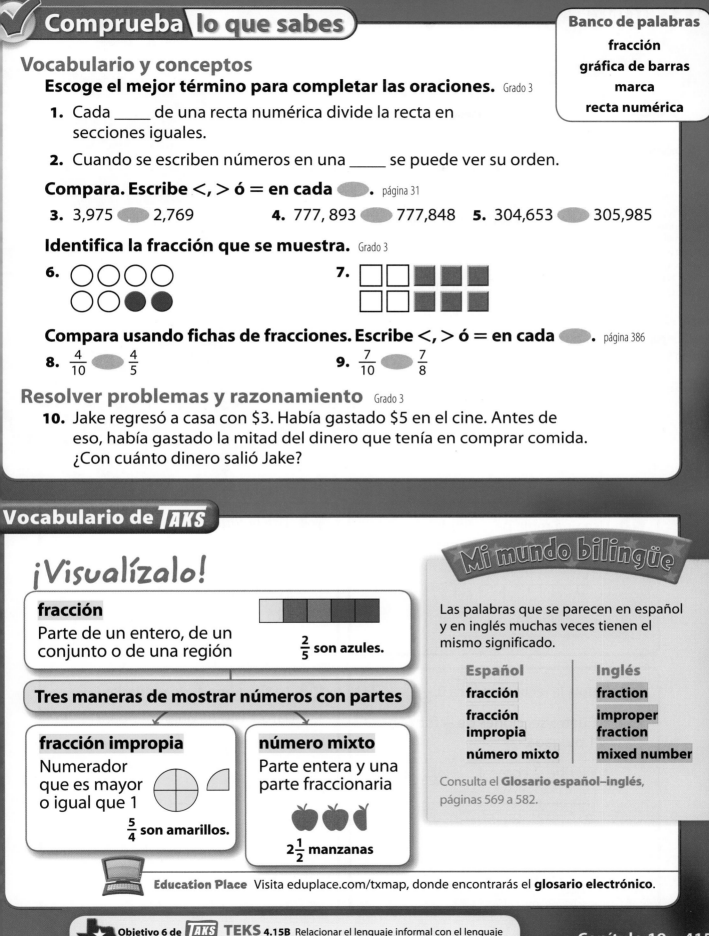

Banco de palabras

fracción
gráfica de barras
marca
recta numérica

Vocabulario y conceptos

Escoge el mejor término para completar las oraciones. Grado 3

1. Cada _____ de una recta numérica divide la recta en secciones iguales.

2. Cuando se escriben números en una _____ se puede ver su orden.

Compara. Escribe $<$, $>$ ó $=$ en cada ⬭. página 31

3. 3,975 ⬭ 2,769　　　　**4.** 777, 893 ⬭ 777,848　　**5.** 304,653 ⬭ 305,985

Identifica la fracción que se muestra. Grado 3

6.

7.

Compara usando fichas de fracciones. Escribe $<$, $>$ ó $=$ en cada ⬭. página 386

8. $\frac{4}{10}$ ⬭ $\frac{4}{5}$　　　　　　**9.** $\frac{7}{10}$ ⬭ $\frac{7}{8}$

Resolver problemas y razonamiento　Grado 3

10. Jake regresó a casa con $3. Había gastado $5 en el cine. Antes de eso, había gastado la mitad del dinero que tenía en comprar comida. ¿Con cuánto dinero salió Jake?

Vocabulario de TAKS

¡Visualízalo!

fracción
Parte de un entero, de un conjunto o de una región

$\frac{2}{5}$ **son azules.**

Tres maneras de mostrar números con partes

fracción impropia
Numerador que es mayor o igual que 1

$\frac{5}{4}$ **son amarillos.**

número mixto
Parte entera y una parte fraccionaria

$2\frac{1}{2}$ **manzanas**

Mi mundo bilingüe

Las palabras que se parecen en español y en inglés muchas veces tienen el mismo significado.

Español	Inglés
fracción	fraction
fracción impropia	improper fraction
número mixto	mixed number

Consulta el **Glosario español–inglés**, páginas 569 a 582.

Education Place Visita eduplace.com/txmap, donde encontrarás el **glosario electrónico**.

Objetivo 6 de TAKS **TEKS** 4.15B Relacionar el lenguaje informal con el lenguaje y los símbolos matemáticos.

Capítulo 19 415

Objetivos 3 y 6 de **TAKS**

TEKS 4.2C Comparar y ordenar fracciones utilizando objetos concretos y modelos pictóricos.

4.10 Localizar y nombrar los puntos en una recta numérica utilizando números enteros; fracciones, como mitades y cuartos, y decimales como décimos.

Materiales

- Regla de pulgadas
- Tablero 5

Aplícalo
Fracciones en una recta numérica

Objetivo Usar fracciones para nombrar y localizar puntos en una recta numérica.

★ Explorar

Puedes aplicar lo que sabes sobre medir con una regla para comprender las fracciones.

Pregunta ¿Cómo puedes usar una regla para representar fracciones?

El altramuz es la flor oficial del estado de Texas. Magda mide un altramuz. Mide $\frac{2}{4}$ de pulgada. Halla $\frac{2}{4}$ en la regla de pulgadas.

1 Usa una regla para dibujar una recta numérica de 1 pulgada.

2 Usa la regla para hacer marcas cada $\frac{1}{4}$ de pulgada.

3 Rotula la recta numérica $0, \frac{1}{4}, \frac{2}{4}, \frac{3}{4}, \frac{4}{4}$.

- Cuatro secciones de $\frac{1}{4}$ forman 1 pulgada.
- Escribe $\frac{4}{4}$ como 1.

4 La flor tiene $\frac{2}{4}$ de pulgada de largo. Dibuja un punto para mostrar $\frac{2}{4}$ en la recta numérica.

Puedes usar una recta numérica para representar cualquier fracción.

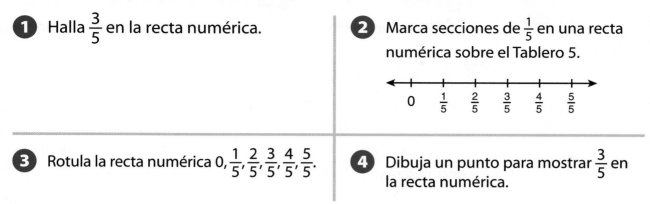

1 Halla $\frac{3}{5}$ en la recta numérica.

2 Marca secciones de $\frac{1}{5}$ en una recta numérica sobre el Tablero 5.

3 Rotula la recta numérica $0, \frac{1}{5}, \frac{2}{5}, \frac{3}{5}, \frac{4}{5}, \frac{5}{5}$.

4 Dibuja un punto para mostrar $\frac{3}{5}$ en la recta numérica.

★ **Extender**

Halla las fracciones que faltan en la recta numérica.

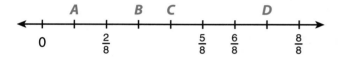

1. ¿Qué fracción debes escribir en A?

2. ¿Qué fracción debes escribir en B?

3. ¿Qué fracción debes escribir en C?

4. ¿Qué fracción debes escribir en D?

Dibuja una recta numérica para representar las fracciones.

5. $\frac{3}{4}$

6. $\frac{1}{6}$

7. $\frac{2}{3}$

8. $\frac{5}{7}$

9. $\frac{4}{5}$

10. $\frac{6}{8}$

11. $\frac{7}{10}$

12. $\frac{1}{10}$

Resuelve.

13. Reto ¿Cuántas marcas harías en una recta numérica para representar $\frac{3}{7}$?

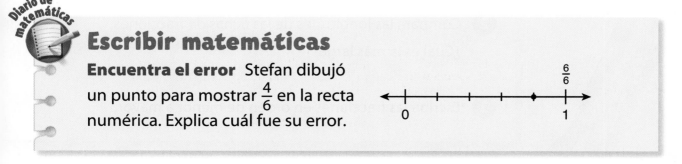

Escribir matemáticas

Encuentra el error Stefan dibujó un punto para mostrar $\frac{4}{6}$ en la recta numérica. Explica cuál fue su error.

Objetivos 1, 3 y 6 de **TAKS**

TEKS 4.2C Comparar y ordenar fracciones utilizando objetos concretos y modelos pictóricos.

4.10 Localizar y nombrar los puntos en una recta numérica utilizando números enteros; fracciones, como mitades y cuartos, y decimales como décimos.

También 4.14D

Materiales
- Tablero 5
- Fichas de fracciones
- Marcadores

Saltamontes bicolor

Saltamontes de antenas cortas

Comparar y ordenar fracciones

Objetivo Usar una recta numérica para comparar y ordenar fracciones.

★ Aprender con manipulativos

Los saltamontes bicolor y los saltamontes de antenas cortas son comunes en Texas. Un saltamontes de antenas cortas pequeño mide $\frac{5}{8}$ de pulgada y un saltamontes bicolor pequeño mide $\frac{7}{8}$ de pulgada. ¿Cuál de los dos es más largo?

Compara las fracciones $\frac{5}{8}$ y $\frac{7}{8}$.

1 Rotula la segunda recta numérica del Tablero 5 con octavos.

2 Dibuja un punto en $\frac{5}{8}$. Dibuja un punto en $\frac{7}{8}$.

3 Compara las dos fracciones usando >, < ó =. $\frac{5}{8} \bigcirc \frac{7}{8}$

El saltamontes bicolor es más largo.

Ordena $\frac{3}{4}$, $1\frac{2}{4}$ y $\frac{1}{4}$ con fichas de fracciones.

1 Representa cada fracción usando fichas de fracciones.

2 Compara las longitudes de las fichas de fracciones.
¿Cuál es la más larga?

3 Escribe las fracciones en orden de menor a mayor.

Ordena $\frac{3}{4}$, $1\frac{2}{4}$ y $\frac{1}{4}$ en una recta numérica.

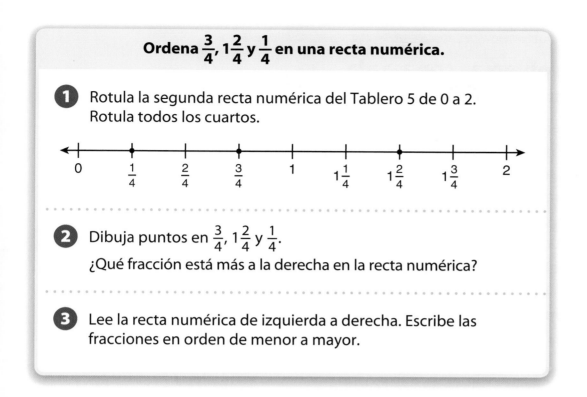

1 Rotula la segunda recta numérica del Tablero 5 de 0 a 2. Rotula todos los cuartos.

0   $\frac{1}{4}$ $\frac{2}{4}$ $\frac{3}{4}$ 1 $1\frac{1}{4}$ $1\frac{2}{4}$ $1\frac{3}{4}$ 2

2 Dibuja puntos en $\frac{3}{4}$, $1\frac{2}{4}$ y $\frac{1}{4}$.

¿Qué fracción está más a la derecha en la recta numérica?

3 Lee la recta numérica de izquierda a derecha. Escribe las fracciones en orden de menor a mayor.

★ Práctica guiada

Compara. Escribe > ó < en cada caso. Puedes usar una recta numérica.

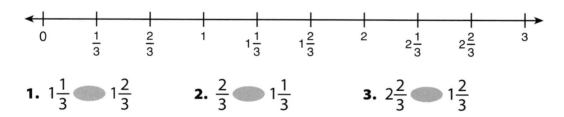

0   $\frac{1}{3}$ $\frac{2}{3}$ 1 $1\frac{1}{3}$ $1\frac{2}{3}$ 2 $2\frac{1}{3}$ $2\frac{2}{3}$ 3

1. $1\frac{1}{3}$ ⬭ $1\frac{2}{3}$ **2.** $\frac{2}{3}$ ⬭ $1\frac{1}{3}$ **3.** $2\frac{2}{3}$ ⬭ $1\frac{2}{3}$

Ordena los conjuntos de fracciones de menor a mayor. Puedes usar una recta numérica o fichas de fracciones.

4. $2\frac{2}{3}$, $\frac{2}{3}$, $1\frac{1}{3}$ **5.** $2\frac{1}{3}$, $\frac{1}{3}$, $1\frac{2}{3}$ **6.** $\frac{4}{5}$, $1\frac{2}{5}$, $\frac{2}{5}$

Ordena los conjuntos de fracciones de mayor a menor. Puedes usar una recta numérica o fichas de fracciones.

7. $\frac{4}{6}$, $\frac{1}{6}$, $1\frac{5}{6}$ **8.** $1\frac{1}{8}$, $\frac{7}{8}$, $1\frac{3}{8}$ **9.** $2\frac{3}{4}$, $1\frac{3}{4}$, $2\frac{1}{4}$

10. $\frac{4}{5}$, $\frac{3}{5}$, $1\frac{1}{5}$ **11.** $\frac{3}{6}$, $\frac{1}{6}$, $\frac{2}{6}$ **12.** $1\frac{1}{5}$, $2\frac{1}{5}$, $1\frac{4}{5}$

Piénsalo

¿Qué número está más a la izquierda en la recta numérica?

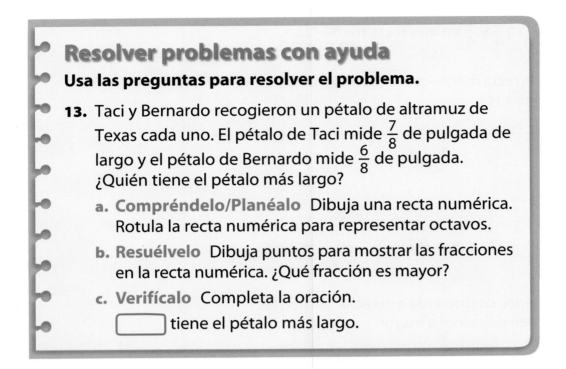

Resolver problemas con ayuda

Usa las preguntas para resolver el problema.

13. Taci y Bernardo recogieron un pétalo de altramuz de Texas cada uno. El pétalo de Taci mide $\frac{7}{8}$ de pulgada de largo y el pétalo de Bernardo mide $\frac{6}{8}$ de pulgada. ¿Quién tiene el pétalo más largo?

   a. Compréndelo/Planéalo Dibuja una recta numérica. Rotula la recta numérica para representar octavos.

   b. Resuélvelo Dibuja puntos para mostrar las fracciones en la recta numérica. ¿Qué fracción es mayor?

   c. Verifícalo Completa la oración.

      [_____] tiene el pétalo más largo.

Usa una recta numérica o fichas de fracciones para resolver este problema.

14. Miguel, Thomas y Danita atraparon saltamontes bicolores. El de Miguel mide $1\frac{4}{5}$ pulgadas de largo. El de Thomas mide $1\frac{1}{5}$. El de Danita mide $1\frac{3}{5}$ pulgadas de largo. Ordena las fracciones de menor a mayor.

 Hablar de matemáticas ¿En qué se parece usar una recta numérica para comparar y ordenar fracciones a usar una recta numérica para comparar y ordenar números enteros?

★ Practicar y resolver problemas

Compara. Escribe > ó < en cada caso.
Puedes usar una recta numérica.

15. $\frac{3}{4}$ ⬭ $\frac{1}{4}$ **16.** $\frac{4}{7}$ ⬭ $\frac{9}{7}$ **17.** $\frac{5}{5}$ ⬭ $\frac{3}{5}$ **18.** $\frac{6}{12}$ ⬭ $\frac{3}{12}$

19. $\frac{3}{8}$ ⬭ $\frac{2}{8}$ **20.** $\frac{4}{9}$ ⬭ $\frac{7}{9}$ **21.** $\frac{9}{10}$ ⬭ $\frac{3}{10}$ **22.** $\frac{3}{6}$ ⬭ $\frac{6}{6}$

Ordena los conjuntos de fracciones de mayor a menor.
Puedes usar una recta numérica o fichas de fracciones.

23. $\frac{4}{7}, \frac{1}{7}, 1\frac{3}{7}$ **24.** $\frac{1}{5}, 1\frac{4}{5}, \frac{2}{5}$ **25.** $1\frac{5}{8}, 1\frac{2}{8}, 2\frac{4}{8}$ **26.** $\frac{5}{6}, 2\frac{3}{6}, 2\frac{1}{6}$

Ordena los conjuntos de fracciones de menor a mayor.
Puedes usar una recta numérica o fichas de fracciones.

27. $\dfrac{3}{5}, \dfrac{1}{5}, 1\dfrac{4}{5}$

28. $2\dfrac{6}{8}, 3\dfrac{3}{8}, 2\dfrac{5}{8}$

29. $2\dfrac{4}{7}, \dfrac{6}{7}, 3\dfrac{2}{7}$

30. $3\dfrac{4}{6}, 3\dfrac{1}{6}, 3\dfrac{5}{6}$

Resuelve el siguiente problema.

31. Luz dibujó una recta numérica para ordenar las longitudes de los saltamontes que capturó. Cometió un error al ubicar las fracciones en la recta numérica. ¿Qué fracciones están mal ubicadas? Vuelve a dibujar la recta numérica en el orden correcto.

$$0 \quad \dfrac{1}{5} \quad \dfrac{2}{5} \quad \dfrac{3}{5} \quad \dfrac{4}{5} \quad \dfrac{5}{5}$$

Conexión con la información

Usa la gráfica para resolver los problemas 32 a 37.

32. Escribe las longitudes de los insectos.

33. Escribe una oración comparativa sobre la longitud del ciempiés y de la hormiga colorada. ¿Qué insecto es más largo?

34. Waro agregó un grillo macho a la gráfica. El grillo macho mide $1\dfrac{2}{4}$ pulgadas de largo. Haz una recta numérica y ordena la longitud de los insectos de menor a mayor.

35. Escribe fracciones impropias equivalentes a las longitudes del saltamontes bicolor y el ciempiés.

36. Explica ¿Cómo te ayudan las fracciones impropias a comparar las longitudes de los insectos?

37. Reto Aproximadamente, ¿cuántas veces más largo es un saltamontes bicolor que una hormiga colorada?

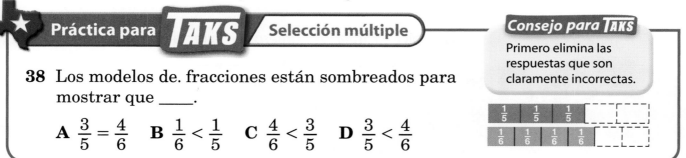

Longitud de los insectos

(Pulgadas — Saltamontes bicolor, Hormiga colorada, Ciempiés)

TEKS 4.14A

Práctica para TAKS / **Selección múltiple**

Consejo para TAKS
Primero elimina las respuestas que son claramente incorrectas.

38 Los modelos de. fracciones están sombreados para mostrar que _____.

A $\dfrac{3}{5} = \dfrac{4}{6}$ **B** $\dfrac{1}{6} < \dfrac{1}{5}$ **C** $\dfrac{4}{6} < \dfrac{3}{5}$ **D** $\dfrac{3}{5} < \dfrac{4}{6}$

$\dfrac{1}{5}$ $\dfrac{1}{5}$ $\dfrac{1}{5}$

$\dfrac{1}{6}$ $\dfrac{1}{6}$ $\dfrac{1}{6}$ $\dfrac{1}{6}$

Decimales en una recta numérica

Objetivo Usar decimales para localizar y nombrar puntos en una recta numérica.

centímetros

Objetivos 1 y 3 de TAKS

TEKS 4.1B Utilizar el valor de posición, para leer, escribir, comparar y ordenar con objetos concretos y modelos pictóricos decimales usando los décimos y los centésimos, e incluyendo el dinero.

4.10 Localizar y nombrar los puntos en una recta numérica utilizando números enteros; fracciones, como mitades y cuartos, y decimales como décimos.

Materiales
Tablero 5

★ **Aprender con ejemplos**

En la Lección 1 usaste una recta numérica para representar la distancia entre fracciones en pulgadas. También puedes representar decimales en una recta numérica.

Ejemplo 1

La hormiga colorada es muy común en Texas. Mide cerca de 0.5 cm de largo. ¡Pero no trates de medir una! La picadura de estas hormigas es muy dolorosa. Halla 0.5 en una recta numérica.

1 Rotula la segunda recta numérica del Tablero 5 de 0 a 1. Escribe décimos en cada marca entre 0 y 1.

```
←——+——+——+——+——+——+——+——+——+——+——→
    0   0.1 0.2 0.3 0.4 0.5 0.6 0.7 0.8 0.9  1
```

2 Ubica y rotula 0.5 en la recta numérica.

```
←——+——+——+——+——+——◆——+——+——+——+——→
    0   0.1 0.2 0.3 0.4 0.5 0.6 0.7 0.8 0.9  1
```

Ejemplo 2

Puedes usar una recta numérica decimal para representar números mayores que 1. Ubica los puntos 0.7, 1.0 y 1.3.

```
←——+——+——+——+——+——+——+——+——+——+——→
   0.5 0.6 0.7 0.8 0.9 1.0 1.1 1.2 1.3 1.4 1.5
```

1 Rotula la segunda recta numérica del Tablero 5 de 0.5 a 1.5. Cuenta de décimo en décimo para rotular las marcas.

2 Ubica y rotula los números en la recta numérica.

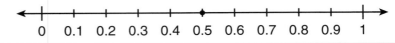

```
←——+——◆——+——+——◆——+——+——◆——+——+——→
   0.5 0.6 0.7 0.8 0.9 1.0 1.1 1.2 1.3 1.4 1.5
```

Los decimales en una recta numérica están ordenados de menor a mayor cuando aumentan de izquierda a derecha.

★ **Práctica guiada**

Usa la recta numérica para resolver los ejercicios 1 a 6.

```
        A           B   C   D       E           F
◄───┼───┼───┼───┼───┼───┼───┼───┼───┼───┼──►
   3.0     3.2 3.3         3.7     3.9
```

Piénsalo

• ¿Qué representa cada marca en la recta numérica?

• ¿Puedes contar salteado para hallar el número que representa un punto?

Halla el número que mejor representa cada letra.

1. *A*   **2.** *E*   **3.** *C*

Halla el punto que mejor representa cada número.

4. 3.8   **5.** 4.0   **6.** 3.4

123 Hablar de matemáticas Si hay dos puntos que representan a dos decimales en una recta numérica, ¿cómo sabes qué decimal es más grande?

★ **Practicar y resolver problemas**

Usa la recta numérica para los ejercicios 7 a 14.

```
      A       B   C   D           E       F   G       H
◄──┼───┼───┼───┼───┼───┼───┼───┼───┼───┼───┼───┼──►
  6.0     6.2         6.6 6.7     6.9       7.2     7.4 7.5
```

Halla el número que mejor representa cada letra.

7. *A*   **8.** *C*   **9.** *E*   **10.** *G*

Halla el punto que mejor representa cada número.

11. 7.3   **12.** 6.3   **13.** 7.0   **14.** 6.5

Una regla es como una recta numérica. Aplica lo que sabes acerca de las rectas numéricas para hallar mediciones en una regla de centímetros.

```
0   1   2   3   4   5   6   7   8   9   10  11  12
centímetros
```

15. Hana usó una regla para medir y comparar la longitud de dos saltamontes. ¿Cuál es más corto? ¿Cuál es la longitud de cada uno?

16. **¿Correcto o incorrecto?** Dora dice que esta flor mide 3.5 cm de largo. ¿Midió bien o mal?

Un termómetro es como una recta numérica. Aplica lo que sabes acerca de las rectas numéricas para hallar la temperatura en cada termómetro.

17. °Fahrenheit
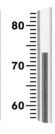

18. °Fahrenheit

19 °Fahrenheit

 Conexión con los estudios sociales

Usa la información de esta página para resolver los problemas 20 a 23.

20. ¿Entre qué dos números enteros ubicarías la temperatura promedio de enero de Brownsville?

21. Dibuja una recta numérica y muestra dónde se ubica la temperatura promedio de enero de Brownsville.

22. Dibuja otra recta numérica y muestra dónde se ubica la temperatura promedio de enero de Amarillo.

23. Reto Estima la diferencia entre las temperaturas promedio de Amarillo y Brownsville.

Frío y calor

¿Sabías que las temperaturas de las ciudades del estado de Texas pueden ser muy diferentes? Las ciudades de Amarillo y Brownsville están separadas por unas 800 millas. La temperatura promedio en enero en Amarillo, Texas, es 36.7 °F mientras que en Brownsville la temperatura promedio es 61.4 °F. El extremo norte de Texas puede ser muy frío mientras que Brownsville en el extremo sur se mantiene templado.

TEKS 7B de Estudios sociales
4.14A

24 ¿A qué número representa mejor el punto *P* de la recta numérica?

A 21.1
B 21.0
C 20.9
D 20.8

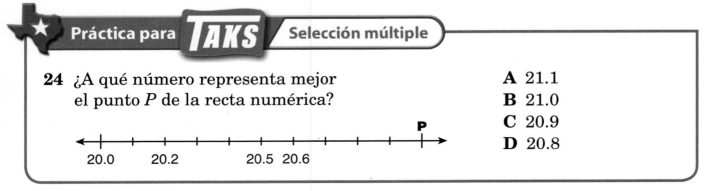

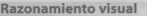
¡Ubícalo en el mapa!

Puedes usar un mapa de decimales para describir la ubicación de lugares en San Antonio. Se usa una recta numérica decimal para el eje vertical y el horizontal.

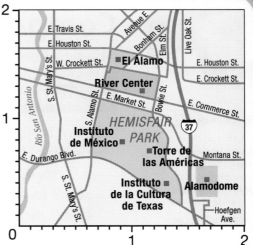

1. ¿Qué lugar famoso está aproximadamente en 0.9 del eje horizontal y 1.5 del eje vertical?

2. ¿Qué dos calles se cruzan aproximadamente en 1.5 del eje horizontal y 1.1 del eje vertical?

3. Indica la ubicación decimal de la Torre de las Américas.

4. Piensa en un lugar del mapa. Describe su ubicación con un par de decimales. Luego pide a un compañero de clase que lo encuentre.

5. Haz un mapa decimal de una ciudad o un pueblo que elijas. Describe la ubicación de lugares para que tus compañeros los encuentren.

6. **Medición** La distancia entre El Álamo y el Alamodome es aproximadamente 1 milla. Nombra otra atracción que esté a aproximadamente 1 milla de El Álamo.

7. Estima la distancia entre River Center y la Torre de las Américas.

Instituto de México

Alamodome

River Center

Objetivos 3 y 4 de **TAKS**
TEKS 4.10, 4.11A

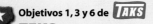
Objetivos 1, 3 y 6 de **TAKS**

TEKS 4.1B Utilizar el valor de posición, para leer, escribir, comparar y ordenar con objetos concretos y modelos pictóricos decimales usando los décimos y los centésimos, e incluyendo el dinero.

4.10 Localizar y nombrar los puntos en una recta numérica utilizando números enteros; fracciones, como mitades y cuartos, y decimales como décimos.

También 4.16B

Materiales
Bloques de base diez

Comparar y ordenar decimales

Objetivo Comparar y ordenar decimales.

★ **Aprender con ejemplos**

Tom ha juntado cuatro piñas de pino. Las piñas miden 4.6 cm, 3.9 cm, 4.8 cm y 4.0 cm de largo. ¿Cuál es el orden de las longitudes de las piñas de menor a mayor?

Compara y ordena decimales

Manera 1 **Usa modelos.**

- Trabaja con un compañero para formar cada valor usando bloques de base diez.

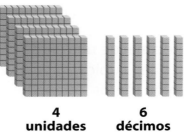

4	6
unidades	décimos

- Usa un cuadrado de base diez para representar 1, una barra para representar 0.1 y un cubo para representar 0.01.

- Compara las unidades contando los cuadrados. 3.9 tiene el menor número de cuadrados, por lo tanto 3.9 es el menor valor.

- Compara los décimos contando las barras. El mayor número de décimos es 8 décimos. Por lo tanto, 4.8 es el mayor valor.

....

Manera 2 **Usa una recta numérica.**

Ubica todas las mediciones en una recta numérica. Lee los números de izquierda a derecha.

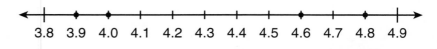

El orden de las longitudes de las cuatro piñas de menor a mayor es: 3.9 cm, 4.0 cm, 4.6 cm, 4.8 cm.

★ Práctica guiada

Compara. Escribe >, < ó = en cada caso. Puedes usar bloques de base diez o una recta numérica.

1. 3.6 ⬭ 3.8   **2.** $9.25 ⬭ $8.93   **3.** 12.5 ⬭ 12.50

Ordena los números de menor a mayor.

4. 2.9 3.5 3.2 2.3   **5.** $4.70 $4.78 $4.73 $4.67

 Hablar de matemáticas ¿En qué se parece comparar decimales a comparar números enteros?

★ Practicar y resolver problemas

Compara. Escribe >, < ó = en cada caso. Puedes usar bloques de base diez o una recta numérica.

6. 7.8 ⬭ 8.7   **7.** $24.60 ⬭ $24.58   **8.** 6.9 ⬭ 6.90   **9.** $4.32 ⬭ $3.42

Ordena los números de menor a mayor.

10. $3.50 $3.05 $3.15 $3.10   **11.** $6.24 $6.20 $6.09 $6.90   **12.** 9.8 6.9 8.29 9.82

Conexión con las ciencias

Resuelve.

13. Pilar cultiva campanillas de Texas en su jardín. Las alturas de 4 plantas son 37.3 cm, 38.13 cm, 37.83 cm y 37.81 cm. Ordena las plantas desde la más baja hasta la más alta.

14. Reto Kate quiere poner campanillas a lo largo del borde de un jardín de 187 pulgadas de largo. ¿Cuántos macizos de flores debería plantar?

Datos divertidos

Campanillas de Texas

• Las campanillas de Texas crecen bien en tierra húmeda en macizos de flores separados por unas 9 pulgadas entre sí.

• Estas flores pueden alcanzar una altura de 30 a 45 centímetros.

TEKS 4.14A
11C de Ciencias

★ Práctica para TAKS — Respuesta con cuadrícula

15 Jonás estima que en un prado cerca de su casa hay 12 flores de campanillas por yarda cuadrada. Si hay 63 yardas cuadradas de prado, ¿cuántas flores de campanillas hay en total?

Consejo para TAKS

¿Qué operación necesitas usar para resolver este problema?

Objetivos 1, 3 y 6 de *TAKS*

TEKS 4.10 Localizar y nombrar los puntos en una recta numérica utilizando números enteros; fracciones, como mitades y cuartos, y decimales como décimos.

4.14C Seleccionar o desarrollar un plan o una estrategia de resolución de problemas apropiado en el que el estudiante haga un dibujo, busque un patrón, adivine y compruebe sistemáticamente, haga una dramatización, elabore una tabla, resuelva un problema más sencillo o trabaje desde el final hasta el principio para resolver un problema.

4.16B Justificar por qué una respuesta es razonable y explicar el proceso de la solución.

También 4.2D

Resolver problemas
Trabaja desde el final

Objetivo Usar una estrategia de resolución de problemas para resolver problemas en palabras.

★ Aprender con ejemplos

Roberta midió el crecimiento de un girasol. Anotó cuánto crecía entre las mediciones. El viernes, la planta medía 10 cm de altura. ¿Qué altura tenía el girasol el martes?

> Miércoles + 0.5 cm
> Jueves + 0.3 cm
> Viernes + 0.4 cm

COMPRÉNDELO

Conoces la altura que tenía el girasol el viernes. También sabes cuánto creció la planta cada día.

PLANÉALO

Usa una recta numérica para resolver el problema. Como la altura de la planta aumentó cada día, el martes la planta era más baja. Comienza en 10 en una recta numérica y trabaja desde el final hasta el principio.

RESUÉLVELO

Para hallar la altura que tenía la planta el jueves, avanza hacia la izquierda 0.4 unidades.

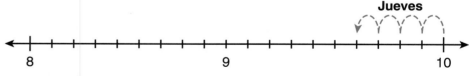

Continúa avanzando hacia atrás sobre la recta numérica.

Para hallar la altura que tenía la planta el miércoles, avanza 0.3 unidades hacia ☐.

Para hallar la altura que tenía el martes, avanza ◯ unidades hacia ☐.

El martes la planta medía ◯ cm de altura.

VERIFÍCALO

Comienza con la altura que hallaste para el martes. Avanza hacia la derecha en la recta numérica según las mediciones que anotó Roberta. Si tu respuesta es correcta, deberías llegar a 10.

★ Resolver problemas con ayuda

Usa una recta numérica para resolver este problema.

1. Max midió la altura del tallo de una planta de maíz. Medía $5\frac{1}{4}$ pies de altura. Dos semanas antes, el tallo era $3\frac{2}{4}$ pies más corto. ¿Cuánto medía el tallo hace dos semanas?

   a. **Compréndelo** ¿Qué debes hallar?

   b. **Planéalo** ¿Cómo puedes usar una recta numérica para resolver el problema?

   c. **Resuélvelo** ¿Cuál es el punto de partida? Trabaja desde el final para hallar la altura que tenía el maíz hace dos semanas.

   d. **Verifícalo** ¿Cómo puedes comprobar tu respuesta?

★ Práctica para resolver problemas

Usa una regla y una recta numérica para resolver los problemas.

2. La planta de Seng mide $7\frac{3}{4}$ pulgadas de altura. La planta ha crecido $3\frac{1}{4}$ pulgadas desde que la tiene. ¿Cuál era la altura inicial?

3. Raymond anotó cuánto creció cada semana. La primera semana creció 0.5 cm. Tres semanas después era 1.2 cm más alto que cuando empezó a anotar las medidas. ¿Cuántos centímetros creció entre la semana 1 y la semana 3?

4. Sonia tiene $5. Acaba de pagar $2 por un cuaderno. Ayer pagó $7 por un boleto para el cine. El fin de semana pasado le pagaron $10 por cuidar niños. ¿Cuánto dinero tenía antes de cuidar niños el fin de semana pasado?

5. **Reto** Tomi midió la temperatura por la mañana. Hacía 10° menos que a las 9 a.m. de la noche anterior. Al mediodía, la temperatura era 15° más cálida que la temperatura de esa mañana. A la hora que Tomi salió de la escuela, la temperatura era 87 °F. Esto era 3° más que la temperatura que hizo al mediodía. ¿Cuál fue la temperatura a la mañana?

$7\frac{3}{4}$ **pulg**

El barco de guerra Texas es considerado un monumento histórico nacional. Inició su primer viaje el 18 de mayo de 1912.

BARCO DE GUERRA TEXAS

El barco de guerra Texas está anclado permanentemente en Buffalo Bayou, en el canal de navegación de Houston en La Porte, Texas.

La **restauración** del barco de guerra Texas comenzó a finales de la década de 1980. Se reemplazaron unas 350,000 libras de acero. La restauración continúa para lograr que la embarcación se vea como en 1945.

Consejo de vocabulario

La **restauración** de un objeto o lugar significa que se reparan los daños para que se vea nuevamente como en su estado original.

6. ¿Cuánto mayor es la longitud que la manga del barco de guerra?

7. Aproximadamente, ¿cuántas veces más largo que ancho es el barco de guerra?

8. ¿Qué distancia en nudos podía recorrer en 3 horas?

9. **Medición** ¿Cuántas toneladas de acero se usaron para restaurar el barco de guerra Texas? Puedes usar una calculadora.

10. Escribe el calado normal del barco de guerra Texas en yardas.

Datos divertidos

Barco de guerra Texas

- La longitud de la embarcación es 573 pies.
- La manga, o ancho de la embarcación, es 106 pies.
- El calado normal, la parte de la embarcación que esta debajo del agua, es 28 pies.
- El barco podría viajar a una velocidad de hasta 21 nudos.

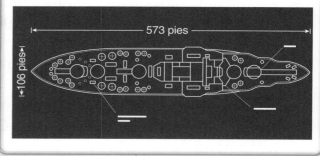

11. Una clase de cuarto grado pasará una noche en el barco de guerra Texas. Pasarán una hora recorriendo el barco antes de que les enseñen sus responsabilidades como miembros de la tripulación. Trabajarán en el barco durante 2 horas antes de la cena de 1 hora y tendrán una clase de 90 minutos después de la cena. Después de la clase, el grupo tendrá 45 minutos antes de que se apaguen las luces a las 10:00. ¿A qué hora comenzará el recorrido por el barco?

Escoge una estrategia
- Haz un dibujo
- Haz una dramatización
- Trabaja desde el final

Crea y resuelve

12. Jules pasará la noche en el barco de guerra Texas. Ella escribió este problema sobre su viaje. Resuelve el problema de Jules.

> Puedo escoger sólo dos actividades mientras estoy en el barco de guerra Texas. ¿Cuántos pares de actividades tengo para escoger?

13. Escribe un problema que se pueda resolver trabajando desde el final. Usa actividades del barco de guerra Texas en tu problema. Muestra cómo se puede resolver el problema.

14. Usa los datos de la página 430 sobre el barco de guerra Texas para escribir un problema. Luego, halla la solución.

15. Intercambia con un amigo los problemas que escribieron. Resuelvan ambos problemas y expliquen cómo los resolvieron.

Pasa una noche en el Barco de Guerra Texas

¡Bienvenido a bordo!

⚓ Realiza las actividades de la tripulación
⚓ Aprende sobre el radar
⚓ Haz nudos de marinero
⚓ Escucha historias de navegantes

Práctica para TAKS **Selección múltiple**

Consejo para TAKS

Si hay más de una opción de respuesta posible, escoge la mejor opción de respuesta.

16 La clase de María visitó la base naval de Ingleside. Allí anotaron las longitudes y los nombres de los barcos que vieron. ¿Cuál es la mejor manera de organizar la información?

  A Hacer dibujos de cada barco.
  B Enumerar los nombres de los barcos en orden alfabético.
  C Hacer una gráfica de la cantidad de marineros.
  D Hacer una tabla con los nombres de los barcos y las longitudes.

Leer y escribir matemáticas

Vocabulario de TAKS

Copia las rectas numéricas. Luego haz una marca en tu recta numérica para mostrar los siguientes números.

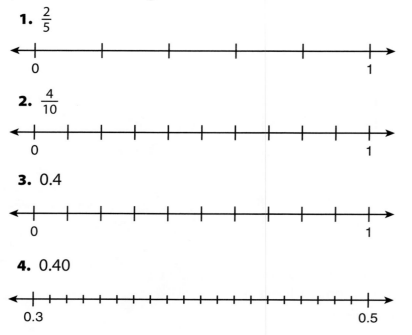

1. $\frac{2}{5}$

0   1

2. $\frac{4}{10}$

0   1

3. 0.4

0   1

4. 0.40

0.3   0.5

Aplica lo que sabes acerca de los decimales y las rectas numéricas para responder a estas preguntas.

5. ¿En qué se parecen y en qué se diferencian $\frac{2}{5}$ y $\frac{4}{10}$?

6. ¿En qué se parecen y en qué se diferencian 0.4 y 0.40 ?

7. ¿En qué se parecen los cuatro números?

Escribir Piensa en otro grupo de 4 números que se parezcan de la misma manera que los números de los ejercicios 1 a 4. Indica en qué se parecen y en qué se diferencian los cuatro números.

Leer Busca libros relacionados con este concepto en tu biblioteca.

Objetivo 6 de TAKS

TEKS 4.15A Explicar y anotar observaciones utilizando objetos, palabras, dibujos, números y tecnología.

4.15B Relacionar el lenguaje informal con el lenguaje y los símbolos matemáticos.

⭐ Práctica adicional basada en los estándares

Conjunto A ———————————————— Objetivos 1 y 3 de TAKS TEKS 4.2C, 4.10 página 418

Compara. Escribe > ó <. Puedes usar una recta numérica.

1. $\frac{5}{6}$ ⬭ $\frac{4}{6}$

2. $\frac{4}{10}$ ⬭ $\frac{7}{10}$

3. $\frac{4}{5}$ ⬭ $\frac{2}{5}$

4. $1\frac{3}{8}$ ⬭ $1\frac{7}{8}$

Ordena los conjuntos de fracciones de menor a mayor. Puedes usar una recta numérica.

5. $\frac{1}{10}, \frac{9}{10}, \frac{6}{10}$

6. $\frac{5}{8}, \frac{2}{8}, \frac{8}{8}$

7. $\frac{2}{6}, \frac{3}{6}, \frac{4}{6}$

8. Para hacer un ponche de frutas se necesitan $\frac{3}{8}$ de galón de jugo de naranjas, $\frac{6}{8}$ de galón de jugo de arándanos y $\frac{1}{8}$ de galón de jugo de uvas. Ordena los jugos de mayor a menor cantidad.

Conjunto B ———————————————— Objetivo 3 de TAKS TEKS 4.10 página 422

Halla el punto que mejor represente cada número.

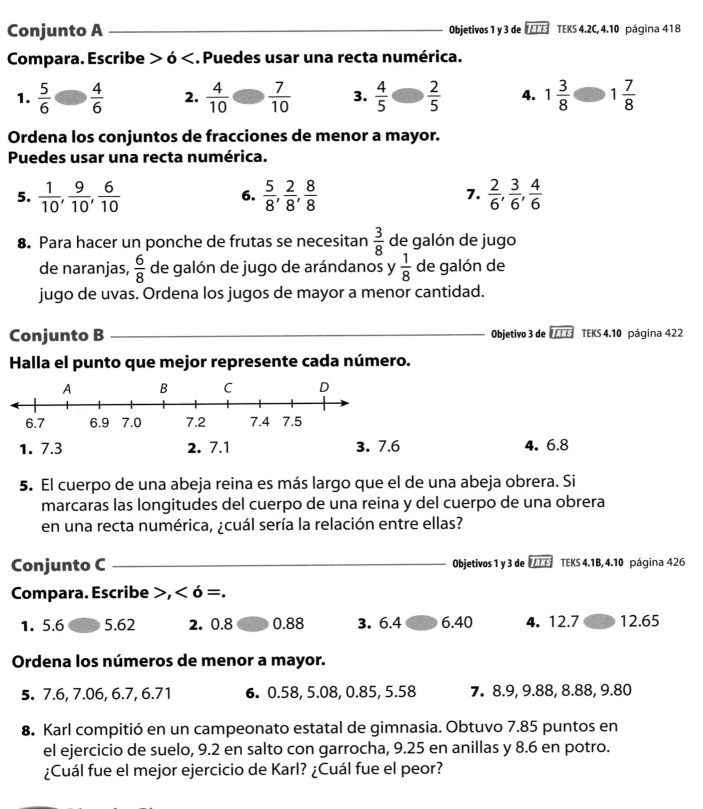

```
        A            B       C           D
◄───┼───┼───┼───┼───┼───┼───┼───┼──►
   6.7     6.9  7.0    7.2    7.4  7.5
```

1. 7.3

2. 7.1

3. 7.6

4. 6.8

5. El cuerpo de una abeja reina es más largo que el de una abeja obrera. Si marcaras las longitudes del cuerpo de una reina y del cuerpo de una obrera en una recta numérica, ¿cuál sería la relación entre ellas?

Conjunto C ———————————————— Objetivos 1 y 3 de TAKS TEKS 4.1B, 4.10 página 426

Compara. Escribe >, < ó =.

1. 5.6 ⬭ 5.62

2. 0.8 ⬭ 0.88

3. 6.4 ⬭ 6.40

4. 12.7 ⬭ 12.65

Ordena los números de menor a mayor.

5. 7.6, 7.06, 6.7, 6.71

6. 0.58, 5.08, 0.85, 5.58

7. 8.9, 9.88, 8.88, 9.80

8. Karl compitió en un campeonato estatal de gimnasia. Obtuvo 7.85 puntos en el ejercicio de suelo, 9.2 en salto con garrocha, 9.25 en anillas y 8.6 en potro. ¿Cuál fue el mejor ejercicio de Karl? ¿Cuál fue el peor?

Education Place
Visita eduplace.com/txmap, donde encontrarás **consejos para tomar exámenes** y más **práctica para TAKS.**

Repaso/Examen del capítulo

Vocabulario y conceptos

Escoge el mejor término para completar las oraciones.

Banco de palabras

más grande
más pequeño
mayor que
menor que

1. En una recta numérica, el número que está más a la derecha es el _____.

2. $\frac{3}{12}$ es _____ $\frac{8}{12}$.

Compara. Escribe $>$, $<$ ó $=$ en cada ⬭.

3. $\frac{5}{6}$ ⬭ $\frac{3}{6}$

4. 7.8 ⬭ 8.7

5. $\frac{4}{7}$ ⬭ $\frac{3}{7}$

6. 3.22 ⬭ 3.2

Halla el número que mejor representa cada letra.

A — 0.9 — B — 1.1 — 1.2 — 1.3 — C — 1.5 — 1.6 — D

7. A

8. B

9. C

10. D

Ordena los conjuntos de números de menor a mayor.

11. $\frac{4}{6}, \frac{2}{6}, \frac{3}{6}$

12. $\frac{7}{12}, \frac{11}{12}, \frac{4}{12}$

13. 2.3, 2.03, 3.2, 2.31

Resolver problemas y razonamiento

14. Kim recibió una mensualidad de $15. Gastó $8 en un almuerzo, compró una revista de $4 y devolvió $10 que debía a su mamá. Si le quedan $3, ¿cuánto dinero tenía Kim al principio?

15. En un partido de baloncesto, Francisco encestó $\frac{5}{8}$ de los tiros que hizo. En el mismo partido, Rena encestó $\frac{7}{8}$ de sus tiros. ¿Quién encestó más? Explica tu respuesta.

16. En la farmacia Best, un frasco de 100 aspirinas cuesta $2.59. En la farmacia de Taylor, cuesta $2.95. ¿Qué tienda tiene el mejor precio?

17. Las trillizas de la señora Lee tienen fiebre. La temperatura de Ava es 102 °F, la de Zoe es 102.1 °F y la de Jan es 101.2 °F. Ordena las trillizas de la que tiene más temperatura a la que tiene menos.

Diario de matemáticas

Escribir matemáticas ¿Cómo se escribe el decimal 6.8 cuando se refiere a dinero? Explica por qué se escribe así.

Preparación para TAKS y repaso frecuente

1 Tamara tiene un ovillo de cinta de 4 yardas de largo. Necesita 6 pies de cinta. ¿Qué es lo primero que debe hacer Tamara para asegurarse de que tiene la cantidad de cinta suficiente?

A multiplicar 4 por 6

B multiplicar 4 por 3

C multiplicar 6 por 3

D multiplicar 24 por 3

Objetivos 4 y 6 de TAKS TEKS **4.11B, 4.14A** página 264

2 ¿Qué conjunto de monedas tiene más valor?

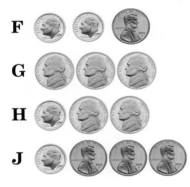

Objetivo 1 de TAKS TEKS **4.1B** página 404

3 ¿Qué punto representa mejor 5.76?

```
      R   S      T  V
   ⟵─┼┼┼┼┼┼┼┼┼┼┼┼┼┼┼─⟶
     5.6      5.7      5.8
```

A Punto R

B Punto S

C Punto T

D Punto V

Objetivo 1 de TAKS TEKS **4.1B** página 404

4 ¿Qué par de números completa mejor la ecuación?

☐ × 100 = ⬭

F 32 y 320

G 32 y 3,200

H 302 y 3,200

J 320 y 3,002

Objetivo 2 de TAKS TEKS **4.6B** página 170

5 La bicicleta de Marcus mide 4 pies 7 pulgadas de largo. ¿Cuántas pulgadas mide la bicicleta en total?

A 11 pulgadas

B 47 pulgadas

C 48 pulgadas

D 55 pulgadas

Objetivo 4 de TAKS TEKS **4.11B** página 264

6 **Respuesta con cuadrícula**
Jessica hizo 9 galones de limonada para servir en la feria escolar. Beth hizo 15 cuartos de galón. ¿Cuántos cuartos de limonada hicieron en total?

Consejo para TAKS

Asegúrate de dar la respuesta en las unidades que se piden en la pregunta.

Objetivo 4 de TAKS TEKS **4.11B** página 304

Education Place
Visita eduplace.com/txmap, donde encontrarás **consejos para tomar exámenes** y más **práctica para TAKS**.

La suma y la resta con decimales y dinero

Tren METRO Rail en Houston, Texas

Banco de palabras

centésimo

decimal

décimo

punto decimal

Vocabulario y conceptos

Escoge el mejor término para completar las oraciones. página 394

1. Un número con uno o más dígitos a la derecha de un punto decimal es un _____.

2. Una de cien partes iguales es un _____.

Escribe las fracciones o números mixtos como decimales. página 396

3. un medio

4. tres con cuatro décimos

5. tres centésimos

6. veintiún centésimos

Escribe los decimales como fracciones o números mixtos. página 382

7. 4.2

8. 0.57

9. 1.01

Resolver problemas y razonamiento página 408

10. Reynaldo vive a 22.09 km de la casa de su tía, a 20.98 km de la casa de sus abuelos y a 22.4 km de la casa de su tío. Ordena las distancias de menor a mayor.

Vocabulario de TAKS

¡Visualízalo!

Palabra/Concepto:

decimal

Número que usa el sistema de valor de posición y tiene un punto decimal

Datos

Los decimales son otra manera de escribir fracciones con denominadores de 10; 100; 1,000.

Ejemplos	Contraejemplos	
3.5; 4.05; 0.06	1	3,196
0.01 = 1 centésimo	$\frac{7}{8}$	$24\frac{5}{9}$
0.1 = 1 décimo		

Mi mundo bilingüe

Las palabras que se parecen en español y en inglés muchas veces tienen el mismo significado.

Español	Inglés
decimal	decimal
punto decimal	decimal point
denominador	denominator
sistema	system

Consulta el **Glosario español–inglés**, páginas 569 a 582.

Education Place Visita eduplace.com/txmap, donde encontrarás el **glosario electrónico**.

Objetivo 6 de *TAKS* **TEKS 4.15B** Relacionar el lenguaje informal con el lenguaje y los símbolos matemáticos.

Capítulo 20 437

Objetivos 1 y 6 de *TAKS*

TEKS 4.3B Sumar y restar decimales hasta el lugar de los centésimos utilizando objetos concretos y modelos pictóricos.

También 4.14D

Materiales

- Bloques de base diez
- Tablero 1
- Manipulativos electrónicos

Aplícalo
La suma con decimales

Objetivo Usar modelos para sumar decimales.

★ Explorar

Pregunta ¿Cómo puedes usar modelos para sumar 1.6 y 0.7?

La clase de Juan está haciendo un aeromodelo. La clase necesita dos tiras de cartón que midan 1.6 metros y 0.7 metros. ¿Cuánto cartón necesitan en total?

1.6 m

.7 m

1 Usa bloques de base diez para representar 1.6 y 0.7 en tu tablero.

- ¿Cuántos décimos hay?

2 Suma los décimos. Dibuja un círculo para reagrupar los décimos como enteros.

Consejo de vocabulario

10 décimos son igual que 1 entero.

3 Haz un dibujo rápido para mostrar la suma.

- ¿Cuántos enteros hay?
- ¿Cuántos décimos hay?

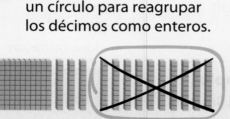

La clase necesita 2.3 metros de cartón.

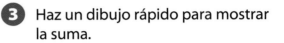

Es posible que a veces tengas que sumar dos números decimales con décimos y centésimos.

Suma 1.66 y 1.35.

1 Usa bloques de base diez para representar 1.66 y 1.35 en tu tablero.

2 Suma los centésimos. Dibuja un círculo para reagrupar los centésimos en décimos. Suma los décimos y luego, las unidades.

3 Haz un dibujo rápido para mostrar la suma.

★ **Extender**

Usa bloques de base diez para hallar la suma. Haz dibujos rápidos para mostrar que tus respuestas son correctas.

1. $4.3 + 2.3$ **2.** $5.4 + 5.9$ **3.** $1.9 + 2.3$ **4.** $3.5 + 4.7$ **5.** $5.96 + 4.32$

6. $3.67 + 9.34$ **7.** $3.59 + 1.09$ **8.** $2.99 + 3.55$ **9.** $1.29 + 7.88$ **10.** $3.49 + 5.73$

11. La familia de Sahil fue de excursión. El primer día caminaron 1.48 millas. El segundo día caminaron 2.7 millas. ¿Cuánto caminó la familia de Sahil en su excursión?

12. Tommy viajó 1.2 millas en ómnibus para llegar a un juego de béisbol. De regreso a su casa hizo un mandado. Viajó 3.4 millas hasta llegar a su casa. ¿Cuántas millas recorrió Tommy en total?

Diario de matemáticas

Escribir matemáticas

¿Correcto o incorrecto? Bárbara calcula que recorrerá un total de 7.1 millas. Si recorre 3.5 millas el sábado y 4.6 millas el domingo, ¿es correcto su cálculo? Si no lo es, ¿cuál fue su error?

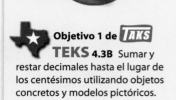
Objetivo 1 de **TAKS**

TEKS 4.3B Sumar y restar decimales hasta el lugar de los centésimos utilizando objetos concretos y modelos pictóricos.

Sumar decimales y cantidades de dinero

Objetivo Usar modelos para sumar decimales.

★ Aprender con ejemplos

En la Lección 1 sumaste usando bloques de base diez. También puedes hacer dibujos rápidos y usar tablas de valor de posición para hallar $1.6 + 0.7$.

Analízalo

- ¿Qué dígitos debo sumar primero?
- ¿Debo reagrupar?
- ¿Escribí el punto decimal en la respuesta?

Dibújalo	Escríbelo

1 Dibuja 1.6 y 0.7.

Alinea los puntos decimales para que los números queden en las columnas correctas de la tabla de valor de posición.

unidades	décimos
1 .	6
+ 0 .	7

2 Reagrupa los décimos en un entero.

Suma los décimos.
$6 + 7 = 13$ décimos.

unidades		décimos
1		
1 .		6
+ 0 .		7
.		3

3 Escribe un número decimal que describa tu dibujo.

2.3

Suma las unidades.
$1 + 1 = 2$ unidades.

unidades		décimos
1		
1 .		6
+ 0 .		7
2 .		3

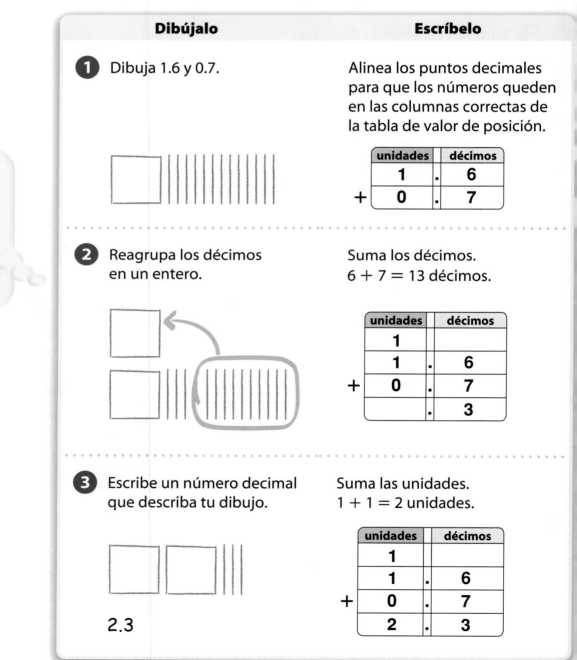

Otros ejemplos

A. Sumar con ceros

$$
\begin{array}{r}
2.13 \\
+\,7.70 \\
\hline
9.83
\end{array}
$$

B. Sumar dinero

$$
\begin{array}{r}
\$2.49 \\
+\,1.73 \\
\hline
\$\bigcirc.22
\end{array}
$$

★ Práctica guiada

Suma. Puedes hacer un dibujo rápido o usar cuadrículas.

1.
$$
\begin{array}{r}
8.9 \\
+\,1.3 \\
\hline
\end{array}
$$

2.
$$
\begin{array}{r}
3.4 \\
+\,5.83 \\
\hline
\end{array}
$$

3.
$$
\begin{array}{r}
7.52 \\
+\,2.16 \\
\hline
\end{array}
$$

4.
$$
\begin{array}{r}
2.4 \\
+\,1.2 \\
\hline
\end{array}
$$

5.
$$
\begin{array}{r}
\$7.24 \\
+\,1.36 \\
\hline
\end{array}
$$

6.
$$
\begin{array}{r}
2.7 \\
+\,1.26 \\
\hline
\end{array}
$$

7. $8.45 + 1.32$

8. $\$7.2 + \$2.19$

9. $\$5.38 + \$3.92$

Piénsalo

- ¿Debo sumar los ceros?
- ¿Debo reagrupar?
- ¿Adónde va el punto decimal en la respuesta?

Resolver problemas con ayuda

Usa las preguntas para resolver este problema.

10. Un tramo de la red de ferrocarriles estatales de Texas recorre 16.33 millas entre Palestine y Maydelle. Otro tramo recorre 9.17 millas entre Maydelle y Rusk. ¿Cuánto mide el tramo de la red desde Palestine hasta Rusk?

a. Compréndelo ¿Cuánto mide el tramo de la red de ferrocarriles entre Palestine y Maydelle?

¿Cuánto mide el tramo entre Maydelle y Rusk?

b. Planéalo ¿Qué debes hallar? Explica por qué debes sumar para resolver el problema.

c. Resuélvelo Escribe una oración de suma y resuélvela.

d. Verifícalo Completa la oración.

Hay $\bigcirc$ millas de red en total.

123 Hablar de matemáticas ¿En qué se parecen la suma de números decimales y la suma de números enteros? ¿En qué se diferencian?

Suma. Si necesitas ayuda, haz dibujos rápidos o usa bloques de base diez.

11.	3.1 + 5.2	**12.**	7 + 2.6	**13.**	2.3 + 0.7	**14.**	5.17 + 1.6	**15.**	3.48 + 2.75
16.	8.45 + 1.3	**17.**	6.27 + 2.45	**18.**	8.09 + 3.72	**19.**	$3.84 + 2.93	**20.**	$1.67 + 5.48

21. 2.13 + 5.6 **22.** 8.9 + 1.1 **23.** 4.93 + 7.62 **24.** $4.69 + $5.22

Resuelve.

25. Un ferrocarril transporta madera a una fábrica. En un viaje, un vagón llevó 1.89 toneladas de madera. Un segundo vagón llevó 2.07 toneladas de madera. ¿Cuántas toneladas de madera recibió la fábrica?

26. Una fábrica del este de Texas produce hierro fundido. Los trabajadores cargaron 1.6 toneladas de hierro fundido en un vagón. En el segundo vagón, cargaron 1.4 toneladas. ¿Cuánto hierro fundido transportaron en la entrega?

27. En un vagón entran 2.2 toneladas de mineral de hierro. En un segundo vagón entran 2.34 toneladas. ¿Cuánto mineral de hierro entra en los dos vagones?

28. Explica con palabras o dibujos cómo sabes que tu respuesta al ejercicio 26 es correcta.

29. El lunes Leah recorrió en bicicleta 3.8 millas. El martes recorrió 5.2 millas. ¿Cuántas millas recorrió en total?

30. Shari viaja en avión. Una de sus maletas pesa 20.3 libras. La otra maleta pesa 32.6 libras. ¿Cuál es el peso total de las maletas?

31. Reto Marta tiene tres tablas que miden 1.58 metros, 2.6 metros y 1.95 metros. ¿Cuál es la longitud total de las tres tablas?

★ **Práctica para** 𝗧𝗔𝗞𝗦 | **Selección múltiple**

32 En la tienda de regalos de la estación de trenes de Texas, Alexis compró calcomanías por $1.17 y un paquete de gomas de borrar con forma de tren por $2.68. ¿Cuánto gastó en total en recuerdos?

A $3.75 **B** $3.85 **C** $4.75 **D** $4.85

Consejo para 𝗧𝗔𝗞𝗦

Estima para eliminar las opciones de respuesta que no sean razonables.

Sumar dinero

Puedes usar manipulativos electrónicos para
sumar decimales hasta el lugar de los centésimos.

1 Visita http://www.eduplace.com/txmap

Haz clic en Coins and Bills (monedas y billetes).

2 Haz clic en el botón y escoge el tablero
de dos números.

3 Usa el botón para colocar $2.75 en la mitad derecha
de tu tablero y $5.31 en la mitad izquierda del tablero.
Usa el botón para borrar.

4 El botón **123** muestra cuánto dinero tienes en
cada mitad del tablero. Agrega o quita monedas
si no obtienes las cantidades correctas.

5 Suma los dos números.

- Borra o estampa el sello para reemplazar grupos de
monedas por una moneda o billete de mayor valor.
Por ejemplo, borra dos monedas de diez centavos y
una moneda de cinco centavos y reemplázalas por
una moneda de veinticinco centavos.

- Usa el botón para arrastrar hasta la primera
casilla las monedas y los billetes que quedan.

6 Vuelve a oprimir el botón **123** para mostrar el total.
Si has sumado correctamente, el total será $8.06.

Usa los manipulativos electrónicos para resolver los problemas.

1. $2.91 + $0.18   **2.** $4.62 + $11.33   **3.** $0.19 + $0.58

4. $20.00 + $7.52   **5.** $2.79 + $1.11   **6.** $9.15 + $10.85

Objetivos 1 y 6 de **TAKS**
TEKS 4.14A, 4.14D

Objectivos 1 y 6 de **TAKS**

TEKS 4.3B Sumar y restar decimales hasta el lugar de los centésimos utilizando objetos concretos y modelos pictóricos.

También 4.14D

Materiales
• Bloques de base diez
• Tablero 1
• Manipulativos electrónicos

Aplícalo
La resta con decimales

Objetivo Representar la resta con decimales.

★ Explorar

Pregunta: ¿Cómo usas modelos para restar décimos y centésimos?

Hanna midió en un mapa la distancia que hay entre algunas ciudades de Texas. La distancia entre San Antonio y El Paso es 1.86 pulgadas. La distancia entre Amarillo y Lubbock es 0.42 pulgadas. ¿Cuánto mayor es la distancia entre San Antonio y El Paso?

1 Usa bloques de base diez para representar 1.86.

2 Rodea con un círculo 0.42.

• Rodea con un círculo 4 décimos.

• Rodea con un círculo 2 centésimos.

3 Resta, o quita, 0.42 de 1.86.

• ¿Cuántos centésimos quedan?

• ¿Cuántos décimos quedan?

• ¿Cuántas unidades quedan?

4 Haz un dibujo rápido para mostrar la resta.

Escribe un decimal que describa tu dibujo.

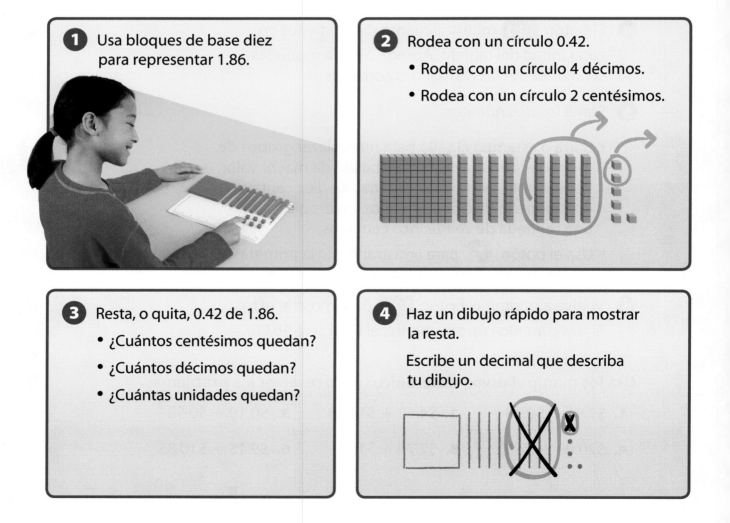

Resta 2.1 — 1.8.

1 Usa bloques de base diez para representar 2.1.

2 Reagrupa los bloques para poder restar.

3 Rodea con un círculo los bloques que necesitas para representar 1.8. ¿Cuántas unidades y décimos quedan?

4 Haz un dibujo rápido para mostrar cómo restaste.

★ Extender

Resta. Haz dibujos rápidos para mostrar cómo hallaste la diferencia.

1. 2.65 − 0.14   **2.** 1.38 − 1.02   **3.** 1.79 − 1.4   **4.** 2.6 − 0.8

5. 3.24 − 1.72   **6.** 4.57 − 2.37   **7.** 6.42 − 1.07   **8.** 3.07 − 2.89

Usa bloques de base diez para restar.

9. 12.49 − 8.22   **10.** 8.68 − 3.19   **11.** 1.83 − 0.62   **12.** 10.24 − 3.72

13. 6.61 − 2.15   **14.** 9.9 − 2.99   **15.** 3.2 − 2.31   **16.** 6.18 − 1.7

Escribir matemáticas

¿Correcto o incorrecto? Anna reagrupó como se muestra para resolver 2.2 − 1.5. Explica si representó la resta correctamente.

LECCIÓN 4

Objetivo 1 de *TAKS*
TEKS 4.3B Sumar y restar decimales hasta el lugar de los centésimos utilizando objetos concretos y modelos pictóricos.

Restar decimales y cantidades de dinero

Objetivo Usar modelos para restar decimales.

★ Aprender con ejemplos

El señor Cata tardó 1.7 horas en conducir desde Houston hasta San Antonio y 1.1 horas desde San Antonio hasta Corpus Christi. ¿Cuánto tiempo más duró el primer viaje?

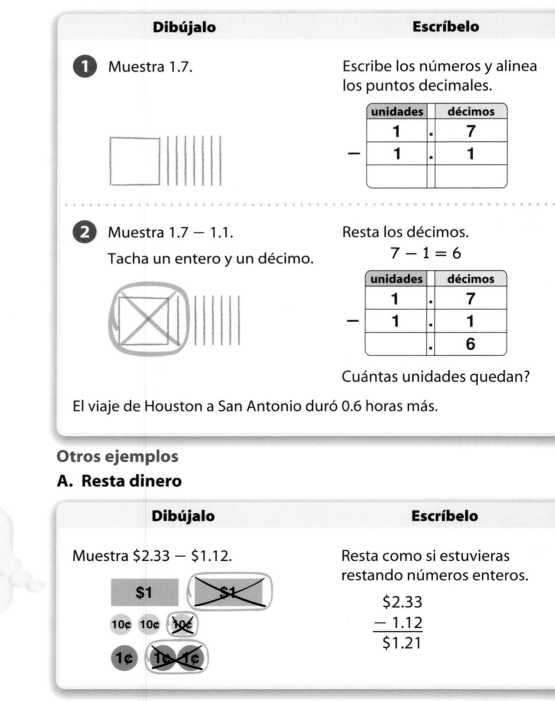

Dibújalo	Escríbelo

1 Muestra 1.7.

Escribe los números y alinea los puntos decimales.

unidades	décimos
1 .	7
− 1 .	1

2 Muestra 1.7 − 1.1.

Tacha un entero y un décimo.

Resta los décimos.

$$7 - 1 = 6$$

unidades	décimos
1 .	7
− 1 .	1
.	6

Cuántas unidades quedan?

El viaje de Houston a San Antonio duró 0.6 horas más.

Otros ejemplos

A. Resta dinero

Analízalo

No te olvides del punto decimal ni del signo de dólar.

Dibújalo	Escríbelo

Muestra $2.33 − $1.12.

Resta como si estuvieras restando números enteros.

$$
\begin{array}{r}
\$2.33 \\
- \ 1.12 \\
\hline
\$1.21
\end{array}
$$

446

B. Usa los ceros como indicadores de posición

$$\begin{array}{r} 2.1 \\ -\ 1.77 \end{array}$$ → $$\begin{array}{r} 2.10 \\ -\ 1.77 \end{array}$$

> Escribe un cero en el lugar de los centésimos para tener un dígito del cual restar.

Dibújalo	Escríbelo
1 Representa 2.1 y réstale 1.77.	2.1
2 Reagrupa los centésimos y resta.	$$\begin{array}{r} {}^{0\ 10}\\ 2.\cancel{1}\cancel{0} \\ -\ 1.7\ 7 \\ \hline 3 \end{array}$$
3 Reagrupa los décimos y resta. Luego, resta las unidades.	$$\begin{array}{r} {}^{1\ 10\,10}\\ 2.\cancel{1}\cancel{0} \\ -\ 1.7\ 7 \\ \hline 0.3\ 3 \end{array}$$

★ **Práctica guiada**

Resta. Puedes hacer un dibujo rápido como ayuda.

1. 3.4 − 1.2 **2.** 7.68 − 3.81 **3.** 5.44 − 1.93

4. 4.47 − 2.9 **5.** 3.7 − 1.85 **6.** $9.80 − $2.91

7. Un boleto de autobús desde San Antonio hasta Houston cuesta $48.50 durante la semana y $40.75 los domingos. ¿Cuánto menos cuesta viajar desde San Antonio hasta Houston el domingo?

> **Piénsalo**
> • ¿Qué dígitos debo restar primero?
> • ¿Debo reagrupar?
> • ¿Escribí el punto decimal en la diferencia?

 Hablar de matemáticas ¿Cómo determinaste dónde debías poner el punto decimal en la respuesta al ejercicio 7?

Para resolver los ejercicios 8 a 15, puedes usar bloques de base diez o una tabla de valor de posición.

8. 4.31 − 4.00

9. 18.65 − 17.76

10. 5.32 − 2.09

11. 6.08 − 5.09

12. 3.21 − 1.23

13. 6.07 − 0.67

14. 2.6 − 1.63

15. 10.10 − 10.01

Resuelve.

16. Kim tiene $42.86. Compra un juego que cuesta $8.59. ¿Cuánto dinero le queda?

17. Jerome compró un trozo de cuerda de 12 pulgadas. ¿Cuánto medía la cuerda después de cortarle 2.25 pulgadas?

18. Darío recorre 23.75 millas en autobús para visitar a su abuela. Al día siguiente viaja 34.35 millas para ir a visitar a su tío. ¿Cuántas millas más recorre Darío en el segundo viaje?

Conexión con las ciencias

Datos divertidos

Usa la tabla para resolver los problemas 19 a 22.

19. ¿En qué tres ciudades cae la mayor cantidad de lluvia anual?

20. Ordena las ciudades de la que recibe la menor cantidad de lluvia a la que recibe la mayor cantidad de lluvia anual.

21. Generaliza Compara la ubicación de cada ciudad con la cantidad de lluvia anual. ¿Qué tendencia observas?

22. Reto En Houston cae la mayor cantidad de lluvia anual. ¿Cuánta lluvia más cae en Houston que en la ciudad con la menor cantidad de lluvia de la tabla?

• En agosto de 2006, en El Paso se registraron más de 8 pulgadas de lluvia. Esta cantidad está cerca de la cantidad de lluvia que cae anualmente.

Ciudad	Lluvia (pulgadas)
Abilene	24.4
Amarillo	19.56
Austin	31.88
El Paso	8.8
Houston	50.83
Lubbock	18.65
San Antonio	30.98

TEKS 4.14A
11B de Ciencias

23 El señor Jacobs gasta $58.76 en el mercado. Entrega $70 al vendedor. ¿Cuánto dinero recibirá de cambio?

A $11.24

B $28.76

C $21.24

D $128.76

Consejo para ***TAKS***

Recuerda que puedes agregar un punto decimal y ceros detrás del lugar de las unidades en un número entero.

Rápido y más rápido

El trabajo de un mecánico de boxes consiste en asegurarse de que un carro de carreras ande siempre lo más rápido posible. Los mecánicos de boxes se ocupan de reparar un carro durante una carrera. Cambiar neumáticos, llenar el tanque de combustible y hacer otras reparaciones rápidas son algunas de las tareas que realizan. Cada segundo cuenta cuando los carros circulan a casi 200 millas por hora.

1. Los mecánicos de Johnson tardan 15.43 segundos en cambiar todos los neumáticos durante una carrera. Los mecánicos de Wilson pueden cambiar los 4 neumáticos en 12.37 segundos. ¿Quiénes son más rápidos? ¿Cuántos segundos más rápidos?

2. Los mecánicos de Davis tardan 4.61 segundos en darle de beber agua al piloto y 9.64 segundos en cambiar 2 neumáticos. ¿Cuánto tiempo tardan?

3. Los mecánicos de Rodríguez necesitan cambiar los 4 neumáticos en 19.88 segundos para mantener la delantera. Tardan 18.98 segundos. ¿Siguen primeros? Si es así, ¿cuántos segundos de ventaja llevan?

4. El carro de carreras de Garrett lleva la delantera. Está ganando la carrera por 25.42 segundos. Si hace una parada en boxes de 25.65 segundos, ¿seguirá primero? ¿Cuántos segundos adelante o detrás estará?

Objetivo 1 de TAKS
TEKS 4.14A

★ **Objetivos 1 y 6 de** *TAKS*

TEKS 4.14A Identificar las matemáticas en situaciones diarias.

4.14B Resolver problemas que incorporen la comprensión del problema, hacer un plan, llevarlo a cabo y evaluar lo razonable de la solución.

Resolver problemas
Usa decimales

Objetivo Usar decimales para resolver problemas.

★ **Aprender con ejemplos**

Resuelves problemas con decimales de la misma manera que resuelves problemas con números enteros.

> Victoria y Oxford Circus son dos estaciones muy concurridas del sistema de subterráneos de Londres. En 2001, 76.5 millones de pasajeros pasaron por Victoria y 66.1 millones de pasajeros pasaron por Oxford Circus. ¿Cuántos pasajeros pasaron por las dos estaciones en 2001?

COMPRÉNDELO

¿Cuántos pasajeros pasaron por las estaciones Victoria y Oxford Circus en el año 2001?

Sabes que por la estación Victoria pasaron 76.5 millones de pasajeros. Y por la estación Oxford Circus pasaron 66.1 millones de pasajeros.

PLANÉALO

La pregunta es cuántos pasajeros pasaron por las dos estaciones juntas. ¿Qué operación usarás?

RESUÉLVELO

Suma los décimos con los décimos, las unidades con las unidades y así sucesivamente.

$$
\begin{array}{r}
76.5 \longrightarrow \text{Estación Victoria} \\
+\ 66.1 \longrightarrow \text{Estación Oxford Circus} \\
\hline
142.6
\end{array}
$$

En el año 2001 pasaron por las dos estaciones 142.6 millones de pasajeros.

VERIFÍCALO

¿Cómo puedes comprobar si tu respuesta es razonable?

76.5 se redondea a 80 y 66.1 se redondea a 70.

80 + 70 = 150.

150 está cerca de 142.6, por lo tanto la respuesta es razonable.

★ Resolver problemas con ayuda

Responde a las preguntas para resolver el problema.

1. Muchas vías de las líneas de subterráneos están 24.4 metros bajo tierra. La profundidad máxima es 43 metros más. ¿Cuál es la profundidad máxima?

   a. **Compréndelo/Planéalo** ¿Qué debo hallar? ¿Qué operación debo usar?

   b. **Resuélvelo** Escribe una ecuación para el problema.

   c. **Verifícalo** ¿Es razonable la respuesta? Estima la respuesta.

 Hablar de matemáticas ¿Hay alguna diferencia entre escoger la operación cuando se trabaja con decimales y escoger la operación cuando se trabaja con números enteros? Explica tu respuesta.

★ Práctica para resolver problemas

Escoge la operación y resuelve el problema.

2. En la estación Gloucester Road, una obra de arte mide 2.4 pies de ancho. Otra obra de arte mide 0.7 pies. ¿Cuál es la diferencia?

3. El viaje más largo que Bill puede hacer en subterráneo sin cambiar de trenes es 54.9 kilómetros. Si recorre esta distancia ida y vuelta desde su casa, ¿cuántos kilómetros recorre?

4. Esta mañana Rick tardó 1 hora 12 minutos en llegar al trabajo en autobús. El viaje de regreso duró 21 minutos menos. ¿Cuánto duró el viaje de regreso?

5. **Dinero** Barry necesita un abono de subterráneo de 6 días. Imagina que el abono de un día cuesta $8.24. ¿Cuánto gastará Barry en el abono de 6 días?

6. Desde 1963 hasta 2002, el complejo Tandy Center en Forth Worth, Texas, tuvo su propio sistema privado de subterráneos. ¿Cuánto años duró esta situación?

7. **Reto** Un subterráneo tiene tres túneles que miden 1.9 kilómetros, 2.7 kilómetros y 1.6 kilómetros de largo. ¿Qué dos túneles medirían entre 3 y 4 kilómetros de largo si se los une por los extremos?

Estación Tandy Center en Forth Worth, TX.

Vocabulario de TAKS

La suma y la resta se realizan en forma similar si se usan números enteros o decimales.

Dos de los problemas de la tarea de Carla se parecen mucho.

A

$$
\begin{array}{r}
{}^{8\ 12} \\
49\cancel{2} \\
-\ 167 \\
\end{array}
$$

B

$$
\begin{array}{r}
{}^{8\ 12} \\
4.9\cancel{2} \\
-\ 1.67 \\
\end{array}
$$

Responde a estas preguntas sobre los problemas de la tarea de Carla.

1. ¿Crees que los problemas tienen la misma respuesta? ¿Por qué?

2. ¿Cuál es el valor del 8 rojo pequeño que se encuentra sobre el 9 en cada problema?

3. ¿Cuál es el valor del 12 rojo pequeño que se encuentra sobre el 2 en cada problema?

4. Copia los problemas. Calcula las respuestas.

Observa estos problemas de la tarea de Carla.

C

$$
\begin{array}{r}
395 \\
-\ 276 \\
\hline
119 \\
\end{array}
$$

D

$$
\begin{array}{r}
3.95 \\
-\ 2.76 \\
\hline
1.29 \\
\end{array}
$$

5. ¿Son correctas las dos respuestas de Carla?

6. Copia los problemas y resuélvelos correctamente.

Escribir Explica en qué se parecen y en qué se diferencian la resta de números enteros y la resta de decimales.

Leer Busca libros relacionados con este concepto en tu biblioteca.

Objetivo 6 de TAKS

TEKS 4.15A Explicar y anotar observaciones utilizando objetos, palabras, dibujos, números y tecnología.

4.15B Relacionar el lenguaje informal con el lenguaje y los símbolos matemáticos.

Práctica adicional basada en los estándares

Conjunto A ———————————————— Objetivo 1 de **TAKS** TEKS **4.3B** página 440

Suma. Si necesitas ayuda, haz dibujos rápidos o usa bloques de base diez.

1. 4.9
    + 1.2

2. 3
    + 4.8

3. 8.2
    + 3.4

4. 2.56
    + 1.77

5. $1.29
    + 5.08

6. 6.95
    + 8.3

7. $7.24
    + 2.73

8. 3.26
    + 5.17

9. 6.91
    + 2.49

10. $3.45
    + 1.56

11. 5.29 + 8.6

12. $4.77 + 0.42

13. 8.9 + 3.4

14. $6.27 + 1.95

15. Jacob usa un podómetro para registrar la distancia recorrida en el entrenamiento de atletismo. Ayer, Jacob corrió 3.78 millas. Hoy corrió 5.4 millas. ¿Cuántas millas corrió en total?

16. El señor Nay tomó un tren para regresar a casa después del trabajo. El pasaje costaba $7.65 y pagó $2.50 más por comprar el boleto en el tren y no en la estación. ¿Cuánto le costó el viaje al señor Nay?

Conjunto B ———————————————— Objetivo 1 de **TAKS** TEKS **4.3A** página 446

Resta. Si necesitas ayuda, haz dibujos rápidos.

1. 7.6
    − 3.5

2. 5
    − 1.8

3. 7.2
    − 4.8

4. $8.04
    − 3.62

5. 6.88
    − 2.19

6. 9.21
    − 3.8

7. $4.65
    − 2.98

8. $3.80
    − 2.42

9. 5.27
    − 4.61

10. 8.39
    − 6.63

11. 2.4 − 1.68

12. $9.03 − 4.37

13. $6.54 − 2.83

14. 8 − 6.47

15. La línea roja del metro tiene 9.05 millas. Hace dos años, se abrieron 6 estaciones nuevas y se extendió la línea 3.6 millas. ¿Cuánto medía la línea roja antes de la extensión?

16. El principal embalse de la ciudad contiene 4.2 millones de galones de agua. El verano pasado, una fuerte sequía eliminó 2.68 millones de galones de agua del embalse. ¿Cuánta agua quedó en el embalse?

Education Place
Visita eduplace.com/txmap, donde encontrarás **consejos para tomar exámenes** y más **práctica para TAKS**.

Repaso/Examen del capítulo

Vocabulario y conceptos

Objetivo 6 de TAKS TEKS 4.15B

1. El segundo dígito a la izquierda del punto decimal es el lugar de las _____ .

2. El lugar de los _____ es el segundo dígito a la derecha del punto decimal.

Banco de palabras

centenas

centésimos

decenas

décimos

Cálculos

Objetivo 1de TAKS TEKS 4.3B

Suma. Si necesitas ayuda, haz dibujos rápidos.

3. $\begin{array}{r} 6 \\ + 5.7 \\ \hline \end{array}$

4. $\begin{array}{r} \$6.82 \\ + 5.21 \\ \hline \end{array}$

5. $\begin{array}{r} 1.36 \\ + 7.8 \\ \hline \end{array}$

6. $\begin{array}{r} 9.05 \\ + 3.24 \\ \hline \end{array}$

7. $\begin{array}{r} \$8.41 \\ + 1.59 \\ \hline \end{array}$

8. $4.58 + 2.3$

9. $6.64 + 0.39$

10. $\$4.67 + \$3.59$

11. $4.19 + 5.46$

Resta. Si necesitas ayuda, haz dibujos rápidos.

12. $\begin{array}{r} 7 \\ - 4.1 \\ \hline \end{array}$

13. $\begin{array}{r} \$8.34 \\ - 2.28 \\ \hline \end{array}$

14. $\begin{array}{r} 6.34 \\ - 5.6 \\ \hline \end{array}$

15. $\begin{array}{r} \$9.40 \\ - 6.58 \\ \hline \end{array}$

16. $\begin{array}{r} 7.71 \\ - 2.29 \\ \hline \end{array}$

17. $8 - 1.59$

18. $\$5.08 - \$4.26$

19. $8.2 - 6.35$

20. $\$6.22 - \$0.43$

Resolver problemas y razonamiento

Objetivos 1 y 6 de TAKS TEKS 4.3B, 4.14A, 4.14B

Resuelve los siguientes problemas.

21. En la fiambrería del supermercado, Sara compra 0.63 libras de queso suizo, 2.58 libras de queso de Cheddar y 1.29 libras de pavo. ¿Cuántas libras de queso compra Sara?

22. El metro del aeropuerto tiene 8.18 millas de largo. Tiene paradas en el aeropuerto y luego se dirige a la estación de tren. La estación de tren está a 5.6 millas del aeropuerto. ¿Qué longitud tiene el metro dentro del ámbito del aeropuerto?

23. Tomás tiene dos gatos. Milo pesa 7.3 kg y Cady pesa 4.36 kg. ¿Cuánto más grande es Milo que Cady?

24. Tanya tiene $8.13 en monedas. Su hermana tiene $6.89. ¿Cuánto más dinero tiene Tanya?

Escribir matemáticas Explica cómo hallar la diferencia entre 8.1 y 8.01.

Preparación para TAKS y repaso frecuente

1 ¿Qué transformación **NO** usó la rotación?

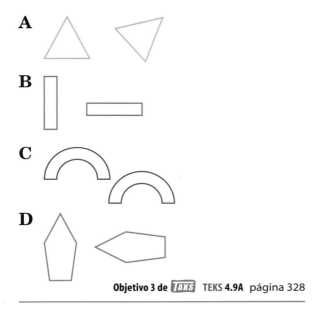

A

B

C

D

Objetivo 3 de TAKS TEKS **4.9A** página 328

2 Todos los números del conjunto M se relacionan de la misma manera con el número que está debajo en el conjunto N.

Conjunto M	1	3	5
Conjunto N	8	24	40

Si el número del conjunto M es 8, ¿cuál es una manera de hallar el número relacionado en el conjunto N?

F multiplicar 8 por 7

G sumar 8 más 8

H multiplicar 8 por 8

J sumar 8 más 7

Objetivos 2 y 6 de TAKS TEKS **4.7, 4.14C** páginas 52, 130

3 Sandra está haciendo un patrón con el siguiente dibujo.

Si Sandra usa traslaciones para hacer el patrón, ¿cuál podría ser su patrón?

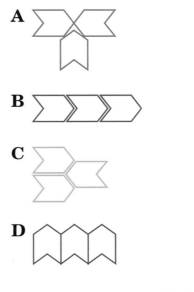

A

B

C

D

Objetivo 3 de TAKS TEKS **4.9A** página 328

4 **Respuesta con cuadrícula** La tabla muestra cuántas porciones de pizza cortó Carlos de varias pizzas.

Número de pizzas	2	3	4	5
Número de porciones	16	24	32	40

¿Cuántas porciones cortará Carlos de 7 pizzas?

Objetivo 2 de TAKS TEKS **4.7** página 52

Education Place
Visita eduplace.com/txmap, donde encontrarás **consejos para tomar exámenes** y más **práctica para TAKS**.

Examen de la Unidad 8

Vocabulario y conceptos ——————————— Objetivo 1 de *TAKS* TEKS 4.1B, 4.2C, 4.2D

Escoge la mejor palabra para completar las oraciones.

1. Las diferentes fracciones que expresan la misma cantidad se llaman _____.

2. Un _____ es un número que tiene al menos un dígito a la derecha del punto decimal.

3. En el número 2.3, el 3 está en el lugar de los _____ .

4. En el número 1.56, el 6 está en el lugar de los _____ .

5. ¿Qué decimal representa seis décimos?

6. ¿Qué decimal representa $\frac{43}{100}$?

Escribe los números como decimal.

7. cinco décimos

8. cuatro con treinta y tres centésimos

9. uno con sesenta y dos centésimos

10. dos con cuatro décimos

Cálculos ——————————— Objetivo 1 de *TAKS* TEKS 4.1B, 4.2B, 4.2C, 4.3B

Ordena los conjuntos de mayor a menor.

11. $1\frac{1}{4}, \frac{3}{4}, 1\frac{3}{4}$

12. $\frac{2}{4}, 1\frac{2}{8}, \frac{3}{4}$

13. 0.1, 0.11, 1.1

14. 2.1, 1.2, 0.2

Compara. Escribe $>$, $<$ ó $=$ en cada ⬭.

15. $\frac{3}{8}$ ⬭ $\frac{6}{8}$

16. $\frac{3}{5}$ ⬭ $\frac{1}{5}$

17. 0.87 ⬭ 0.8

18. 1.5 ⬭ 1.3

Suma o resta.

19.
$$\begin{array}{r} 2.3 \\ + \ 1.6 \\ \hline \end{array}$$

20.
$$\begin{array}{r} 3.45 \\ + \ 2.37 \\ \hline \end{array}$$

21.
$$\begin{array}{r} \$7.34 \\ - \ \$2.47 \\ \hline \end{array}$$

22.
$$\begin{array}{r} 9.3 \\ + \ 2.7 \\ \hline \end{array}$$

Resolver problemas y razonamiento

23. Pietro cuenta su dinero. Tiene $21.34. Compra un juego por $11.99. ¿Cuánto dinero le queda?

24. John caminó 6.7 millas durante una excursión. La semana pasada caminó 8.23 millas. ¿Cuántas millas caminó en total?

25. Merino tiene dos hurones de mascota. Los midió con una regla. ¿Qué diferencia hay entre la longitud del hurón más largo y la del hurón más corto? Escribe tu respuesta como fracción y como decimal.

1.6 pulgadas   1 ½ pulgadas

¡LAS GRANDES IDEAS!

Escribir matemáticas ¿Cuándo sería más útil usar la forma decimal de un número que la forma fraccionaria? ¿Y cuándo sería más útil la forma fraccionaria?

Evaluar el rendimiento

Útiles escolares

Paola tiene $20 para comprar sus útiles escolares.

Lápices 5 por $1   Cuadernos $1.19 cada uno   Calculadoras $3.29 cada uno   Mochila $8.75   Crayones $2.59 la caja   Marcadores $3.15 la caja   Lapiceras 55¢ cada una

Tarea	Información que necesitas
¿Cómo debería gastar Paola sus $20 para comprar todo lo que necesita y que le sobre dinero? Explica tu razonamiento.	Necesita 12 lápices.
	Para la clase de ciencias necesita un cuaderno y dos lapiceras de color rojo.
	A Paola le gustan mucho los crayones y además los necesita para la clase de arte.
	Necesita una mochila nueva.
	Quiere comprar una caja de marcadores o una calculadora, pero no las dos cosas.

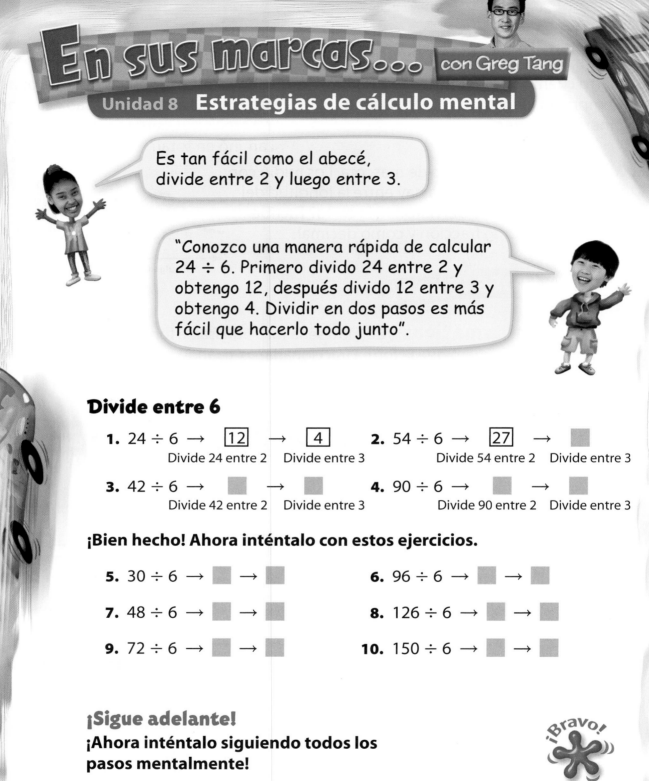

En sus marcas... con Greg Tang

Unidad 8 Estrategias de cálculo mental

Es tan fácil como el abecé, divide entre 2 y luego entre 3.

"Conozco una manera rápida de calcular 24 ÷ 6. Primero divido 24 entre 2 y obtengo 12, después divido 12 entre 3 y obtengo 4. Dividir en dos pasos es más fácil que hacerlo todo junto".

Divide entre 6

1. 24 ÷ 6 → ☐12☐ → ☐4☐
Divide 24 entre 2   Divide entre 3

2. 54 ÷ 6 → ☐27☐ → ☐
Divide 54 entre 2   Divide entre 3

3. 42 ÷ 6 → ☐ → ☐
Divide 42 entre 2   Divide entre 3

4. 90 ÷ 6 → ☐ → ☐
Divide 90 entre 2   Divide entre 3

¡Bien hecho! Ahora inténtalo con estos ejercicios.

5. 30 ÷ 6 → ☐ → ☐

6. 96 ÷ 6 → ☐ → ☐

7. 48 ÷ 6 → ☐ → ☐

8. 126 ÷ 6 → ☐ → ☐

9. 72 ÷ 6 → ☐ → ☐

10. 150 ÷ 6 → ☐ → ☐

¡Sigue adelante!
¡Ahora inténtalo siguiendo todos los pasos mentalmente!

¡Bravo!

11. 84 ÷ 6

12. 90 ÷ 6

13. 180 ÷ 6

14. 240 ÷ 6

La geometría y la medición

¡LAS GRANDES IDEAS!

- El perímetro y el área son atributos de las figuras de dos dimensiones.
- Las figuras de tres dimensiones se pueden definir según sus atributos.
- Existen unidades cúbicas estándares para medir el volumen.

Canciones y juegos

 Música y matemáticas
Pista 9

- A pintar números
- El mensaje misterioso
- Construcciones con caras

Juego

¿Cuál es mi nombre?

Objetivo del juego Unir el mayor número de figuras con sus nombres.

Materiales
Recursos de enseñanza 14 y 15
Número de jugadores 2

Preparación
Recorta las tarjetas de los Recursos de enseñanza 14 y 15. Haz 1 pila con todas las tarjetas de figuras y otra pila con todas las tarjetas de nombres. Colócalas boca abajo sobre la mesa.

Cómo se juega

1 El jugador 1 toma una tarjeta de cada pila. Si el nombre coincide con la figura, se queda con las tarjetas. De lo contrario, coloca las tarjetas boca arriba sobre la mesa.

2 El jugador 2 repite el paso 1. Si las tarjetas que escoge no coinciden, puede unir las tarjetas con las de la mesa. El jugador 2 forma la mayor cantidad de pares posible.

3 Cuando se hayan usado todas las tarjetas, los jugadores se turnan para unir las tarjetas que están boca arriba sobre la mesa.

4 Si quedan tarjetas sin unir, los jugadores revisan sus pilas para ver si hay pares incorrectos. Los pares se colocan boca arriba sobre la mesa.

5 Se siguen formando pares hasta usar todas las tarjetas. Gana el jugador que tenga más tarjetas.

Objetivos 3 y 6 de *TAKS*
TEKS 3.8 Identificar, clasificar y describir figuras geométricas de dos y tres dimensiones basándose en sus atributos.

4.15B Relacionar el lenguaje informal con el lenguaje y los símbolos matemáticos.

Education Place
Visita eduplace.com/txmap, donde encontrarás **acertijos**.

Leer Cuando lees, pensar en lo que ya sabes te ayuda a comprender un tema nuevo. Ya sabes mucho sobre geometría y medición. Puedes aplicar lo que sabes para seguir aprendiendo.

Antes de comenzar una lección sobre el perímetro y el área, Lili hace una lista de cinco cosas que ya sabe.

Tema: Perímetro y área

Lo que ya sé

1. El perímetro es la distancia alrededor de una figura.

2. El perímetro se puede medir con una regla de pulgadas.

3. El perímetro se puede medir con una regla de centímetros.

4. El área es el número de unidades cuadradas que cubre una figura.

5. Para hallar el área se usa papel cuadriculado.

Escribir Piensa en lo que sabes sobre el perímetro y el área. Usa papel cuadriculado. Dibuja un rectángulo. Halla su perímetro. Halla su área.

Recuerdo que una vez hallé el perímetro de un rectángulo. Sumé las longitudes de los lados.

El perímetro y el área

Comprueba lo que sabes

Vocabulario y conceptos

Escoge el mejor término para completar las oraciones. Grado 3

1. El área se mide en ____.

2. La medida de la distancia alrededor de una figura es su ____.

3. Las figuras que son ____ tienen la misma forma y el mismo tamaño.

Banco de palabras

área

congruentes

longitud

perímetro

unidades cuadradas

Cálculos

Halla el perímetro de las figuras en unidades. Grado 3

4.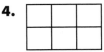

5.

6.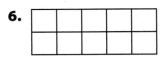

Halla el área de las figuras en unidades cuadradas. Grado 3

7.

8.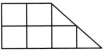

9.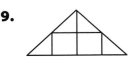

Resolver problemas y razonamiento Grado 3

10. Un cuadrado tiene un perímetro de 12 unidades. ¿Cuál es su área? Dibuja un diagrama para resolverlo.

Vocabulario de TAKS

¡Visualízalo!

una unidad cuadrada

1 unidad ↕ ▢

perímetro

Suma de las longitudes de los lados de un polígono

El perímetro es 16 unidades.

área

Medida de cuántas unidades cuadradas cubre una figura

El área de la figura es 15 unidades cuadradas.

área = 15 unidades cuadradas

perímetro = 16 unidades cuadradas

Mi mundo bilingüe

Las palabras que se parecen en español y en inglés muchas veces tienen el mismo significado.

Español	Inglés
perímetro	perimeter
área	area
unidad	unit

Consulta el **Glosario español–inglés**, páginas 569 a 582.

Education Place Visita eduplace.com/txmap, donde encontrarás el **glosario electrónico**.

Objetivo 6 de TAKS **TEKS** 4.15B Relacionar el lenguaje informal con el lenguaje y los símbolos matemáticos.

Capítulo 21   463

Objetivos 3 y 6 de TAKS

TEKS 4.11A Estimar y utilizar instrumentos de medición para determinar longitud (incluyendo perímetro), área, capacidad y peso/masa usando unidades del sistema internacional (SI o métrico) y el sistema inglés (usual).

4.14D Utilizar herramientas tales como objetos reales, manipulativos y tecnología para resolver problemas.

También 4.15B

Vocabulario de TAKS

perímetro

área

Materiales
Recurso de enseñanza 16 (Perímetro y área)

Aplícalo
El perímetro y el área

Objetivo Hallar el perímetro y el área de rectángulos y cuadrados.

★ Explorar

En el Capítulo 12 aprendiste sobre el tamaño de un objeto midiendo su longitud.

Pregunta ¿Cómo puedes usar el área y el perímetro para comparar el tamaño de las figuras?

Jan y Tony dibujaron las dos figuras que se muestran. ¿Cuál de las figuras es más grande?

Figura de Jan

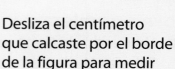
Figura de Tony

1 El **perímetro** es la distancia que hay alrededor de una figura. El perímetro se mide en unidades lineales, como los centímetros (cm).

Calca la unidad de centímetro.

├─────┤
1 cm

Desliza el centímetro que calcaste por el borde de la figura para medir el perímetro.

El perímetro de este rectángulo es 10 cm.

2 El **área** es la cantidad de unidades cuadradas que cubre una figura. El área se puede medir en centímetros cuadrados (cm²).

Calca la siguiente unidad de centímetro cuadrado.

1 cm²

Desliza el centímetro cuadrado que calcaste por el interior de cada figura para medir el área.

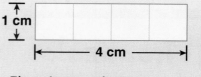

El área de este cuadrado es 4 cm².

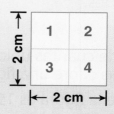

¿Cuál era el perímetro de la figura de Jan? ¿y el área?

¿Cuál era el perímetro de la figura de Tony? ¿y el área?

¿Quién tenía el rectángulo con el mayor perímetro?

¿Quién tenía el rectángulo con la mayor área?

★ Extender

Intenta estimar el perímetro y el área de las figuras del Recurso de enseñanza 17. Luego mídelas usando los centímetros y los centímetros cuadrados provistos.

	Figura	Perímetro		Área	
		Estimación	Medida	Estimación	Medida
1.	A				
2.	B				
3.	C				
4.	D				
5.	E				
6.	F				

Usa el Recurso de enseñanza 17 para resolver los problemas 7 a 10.

7. ¿Se acercaron tus estimaciones a las medidas reales?

8. ¿El área de cuál de las figuras es mayor?

9. ¿Qué figura tiene el mayor perímetro?

10. El perímetro de la figura E es el doble que el de la figura B. ¿El área también es el doble?

11. Dibuja un rectángulo que tenga la misma área que la figura B. ¿El perímetro de tu rectángulo es mayor o menor que el de la figura B?

12. Dibuja un cuadrado y un rectángulo con la misma área. ¿Qué observas acerca de los perímetros?

13. Reto Dibuja un cuadrado de 4 unidades de ancho. ¿Son iguales su perímetro y su área? Explica tu respuesta.

Diario de matemáticas

Escribir matemáticas

Predice Si duplicas la longitud de los lados de un rectángulo, ¿se duplicará también el área? Dibuja un modelo para resolverlo.

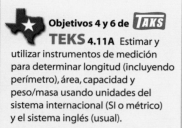

LECCIÓN 2

Objetivos 4 y 6 de TAKS

TEKS 4.11A Estimar y utilizar instrumentos de medición para determinar longitud (incluyendo perímetro), área, capacidad y peso/masa usando unidades del sistema internacional (SI o métrico) y el sistema inglés (usual).

4.14D Utilizar herramientas tales como objetos reales, manipulativos y tecnología para resolver problemas.

También 4.14B

Materiales
Regla

El área de los rectángulos y los cuadrados

Objetivo Usar instrumentos de medición para determinar el área.

★ Aprender con ejemplos

En la Lección 1 hallaste el área de una figura deslizando un centímetro cuadrado por el interior de la figura. Esta es otra manera de pensar acerca del área.

> Delia está haciendo un diseño de mosaicos sobre su mesa. En una esquina, usó mosaicos azules para hacer un rectángulo. ¿Cuál es el área de los mosaicos?

Maneras de hallar el área de un rectángulo

Manera 1 **Puedes dibujar un modelo.**

Cuenta el número de cuadrados que dibujaste en tu modelo. ¿Cuántas unidades cuadradas representa?

Manera 2 **Puedes usar la multiplicación.**

¿Cuántas unidades mide el lado izquierdo de tu modelo?

¿Cuántas unidades mide la base de tu modelo?

¿Cuál es el producto de estas dos longitudes? $2 \times 4 = 8$

El área del rectángulo es 8 unidades cuadradas.

Otro ejemplo

 Mide los lados del rectángulo con una regla de pulgadas.

 Multiplica para hallar el área.

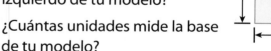

◯ pulg × ◯ pulg = ◯ pulg ^{2}

466

Usa la multiplicación para hallar el área de las figuras.
Cuenta para comprobar tu respuesta.

Piénsalo
¿Cómo puedes usar la longitud de los lados para hallar el área?

1.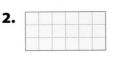

2.

3.

Estima el área de las figuras. Luego, usa una regla para medir.
Multiplica para hallar el área.

4. centímetro

5. pulgada

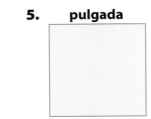

Resolver problemas con ayuda

6. Anna quiere poner mosaicos en el vestíbulo de su casa.
El vestíbulo mide 9 pies de largo y 4 pies de ancho.
¿Cuántos mosaicos necesitará para su vestíbulo?

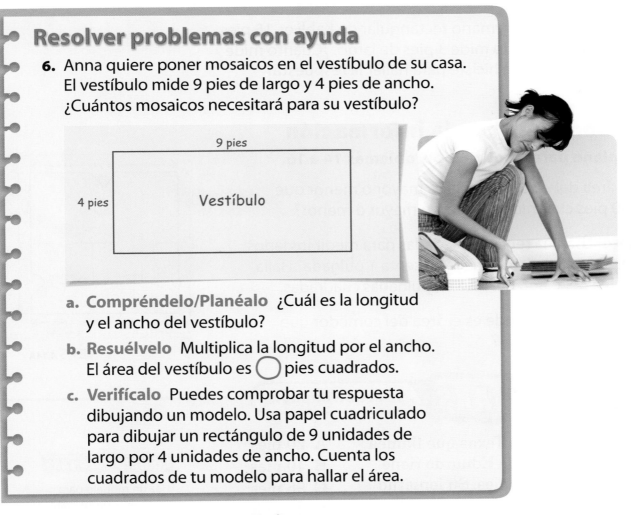

9 pies

4 pies   Vestíbulo

a. Compréndelo/Planéalo ¿Cuál es la longitud
y el ancho del vestíbulo?

b. Resuélvelo Multiplica la longitud por el ancho.
El área del vestíbulo es ◯ pies cuadrados.

c. Verifícalo Puedes comprobar tu respuesta
dibujando un modelo. Usa papel cuadriculado
para dibujar un rectángulo de 9 unidades de
largo por 4 unidades de ancho. Cuenta los
cuadrados de tu modelo para hallar el área.

(123) Hablar de matemáticas ¿Qué unidad de medida del sistema
métrico podrías usar para medir el área de un trozo de papel?

**Usa la multiplicación para hallar el área de las figuras.
Cuenta para comprobar tu respuesta.**

7.    **8.**    **9.** [grid]   **10.** [grid]

**Estima el área de las figuras . Luego, usa una regla para medir.
Multiplica para hallar el área.**

11. pulgada

12. centímetro

13. Reto El área del armario rectangular de Kahli es 15 pies cuadrados. Un lado mide 3 pies de largo. ¿Cuánto mide el otro lado? ¿Qué hiciste para hallar la respuesta?

Conexión con la información

Usa el plano para resolver los problemas 14 a 16.

14. ¿El área del piso de la sala es mayor o menor que 200 pies cuadrados? ¿Cuánto mayor o menor?

15. Reto Usa una regla de pulgadas para medir los lados del plano del piso. ¿Qué representa 1 pulgada? Halla el área del plano del piso en pulgadas cuadradas.

16. ¿Cuánto más grande es el área del comedor que el área de la cocina?

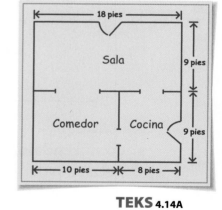

TEKS 4.14A

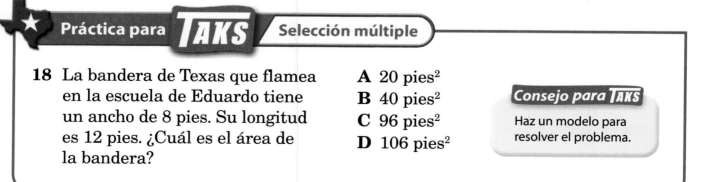

★ **Práctica para** TAKS | **Selección múltiple**

18 La bandera de Texas que flamea en la escuela de Eduardo tiene un ancho de 8 pies. Su longitud es 12 pies. ¿Cuál es el área de la bandera?

A 20 pies²
B 40 pies²
C 96 pies²
D 106 pies²

Consejo para TAKS

Haz un modelo para resolver el problema.

¡Mide el terreno!

Los agrimensores suelen medir propiedades por razones legales. Para comprar una casa, necesitas una medición del terreno en donde se encuentra. Aquí se muestra una típica medición de un terreno.

Resuelve los siguientes problemas.

1. Kimi es agrimensora. Está midiendo un terreno comercial. El terreno es rectangular y mide 650 pies por 250 pies. ¿Cómo puede hallar el área del terreno?

2. ¿Cómo puede hallar el perímetro del terreno?

3. ¿Cuál es el perímetro del terreno?

4. ¿Puedes estimar el perímetro de un terreno si sólo conoces el área?

5. Kimi mide un terreno de 41 pies por 32 pies. Estima el área del terreno.

6. En el terreno se construyó una casa de 34 pies de largo y 28 pies de ancho. Aproximadamente, ¿cuál es el área que sobra?

7. **Reto** Imagina que el área de un terreno rectangular es 348 pies². Un lado del terreno mide 12 pies de largo. Aproximadamente, ¿cuánto mide el otro lado?

ÁREA DE PANTANOS

TERRENO 47

TERRENO 48
650 PIES X 250 PIES

RÍO PECOS

NO. 7258

CALLE SAN ANTONIO

0   250 F

Objetivos 3 y 6 de TAKS
TEKS 4.4E, 4.8B, 4.14A

Objetivos 4 y 6 de *TAKS*

TEKS 4.11A Estimar y utilizar instrumentos de medición para determinar longitud (incluyendo perímetro), área, capacidad y peso/masa usando unidades del sistema internacional (SI o métrico) y el sistema inglés (usual).

4.16A Hacer generalizaciones de patrones o de conjuntos de ejemplos y contraejemplos.

También 4.14B y 4.14C

Medidas de figuras congruentes

Objetivo Hacer generalizaciones en relación con el perímetro y el área de figuras congruentes.

★ Razonar y aprender

En el Capítulo 16 aprendiste acerca de las figuras congruentes, es decir, figuras con el mismo tamaño y la misma forma. Ahora vas a aprender acerca del perímetro y el área de las figuras congruentes.

Las siguientes tres figuras son congruentes.

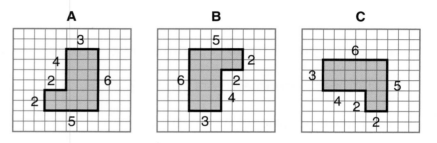

Compara el perímetro y el área de figuras congruentes

1 Halla el perímetro de la figura A. Suma la longitud de todos los lados.

$5 + 2 + 2 + 4 + 3 + 6 = 22$

2 Halla el área de la figura A. Divídela en dos rectángulos. Suma el área de cada uno.

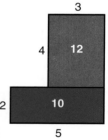

Primer rectángulo: $3 \times 4 = 12$

Segundo rectángulo: $2 \times 5 = 10$

Área: $12 + 10 = 22$ unidades cuadradas

3 Ahora halla el perímetro y el área de las figuras B y C.

Perímetro = ◯ unidades   Área = ◯ unidades cuadradas

Analízalo

Hay más de una manera de dividir la figura en dos rectángulos. Decide cuál es la más fácil.

Puedes hacer una regla a partir de tus observaciones: Las figuras congruentes tienen el mismo perímetro. También tienen la misma área.

Práctica guiada

Las figuras de cada par son congruentes. Halla el perímetro y el área de las figuras B.

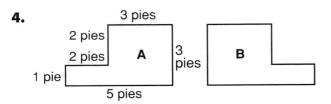

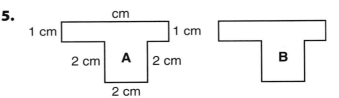

Piénsalo

• ¿Qué hace que las figuras sean congruentes?

• ¿Qué tienen en común las figuras congruentes?

123 Hablar de matemáticas Si dos figuras son congruentes, ¿pueden tener la misma área pero no el mismo perímetro? ¿Cómo lo sabes?

Practicar y resolver problemas

Las figuras de cada par son congruentes. Halla el perímetro y el área de las figuras B.

4.

3 pies
2 pies
2 pies **A** 3 pies
1 pie
5 pies

B

5.

cm
1 cm   1 cm
2 cm **A** 2 cm
2 cm

B

Resuelve los siguientes problemas.

6. Laura está decorando con luces 24 espejos rectangulares congruentes. Si se necesitan 18 cm de luces para los bordes del primer espejo, ¿cuántos centímetros de luces necesitará en total?

7. Reto Stephen ha decorado el tablero de una mesa con 27 mosaicos cuadrados congruentes. Un mosaico tiene un área de 4 pulgadas cuadradas. ¿Cuál es el área del tablero? Si los mosaicos están dispuestos en 3 filas de 9, ¿cuál es el perímetro de la figura?

★ Práctica para **TAKS** Respuesta con cuadrícula

8 Sara compró un bloc de estampillas de correo. Las estampillas son rectángulos congruentes. La primera estampilla del bloc tiene un área de 3 centímetros cuadrados. ¿Cuál es el área de la tercera estampilla del bloc en centímetros cuadrados?

Consejo para **TAKS**

Asegúrate de identificar cualquier información adicional en la pregunta antes de responderla.

Objetivos 4 y 6 de *TAKS*

TEKS **4.11A** Estimar y utilizar instrumentos de medición para determinar longitud (incluyendo perímetro), área, capacidad y peso/masa usando unidades del sistema internacional (SI o métrico) y el sistema inglés (usual).

4.14B Resolver problemas que incorporen la comprensión del problema, hacer un plan, llevarlo a cabo y evaluar lo razonable de la solución.

4.14C Seleccionar o desarrollar un plan o una estrategia de resolución de problemas apropiado en el que el estudiante haga un dibujo, busque un patrón, adivine y compruebe sistemáticamente, haga una dramatización, elabore una tabla, resuelva un problema más sencillo o trabaje desde el final hasta el principio para resolver un problema.

Resolver problemas
Usa un dibujo

Objetivo Usar estrategias apropiadas para resolver problemas.

★ Razonar y aprender

Con un dibujo puedes planear la manera de resolver un problema. Puedes hacer un dibujo de una figura compleja y dividirla en partes más simples.

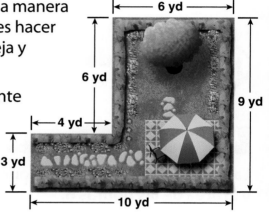

Andy quiere poner fertilizante en su jardín. Necesita calcular cuánto espacio debe cubrir. El espacio se muestra a la derecha. ¿Cuánto espacio necesita cubrir con fertilizante?

COMPRÉNDELO

Busca la pregunta del problema. ¿Qué debes hallar?

PLANÉALO

Usa un dibujo para separar la figura en rectángulos. ¿Qué línea puedes dibujar para hacer esto?

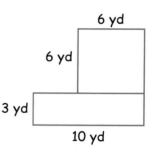

RESUÉLVELO

Usa la multiplicación. ¿Cuál es el área de cada rectángulo?

El área total del jardín es $\bigcirc + \bigcirc = \bigcirc$.

VERIFÍCALO

¿Tu dibujo tiene las medidas correctas?
¿Cometiste algún error al multiplicar o al sumar?

★ **Resolver problemas con ayuda**

Usa las preguntas para resolver este problema.

1. Andy quiere poner una cerca alrededor de su jardín. ¿Cuánta cerca debe comprar?

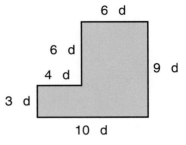

  a. Compréndelo Busca la pregunta del problema.
  ¿Qué debes hallar?

  b. Planéalo ¿Qué información de la figura necesitas?

  c. Resuélvelo Suma las longitudes.
  $3 + 4 + 6 + 6 + 9 + 10 = \bigcirc$ yd

  d. Verifícalo Vuelve a leer la pregunta del problema.
  ¿Contestaste la pregunta?

 Hablar de matemáticas El dibujo de un rectángulo muestra las medidas de dos lados adyacentes. ¿Cómo puedes hallar las medidas de los lados restantes?

★ **Resolver problemas sin ayuda**

Halla el perímetro y el área de las figuras.

1.

2.

3. Este es un mapa de la ciudad T. ¿Cuál es el área total de la ciudad T?

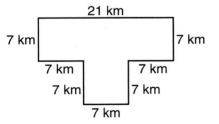

Usa el dibujo para resolver los problemas 4 y 5.

4. Darius quiere cubrir con alfombra la habitación de la derecha. ¿Cuántas yardas cuadradas de alfombra necesitará?

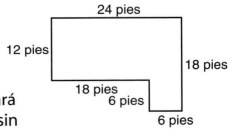

5. Reto ¿Cuánta guarda de papel de empapelar necesitará Darius para decorar las paredes de toda la habitación, sin contar dos puertas de 1 yarda de ancho cada una?

Austin, TX

Visita la Universidad de Texas (UT) en Austin y conoce algunas de sus famosas instalaciones deportivas.

Universidad de Texas

Estadio Royal-Texas Memorial

El equipo de fútbol de la Universidad de Texas juega en el estadio Royal-Texas Memorial.

Usa la tabla para resolver los problemas 6 a 8. La tabla muestra las cantidades máximas de público que han visto jugar un partido de fútbol en el estadio Royal-Texas Memorial.

Cantidad de espectadores	Partido	Año
83,891	UT vs. Texas A&M	2004
84,012	UT vs. Texas A&M	2000
83,919	UT vs. Texas Tech	2005
84,082	UT vs. Nebraska	1999
83,696	UT vs. Kansas	2005

6. ¿Cuál fue el rival de la UT en el partido en el que hubo más espectadores?

7. ¿Cuál fue el año con mayor cantidad de espectadores?

8. ¿A qué partido asistió la menor cantidad de espectadores?

9. En el centro de tenis Pennik-Allison hay 12 canchas de tenis. Cada cancha mide 36 pies por 78 pies. ¿Cuál es el área de cada cancha?

10. El equipo de voleibol juega en el gimnasio Gregory, que tiene capacidad para 4,400 espectadores. Los equipos de baloncesto masculino y femenino juegan en el centro Frank Erwin, que tiene capacidad para 16,755 espectadores. ¿Cuántas personas más pueden ver un partido de baloncesto que uno de voleibol?

11. El equipo de natación de la Universidad de Texas practica en el centro de natación Jamail Texas. En 2001, se remodeló la piscina para que los nadadores puedan competir mejor. La piscina mide 75 pies de ancho por 164 pies de largo. ¿Cuál es el perímetro de la piscina?

Resolver problemas de TAKS

Escoge una estrategia
- Haz un dibujo
- Adivina y comprueba
- Haz una dramatización

1 La habitación rectangular de Christina tiene 18 pies de largo y 11 pies de ancho. ¿Cuál es la mejor estimación del perímetro de su habitación?

A 30 pies

B 60 pies

C 200 pies

D 300 pies

Objetivo 4 de **TAKS** TEKS 4.11A página 466

2 Kelly quiere hacer un brazalete para cada una de sus 8 amigas. Compró 48 dijes para poner en los brazaletes. ¿Cuántos dijes deberá poner en cada brazalete?

F 6

G 7

H 14

J 16

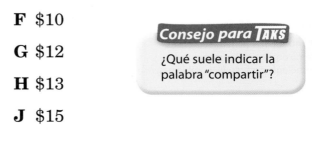

Consejo para TAKS

Puedes hacer un diagrama que te ayude a escoger la operación.

Objetivo 1 de **TAKS** TEKS 4.4E página 212

3 El área de un cuadrado es 25 metros cuadrados. ¿Cuál es la longitud de cada lado?

A 5 metros

B 10 metros

C 15 metros

D 25 metros

Objetivo 4 de **TAKS** TEKS 4.11A página 466

4 Bryce y sus dos amigos ganaron $36 haciendo trabajos de jardinería. Si comparten su dinero en partes iguales, ¿cuánto recibirá cada uno?

F $10

G $12

H $13

J $15

Consejo para TAKS

¿Qué suele indicar la palabra "compartir"?

Objetivo 1 de **TAKS** TEKS 4.4E página 212

5 ¿Cuál es la mejor estimación del perímetro de esta figura?

A 60 m

B 100 m

C 160 m

D 400 m

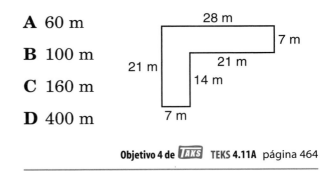

28 m

7 m

21 m

21 m

14 m

7 m

Objetivo 4 de **TAKS** TEKS 4.11A página 464

6 **Respuesta con cuadrícula** Usa la regla de la Tabla de matemáticas para medir esta figura en centímetros.

Consejo para TAKS

Recuerda empezar a medir desde el 0 de la regla.

Objetivo 4 de **TAKS** TEKS 4.11A página 270

Objetivos 4 y 6 de **TAKS**

TEKS 4.11A Estimar y utilizar instrumentos de medición para determinar longitud (incluyendo perímetro), área, capacidad y peso/masa usando unidades del sistema internacional (SI o métrico) y el sistema inglés (usual).

4.14D Utilizar herramientas tales como objetos reales, manipulativos y tecnología para resolver problemas.

Materials
Regla

Figuras relacionadas

Objetivo Comparar perímetros y áreas.

★ **Aprender con ejemplos**

En una escuela se construyó un jardín y una huerta. Cada uno tiene un área de 60 pies cuadrados. ¿Cuál tiene mayor perímetro? ¿Cuánto más grande es ese perímetro?

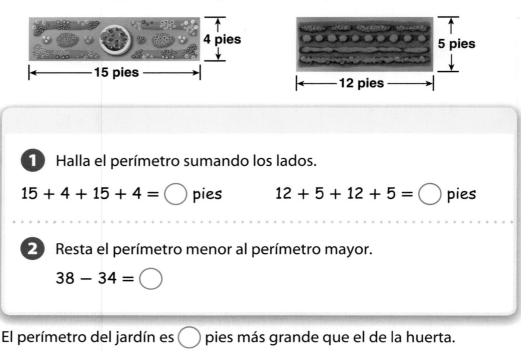

15 pies · 4 pies · 12 pies · 5 pies

1 Halla el perímetro sumando los lados.

$15 + 4 + 15 + 4 = \bigcirc$ pies $12 + 5 + 12 + 5 = \bigcirc$ pies

2 Resta el perímetro menor al perímetro mayor.

$38 - 34 = \bigcirc$

El perímetro del jardín es $\bigcirc$ pies más grande que el de la huerta.

★ **Práctica guiada**

Piénsalo

- ¿Debo hallar el área o el perímetro?
- ¿Qué unidades necesito?
- ¿Debo restar o dividir para comparar?

Usa los rectángulos para resolver el problema.

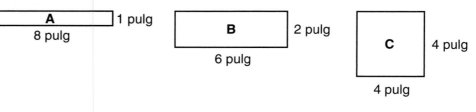

A — 1 pulg — 8 pulg · B — 2 pulg — 6 pulg · C — 4 pulg — 4 pulg

1. ¿Qué figuras tienen el mismo perímetro pero diferentes áreas?

 Hablar de matemáticas Si duplicas la longitud y el ancho de una figura, ¿también se duplicará su área? ¿Cómo lo sabes?

2. El señor Sánchez quiere duplicar el tamaño de su patio. La longitud del patio es 12 pies y el ancho es 14 pies. ¿Cómo puede cambiar la forma de su patio para duplicar el área?

3. Juan tiene 24 pies de cerca para construir una caseta para su perro. Puede construir una caseta cuadrada de 6 pies por 6 pies o un rectángulo más grande de 4 pies de ancho. ¿Qué caseta tiene el área más grande?

Conexión con la información

Usa la tabla para resolver los problemas 4 a 6.

paneles solares

4. ¿Qué empresa posee el panel con el perímetro más grande?

5. En un rectángulo de 3 × 3 hay nueve paneles solares Sun Panel, Inc. Estima el área del rectángulo.

6. Reto Un techo tiene una longitud de 45 pies. Su ancho es 16 pies. ¿Cuántos paneles Sun King Solar se pueden instalar en el techo?

Medidas de los paneles solares

Empresa	Longitud	Ancho
Sun King Solar	9 pies	4 pies
Sun Panel, Inc.	11 pies	3 pies
Eco Panel	6 pies	7 pies

TEKS 4.14A

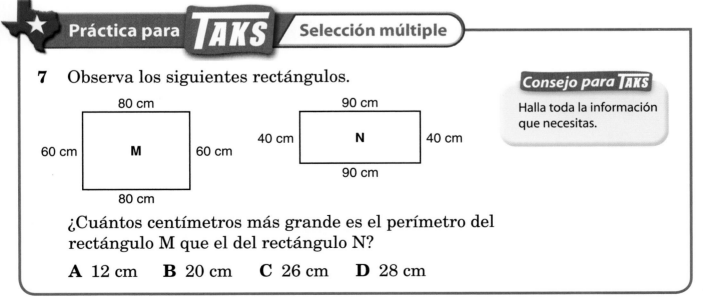

Práctica para **TAKS** **Selección múltiple**

Consejo para **TAKS**

Halla toda la información que necesitas.

7 Observa los siguientes rectángulos.

80 cm

90 cm

60 cm   **M**   60 cm

40 cm   **N**   40 cm

80 cm

90 cm

¿Cuántos centímetros más grande es el perímetro del rectángulo M que el del rectángulo N?

A 12 cm   **B** 20 cm   **C** 26 cm   **D** 28 cm

Leer y escribir matemáticas

Vocabulario de TAKS

Puedes usar una regla para hallar el perímetro y el área de un objeto.

Perímetro

Copia y completa la tabla. Estima y mide el perímetro de la tapa de tu libro de matemáticas. Anota las medidas a la pulgada más cercana y al centímetro más cercano.

Perímetro	Estimación	Medida
1. 0 1 2 pulgadas		
2. 0 1 2 centímetros		

Área

Copia y completa la tabla. Estima y mide el área de la tapa de otro libro o de un cuaderno. Anota las medidas a la pulgada cuadrada más cercana y al centímetro cuadrado más cercano.

Área	Estimación	Medida
3. 0 1 2 pulgadas		
4. 0 1 2 centímetros		

Escribir Imagina que quieres cubrir el piso de tu habitación con alfombras cuadradas. Explica qué medidas necesitarías y por qué.

Leer Busca libros relacionados con este concepto en tu biblioteca.

Objetivo 6 de TAKS

TEKS 4.15A Explicar y anotar observaciones utilizando objetos, palabras, dibujos, números y tecnología.

4.15B Relacionar el lenguaje informal con el lenguaje y los símbolos matemáticos.

Práctica adicional basada en los estándares

Conjunto A ──────────────── Objetivo 4 de TAKS TEKS 4.11A página 466

**Usa una regla para medir las figuras al centímetro más cercano.
Luego, halla el área.**

1.

2.

3.

Conjunto B ──────────────── Objetivos 4 y 6 de TAKS TEKS 4.11A, 4.16A página 470

**Las dos figuras de cada problema son congruentes.
Halla el perímetro y el área de la figura B.**

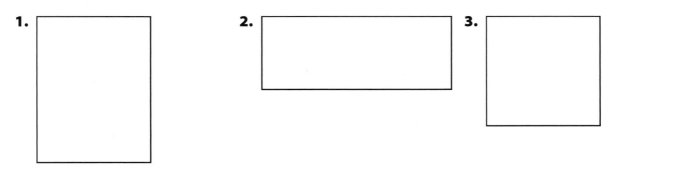

1. 2 cm 1 cm 2 cm 3 cm A 2 cm B 4 cm

2. 6 pies 3 pies 9 pies 12 pies A B 9 pies 6 pies

3. 6 cm 4 cm 4 cm 6 cm 4 cm A 4 cm B 7 cm

Conjunto C ──────────────── Objetivo 4 de TAKS TEKS 4.11A página 476

Resuelve.

1. ¿Cuáles de las siguientes figuras tienen el mismo perímetro?
¿Cuáles tienen la misma área?

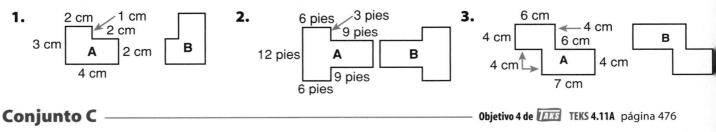

a. 3 pulg · 2 pulg   **b.** 3 pulg · 4 pulg   **c.** 5 pulg · 3 pulg   **d.** 6 pulg · 2 pulg

2. El huerto del señor Lang es un cuadrado de 9 pies. El jardín es un rectángulo
de 6 pies por 12 pies. ¿Qué jardín es más grande? ¿Cuánto más grande es?

3. El señor Lang quiere colocar una cerca alrededor del huerto
y del jardín. ¿Para cuál necesitará más cerca?

Education Place
Visita eduplace.com/txmap, donde encontrarás **consejos
para tomar exámenes** y más **práctica para TAKS**.   **Capítulo 21** Práctica adicional   **479**

Repaso/Examen del capítulo

Vocabulario y conceptos
Objetivos 4 y 6 de **TAKS** TEKS 4.11A, 4.15B

Escoge el mejor término para completar las oraciones.

Banco de palabras
área
congruentes
perímetro

1. El _____ es la medida de la distancia alrededor de una figura.

2. El número de unidades cuadradas en una región es el _____.

3. Si dos figuras son _____, entonces el perímetro y el área son iguales.

Cálculos
Objetivo 4 de **TAKS** TEKS 4.11A

Usa una regla para medir las figuras al centímetro más cercano.
Halla el perímetro y el área.

4.

5.

Estas dos figuras son congruentes. Halla el perímetro y el área de la figura B.

6.

Resolver problemas y razonamiento
Objetivos 4 y 6 de **TAKS** TEKS 4.11A, 4.14B, 4.14D, 4.16A

7. La habitación de Antonia mide 12 pies por 12 pies. La habitación de su hermana mide 10 pies por 14 pies. ¿Qué habitación tiene el área más grande?

8. El jardín de tulipanes de Jim tiene un área de 24 pies². El cerco que hay alrededor del jardín mide 22 pies de largo. ¿Qué dimensiones tiene el jardín de tulipanes?

9. Rebecca tejió 8 cuadrados a crochet, los unió y formó una pieza que mide 2 cuadrados por 4 cuadrados. Los cuadrados miden 4 pulgadas de ancho. ¿Qué perímetro tiene la pieza?

Diario de matemáticas

Escribir matemáticas Observa el ejercicio 8. Jim tiene otro jardín que tiene un área de 24 pies² y quiere ponerle una cerca. ¿Necesitará también una cerca de 22 pies? Explica tu respuesta.

Preparación para TAKS y repaso frecuente

1 ¿Qué par de figuras es congruente?

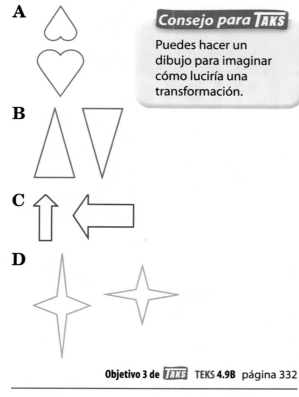

A

Consejo para TAKS

Puedes hacer un dibujo para imaginar cómo luciría una transformación.

B

C

D

Objetivo 3 de TAKS TEKS **4.9B** página 332

2 El modelo está sombreado para representar $\frac{7}{10}$.

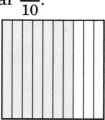

¿Qué decimal representa el modelo?

F 0.7

G 7.0

H 0.07

J 0.007

Objetivo 1 de TAKS TEKS **4.1B** página 374

3 Darius pagó $4.50 por un boleto para subir a la rueda gigante. Compró una limonada de $2 y 3 salchichas fritas. ¿Qué información se necesita para hallar la cantidad total que gastó Darius?

A el número de personas que había en la feria

B el precio de una vuelta en carrusel

C el tamaño de la limonada

D el precio de una salchicha frita

Objetivo 6 de TAKS TEKS **4.14C**

4 Denise cortó estos dos retazos de tela.

¿Qué transformación indicará si los retazos son congruentes?

F rotación

G reflexión

H traslación

J No está aquí.

Objetivo 3 de TAKS TEKS **4.9B** página 328

5 **Respuesta con cuadrícula** El viernes llovió 0.67 pulgada de lluvia. El sábado cayeron 1.33 pulgadas de lluvia. ¿Cuántas pulgadas de lluvia cayeron en total?

Objetivo 1 de TAKS TEKS **4.3B** página 416

Education Place
Visita eduplace.com/txmap, donde encontrarás **consejos para tomar exámenes** y más **práctica para TAKS**.

Figuras de dos dimensiones

Vocabulario y conceptos

Escoge la mejor palabra para completar las oraciones. páginas 346 a 352

Banco de palabras

congruentes
reflexión
rotación
transformación
traslación

1. El movimiento de una figura al deslizarla, invertirla o rotarla es una ____.

2. Cuando se rota una figura, la figura original y la figura nueva son ____.

3. Una ____ ocurre cuando inviertes una figura sobre una línea.

Escribe *traslación, rotación* o *reflexión* para indicar la transformación. página 346

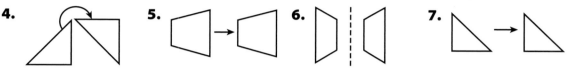

4.   5.   6.   7.

¿Son congruentes las figuras? Escribe *sí* o *no*. página 350

8.   9.

| rectángulo |
| cuadrado |
| círculo |

Resolver problemas y razonamiento
página 358

10. ¿Cuál de las figuras que se enumeran en el recuadro de arriba tiene el menor número de líneas de simetría? Explica tu respuesta. Puedes dibujar diagramas como ayuda.

Vocabulario de TAKS

¡Visualízalo!

Transformaciones

Maneras de cambiar la posición de una figura

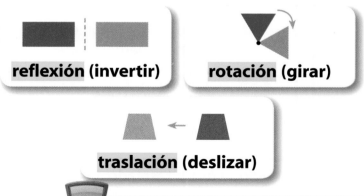

reflexión (invertir)   **rotación (girar)**

traslación (deslizar)

Mi mundo bilingüe

Las palabras que se parecen en español y en inglés muchas veces tienen el mismo significado.

Español	Inglés
reflexión	reflection
rotación	rotation
transformaciones	transformations
traslación	translation

Consulta el **Glosario español–inglés**, páginas 569 a 582.

Education Place Visita eduplace.com/txmap, donde encontrarás el **glosario electrónico**.

Objetivo 6 de TAKS **TEKS 4.15B** Relacionar el lenguaje informal con el lenguaje y los símbolos matemáticos.

Capítulo 22   483

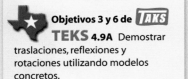

Objetivos 3 y 6 de **TAKS**

TEKS 4.9A Demostrar traslaciones, reflexiones y rotaciones utilizando modelos concretos.

También 4.14D

Vocabulario de TAKS

teselado

Materiales
• Bloques de figuras
• Tablero 1

Aplícalo
Teselados

Objetivo Usar transformaciones para formar un teselado.

★ Explorar

En el Capítulo 16 aprendiste sobre las traslaciones.

Pregunta ¿Puedes crear un patrón que cubra una superficie entera repitiendo una única figura de dos dimensiones?

Dana quiere usar losetas hexagonales para redecorar su cocina. ¿Es posible cubrir un piso completamente usando sólo losetas hexagonales?

1 Coloca el bloque hexagonal sobre el Tablero 1. Luego, traza el contorno.

2 Traslada el bloque hexagonal de manera que el lado superior izquierdo quede alineado con el lado inferior derecho del hexágono que dibujaste primero. Dibuja el contorno del bloque del hexágono.

3 Ahora traslada el hexágono hacia la derecha, como muestra el dibujo. Vuelve a dibujar el contorno de la figura.

4 Sigue trasladando el bloque y dibujando su contorno hasta cubrir todo el tablero con hexágonos? ¿Hay algún espacio vacío o una superposición?

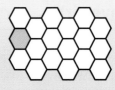

El patrón que creaste con el bloque es un teselado. Un **teselado** es un patrón que se repite y que cubre un área sin dejar espacios vacíos ni superponerse. Para crear tu teselado de hexágonos usaste traslaciones.

¿Puedes hacer un teselado usando reflexiones o rotaciones?

1 Borra el tablero. Coloca el bloque triangular verde sobre el tablero y traza su contorno.

Mueve el triángulo de manera que comparta un lado con la figura que dibujaste primero. Traza el contorno del bloque en la nueva posición.

- ¿Qué tipo de transformación usaste para mover el triángulo?

2 Continúa moviendo el bloque y trazando su contorno hasta completar el teselado. Observa cómo mueves el triángulo.

- ¿Puedes trasladar el triángulo?
- ¿Tienes que reflejar o rotar el triángulo para llenar toda la cuadrícula?

3 Mira tu teselado. Colorea dos triángulos para mostrar una reflexión o una rotación dentro del patrón.

★ Extender

Responde a las preguntas sobre el siguiente teselado. Puedes usar bloques de figuras como ayuda.

1. ¿Puedes hacer este teselado usando traslaciones y reflexiones?

2. ¿Puedes hacer este teselado usando *sólo* reflexiones?

3. ¿Puedes hacer este teselado usando *sólo* rotaciones?

4. ¿Puedes hacer este teselado usando *sólo* traslaciones?

5. Reto ¿Puedes hacer un teselado con una figura que no tiene un eje de simetría? Explica tu razonamiento.

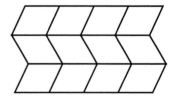

Diario de matemáticas

Escribir matemáticas

Justifica Jerome creó el patrón de la derecha usando mosaicos triangulares congruentes que tienen un área de 5 pulgadas cuadradas cada uno. ¿Qué transformaciones usó para hacer el patrón?

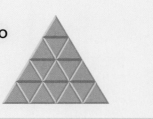

LECCIÓN 2

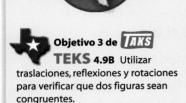

Objetivo 3 de *TAKS*

TEKS 4.9B Utilizar traslaciones, reflexiones y rotaciones para verificar que dos figuras sean congruentes.

4.9C Utilizar reflexiones para verificar que una figura tenga simetría.

Materiales

Recurso de enseñanza 18 (Bloques de colcha)

Patrones de figuras

Objetivo Hallar figuras congruentes y verificar la simetría en patrones complejos.

★ Aprender con manipulativos

Muchas colchas son teselados de una o más figuras. Para los diseños se usan figuras congruentes, reflexiones, rotaciones, traslaciones y simetría.

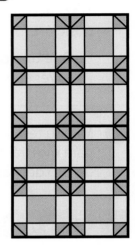

Cora hizo 8 bloques para una colcha usando triángulos, rectángulos y cuadrados. Cosió los 8 bloques para formar esta colcha. ¿Qué transformaciones usó para hacer cada bloque?

Rectángulos

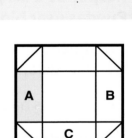

1 Dibuja el contorno de un bloque de colcha en el Recurso de enseñanza. Sombrea un rectángulo.

2 Cora usó una traslación para hacer el rectángulo congruente B. ¿Qué transformación pudo haber usado Cora para hacer el rectángulo C a partir del rectángulo A?

3 ¿El rectángulo C es congruente con el rectángulo B? ¿Cómo lo sabes?

Triángulos

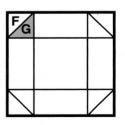

1 Sombrea un triángulo en el Recurso de enseñanza.

2 ¿Qué transformación pudo haber usado Cora para hacer el triángulo F a partir del triángulo G?

Cuadrados

1 Rotula dos cuadrados congruentes en la colcha. ¿Cómo sabes que son congruentes?

2 Rotula dos cuadrados que no sean congruentes. ¿Cómo sabes que no son congruentes?

Simetría

Observa un solo cuadrado de la colcha. ¿Todo el bloque tiene simetría? Si es así, traza una línea por el centro del bloque para mostrar el eje de simetría.

★ Práctica guiada

Usa el patrón de la colcha y el segundo dibujo del Recurso de enseñanza para resolver los problemas 1 y 2.

1. Dibuja dos paralelogramos del patrón de la colcha en el Recurso de enseñanza. ¿Qué transformación puedes usar para determinar si los paralelogramos son congruentes?

2. Dibuja los ejes de simetría en un hexágono. ¿Cuántos hay?

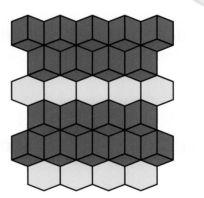

Piénsalo

- ¿Las figuras se alinean exactamente cuando hago las transformaciones?
- ¿De cuántas maneras puedo doblar uno de los hexágonos para que las 2 mitades coincidan exactamente?

Usa el patrón de la colcha que se muestra para resolver los problemas 3 y 4.

3. Nigel ha comenzado a diseñar un parche para una colcha. Quiere que el parche sea simétrico sobre la línea que se muestra como eje de simetría. Dibuja la otra mitad del parche de Nigel.

4. Halla un par de figuras congruentes que no sean del mismo color.

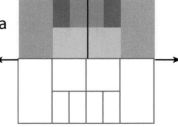

 Hablar de matemáticas Si se refleja una figura que no tiene simetría, ¿la reflexión tiene algún eje de simetría? ¿Por qué?

Usa el patrón de la colcha que se muestra aquí y el tercer dibujo del Recurso de enseñanza para resolver los problemas 5 a 9.

5. Traza el contorno de un sólo bloque de la colcha. ¿Este bloque es congruente con el cuadrado amarillo que se ve en el patrón? ¿Cómo lo sabes?

6. ¿Qué transformación puedes usar para verificar si dos triángulos azules dentro del mismo cuadrado son congruentes?

7. Traza el contorno de un triángulo amarillo pequeño. Este triángulo es un cuarto del cuadrado amarillo. Explica qué puedes hacer para verificar si todos los triángulos son congruentes o no.

8. Traza una línea para dividir por la mitad uno de los cuadrados amarillos de manera que cada mitad sea un triángulo. ¿La línea que dibujaste es un eje de simetría? ¿Cómo lo sabes?

9. Reto Chen tiene un tenedor en el lado izquierdo de su plato y un cuchillo en el lado derecho. El padre de Chen está sentado frente a él. El padre de Chen tiene ante sí la misma distribución de los cubiertos. La distribución de cubiertos de Chen, ¿es una traslación, una reflexión o una rotación de la de su padre?

Conexión con las ciencias

Decide si las siguientes ilustraciones tienen simetría bilateral. Escribe *sí* o *no*.

10.

11.

12.

Datos divertidos

Simetría bilateral

- *Bilateral* significa "de dos lados".
- Un objeto que tiene simetría bilateral se puede dividir por el medio de manera que un lado es el reflejo del otro.

Objetivos 4 y 6 de **TAKS**
TEKS 4.9C, 4.14A
6C de Ciencias

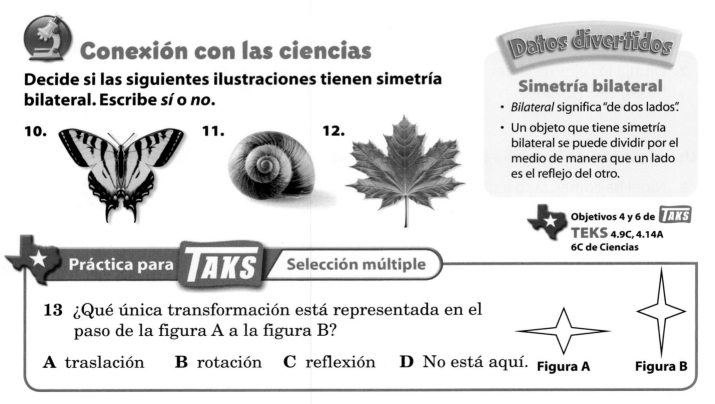

Práctica para TAKS (Selección múltiple)

13 ¿Qué única transformación está representada en el paso de la figura A a la figura B?

A traslación **B** rotación **C** reflexión **D** No está aquí. **Figura A** **Figura B**

Arte y geometría

El Museo de Arte Moderno de Fort Worth expone obras de arte posteriores a la Segunda Guerra Mundial. El museo es una obra de arte en sí mismo. Lo diseñó el arquitecto japonés Tadao Ando. El edificio contiene cinco pabellones que parecen flotar en el agua de un estanque que los refleja.

Usa las fotos del museo para resolver los problemas.

1. La siguiente foto muestra tres de los cinco pabellones del museo. Identifica la superficie teselada que se ve en la foto. ¿Qué figura se repite en el teselado?

2. ¿Qué transformaciones se pueden usar para crear el teselado que identificaste en el problema 1?

3. Identifica todas las figuras congruentes que puedas encontrar en el diseño del museo.

4. Observa la imagen del museo que se ve en el agua. ¿Cómo se relaciona la imagen con el edificio?

Heaven and Earth de Anselm Kiefer

Objetivos 3 y 6 de **TAKS**
TEKS 4.9A, 4.9B, 4.9C, 4.14A

Objetivo 3 de TAKS
TEKS 4.9A Demostrar traslaciones, reflexiones y rotaciones utilizando modelos concretos.

Materiales

- Recurso de enseñanza 13 (Piezas de tangrama)
- Recurso de enseñanza 12 (Cuadrícula de un cuarto de pulgada)
- Tijeras

Consejo de vocabulario

Traslación significa deslizar.

Traslaciones, rotaciones y reflexiones

Objetivo Realizar traslaciones, rotaciones y reflexiones.

★ Aprender con manipulativos

En las Lecciones 1 y 2 hiciste transformaciones para hacer teselados y describir patrones. Ahora aprenderás a hacer transformaciones específicas.

Recorta las piezas de tangrama del Recurso de enseñanza 13.

Traslación

1 Coloca la pieza de tangrama cuadrada en la parte superior izquierda de la cuadrícula. Traza el contorno del cuadrado.

2 Traslada el cuadrado sin torcerlo de manera que se mueva exactamente 6 cuadrados hacia la derecha y 2 hacia abajo con respecto a su posición original.

3 Traza el contorno del cuadrado en su nueva posición.

Reflexión

1 Borra tu tablero y coloca la pieza de tangrama triangular pequeña en la parte superior derecha de la cuadrícula. Traza su contorno.

2 Dibuja una línea vertical a la izquierda del triángulo. Refleja el triángulo sobre la línea vertical. Piensa en este movimiento como en dar vuelta la página de un libro.

3 Traza la nueva posición del triángulo. Compara las posiciones de las dos figuras.

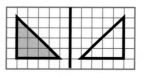

Rotación

1 Borra tu tablero y divídelo en cuatro secciones.

2 Coloca la pieza de tangrama triangular pequeña en la sección superior derecha de la cuadrícula. Dibuja su contorno.

3 Observa el punto central donde se cruzan la línea horizontal y la vertical. Rota el triángulo un cuarto de giro en sentido de las manecillas del reloj sobre este punto.

★ Práctica guiada

Dibuja el siguiente triángulo en tu tablero o en papel cuadriculado. Dibuja el resultado de las transformaciones.

Piénsalo
¿Moví el triángulo en la dirección correcta?

1. Traslada el triángulo 3 cuadrados hacia la izquierda y luego 1 cuadrado hacia abajo. Rotula este triángulo A.

2. Refleja el triángulo sobre la línea horizontal. Rotula este triángulo B.

3. Rota el triángulo $\frac{3}{4}$ de giro en sentido de las manecillas del reloj sobre el punto donde se intersecan la línea horizontal y la vertical. Rotula este triángulo C.

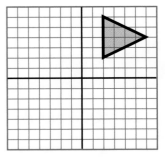

4. Traslada el triángulo 6 cuadrados hacia abajo y luego 6 cuadrados hacia la izquierda. Rotula este triángulo D.

5. Describe las relaciones entre todas las transformaciones que hiciste a partir del triángulo verde.

6. Describe otra manera de transformar el triángulo verde en el triángulo B.

 Hablar de matemáticas Si reflejas una figura sobre una línea, ¿la nueva figura es congruente con la figura original? Explica tu razonamiento.

Dibuja el siguiente triángulo en tu tablero o en papel cuadriculado. Dibuja el resultado de las transformaciones.

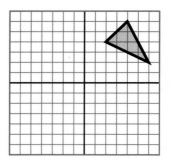

7. Refleja la figura sobre la línea vertical. Rotula este triángulo T.

8. Refleja la figura sobre la línea horizontal. Luego, refléjala sobre la línea vertical. Rotula este triángulo X.

9. Rota el triángulo un cuarto de giro en sentido de las manecillas del reloj sobre el punto donde se intersecan la línea horizontal y la vertical. Rotula este triángulo W.

10. Reto Refleja la figura sobre la línea vertical. Luego rótala un cuarto de giro en sentido contrario a las manecillas del reloj sobre el punto donde se intersecan la línea horizontal y la vertical. Rotula este triángulo Z.

11. ¿Correcto o incorrecto? Karen dibujó un triángulo en su tablero. Luego, reflejó el triángulo sobre la línea vertical. Ryan dijo que podía rotar el primer triángulo sobre el punto donde se intersecan la línea horizontal y la vertical para formar el segundo triángulo que Karen dibujó. ¿Es posible que Ryan tenga razón?

12. Dibuja una figura en tu Tablero o en papel cuadriculado. Dibuja una traslación, una reflexión y una rotación de la figura que dibujaste.

★ **Práctica para TAKS** (**Selección múltiple**)

13 ¿Qué par de figuras muestra una reflexión?

Consejo para TAKS

Recuerda que una reflexión muestra una inversión.

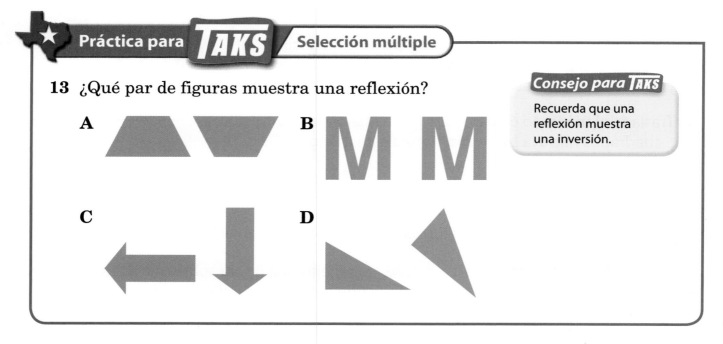

A   **B**   **C**   **D**

¡Haz un teselado!

Materiales

- Bloques de figuras
- Papel
- Tarjeta en blanco
- Tijeras

1 Escoge un cuadrilátero entre los bloques de figuras. Traza su contorno en una hoja de papel y recórtalo.

2 Haz una nueva figura para hacer un teselado. Haz un recorte sobre una arista de la figura.

Manera 1: Traslada la parte recortada hacia la arista opuesta de la figura. Une las dos partes con cinta adhesiva.

Teselado por M. C. Escher

Manera 2: Si el bloque de figura que escogiste tiene lados de la misma longitud, entonces puedes usar una rotación. Rota la parte recortada hacia una de las aristas adyacentes y pégala a la arista con cinta adhesiva.

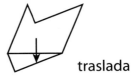

traslada

rota

3 Traza el contorno de la figura nueva en la tarjeta en blanco y recórtala.

4 Haz un teselado con la nueva figura. Traza el contorno de la figura en otra hoja de papel.
Traslada, rota o refleja la figura y vuelve a trazar el contorno. Identifica las transformaciones que puedes usar con tu figura para hacer un teselado.

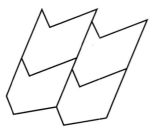

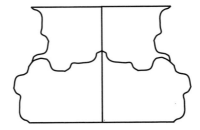

Los teselados pueden ser simples o complejos. En esta página se muestra un teselado simple. M.C. Escher es famoso por crear teselados complejos.

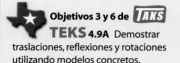
Objetivos 3 y 6 de TAKS

TEKS 4.9A Demostrar traslaciones, reflexiones y rotaciones utilizando modelos concretos.

4.9B Utilizar traslaciones, reflexiones y rotaciones para verificar que dos figuras sean congruentes.

4.9C Utilizar reflexiones para verificar que una figura tenga simetría.

También 4.14A, 4.14B, 4.16B

Resolver problemas
Usa patrones

Objetivo Usar patrones para resolver problemas.

★ Razonar y aprender

León está decorando un portarretratos. Pega figuras en el marco siguiendo un patrón que ha inventado. ¿Qué figuras debería pegar en el vértice que está sin terminar para completar el diseño?

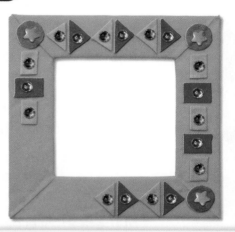

COMPRÉNDELO

Las figuras que pegó León en el marco forman un patrón. Las figuras que falta pegar en el último vértice completarán el patrón.

PLANÉALO

Identifica las formas y los colores que hay en el patrón. ¿En qué orden están?

RESUÉLVELO

- Describe el patrón de la parte de arriba y de abajo del marco.

- Describe el patrón de los lados laterales.

- ¿Cómo se unen los patrones en los vértices del marco?

- Completa el diseño en tu dibujo.

VERIFÍCALO

Compara tu dibujo con el marco que se muestra arriba. Haz un círculo alrededor de la parte que completa el diseño.

★ Resolver problemas con ayuda

Lee el problema y responde a las preguntas.

En las paredes de la cocina de Enzo hay una fila de losetas decorativas. Las losetas forman un patrón. Falta una de las losetas. ¿Qué loseta necesita Enzo para completar el patrón?

1. a. **Compréndelo/ Planéalo** ¿Qué pasos debes seguir para hallar la solución?

   b. **Resuélvelo** ¿Cómo cambia el diseño de una loseta con respecto a la siguiente? ¿Cómo sería la loseta que falta?

   c. **Verifícalo** ¿Completa el patrón la loseta que describiste? Haz un dibujo para comprobar tu respuesta.

 Hablar de matemáticas Explica qué tipo de detalles buscas cuando debes identificar un patrón que incluye figuras geométricas.

★ Práctica para resolver problemas

Halla el patrón para resolver los problemas.

2. Julie hizo un patrón con losetas pentagonales. Dibuja la cuarta y la quinta loseta.

3. Una artista trabaja en tres pinturas abstractas. Las telas se muestran abajo. La artista no terminó la mitad derecha de la figura del centro. Describe lo que pintará allí.

4. **Reto** Haz un patrón que incluya reflexiones y rotaciones. Escribe una descripción de tu patrón en otra hoja de papel. Desafía a un amigo a hallar las dos figuras que siguen en tu patrón.

Leer y escribir matemáticas

Vocabulario de TAKS

Para resolver los problemas piensa en cómo un eje de simetría divide un objeto.

Completa la tabla colocando las siguientes figuras en la columna correspondiente.

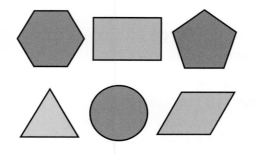

Un eje de simetría	Dos ejes de simetría	Tres o más ejes de simetría

Escribe las tres transformaciones que puedes usar para hacer un teselado.

3. _____

4. _____

5. _____

Escribir ¿Qué tipo de figura o figuras usarías para cubrir el piso de tu habitación? Explica por qué y haz un esquema de tu patrón.

Leer Busca libros relacionados con este concepto en tu biblioteca.

Objetivo 6 de TAKS

TEKS **4.15A** Explicar y anotar observaciones utilizando objetos, palabras, dibujos, números y tecnología.

4.15B Relacionar el lenguaje informal con el lenguaje y los símbolos matemáticos.

⭐ Práctica adicional basada en los estándares

Conjunto A ——————————— Objetivo 3 de *TAKS* TEKS **4.9B, 4.9C** página 486

Usa el patrón de esta colcha para resolver los problemas 1 a 4.
Usa transformaciones para justificar tu respuesta.

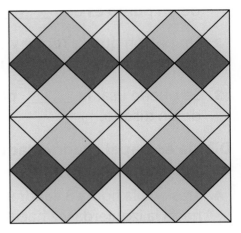

1. Observa los cuadrados celestes. ¿Son congruentes?

2. ¿Los cuadrados celestes son congruentes con los cuadrados amarillos?

3. ¿Son congruentes todos los triángulos amarillos pequeños?

4. ¿Puedes hallar 4 triángulos amarillos que sean congruentes con 4 cuadrados azules?

5. Imagina que se eliminan todos los colores de la colcha. Si sólo quedasen las líneas exteriores de las figuras, ¿cuántos ejes de simetría tendría la colcha?

Conjunto B ——————————— Objetivo 1 de *TAKS* TEKS **4.9A** página 490

Dibuja el siguiente trapecio rojo en papel cuadriculado. Dibuja el resultado de cada transformación.

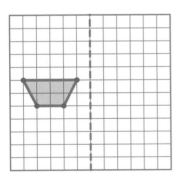

1. Traslada el trapecio 6 casillas hacia la derecha y 3 casillas hacia abajo. Rotula este trapecio con la letra A.

2. Refleja el trapecio por la línea punteada. Rotula este trapecio con la letra B.

3. Rota el trapecio medio giro en sentido de las manecillas del reloj a partir del vértice superior derecho. Rotula este trapecio con la letra D.

Education Place
Visita eduplace.com/txmap, donde encontrarás **consejos para tomar exámenes** y más **práctica para TAKS.**

Repaso/Examen del capítulo

Vocabulario y conceptos

Objetivos 3 y 6 de TAKS   TEKS 4.9A, 4.15B

Escoge el mejor término para completar las oraciones.

Banco de palabras
reflexión
rotación
teselado
transformación
traslación

1. El movimiento en el que se gira una figura alrededor de un punto es una _____.

2. Un patrón que se repite y cubre un plano sin dejar espacios vacíos ni superponerse es un _____.

3. Se puede usar la _____ para comprobar la simetría de un diseño.

Dibuja en papel cuadriculado este paralelogramo verde. Dibuja el resultado de cada transformación.

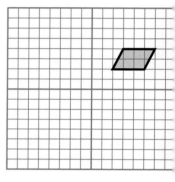

4. Traslada la figura 3 cuadrados hacia la izquierda y 2 hacia abajo. Rotula esta figura con la letra S.

5. Refleja la figura sobre el eje horizontal. Rotula esta figura con la letra T.

6. Traslada la figura 7 cuadrados hacia la izquierda y 3 hacia abajo. Rotula esta figura con la letra U.

7. Rota la figura $\frac{1}{4}$ de giro en sentido contrario a las manecillas del reloj alrededor del punto donde se une el eje horizontal con el eje vertical. Rotula esta figura con la letra V.

Resolver problemas y razonamiento

Objetivos 3 y 6 de TAKS   TEKS 4.9B, 4.14A, 4.14B, 4.16B

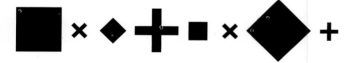

8. Jake está haciendo un brazalete con cuentas. Arriba se muestra la parte que ha terminado. ¿Cuántas figuras diferentes de cuentas usa Jake? ¿Qué figuras son? Explica cómo determinaste tu respuesta.

9. ¿Cuántos tamaños de cuentas usa Jake? ¿Qué tamaños son?

10. ¿Cuáles serán las 6 cuentas que siguen? Explica cómo determinaste tu respuesta.

Diario de matemáticas

Escribir matemáticas Si un patrón es simétrico de derecha a izquierda, ¿también debe ser simétrico desde arriba hacia abajo? Explica por qué.

Preparación para TAKS y repaso frecuente

1 ¿Qué dibujo representa mejor una figura con un eje de simetría?

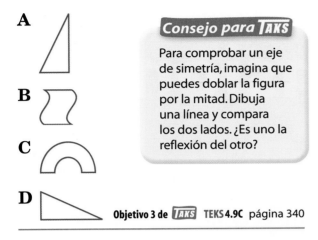

A

B

C

D

> ### Consejo para TAKS
>
> Para comprobar un eje de simetría, imagina que puedes doblar la figura por la mitad. Dibuja una línea y compara los dos lados. ¿Es uno la reflexión del otro?

Objetivo 3 de TAKS TEKS 4.9C página 340

2 ¿Qué par de figuras representa mejor fracciones equivalentes?

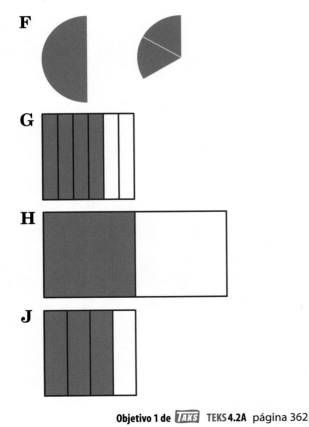

F

G

H

J

Objetivo 1 de TAKS TEKS 4.2A página 362

3 Shelly ahorró $8. Neil ahorró 4 veces más que Shelly. ¿Cuál de las siguientes opciones muestra la cantidad total de dinero que ahorró Neil?

A el cociente de 8 dividido entre 4

B la diferencia de 8 menos 4

C la suma de 8 más 4

D el producto de 8 por 4

Objetivo 6 de TAKS TEKS 4.15B página 48

4 ¿Qué modelo representa mejor una fracción equivalente a la siguiente fracción?

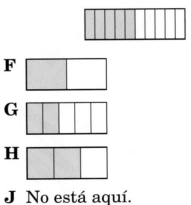

F

G

H

J No está aquí.

Objetivo 1 de TAKS TEKS 4.2A página 362

5 **Respuesta con cuadrícula** Hay 40 panecillos para 9 niños. Si cada niño come el mismo número de panecillos enteros, ¿cuántos panecillos enteros come cada niño?

Objetivo 1 de TAKS TEKS 4.4E página 198

Education Place
Visita eduplace.com/txmap, donde encontrarás **consejos para tomar exámenes** y más **práctica para TAKS.**

Figuras de tres dimensiones

Edificio de Bank of America en Dallas, Texas

Banco de palabras
arista
cara
cubo
vértice
volumen

Vocabulario y conceptos

Escoge la mejor palabra para completar las oraciones. Grado 3

1. El punto donde se encuentran tres o más aristas en una figura de tres dimensiones se llama _____.

2. La palabra _____ describe el segmento de línea donde se encuentran dos caras de una figura de tres dimensiones.

3. Las caras de un _____ son congruentes.

Escribe el número de caras y el número de vértices de cada figura de tres dimensiones. Grado 3

4.

5.

6.

Halla el volumen de las figuras en unidades cúbicas. Grado 3

7.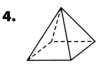

8.

9.

Resolver problemas y razonamiento Grado 3

10. Jordan tiene una caja de cubos pequeños. Construye un cubo grande con 8 de los cubos pequeños. ¿Cuál es el menor número de cubos pequeños que puede usar Jordan para hacer un cubo aún más grande?

Vocabulario de TAKS

¡Visualízalo!

prisma rectangular
Prisma con seis caras que son rectángulos

cara
Superficie plana

arista
Segmento de línea donde se encuentran dos caras

vértice
Punto donde se encuentran tres aristas

Mi mundo bilingüe

Las palabras que se parecen en español y en inglés muchas veces tienen el mismo significado.

Español	Inglés
prisma rectangular	**rectangular prism**
vértice	**vertex**

Consulta el **Glosario español–inglés**, páginas 569 a 582.

Education Place Visita eduplace.com/txmap, donde encontrarás el **glosario electrónico**.

★ **Objetivo 6 de TAKS** **TEKS** 4.15B Relacionar el lenguaje informal con el lenguaje y los símbolos matemáticos.

Capítulo 23 501

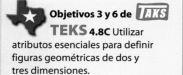

Objetivos 3 y 6 de *TAKS*

TEKS 4.8C Utilizar atributos esenciales para definir figuras geométricas de dos y tres dimensiones.

4.16A Hacer generalizaciones de patrones o de conjuntos de ejemplos y contraejemplos.

También 4.14D, 4.15B, 4.16A

Vocabulario de *TAKS*

prisma
pirámide

Aplícalo
Figuras de tres dimensiones

Objetivo Usar atributos para definir figuras de tres dimensiones.

★ Explorar

En el Capítulo 22 aprendiste acerca de las figuras de dos dimensiones. Las siguientes figuras tienen tres dimensiones. Las figuras del grupo A son **prismas**. Las figuras del grupo B son **pirámides**.

Pregunta ¿Cómo puedes clasificar las figuras de tres dimensiones?

Grupo A

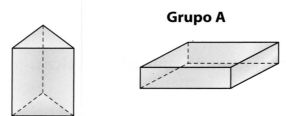

Grupo B

1 Compara las figuras de tres dimensiones de los Grupos A y B. Anota en una tabla en qué se parecen y en qué se diferencian.

	Grupo A	Grupo B
Semejanzas		
Diferencias		

Consejo de vocabulario

Un **polígono** es una figura cerrada de dos dimensiones formada por tres o más segmentos de línea.

2 Usa la tabla para responder a las preguntas.

- ¿Las superficies planas de las figuras son polígonos?
- ¿Cuántas superficies superiores y/o inferiores tiene cada figura?
- ¿Qué otras figuras forman estas figuras?
- Describe las características que debe tener un prisma.
- Describe las características que debe tener una pirámide.

★ Extender

Ahora observa este tercer grupo de figuras de tres dimensiones.

Grupo C

Las figuras del Grupo C no son prismas ni pirámides. Responde a las siguientes preguntas para comparar las características de las figuras de tres dimensiones.

1. ¿Qué características comparten las figuras del Grupo C con las pirámides y los prismas? Explica tu respuesta.

2. ¿Por qué las figuras del Grupo C no son pirámides ni prismas?

3. Clasifica ¿En qué grupo, A, B o C, ubicarías los siguientes elementos?

    a. una lata de sopa   **b.** un libro   **c.** la Luna

4. Observa la fotografía. ¿Qué tipo de figura de tres dimensiones se muestra?

En la Fundación Chinati de Marfa, Texas, se ven muchas figuras de tres dimensiones.

5. Reto Todas las figuras de tres dimensiones de la fotografía están hechas de aluminio. Todas miden 41 pulgadas de ancho, 51 pulgadas de alto y 72 pulgadas de largo. Halla el área del aluminio que se necesita para hacer una figura.

Escribir matemáticas

Encuentra el error Melvin observa la figura de tres dimensiones que se muestra y dice que es un prisma porque las bases superior e inferior de las figuras de tres dimensiones son polígonos. Explica qué característica o características de los prismas no tuvo en cuenta.

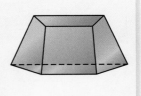

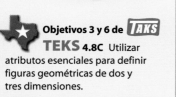

Objetivos 3 y 6 de *Taks*

TEKS **4.8C** Utilizar atributos esenciales para definir figuras geométricas de dos y tres dimensiones.

También 4.14D, 4.15A, 4.15B

Vocabulario de *Taks*

cara

arista

vértice

Materiales
Figuras de tres dimensiones

Consejo de vocabulario

El **vértice** de una pirámide también se llama *cúspide*.

Aplícalo
Caras, aristas y vértices

Objetivo Usar atributos para definir figuras de tres dimensiones.

★ Explorar

En la Lección 1 aprendiste acerca de diferentes tipos de figuras de tres dimensiones. Algunas figuras de tres dimensiones tienen partes específicas en común.

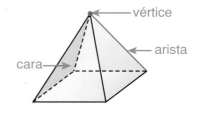

Pregunta ¿Cuáles son algunas partes de las figuras de tres dimensiones?

La **cara** es una superficie plana. La **arista** es el segmento de línea donde se encuentran dos caras de una figura de tres dimensiones. El **vértice** es el punto donde se encuentran tres o más aristas.

Copia y completa la tabla. Usa modelos de figuras de tres dimensiones para contar las caras, las aristas y los **vértices** de las figuras.

Figura de tres dimensiones	Caras	Aristas	Vértices
prisma triangular			
prisma rectangular			
cubo			
pirámide triangular			
pirámide cuadrangular			

★ **Extender**

Copia y completa la tabla. Cuenta el número de caras, aristas y vértices de las figuras.

prisma octagonal

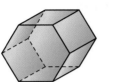
prisma hexagonal

pirámide pentagonal

pirámide hexagonal

	Figura de tres dimensiones	Caras	Aristas	Vértices
1.	prisma hexagonal			
2.	prisma octagonal			
3.	pirámide pentagonal			
4.	pirámide hexagonal			

Resuelve los siguientes acertijos.

5. Tengo cuatro caras. Todas son triángulos. ¿Qué soy?

6. Tengo seis caras cuadradas. ¿Qué soy?

7. Tengo ochos caras. Todas menos dos son rectángulos. ¿Qué soy?

8. Tengo seis vértices y tres caras rectangulares. ¿Qué soy?

9. **Razonamiento crítico** Para las figuras de tres dimensiones de los ejercicios 5 a 8, nombra los polígonos que forman sus caras.

10. **Reto** Tengo seis vértices más que caras. ¿Qué soy?

Datos divertidos

El Pentágono

El Pentágono es uno de los edificios de oficinas más grandes del mundo. Tiene tres veces la superficie del edificio Empire State. ¡Tiene más de 17 millas de corredores!

Diario de matemáticas

Escribir matemáticas

Analiza Haz un dibujo de un prisma rectangular. Describe el número de caras, aristas y vértices que tiene. ¿Qué forma tienen las caras?

Objetivos 4 y 6 de **TAKS**

TEKS 4.11C Utilizar modelos concretos de unidades cúbicas estándares para medir volumen.

También 4.14D, 4.15A

Vocabulario de TAKS

volumen

unidad cúbica

1 unidad · 1 unidad

1 unidad

Materiales
Cubos de unidades

Pista

Tus modelos pueden no ser cuerpos rectangulares. Puedes construir esculturas más interesantes.

Aplícalo
Construir figuras de tres dimensiones

Objetivo Usar modelos concretos para medir volumen.

★ Explorar

Imagina que quieres saber cuánto espacio ocupa una escultura. Necesitas saber el **volumen** de la escultura. El volumen es el número de **unidades cúbicas** que caben en un recipiente o en un cuerpo geométrico.

Pregunta ¿Cómo puedes usar cubos de unidades para hallar el volumen de una figura de tres dimensiones?

1 Usa los cubos para construir la mayor cantidad de modelos diferentes de esculturas que puedas.

2 Puedes usar cualquier número de cubos por capa, pero debes usar 16 cubos en cada modelo.

3 Haz un dibujo de cada modelo que construyas.

4 Como todos los modelos tienen 16 bloques, todos los modelos tienen el mismo volumen: 16 **unidades cúbicas**.

★ **Extender**

Usa cubos de unidades para resolver los problemas.

1. Ahora usa los 16 bloques para construir la mayor cantidad de prismas rectangulares diferentes posible. Copia la siguiente tabla. Anota la longitud, el ancho y la altura de los prismas rectangulares que haces.

Longitud	Ancho	Altura
4	4	1

Construye las figuras de tres dimensiones con cubos de unidades. Anota el volumen de cada figura.

2.

3.

4.

5.

6.

7.

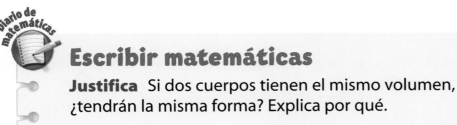

Escribir matemáticas

Diario de matemáticas

Justifica Si dos cuerpos tienen el mismo volumen, ¿tendrán la misma forma? Explica por qué.

LECCIÓN 4

Objetivo 4 de **TAKS**

TEKS 4.11.C Utilizar modelos concretos de unidades cúbicas estándares para medir volumen.

Volumen

Objetivo Usar modelos concretos para medir volumen.

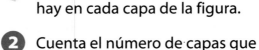
★ Aprender con ejemplos

En la Lección 3 construiste modelos de figuras de tres dimensiones que tenían el mismo volumen. Ahora aprenderás a hallar el volumen de una figura de tres dimensiones contando cubos de unidades.

Ejemplo 1

Halla el volumen del siguiente prisma rectangular.

1 Cuenta el número de cubos que hay en cada capa de la figura.

2 Cuenta el número de capas que tiene la figura.

Hay ◯ capas de ◯ cubos, por lo tanto, el volumen de esta figura es ◯ unidades cúbicas.

Ejemplo 2

Consejo de vocabulario

1 centímetro cúbico, 1 cm³

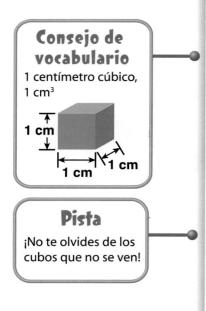

1 cm

1 cm   1 cm

Pista

¡No te olvides de los cubos que no se ven!

Halla el volumen de la siguiente figura de tres dimensiones. Cada cubo tiene un centímetro cúbico.

1 Cuenta el número de cubos que hay en cada capa de la figura.

2 Suma el número total de cubos que hay en las capas.

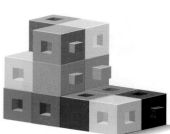

Hay ◯ capas de cubos de 1 centímetro cúbico. La primera capa

tiene ◯ cubos, la segunda capa tiene ◯ cubos y la tercera capa

tiene ◯ cubos. El volumen de la figura es ◯ cm³.

Halla el volumen de las figuras de tres dimensiones.

Piénsalo
- ¿Cuántos cubos hay en cada capa?
- ¿Hay algún cubo que no se ve? ¿Cuántos son?

1.

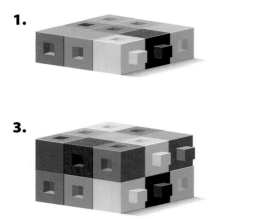

2.

3.

4.

Resolver problemas con ayuda

5. María construye una caja para guardar los bloques de letras de su hermano. Cada bloque tiene 1 pulgada cúbica. La caja tendrá el espacio exacto para guardar los bloques que se muestran. ¿Cuánto espacio tendrá la caja?

a. **Compréndelo/Planéalo** Halla el número de cubos que hay en cada capa.

b. **Resuélvelo** Hay ◯ cubos en total.

c. **Verifícalo** El volumen de la caja es ◯ pulgadas cúbicas.

6. María decide construir otra caja para guardar los bloques de su hermana, que tiene una colección más grande. ¿Cuánto espacio deberá tener la caja nueva para que entren los bloques que se muestran?

 Hablar de matemáticas ¿Cómo es posible que una figura de tres dimensiones con 8 cubos en la capa inferior tenga menos volumen que una figura de tres dimensiones con 4 cubos en la capa inferior?

Halla el volumen de las siguientes figuras de tres dimensiones.

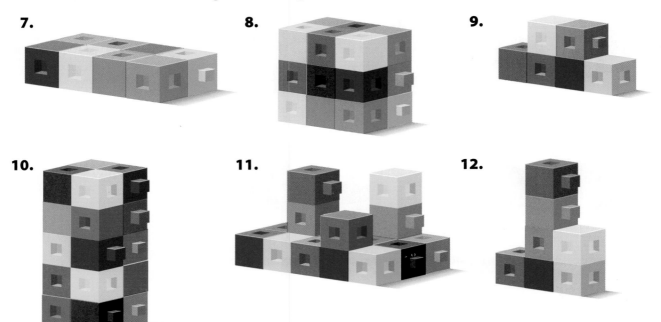

7.   **8.**   **9.**

10.   **11.**   **12.**

13. Justifica ¿Existe otra manera de hallar el volumen de un prisma rectangular en lugar de contar los cubos de uno por vez? Usa la figura del ejercicio 8 para demostrar cómo podrías hacerlo.

Conexión con las ciencias

Copia y completa la tabla. Construye torres con cubos de unidades para hallar el volumen.

14. Halla el volumen de los prismas que se describen en la tabla.

15. ¿Qué observas acerca del volumen de las torres que se describen en los ejercicios A, B, C y D?

16. Si se agrega otra capa a la figura que se describe en el ejercicio D, ¿cuál crees que será su volumen?

17. Reto ¿Qué observas acerca del volumen de las torres que se describen en los ejercicios D, E y F? ¿Por qué es así?

Datos divertidos

Construir torres

	Longitud	Ancho	Altura
A.	2	2	1
B.	2	2	2
C.	2	2	3
D.	2	2	4
E.	2	4	2
F.	4	2	2

Objetivos 5 y 6 de **TAKS**

TEKS 4.11C, 4.14A
2B de Ciencias

18 Este prisma rectangular está hecho con cubos de 1 cm. ¿Cuál es el volumen de este prisma?

A 3 cm³   **B** 12 cm³   **C** 24 cm³   **D** 26 cm³

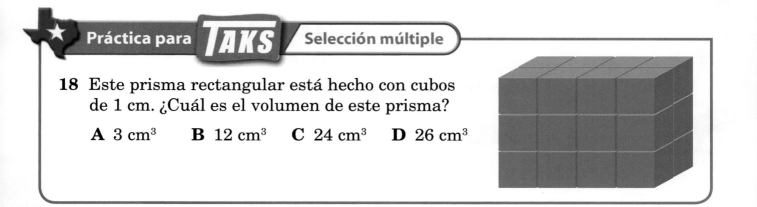

Reto   Área

Construir una caja

**La siguiente red sirve para hacer una caja.
Usa la red para responder a las preguntas.**

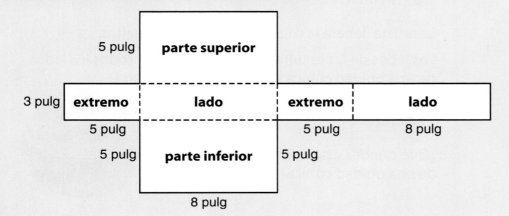

5 pulg | parte superior

3 pulg | extremo | lado | extremo | lado

5 pulg | 5 pulg | 8 pulg

5 pulg | parte inferior | 5 pulg

8 pulg

1. Halla el perímetro y el área de cada cara. Incluye las unidades apropiadas para cada uno. Haz una lista de los perímetros y las áreas y muestra los números que usaste.

2. ¿Cuál es el área del cartón que necesitas para construir la caja?

3. Verifícalo ¿Qué partes de la caja son congruentes? ¿Cómo lo sabes?

4. Analiza Imagina que cada lado de la parte inferior fuera 2 pulgadas más largo. ¿Cómo deberían modificarse las otras dimensiones de la caja para hacer una caja nueva? ¿Cuánto cartón necesitarías para construir la caja nueva?

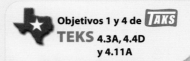

Objetivos 1 y 4 de TAKS
TEKS 4.3A, 4.4D y 4.11A

Objetivo 4 de TAKS

TEKS 4.11C Utilizar modelos concretos de unidades cúbicas estándares para medir volumen.

4.11D Estimar volumen en unidades cúbicas.

Vocabulario de TAKS

unidad cúbica

Resolver problemas
Estima el volumen

Objetivo Estimar volumen en unidades cúbicas.

★ Razonar y aprender

Una artista está embalando esculturas para enviarlas a una galería de arte. Ya ha envuelto dos esculturas y las ha colocado en una caja. Observa la caja. Si todas las esculturas tienen el mismo tamaño, aproximadamente, ¿cuántas entrarán en la caja?

COMPRÉNDELO

La artista llenará la caja con esculturas envueltas.

Los lados de las esculturas son casi iguales. Todos los lados de una unidad cúbica tienen la misma medida.

PLANÉALO

¿Qué puedes usar como estimación de una unidad cúbica?

RESUÉLVELO

Calcula el volumen de la caja según la cantidad de esculturas envueltas que entran en ella.

Aproximadamente, ¿cuántas unidades entran a lo ancho de la caja?

Aproximadamente, ¿cuántas unidades entran a lo largo de la caja?

¿Cuántas capas entrarán en la caja?

Entrarán en la caja aproximadamente ◯ esculturas envueltas.

VERIFÍCALO

¿Crees que entrarán 6 esculturas en la caja?
La respuesta es una estimación porque no todos los lados de las esculturas envueltas son iguales.

★ Resolver problemas con ayuda

Estima el volumen para resolver este problema.

1. Raúl diseñó la figura de la derecha para una muestra de arte de la clase. Estima el volumen total de la obra de arte.

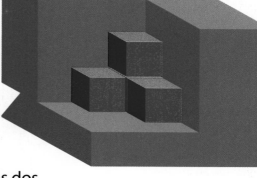

a. **Compréndelo** ¿Qué puedes usar para estimar el volumen de la escultura?

b. **Planéalo** Halla el volumen de la parte roja. Usa el tamaño de uno de los cubos rojos como guía. Halla el volumen de la parte azul.

c. **Resuélvelo** El volumen total es la suma de estas dos partes. El volumen de la parte azul es ◯ unidades cúbicas.

   El volumen de la parte roja es ◯ unidades cúbicas. El volumen total es ◯ unidades cúbicas.

d. **Verifícalo** ¿Cómo comprobarías tu estimación con una regla?

 Hablar de matemáticas Imagina que la escultora del problema de la página 512 llena sólo la mitad de la caja. ¿Cambiaría el volumen de la caja? Explica tu respuesta.

★ Práctica para resolver problemas

Estima el volumen para resolver los problemas.

2. Un paisajista hace un patio de piedra. Parte del patio se muestra a la derecha. Estima el volumen del patio en unidades cúbicas.

3. Si el patio fuera el doble de ancho, ¿cuál sería el área del patio?

4. Si el patio tuviera la misma dimensión que en el problema 2, pero con 2 capas de espesor, ¿cuál sería el volumen del patio?

RESOLVER
PROBLEMAS

Excursión

por TEXAS

Centro de
Esculturas Nasher

Las esculturas, coleccionadas por Raymond y Patsy Nasher, se exhiben en 10,000 pies cuadrados de galería interior y 62,000 pies cuadrados de jardín.

CENTRO DE ESCULTURAS
NASHER

Modular Cube/Base de Sol Lewitt es una de las tantas esculturas que pueden verse en el Centro de Esculturas Nasher.

En el corazón del centro de Dallas puedes hallar más de 300 esculturas modernas y contemporáneas. La colección de primer nivel que se exhibe en el Centro de Esculturas Nasher incluye piezas de Auguste Rodin, Henri Matisse, Pablo Picasso, Isamu Noguchi, Claes Oldenburg y Richard Serra.

Resuelve.

5. Observa el cubo de estructura blanca de la obra *Modular Cube/ Base* de Sol LeWitt. ¿Cuál es su volumen en unidades cúbicas?

6. El cubo está centrado sobre la base. ¿Cuál es el área de la base en unidades cuadradas?

7. Si LeWitt hiciera más cubos de estructura blanca, ¿cuántos cubos más podría colocar en la base?

8. Patrones Observa la obra *Untitled (Progression)* de Donald Judd. A medida que te desplazas de izquierda a derecha, ¿cuál es la longitud de cada barra verde en relación con la anterior?

Untitled (Progression) de Donald Judd

9. Describe la longitud de la última barra verde como una fracción de la longitud de la primera barra verde.

10. Reto Describe la longitud del espacio que hay entre las dos últimas barras verdes como una fracción de la longitud de la primera barra verde. Explica como hallaste la respuesta.

Escoge una estrategia
• Resuelve un problema más sencillo
• Busca un patrón
• Haz una tabla

Crea y resuelve

Lee este problema que Lucy ha escrito acerca de la escultura de piedra de la derecha.

Si cada uno de los cubos que están en el piso tiene 1 unidad cúbica, ¿cuál es el volumen de la escultura?

11. a. ¿Qué debes hallar?

b. ¿Qué unidad usarás?

c. ¿Cuál es el volumen de cada una de las tres piezas más altas?

d. ¿Cuál es el volumen del resto de la escultura?

e. ¿Cuál es el volumen total de la escultura?

12. Escribe un problema en palabras que se pueda resolver usando la obra *Still Blue Range, Brussels*. Incluye la solución del problema y muestra todo el trabajo necesario para hallar la solución.

Still Blue Range, Brussels
de Carl Andre

Práctica para TAKS / **Selección múltiple**

13 ¿Cuál es el volumen de la caja?

A 12 unidades cúbicas

B 18 unidades cúbicas

C 27 unidades cúbicas

D 36 unidades cúbicas

Consejo para TAKS

Haz un plan. ¿Qué pasos debes seguir para resolver el problema?

Leer y escribir **matemáticas**

Vocabulario de TAKS

Piensa en cómo las partes de un objeto se pueden usar para nombrar el objeto.

Rotula cada parte del siguiente prisma.

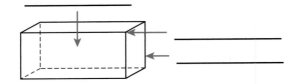

Completa la tabla con un objeto real que pertenezca a cada grupo.

Grupo	Objeto
prisma rectangular	
prisma triangular	
cubo	
esfera	
cilindro	
pirámide cuadrangular	
pirámide triangular	

1. Clasifica los cuerpos geométricos en dos o más categorías. Explica tus categorías.

2. Ahora escoge una manera diferente de clasificar. Explica tus nuevas categorías.

Escribir ¿Cuántos prismas puedes hallar? Haz una lista de objetos de tu salón de clases que sean prismas. Explica por qué cada uno es un prisma.

Leer Busca libros relacionados con este concepto en tu biblioteca.

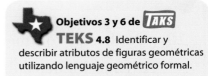

Objetivos 3 y 6 de TAKS
TEKS 4.8 Identificar y describir atributos de figuras geométricas utilizando lenguaje geométrico formal.

4.15A Explicar y anotar observaciones utilizando objetos, palabras, dibujos, números y tecnología.

4.15B Relacionar el lenguaje informal con el lenguaje y los símbolos matemáticos.

Práctica adicional basada en los estándares

Conjunto A
Objetivo 3 de TAKS TEKS 4.8C página 504

Halla el número de caras, aristas y vértices de las figuras de tres dimensiones.

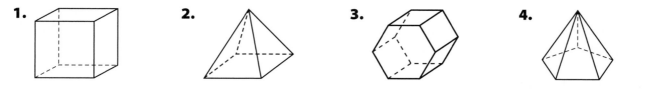

1. **2.** **3.** **4.**

5. Tengo 5 caras. Tres son rectángulos. ¿Qué soy?

6. Tengo 5 caras. Cuatro son triángulos. ¿Qué soy?

7. ¿Qué grupo de figuras tienen siempre el mismo número de vértices que de caras?

Conjunto B
Objetivo 4 de TAKS TEKS 4.11C página 508

Halla el volumen de cada figura de tres dimensiones.

1. **2.** **3.**

4. **5.** **6.**

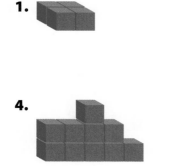  

7. ¿Cuántos cubos están completamente ocultos en la figura del ejercicio 3?

Conjunto C
Objetivos 4 y 6 de TAKS TEKS 4.11D, 4.14A, 4.14B página 512

1. Una imprenta está enviando un gran pedido de paquetes de papel impreso a un comprador. Tres de los paquetes se muestran a la derecha, fuera de la caja de envío. Aproximadamente, ¿cuántos paquetes caben en la caja?

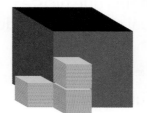

Education Place
Visita eduplace.com/txmap, donde encontrarás **consejos para tomar exámenes** y más **práctica para TAKS.**

Repaso/Examen del capítulo

Vocabulario y conceptos

Objetivos 3 y 6 de [TAKS] TEKS 4.8C, 4.15B

Escoge el mejor término para completar las oraciones.

> **Banco de palabras**
> arista
> cara
> unidades cuadradas
> unidades cúbicas
> vértice

1. El volumen se mide en _____.

2. El punto donde se encuentran tres o más aristas de una figura de tres dimensiones es el _____.

3. Una superficie plana de una figura de tres dimensiones es una _____.

Nombra las figuras de tres dimensiones.

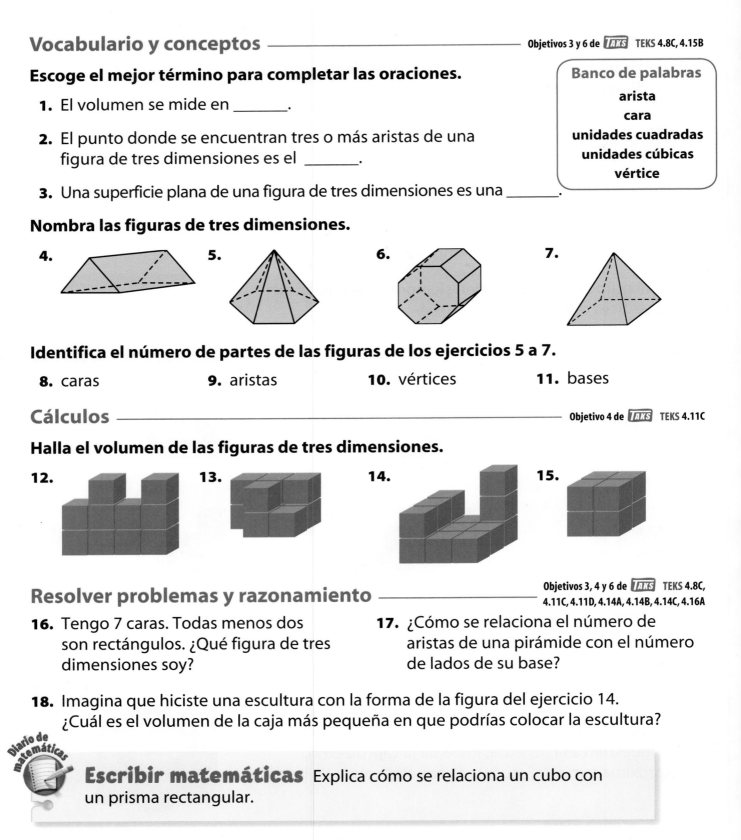

4.   5.   6.   7.

Identifica el número de partes de las figuras de los ejercicios 5 a 7.

8. caras   9. aristas   10. vértices   11. bases

Cálculos

Objetivo 4 de [TAKS] TEKS 4.11C

Halla el volumen de las figuras de tres dimensiones.

12.   13.   14.   15.

Resolver problemas y razonamiento

Objetivos 3, 4 y 6 de [TAKS] TEKS 4.8C, 4.11C, 4.11D, 4.14A, 4.14B, 4.14C, 4.16A

16. Tengo 7 caras. Todas menos dos son rectángulos. ¿Qué figura de tres dimensiones soy?

17. ¿Cómo se relaciona el número de aristas de una pirámide con el número de lados de su base?

18. Imagina que hiciste una escultura con la forma de la figura del ejercicio 14. ¿Cuál es el volumen de la caja más pequeña en que podrías colocar la escultura?

Diario de matemáticas

Escribir matemáticas Explica cómo se relaciona un cubo con un prisma rectangular.

Preparación para TAKS y repaso frecuente

1 Jasmine recibió la factura de su gimnasio. Todos los meses paga la misma cantidad más una cantidad fija por cada clase que toma. ¿Cuál es la mejor estrategia que puede usar para hallar el número de clases que tomó?

A Hacer una dramatización

B Resolver un problema más sencillo

C Buscar un patrón

D Adivinar y comprobar

Objetivo 6 de TAKS TEKS 4.14C

2 ¿Qué modelo está sombreado para representar una fracción equivalente a $\frac{2}{6}$?

F

G

H
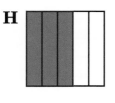

J
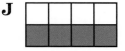

Objetivo 1 de TAKS TEKS 4.2C página 364

3 ¿Cuál de las siguientes opciones muestra mejor el perímetro y el área del objeto?

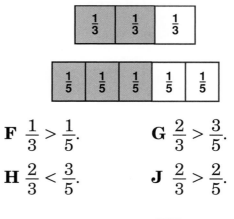

A 6 pulg 6 pulg^2

B 6 pulg 3 pulg^2

C 2 pulg 6 pulg^2

D No está aquí.

Objetivo 4 de TAKS TEKS 4.11A página 476

4 Los modelos están sombreados para mostrar que:

F $\frac{1}{3} > \frac{1}{5}$. **G** $\frac{2}{3} > \frac{3}{5}$.

H $\frac{2}{3} < \frac{3}{5}$. **J** $\frac{2}{3} > \frac{2}{5}$.

Objetivo 1 de TAKS TEKS 4.2C página 364

5 Darrell horneó 8 pasteles para la venta de pasteles. Cortó cada pastel en 8 porciones. ¿Cuántas porciones de pastel tenía Darrell?

Objetivo 1 de TAKS TEKS 4.4C página 134

Examen de la Unidad 9

Vocabulario y conceptos

Escribe *verdadero* o *falso*.

1. Un teselado es un patrón que se repite y que cubre un plano sin que haya espacios libres ni superposiciones.

2. Dos caras de una figura de tres dimensiones se encuentran en un vértice.

3. La rotación es un ejemplo de transformación.

4. Dos figuras congruentes tienen la misma forma y el mismo tamaño.

5. El perímetro de una figura es el número de unidades cuadradas que cubre.

Cálculos

Halla el perímetro y el área.

6.
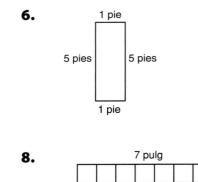
1 pie
5 pies   5 pies
1 pie

7.
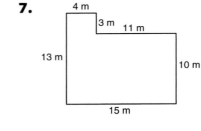
4 m
3 m   11 m
13 m
10 m
15 m

8.

7 pulg
4 pulg

9.
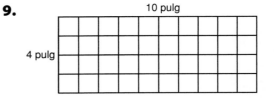
10 pulg
4 pulg

Halla el volumen.

10.

11.

Resolver problemas y razonamiento

Objetivo 3 de *TAKS*   TEKS 4.9A, 4.11A, 4.11C

Usa la ilustración de la derecha para resolver los problemas 13 a 15. Haz un dibujo como ayuda.

12. ¿Qué tipo de transformación observas en los triángulos negros?

13. ¿Cuáles son las figuras congruentes de la colcha?

14. ¿Son congruentes los triángulos anaranjados del patrón?

¡LAS GRANDES IDEAS!

Escribir matemáticas ¿En qué se parece hallar el área, el perímetro y el volumen? ¿En qué se diferencian el área, el perímetro y el volumen?

Evaluar el rendimiento

Objetivos 3 y 4 de *TAKS*   TEKS 4.9A, 4.11A, 4.11C

Armar cajas

Se ha recortado un cuadrado de cada uno de los vértices de un trozo de cartón. Este modelo se puede usar para armar una caja.

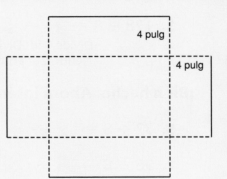

4 pulg

4 pulg

Tarea	Información que necesitas
Tu tarea es hallar las medidas o dimensiones de la caja que se forma con el cartón.	Cada cuadrado que se ha recortado de los vértices mide 4 pulg por 4 pulg.
Halla el número de capas de cubos que entran en la caja.	La caja está doblada por las líneas punteadas y pegada con cinta adhesiva en las aristas para que los lados queden parados. Así está armada la caja.
¿Cuántos cubos entran en una capa de la caja?	
Halla las dimensiones posibles de la caja.	La caja puede contener 120 cubos de 1 pulg cúbica cada uno.

Dividir entre 8 no es problema, halla la mitad tres veces y a otro tema.

"Conozco una manera rápida de calcular 24 ÷ 8. Tomo la mitad de 24, que es 12, luego la mitad de 12, que es 6, y por último la mitad de 6, que es 3. Dividir entre 2 tres veces es lo mismo que dividir entre 8 una sola vez".

Divide entre 8

1. $24 \div 8 \rightarrow \boxed{12} \rightarrow \boxed{6} \rightarrow \boxed{3}$

Divide 24 entre 2 · Divide entre 2 · Divide entre 2

2. $48 \div 8 \rightarrow \boxed{24} \rightarrow \boxed{12} \rightarrow \blacksquare$

Divide 48 entre 2 · Divide entre 2 · Divide entre 2

3. $128 \div 8 \rightarrow \blacksquare \rightarrow \blacksquare \rightarrow \blacksquare$

Divide 128 entre 2 · Divide entre 2 · Divide entre 2

4. $144 \div 8 \rightarrow \blacksquare \rightarrow \blacksquare \rightarrow \blacksquare$

Divide 144 entre 2 · Divide entre 2 · Divide entre 2

¡Bien hecho! Ahora inténtalo con estos ejercicios.

5. $32 \div 8 \rightarrow \blacksquare \rightarrow \blacksquare \rightarrow \blacksquare$

6. $88 \div 8 \rightarrow \blacksquare \rightarrow \blacksquare \rightarrow \blacksquare$

7. $96 \div 8 \rightarrow \blacksquare \rightarrow \blacksquare \rightarrow \blacksquare$

8. $120 \div 8 \rightarrow \blacksquare \rightarrow \blacksquare \rightarrow \blacksquare$

9. $280 \div 8 \rightarrow \blacksquare \rightarrow \blacksquare \rightarrow \blacksquare$

10. $560 \div 8 \rightarrow \blacksquare \rightarrow \blacksquare \rightarrow \blacksquare$

¡Excelente!

¡Sigue adelante!
¡Ahora inténtalo siguiendo todos los pasos mentalmente!

11. $64 \div 8$

12. $256 \div 8$

13. $72 \div 8$

14. $360 \div 8$

Datos y probabilidad

¡LAS GRANDES IDEAS!

- Se pueden organizar y presentar datos de diferentes maneras.
- Se pueden usar modelos para determinar todas las combinaciones posibles.
- Los experimentos y los datos ayudan a responder a las preguntas.

Capítulo 24
Datos y relaciones

Capítulo 25
Probabilidad

Canciones y juegos

Música y matemáticas
Pista 10

Libritos de matemáticas

- ¿Cómo está el clima?
- ¿De cuántas formas diferentes?

Igba-ita

Objetivo del juego Lanzar monedas de un centavo y anotar los resultados.

Materiales

- 20 monedas de un centavo para cada jugador
- Recurso de enseñanza 19 (hoja de anotaciones de Igba-Ita)

Número de jugadores 2

Preparación

Cada jugador escribe su nombre en la parte superior de la hoja de anotaciones. Cada jugador recibe 20 monedas de un centavo, que reemplazan a los cauris.

Esta es una adaptación de un juego africano en que se usan pequeños caracoles llamados *cauris*.

Cómo se juega

1 El jugador 1 y el jugador 2 lanzan cuatro monedas de un centavo cada uno.

2 Cada jugador cuenta el número de caras que obtuvo al lanzar las monedas. El jugador que obtiene el mayor número de caras se queda con las ocho monedas. Si hay un empate, lanzan las monedas otra vez.

3 Se anota el número de caras que obtuvo cada jugador.

4 El juego termina cuando uno de los jugadores se haya quedado con todas las monedas de un centavo.

 **Objetivo 5 de** *TAKS*

TEKS 4.13A Utilizar objetos concretos o dibujos para hacer generalizaciones que determinen todas las combinaciones posibles de un conjunto de datos u objetos en un problema.

 Education Place
Visita eduplace.com/txmap, donde encontrarás **acertijos**.

Leer Cuando lees, a menudo encuentras tablas y gráficas. En matemáticas, necesitas comprender la manera en que se organizan las tablas y las gráficas para saber qué significan y así obtener la información que necesitas.

Sara hizo una encuesta entre los estudiantes de cuatro grado sobre su color favorito. En la siguiente gráfica de barras se muestran los resultados.

Usa la siguiente lista de repaso para dar un vistazo a la gráfica de barras.

Lista de repaso

✓ título
✓ escala numérica
✓ encabezamientos
✓ rótulos
✓ barras

Leo la gráfica de barras a lo largo y a lo alto.

La **escala numérica** desciende en esta gráfica de barras.

Título

El **encabezamiento** (Número de estudiantes) indica lo que significan los números.

Esta barra se llama "Verde". Llega hasta el 6 en la escala numérica. Significa que 6 estudiantes escogieron verde.

Los **rótulos** indican qué colores escogieron los estudiantes.

Encuesta sobre el color

Número de estudiantes

Amarillo Azul Verde Violeta Rojo

Color

El **encabezamiento** (Color) indica cuál es la categoría.

Escribir Escribe cuatro preguntas sobre la gráfica de barras. Intercambien preguntas con un compañero de clase y respóndanlas.

Datos y relaciones

Vocabulario y conceptos Grado 3

Escoge el mejor término para completar las oraciones.

1. Una marca que representa 1 elemento es una ___.

2. Identifica el ___ para hallar el número que sigue en una secuencia de números.

Cálculos

Multiplica o divide. páginas 172 y 238

3. 5×92

4. 6×92

5. 7×92

6. $208 \div 8$

7. $182 \div 7$

8. $156 \div 6$

Resolver problemas y razonamiento

Escribe los dos números que siguen en el patrón. Grado 3

9. 1, 4, 7, 10, ▢ , ▢

10. 2, 8, 5, 11, 8, 14, ▢ , ▢

Vocabulario de TAKS

¡Visualízalo!

Partes de una gráfica de barras

El título de la gráfica de barras es la pregunta que se hizo en la **encuesta**.

¿Cuál es tu color favorito?

Rojo	
Azul	
Violeta	
Verde	

0 2 4 6 8 10 12 14

Los **datos** del título recolectados en la encuesta determinan la longitud o la altura de la barra.

La **escala** es un sistema de marcas distribuidas a intervalos iguales. La escala de esta gráfica es 2.

Mi mundo bilingüe

Las palabras que se parecen en español y en inglés muchas veces tienen el mismo significado.

Español	Inglés
datos	**data**

Consulta el **Glosario español–inglés**, páginas 569 a 582.

Education Place Visita eduplace.com/txmap, donde encontrarás el **glosario electrónico**.

Objetivo 6 de TAKS **TEKS** 4.15B Relacionar el lenguaje informal con el lenguaje y los símbolos matemáticos.

Capítulo 24 527

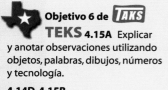

Objetivo 6 de *TAKS*

TEKS 4.15A Explicar y anotar observaciones utilizando objetos, palabras, dibujos, números y tecnología.

4.14D, 4.15B

Vocabulario de *TAKS*

datos

encuesta

Materiales
Tableros de conteo (Recurso de enseñanza 17)

Aplícalo
Registrar datos

Objetivo Anotar y explicar observaciones.

★ Explorar

Has interpretado datos. Ahora aprenderás a reunir y anotar datos.

Una encuesta es una manera de reunir información o **datos**. Cuando haces una **encuesta**, haces una pregunta y anotas las respuestas.

Pregunta ¿Cómo puedes organizar y anotar datos?

Johanna hizo una encuesta en su clase de cuarto grado. Preguntó: "¿Cuál es tu comida favorita?". Treinta estudiantes respondieron a la pregunta. Johanna anotó los datos en un tablero de conteo. La respuesta más frecuente fue *patitas de pollo*.

1 Escribe una pregunta que tenga 3 ó 4 respuestas acerca de las frutas favoritas de tus compañeros. Anota las respuestas posibles en un tablero de conteo.

¿Cuál es tu fruta favorita?		
Fruta	Conteo	Número
Manzanas		
Bananas		

2 Encuesta a 20 compañeros. Cada uno debe dar una sola respuesta. Anota los resultados en tu tablero de conteo.

3 Cuenta las marcas de conteo para cada respuesta.

¿Cuántos votos representa cada marca de conteo?

¿Cuál es tu fruta favorita?		
Fruta	Conteo	Número
Manzanas	|||	3
Bananas	ℍℍ ||	7

4 Analiza los datos de cada respuesta.

¿Cómo describirías los resultados de tu encuesta?

Haz otra encuesta. Pide a tus compañeros que escojan una de las actividades de la tabla como su actividad de verano favorita. Copia y completa el tablero de conteo.

¿Cuál es tu actividad de verano favorita?		
Actividad	**Conteo**	**Número**
Andar en bicicleta		
Acampar		
Leer		
Nadar		

★ Extender

Usa tu tablero de conteo sobre las actividades de verano favoritas para hacer una gráfica de barras. Luego, analiza tu gráfica.

1. Escribe un título para la gráfica.

2. Escoge una escala.

3. Rotula el lado y la base de la gráfica.

4. Ordena tus datos en la gráfica.

5. ¿Alguna barra quedó en el punto medio entre dos números? Si es así, ¿por qué?

6. ¿Cuál es la barra más corta de tu gráfica? ¿Por qué?

7. ¿Cómo te ayuda tu gráfica de barras a analizar mejor los datos que el tablero de conteo?

8. **Reto** Mía hizo una encuesta. Quiere presentar los datos en una gráfica de barras. Las barras deben representar los siguientes números: 15, 21, 27, 41, 32 y 9. ¿Qué escala debería usar Mía en su gráfica? Explica tu razonamiento.

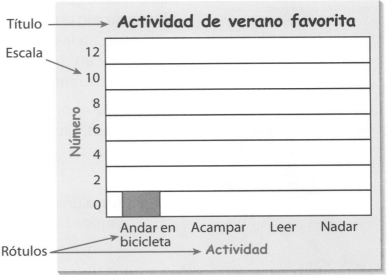

Escribir matemáticas

Compara ¿En que se parece la manera en que se muestran los datos en un tablero de conteo y en una gráfica de barras? ¿En qué se diferencian un tablero de conteo y una gráfica de barras?

Objetivos 2 y 6 de **TAKS**

TEKS 4.7 Describir la relación entre dos conjuntos relacionados de datos, por ejemplo, pares ordenados en una tabla.

4.14C Seleccionar o desarrollar un plan o una estrategia de resolución de problemas apropiado en el que el estudiante haga un dibujo, busque un patrón, adivine y compruebe sistemáticamente, haga una dramatización, elabore una tabla, resuelva un problema más sencillo o trabaje desde el final hasta el principio para resolver un problema.

También 4.14A

Datos relacionados

Objetivo Describir la relación entre dos conjuntos de datos de una tabla.

★ Aprender con ejemplos

En la Lección 1 interpretaste conjuntos de datos. Ahora interpretarás pares de conjuntos de datos.

Marie quiere comprar una bicicleta nueva. Ahorra dinero en su cuenta bancaria. La tabla muestra la cantidad de dinero que Marie tiene en su cuenta al final de tres semanas diferentes.

Semana	Cantidad
2	$36
3	$54
5	$90

Si Marie ahorra la misma cantidad de dinero todas las semanas, ¿cuántas semanas tardará en ahorrar $144?

1 Busca una relación entre el número de semana y la cantidad de dinero.

Semana **2** $36 ÷ **2** = $18

Semana **3** $54 ÷ **3** = $18

Semana **5** $90 ÷ **5** = $18

Marie ahorra $18 por semana.

2 Usa una oración relacionada de multiplicación para hallar el número por el que se debe multiplicar $18 para obtener $144.

Semana **6**   Cantidad: **6** × $18 = $108

Semana **7**   Cantidad: **7** × $18 = $126

Semana **8**   Cantidad: **8** × $18 = ◯

Marie habrá ahorrado $144 al final de la semana ◯.

Los números del Conjunto A forman pares de números con los números del Conjunto B. La relación entre los pares de números es la misma. Describe la relación.

1.

Conjunto A	Conjunto B
3	24
5	40
6	48
8	64

2.

Conjunto A	Conjunto B
4	8
10	14
16	20
24	28

Resolver problemas con ayuda

Usa las preguntas para resolver este problema.

3. Todas las semanas Jaime retira la misma cantidad de dinero de su cuenta de ahorro. La tabla muestra la cantidad de dinero que tiene Jaime en su cuenta al comienzo y al final de cada semana.

Si continúa retirando dinero, ¿cuándo le quedarán $280 en su cuenta?

Cuenta de ahorro de Jaime	
Comienzo de la semana	Final de la semana
$560	$520
$520	$480
$480	$440
$440	$400

a. **Compréndelo/Planéalo** Halla la relación entre las cantidades al comienzo y al final de cada semana. Usa la relación y extiende la tabla hasta que aparezca $280 en la columna "Final de la semana".

b. **Resuélvelo** La cantidad al final de cada semana es ◯ menos que al comienzo de la semana. ¿Cuándo le quedarán a Jaime $280 en su cuenta?

c. **Verifícalo** ¿Cómo puedes comprobar que tu respuesta es correcta?

 Hablar de matemáticas ¿Cómo hallas la relación entre dos conjuntos de datos de una tabla? ¿Alcanza un par de números para hallar la relación? Explica tu respuesta.

Los números del Conjunto A forman pares de números con los números del Conjunto B. La relación entre los pares de números es la misma. Describe la relación. Halla los números que faltan.

4.

Conjunto A	Conjunto B
2	16
3	24
4	32
9	72

5.

Conjunto A	Conjunto B
64	8
56	7
48	6
32	4

6.

Conjunto A	Conjunto B
23	17
17	11
9	3
6	0

7. La tabla muestra el precio de los boletos para un concierto.

Personas	Precio
1	$10
4	$40
7	$70
8	$80
10	

8. La tabla muestra el número de estrellas que se cosen en unos banderines.

Estrellas	Banderines
	10
35	7
30	6
15	3
5	1

Resuelve los siguientes problemas.

9. El señor Gleason llena un tanque de agua para su ganado. Agrega 60 galones de agua por minuto. ¿Cuánta agua habrá en el tanque después de 1, 2 y 3 minutos?

10. Describe la relación entre los pares de números del problema 9. Usa la relación para hallar cuánta agua habrá en el tanque después de 5 minutos.

11. ¿Qué pasaría si los precios de los boletos del ejercicio 7 aumentan a $12 por 1 boleto. ¿Cómo cambiará la relación entre personas y precio?

12. Reto El abuelo de Zakena dijo que le pagaría para que lo ayude a construir estanterías. Le pagará 1¢ el primer día, 2¢ el segundo día, 4¢ el tercero y 8¢ el cuarto. Describe la relación entre el número, el día y la cantidad de dinero que gana Zakena. Luego, halla cuánto dinero ganará Zakena el décimo día.

Conexión con la información

Usa los datos de la tabla para resolver los problemas 13 a 15.

Objetivos 2 y 6 de *TAKS*
TEKS 4.7, 4.14A

13. Jessica decidió hacer banderines usando las seis banderas que han flameado en Texas. La tabla muestra el número de estrellas que necesitará para hacer 3, 4 y 5 banderines. ¿Cuántas estrellas se muestran en un banderín?

Banderines	Estrellas
3	108
4	144
5	180

14. ¿Cuál es la relación entre el número de banderines y el número de estrellas?

15. **Explica** ¿Cómo te ayuda saber el número de estrellas que hay en un banderín a hallar la relación entre los pares de números de la tabla? ¿Será siempre así?

Consejo para TAKS

Busca un patrón. Asegúrate de que el patrón sea apropiado para todas las filas de datos de la tabla.

Práctica para TAKS | **Selección múltiple**

16 Brenda compra cajas de tarjetas de felicitación.

Cajas	Tarjetas de felicitación
3	24
5	40
6	48
7	56

Basándote en el patrón de la tabla, ¿qué debería hacer Brenda para hallar el número de tarjetas de felicitación que hay en 10 cajas?

A Sumar 8 a 10

B Dividir 10 entre 8

C Dividir 8 entre 10

D Multiplicar 10 por 8

17 Howard colecciona tarjetas de béisbol.

Paquetes	Precio
5	$15
8	$24
11	$33
12	$36

Basándote en el patrón de la tabla, ¿qué debería hacer Howard para hallar el precio de un paquete de tarjetas de béisbol?

A Dividir el precio entre el número de paquetes

B Dividir el número de paquetes entre el precio

C Restar el número de paquetes del precio

D Multiplicar el número de paquetes por el precio

LECCIÓN 3

Objetivo 5 de **TAKS**
TEKS 4.13B Interpretar gráficas de barras.

Interpretar gráficas de barras

Objetivo Interpretar gráficas de barras.

★ Aprender con ejemplos

En la Lección 1 hiciste gráficas de barras. Ahora interpretarás gráficas de barras.

La maestra Fernández preguntó a 36 estudiantes qué excursión preferían hacer. La gráfica de barras muestra los resultados.

Ordena las preferencias de excursiones desde la menos popular hasta la más popular.

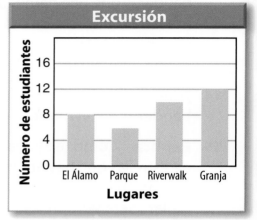

Analízalo

La barra más corta está en el punto medio entre 4 y 8. El número que se encuentra en el punto medio entre 4 y 8 es 6.

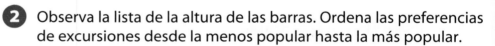

1 ¿Cuántas unidades de altura tiene la barra más corta?

Ordena las barras desde la más baja hasta la más alta.

2 Observa la lista de la altura de las barras. Ordena las preferencias de excursiones desde la menos popular hasta la más popular.

★ Práctica guiada

Piénsalo

¿Cuál es la longitud de las barras de la gráfica?

La maestra Tang hizo una encuesta sobre deportes favoritos. Usa la gráfica para responder a las preguntas.

1. ¿Cuántos estudiantes se encuestaron en total?

2. Basándote en la encuesta, ¿cuál es el deporte más popular?

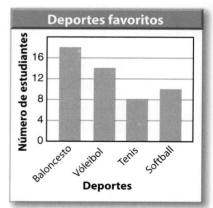

 Hablar de matemáticas ¿Por qué son tan importantes los rótulos y los títulos en una gráfica de barras?

534

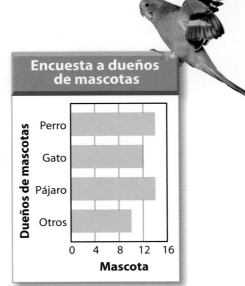

★ Practicar y resolver problemas

Usa la gráfica de barras para resolver los problemas 3 a 6.

Encuesta a dueños de mascotas

3. Ordena las mascotas desde la más popular hasta la menos popular.

4. Todos los estudiantes encuestados tenían una sola mascota. ¿Cuántos estudiantes se encuestaron?

5. ¿Qué par de mascotas constituyen más de la mitad de las mascotas de la encuesta?

6. Explica por qué ninguna mascota es el doble de popular que cualquier otra mascota de la encuesta.

Usa la gráfica de barras para resolver los problemas 7 a 9.

7. ¿Cuántos estudiantes participaron en la encuesta en total?

8. **Cálculo mental** Haz cálculos mentales e indica qué par de géneros era más popular: aventura y romance o comedia y suspenso.

9. **Reto** La encuesta se realizó por segunda vez, pero con el agregado de la categoría películas para la familia. Dos estudiantes que habían votado por los otros géneros cambiaron su voto a películas para la familia. Ordena los 5 géneros de mayor a menor según la cantidad de votos recibidos.

Consejo para TAKS

Para comparar datos, usa la altura o la longitud de las barras de la gráfica.

Práctica para TAKS — Selección múltiple

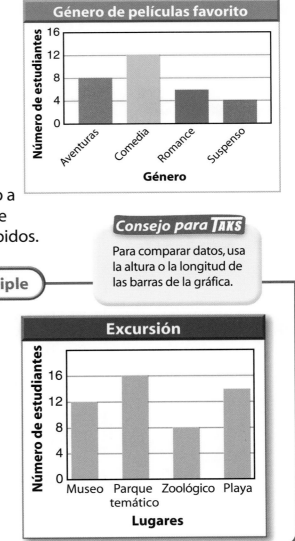

10 La gráfica de barras muestra las excursiones que prefieren hacer los estudiantes de cuarto grado.

¿Qué actividad obtuvo el doble de votos que el zoológico?

  A museo

  B parque temático

  C playa

  D ninguna de las excursiones

Objetivo 6 de *TAKS*

TEKS 4.14C Seleccionar o desarrollar un plan o una estrategia de resolución de problemas apropiado en el que el estudiante haga un dibujo, busque un patrón, adivine y compruebe sistemáticamente, haga una dramatización, elabore una tabla, resuelva un problema más sencillo o trabaje desde el final hasta el principio para resolver un problema.

También 4.14B

Resolver problemas
Busca un patrón

Objetivo Usar una estrategia adecuada, como buscar un patrón, para resolver problemas.

★ Razonar y aprender

Brian tiene tres botellas que contienen diferentes niveles de agua. Cada una emite una nota musical diferente.

Brian escribió una canción, pero olvidó completar las columnas del 7 al 10. Anotó las botellas que debía soplar para cada nota. ¿Puedes hallar las notas que faltan?

Nota	1	2	3	4	5	6	7	8	9	10	11	12
Botella	1	2	3	2	1	2					3	2

COMPRÉNDELO

Debo buscar un patrón en los números de las botellas.

PLANÉALO

Puedo buscar un patrón en las notas que conozco.

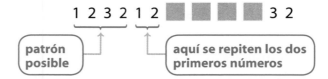

1 2 3 2 1 2 ▪ ▪ ▪ ▪ 3 2

patrón posible

aquí se repiten los dos primeros números

Como los dos primeros números se repiten después del cuarto número, los primeros cuatro números podrían ser el patrón.

RESUÉLVELO

Prueba el patrón para comprobar si es adecuado.

1	2	3	4	5	6	7	8	9	10	11	12
1	2	3	2	1	2	**3**	**2**	**1**	**2**	3	2

El patrón es adecuado para la sección que falta.

VERIFÍCALO

¿Cómo te ayuda conocer el patrón a comprobar tu trabajo?

★ Resolver problemas con ayuda

Usa las preguntas para resolver el problema.

Superpones cuadrados rojos y luego cuadrados blancos en el centro del diseño que se muestra. El primer cuadrado es el más grande. Mide 32 cm de ancho. Continúas superponiendo cuadrados hasta el cuadrado más pequeño, que mide 1 cm de ancho. ¿Cuántos cuadrados rojos habrá en total en tu diseño?

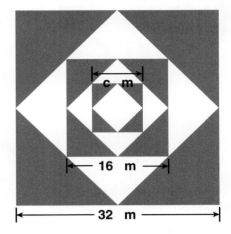

1. a. **Compréndelo** ¿Qué debes hallar?

   b. **Planéalo** Haz una tabla. ¿Hay un patrón en la manera en que cambia el tamaño de cada cuadrado rojo? Explica tu respuesta.

Cuadrado rojo	1.º	2.º	3.º
Conteo	32 cm	16 cm	8 cm

   c. **Resuélvelo** Completa la tabla hasta el cuadrado rojo de 1 cm de ancho.

   d. **Verifícalo** Trabaja desde el final para comprobar tu respuesta. Comienza con 1 cm. Usa la operación inversa para llegar a los números dados. Si puedes llegar a 32 cm con el patrón inverso, tu respuesta es correcta.

 Hablar de matemáticas Explica cómo te ayuda buscar un patrón a resolver un problema.

★ Práctica para resolver problemas

Resuelve los siguientes problemas.

2. ¿Qué números completan el siguiente patrón?

   2, 8, 6, 12, 10, 16, 14, 20, 18, ▨, ▨, ▨

3. Denise planta tulipanes siguiendo un patrón que se repite. Planta un tulipán rojo, uno amarillo y luego uno anaranjado. Continúa plantando tulipanes en ese orden. ¿De qué color es el tulipán número veintitrés?

4. A continuación se muestran las primeras cuatro figuras de un patrón. Si se extiende el patrón, ¿cuál será la octava figura?

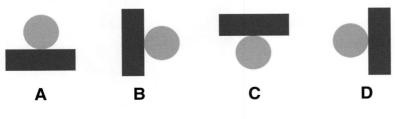

   A   B   C   D

San Antonio

La Torre de las Américas, en San Antonio, Texas, se construyó en 1968 para la Feria Mundial de San Antonio.

La Torre es una de las estructuras más altas del hemisferio occidental.

Usa los datos de esta página para resolver los problemas.

5. ¿Cuántos años tendrá la Torre de las Américas en 2010?

6. Sin hallar las alturas reales, ordena de mayor a menor la Torre de las Américas, el edificio Space Needle de Seattle, el monumento de Washington y el monumento de San Jacinto según su altura.

7. ¿Cuál es la altura del edificio Space Needle de Seattle?

8. ¿Cuál es la altura del monumento de Washington?

9. ¿Cuál es la altura del monumento de San Jacinto?

10. Si pudieras recostar estas torres: la Torre de las Américas, el edificio Space Needle de Seattle, el monumento de Washington y el monumento de San Jacinto y unirlas por los extremos, ¿qué longitud tendría la línea de torres?

11. Medición ¿Cuál es la altura de la Torre de las Américas en pulgadas?

Datos divertidos

- La Torre mide 750 pies de altura. Es 87 pies más alta que el edificio Space Needle de Seattle, 67 pies más alta que el monumento de Washington y 52 pies más alta que el monumento de San Jacinto.

- La Torre tiene un mirador con amplios ventanales de vidrio. Si visitas la torre, puedes dar una vuelta completa alrededor del observatorio circular en lo más alto de la Torre.

Resolver problemas de [TAKS]

Escoge una estrategia
- Busca un patrón
- Haz un dibujo
- Adivina y comprueba

1 ¿Cuál de las siguientes opciones describe la regla de este patrón?

6, 8, 5, 7, 4, 6, 3, 5, 2

A Sumar 2, restar 1

B Sumar 2, restar 2

C Sumar 2, restar 3

D Sumar 3, restar 1

Objetivo 6 de [TAKS] TEKS 4.14C página 58

2 Megan preparó 2 jarras de jugo de frutas para un picnic. Cada jarra contiene 2 cuartos de galón. ¿Qué opción muestra el número de tazas de jugo de frutas que preparó Megan?

F 8 tazas

G 16 tazas

H 24 tazas

J 32 tazas

Consejo para [TAKS]

Usa la Tabla de matemáticas para hallar las conversiones de medidas.

Objetivo 6 de [TAKS] TEKS 4.11B página 264

3 **Respuesta con cuadrícula** Amy compró tres retazos iguales de tela. Luego, cortó 2 yardas de uno de los retazos. Le queda un retazo de tela de 6 yardas de largo. ¿Qué longitud tenía la tela original?

Objetivo 6 de [TAKS] TEKS 4.14C página 258

4 La tabla muestra el número de yardas de tela que Roy necesita para hacer camisetas.

Camisetas	Tela (yd)
4	16
7	28
9	36
11	44

Basándote en la información de la tabla, ¿cómo puede hallar Roy el número de camisetas que puede hacer con 60 yardas de tela?

F Suma 9 a 44.

G Divide 60 entre 4.

H Multiplica 60 por 4.

J Multiplica 15 por 4.

Objetivo 2 de [TAKS] TEKS 4.7 página 530

5 **Respuesta con cuadrícula** María usa una jarra de 1 galón para preparar refresco de frutas. Mezcla 8 tazas de jugo de naranjas con 1 cuarto de galón de jugo de arándanos. ¿Cuántos cuartos de jugo prepara María?

Objetivo 4 de [TAKS] TEKS 4.11B página 264

Leer y escribir matemáticas

Vocabulario de TAKS

La maestra Green hizo una encuesta entre los estudiantes de cuarto grado acerca de cuáles son sus deportes favoritos. Mostró los datos en una **pictografía**, una **gráfica de barras** y una **tabla**.

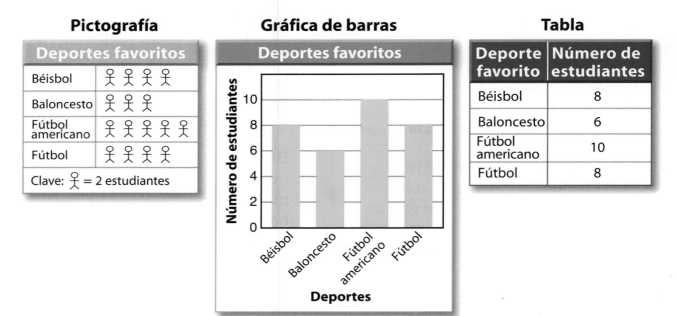

Pictografía

Deportes favoritos	
Béisbol	�818 �818 �818 �818
Baloncesto	�818 �818 �818
Fútbol americano	�818 �818 �818 �818 �818
Fútbol	�818 �818 �818 �818
Clave: �818 = 2 estudiantes	

Gráfica de barras

Tabla

Deporte favorito	Número de estudiantes
Béisbol	8
Baloncesto	6
Fútbol americano	10
Fútbol	8

Responde a las preguntas.

1. ¿Qué tipo de representación usarías si quisieras calcular rápidamente cuántos estudiantes había en la clase de la maestra Green? ¿Por qué?

2. ¿Qué tipo de representación usarías si quisieras comparar el número de estudiantes a los que les gusta el béisbol con el número de estudiantes a los que les gusta el fútbol americano? ¿Por qué?

Escribir Durante una semana, lleva un registro del tiempo que pasas haciendo deportes. Anota a qué hora comienzas y a qué hora terminas cada día. Luego muestra los datos en una gráfica de barras.

Leer Busca libros relacionados con este concepto en tu biblioteca.

Objetivo 6 de TAKS

TEKS 4.15A Explicar y anotar observaciones utilizando objetos, palabras, dibujos, números y tecnología.

4.15B Relacionar el lenguaje informal con el lenguaje y los símbolos matemáticos.

Práctica adicional basada en los estándares

Conjunto A

Objetivo 2 de TAKS TEKS 4.7 página 530

Indica cómo están relacionados los números del Conjunto A con los números del Conjunto B.

1.

Conjunto A	Conjunto B
2	8
4	16
6	24
7	28

2.

Conjunto A	Conjunto B
24	3
40	5
48	6
64	8

3.

Conjunto A	Conjunto B
18	3
24	4
36	6
42	7

Resuelve los siguientes problemas.

4. Un boleto para el museo de arte local cuesta $9. Dos boletos cuestan $18. Cuatro boletos cuestan $36. ¿Cuánto costarán 7 boletos?

5. Dos cajas de crayones tienen 96 crayones. Cinco cajas de crayones tienen 240 crayones y 7 cajas de crayones tienen 336 crayones. ¿Qué puedes hacer para hallar el número de crayones que hay en 10 cajas?

Conjunto B

Objetivo 5 de TAKS TEKS 4.13B página 534

Usa la gráfica de barras para responder a las preguntas.

1. Haz una lista de la comida favorita de los estudiantes, de la menos popular a la más popular.

2. ¿Qué comida es exactamente la mitad de popular que la pizza?

3. Si cada uno de los encuestados dio una de las cuatro respuestas, ¿cuántas personas respondieron a la encuesta?

4. ¿Cuántas personas escogieron la tercera respuesta más popular?

5. Brinda un par de respuestas que representen más de la mitad de los encuestados.

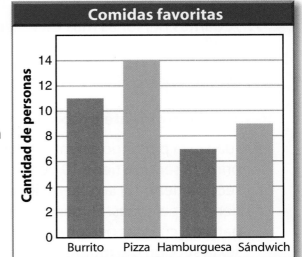

Comidas favoritas

6. Imagina que se encuesta a diez estudiantes más. ¿Cuántos deberían escoger un burrito como su comida favorita para que sea la opción más popular?

Education Place
Visita eduplace.com/txmap, donde encontrarás **consejos para tomar exámenes** y más **práctica para TAKS**.

Repaso/Examen del capítulo

Vocabulario y conceptos

Indica si las oraciones son verdaderas o falsas.

1. Una encuesta es una o más preguntas que se hacen a un grupo de personas para reunir información.

2. Cuando se hace una encuesta, los datos son la lista de preguntas que se hacen.

Cálculos

Halla la regla.

3.

Conjunto A	2	4	6	7	9
Conjunto B	12	24	36	42	54

4.

Conjunto A	21	35	42	56	63
Conjunto B	3	5	6	8	9

Halla los números que faltan.

5.

Conjunto A	2	4	5	7	8
Conjunto B	16	32	40	56	

6.

Conjunto A	9	12	18	21	27
Conjunto B	3	4	6	7	

Resolver problemas y razonamiento

Usa la gráfica de barras para resolver los problemas 7 y 8.

7. ¿Cuántas personas más escogieron leer un libro en lugar de jugar a un juego?

8. ¿Cuántas personas fueron encuestadas?

Resuelve el siguiente problema.

9. Juan está pintando un mural por secciones. La primera sección tiene 10 personas. La segunda sección tiene 13; la tercera tiene 19 y la cuarta tiene 28 personas. Si Juan continúa con el patrón, ¿cuántas personas habrá en la sexta sección del mural?

Actividades favoritas para los días de lluvia

Escribir matemáticas Explica cómo resolviste la pregunta 10.

Preparación para *TAKS* y repaso frecuente

1 ¿Cuál es la mejor estimación del volumen del prisma?

A 3 unidades cúbicas

B 63 unidades cúbicas

C 540 unidades cúbicas

D 5,400 unidades cúbicas

Objetivo 4 de *TAKS* **TEKS 4.11D** página 524

2 Theresa pintó 12 cuadrados más de los que se muestran en el modelo. ¿Qué decimal representó su modelo?

F 0.40

G 0.52

H 0.62

J 0.64

Consejo para *TAKS*

El número de partes en el modelo indica si representa décimos o centésimos.

Objetivo 1 de *TAKS* **TEKS 4.3B** página 416

3 Miguel tenía 36 crayones de colores. Regaló 15. Luego compró 7 más. ¿Qué opción muestra cuántos crayones tiene Miguel ahora?

A Restar 15 y luego restar 7 de 36

B Restar 15 de 36 y luego sumar 7

C Sumar 15 y luego restar 7 de 36

D Sumar 15 y luego sumar 7 a 36

Objetivo 6 de *TAKS* **TEKS 4.15B** página XX

4 ¿Cuál es la mejor estimación del peso de un libro?

F 1 onza

G 1 libra

H 10 libras

J 1 tonelada

Objetivo 4 de *TAKS* **TEKS 4.11A** página 282

5 ¿Cuál de estos objetos es más probable que pese 6 onzas?

A un sujetapapeles

B un bolo de boliche

C una taza

D un carro

Objetivo 4 de *TAKS* **TEKS 4.11A** página 282

6 **Respuesta con cuadrícula** Halla el producto de 17 por 10.

Objetivo 2 de *TAKS* **TEKS 4.6B** página 170

Education Place
Visita eduplace.com/txmap, donde encontrarás **consejos para tomar exámenes** y más **práctica para TAKS**.

Capítulo 24 Preparación para TAKS y repaso frecuente **543**

Probabilidad

Vocabulario y conceptos

Escoge el mejor término para completar las oraciones. Grado 3

1. La posibilidad de que un evento ocurra es su _____.

2. A veces puedes _____ los resultados de los eventos.

Cálculos

Haz una lista de todos los pares de números con la suma dada. Grado 3

3. 8 **4.** 10 **5.** 12 **6.** 7

Multiplica. página 172

7. $5 \times 3 \times 8$ **8.** $2 \times 6 \times 5$ **9.** $7 \times 2 \times 6$

Resolver problemas y razonamiento Grado 3

10. Si lanzas una moneda, ¿es más probable, igual de probable o menos probable que caiga en *cara* o que caiga en *cruz*? Explica tu respuesta.

Vocabulario de TAKS

¡Visualízalo!

Un **diagrama de árbol** muestra todas las combinaciones posibles de abrigos y zapatos que puede usar Jackie.

Ropa de Jackie	
Abrigos	**Zapatos**
chaqueta roja	botas negras
	zapatillas azules
chaqueta azul	zapatos marrones

Mi mundo bilingüe

Las palabras que se parecen en español y en inglés muchas veces tienen el mismo significado.

Español	Inglés
combinaciones	**combinations**
diagrama	**diagram**

Consulta el **Glosario español–inglés**, páginas 569 a 582.

Hay 6 **combinaciones** posibles.

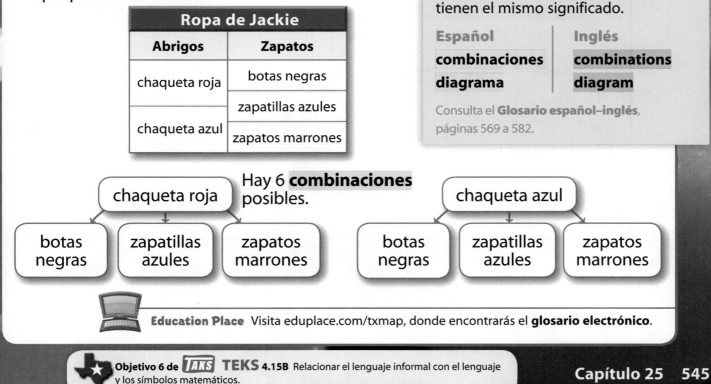

Education Place Visita eduplace.com/txmap, donde encontrarás el **glosario electrónico**.

Objetivo 6 de TAKS **TEKS** 4.15B Relacionar el lenguaje informal con el lenguaje y los símbolos matemáticos.

Capítulo 25 545

Objetivos 5 y 6 de TAKS

TEKS 4.13A Utilizar objetos concretos o dibujos para hacer generalizaciones que determinen todas las combinaciones posibles de un conjunto de datos u objetos en un problema.

También 4.14D

Vocabulario de TAKS

Una **predicción** es intentar adivinar la probabilidad de que ocurra un evento.

Materiales
2 dados numerados del 1 al 6

Aplícalo
Experimentos

Objetivo Hacer generalizaciones que determinen todos los resultados posibles.

★ Explorar

Puedes hacer una **predicción** sobre los resultados de un evento. Un experimento te puede mostrar en qué medida tu predicción coincide con los resultados reales.

Pregunta ¿Cómo un experimento puede mejorar las predicciones?

Cuando lanzas dos dados, las sumas posibles de los números que salen son 2, 3, 4, 5, 6, 7, 8, 9, 10, 11 y 12. ¿Qué suma crees que es más probable que salga?

1 Con un compañero, haz un tablero de conteo para anotar el número de veces que salen las sumas. Predice qué suma es más probable que salga. Rodea con un círculo esa suma en el tablero.

Sumas	Conteo	Número

2 Lanza un par de dados. Halla la suma de los números que salen. Anota el resultado en el tablero de conteo. Repite este proceso 25 veces.

- Cuenta los conteos y anota los totales de cada suma.

- ¿Qué diferencia hay entre tus predicciones y los resultados reales?

Usando los resultados de tu experimento, puedes hacer una mejor predicción.

1 Haz otra predicción. Usa los resultados del primer experimento como ayuda. Coloca una estrella junto a tu nueva predicción.

2 Trabaja con un compañero. Lanza un par de dados 25 veces más.

Anota los resultados en el mismo tablero que usaste para el primer experimento.

3 Resume tus resultados.

- ¿En qué se diferencian tus predicciones y los resultados reales?

- ¿Tu segunda predicción fue más exacta?

- ¿Qué razonamiento usaste para hacer tu primera y tu segunda predicción?

★ Extender

Usa los resultados de tus experimentos para responder a las preguntas.

1. ¿Qué suma salió con menos frecuencia?

2. ¿Qué probabilidad hay de que salga una suma de 0 ó una suma de 13?

3. Enumera todas las maneras posibles de que salga cada suma. Por ejemplo, se puede sumar 6 con un 1 y un 5, con un 2 y un 4 o con dos 3.

4. **Razonamiento** ¿Qué sucedería si los dados estuvieran numerados del 2 al 7? ¿Cómo cambiarían las sumas posibles?

5. Imagina que lanzas cien veces dos dados numerados del 2 a 7. ¿Qué suma crees que saldría con más frecuencia? Explica tu razonamiento.

6. **Reto** Describe un par de dados con los que sea más probable lanzar la suma 13. Indica cómo hiciste tu predicción.

Diario de matemáticas

Escribir matemáticas

Predice Imagina que Tom lanza un dado numerado del 1 al 6. Tom predice que saldrá un número menor que 4 con más frecuencia que un número mayor que 4. ¿Estás de acuerdo con la predicción de Tom? Explica tu razonamiento.

Objetivos 5 y 6 de *TAKS*

TEKS 4.13A Utilizar objetos concretos o dibujos para hacer generalizaciones que determinen todas las combinaciones posibles de un conjunto de datos u objetos en un problema.

4.14D Utilizar herramientas tales como objetos reales, manipulativos y tecnología para resolver problemas.

También 4.14B

Vocabulario de *TAKS*

Una **combinación** es una agrupación de objetos en la que el orden no es importante.

Materiales
Cubos de unidades

Resolver problemas
Usa modelos para hacer una dramatización

Objetivo Usar objetos concretos para hacer generalizaciones que determinen todas las combinaciones posibles.

★ Razonar y aprender

Yolanda tiene 2 pares de zapatillas deportivas y 3 pares de cordones. ¿Cuántas **combinaciones** diferentes de pares de zapatillas deportivas y cordones puede hacer?

COMPRÉNDELO

Yolanda tiene 2 pares de zapatillas deportivas y 3 pares de cordones.

PLANÉALO

Usa cubos de unidades para representar el problema.

RESUÉLVELO

Usa cubos negros y rojos para representar las zapatillas deportivas. Usa cubos azules, amarillos y verdes para representar los cordones.

Conecta cada uno de los colores de los cordones con un cubo negro. ¿Cuántos pares de cubos tienes?

Conecta cada uno de los colores de los cordones con un cubo rojo. ¿Cuántos pares tienes en total?

Yolanda puede combinar un par de cordones con un par de zapatillas de 6 maneras diferentes.

VERIFÍCALO

¿Cómo te ayuda usar cubos de unidades a resolver un problema?

★ Práctica guiada

Usa las preguntas para resolver el problema.

El señor Alverez está creando contraseñas para algunos archivos bloqueados de su computadora. Los códigos están formados por 1 letra y 1 número de la computadora de la derecha. En cada contraseña, la letra debe ir antes que el número. ¿Cuántas contraseñas puede crear el señor Alverez?

Escoge una letra:
R S T U

Escoge un número:
5 6 7

1. **a. Compréndelo/Planéalo** ¿Qué puedes usar para representar las letras y los números?

   b. Resuélvelo Forma pares con un modelo. ¿Cuántas combinaciones hay?

   c. Verifícalo ¿Cómo puedes comprobar que tu respuesta es correcta?

 Hablar de matemáticas ¿Cómo te ayudan los modelos a resolver un problema?

★ Práctica para resolver problemas

Usa cubos de unidades para mostrar todas las combinaciones.

3. Claude está haciendo disfraces para una obra de la escuela. Tiene un sombrero rojo, uno violeta y uno verde. También tiene una capa amarilla, una negra, una azul y una roja. ¿Cuántos disfraces puede hacer Claude?

4. Las opciones para el almuerzo son chiles o espaguetis. Las opciones de bebida son leche o jugo de manzana. Las opciones de postre son galletas o una naranja. ¿Cuántos almuerzos diferentes puede escoger Verónica si escoge una opción de cada categoría?

Usa el diagrama para resolver los problemas 5 y 6.

5. La señora Clemens quiere conducir desde Waco, Texas, hasta San Antonio, Texas, pasando por Cameron, Texas. ¿De cuántas maneras puede hacerlo?

6. Imagina que la ruta Z está cerrada. ¿De cuántas maneras puede hacer el viaje la señora Clemens?

7. **Reto** Hilda tiene un candado con combinación para su bicicleta. El código del candado tiene 3 dígitos. Cada dígito puede ser un número entre el 0 y el 9. Si Hilda olvida su código, ¿cuántos números diferentes puede probar para abrir el candado?

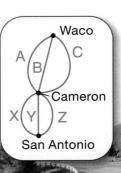

Quitaque, Texas

El Parque Estatal Caprock Canyons está 100 millas al sudeste de Amarillo. Los primeros registros históricos de la región se hicieron cuando el explorador Francisco Coronado llegó allí en 1541.

Caprock Canyons

Caprock Canyons bordea la parte sureste del extremo norte de Texas.

El Parque Estatal Caprock Canyons se abrió en 1982. El parque ocupa cerca de 15,314 acres e incluye 64.25 millas de senderos. El punto más bajo del parque está a 2,180 pies. El punto más alto está a 3,180 pies.

Usa los datos de esta página para resolver los problemas.

8. Escribe el área del parque en forma extendida y en forma verbal.

9. Redondeados a la centena más cercana, ¿cuáles son el punto más alto y el punto más bajo del Parque Estatal Caprock Canyons?

10. ¿Cuántos años hace que está abierto el parque?

11. En una maratón se corren 26 millas, que son aproximadamente 41.6 kilómetros. Si recorrieras todo el sendero del parque, ¿recorrerías más o menos distancia que si corrieras 2 maratones?

12. ¿Cuántos años hace que el explorador español Coronado recorrió la región?

13. **Reto** Haz una línea cronológica de Caprock Canyons desde los primeros tiempos en que los indígenas norteamericanos vivieron allí hasta la actualidad.

Datos divertidos

- Hace más de 10,000 años vivieron indígenas norteamericanos en Caprock Canyons.

- Los primeros habitantes eran conocidos por las puntas de Folsom, que eran puntas de flecha usadas para cazar bisontes.

- Durante una excavación, se descubrieron 19 puntas de Folsom.

Objetivo 1 de TAKS
TEKS 4.3A, 2B de Estudios sociales

Escoge una estrategia
- Busca un patrón
- Haz un dibujo
- Adivina y comprueba
- Haz una dramatización

14. Medición Mide la longitud y el ancho de la punta de Folsom en el punto más ancho al milímetro más cercano.

15. Medición Mide la longitud y el ancho de la punta de Folsom en el punto más ancho al cuarto de pulgada más cercano.

16. Razonamiento ¿Qué mediciones crees que son más precisas, las mediciones del sistema métrico (SI) del problema 14 o las del sistema usual (inglés) del problema 15? ¿Por qué?

17. La punta de Folsom promedio tiene una masa de aproximadamente 4 gramos y un grosor de aproximadamente 5 mm. Halla la masa total de las puntas de Folsom descubiertas durante la excavación.

Crea y resuelve

18. Julia creó y resolvió el siguiente problema usando una tabla de distancias de Caprock Canyons a otras atracciones de Texas.

> Después de recorrer el Parque Estatal Caprock Canyons, John quiere visitar Amarillo. Si conduce a una velocidad constante de 50 millas por hora, ¿cuánto tiempo tardará John en llegar a Amarillo?

19. Escribe dos problemas a partir de los datos de la tabla.

20. Muestra la solución a tus problemas. Asegúrate de indicar los pasos que seguiste para resolver cada uno.

Intercambia los problemas con un compañero. Resuelvan y comenten los problemas del otro.

Excursiones para el día	
Atracción	**Distancia**
Amarillo	100 mi
Lago Meredith	130 mi
Parque Estatal Palo Duro Canyon	93 mi
Cañón Tule	32 mi
Lago White River	90 mi

Práctica para TAKS **Respuesta con cuadrícula**

Consejo para TAKS

Escribe pares de palabras o de números para hallar todas las combinaciones posibles.

21 Cindy está haciendo una bandera para su clase. El fondo puede ser rojo, blanco o azul. Puede coserle un triángulo, un cuadrado o un círculo. ¿De cuántas maneras puede diseñar la bandera?

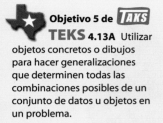

Objetivo 5 de **TAKS**

TEKS 4.13A Utilizar objetos concretos o dibujos para hacer generalizaciones que determinen todas las combinaciones posibles de un conjunto de datos u objetos en un problema.

Diagramas de árbol

Objetivo Usar dibujos para hacer generalizaciones que determinen todas las combinaciones posibles.

★ Aprender con ejemplos

Nell va a la feria de la escuela. Puede escoger dos juegos, como se muestra en la tabla. ¿De cuántas maneras diferentes puede escoger Nell dos juegos?

Haz un diagrama de árbol.

Juegos para escoger	
Primer juego	**Segundo juego**
Lanzamiento de aros	Lanzamiento de pelotas
	Lanzamiento al aro
Juego de la herradura	Dardos

1 Si Nell escoge el lanzamiento de aros como primer juego, luego puede escoger el lanzamiento de pelotas como segundo juego. ¿Cuáles son las otras opciones para el segundo juego?

Lanzamiento de aros → Lanzamiento de pelotas ○ ○

2 Si Nell escoge el juego de la herradura como primer juego, ¿cuáles son las opciones para el segundo juego?

Juego de la herradura → Lanzamiento de pelotas ○ ○

Nell puede escoger 6 pares de juegos diferentes.

Piénsalo

- ¿Mostré todas las combinaciones posibles?
- ¿Revisé para comprobar si faltaban combinaciones?

★ Práctica guiada

Puedes escoger una opción de cada fila. Haz un diagrama de árbol para mostrar todas las opciones posibles. Luego, escribe el número total de opciones posibles.

1.

Camisas	Blanca	Azul	
Pantalones	Habano	Negro	Marrón

2.

Yogur	Durazno	Vainilla
Agregados	Nueces	Frutas

Resolver problemas con ayuda

Usa las preguntas para resolver el problema.

3. Donny puede almorzar un sándwich de pollo o uno de pavo. También puede escoger entre limonada, jugo de manzana o leche. Haz un diagrama de árbol para mostrar todas las opciones posibles.

   a. **Compréndelo** ¿Cuántas primeras opciones hay? ¿Cuáles son?

   b. **Planéalo/Resuélvelo** Haz un diagrama de árbol.

   c. **Verifícalo** Completa la oración.
   Donny tiene ◯ opciones posibles para el almuerzo.

123 Hablar de matemáticas ¿El orden en que escoges afecta el número de opciones posibles? Explica tu respuesta.

★ Practicar y resolver problemas

Puedes escoger una opción de cada fila. Haz un diagrama de árbol para mostrar todas las opciones posibles. Luego, escribe el número total de opciones posibles.

4.

Bebida	Leche		Jugo	
Comida	Huevos	Panqueques	Cereales	Frutas

5.

Tamaño de la pizza	Pequeña	Mediana	Grande	Gigante
Agregados	Hongos		Cebolla	Salchichón

6. Luisa quiere una camiseta. Puede escoger entre la que tiene escote redondo y la que tiene escote en V. Los colores posibles son rojo, azul, blanco, amarillo o rosa. ¿Cuántas camisetas diferentes puede escoger?

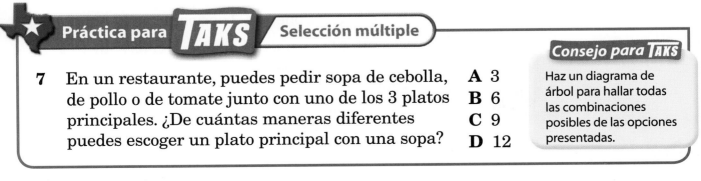

★ Práctica para TAKS — Selección múltiple

7 En un restaurante, puedes pedir sopa de cebolla, de pollo o de tomate junto con uno de los 3 platos principales. ¿De cuántas maneras diferentes puedes escoger un plato principal con una sopa?

   A 3
   B 6
   C 9
   D 12

Consejo para TAKS
Haz un diagrama de árbol para hallar todas las combinaciones posibles de las opciones presentadas.

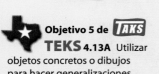

LECCIÓN 4

Objetivo 5 de **TAKS**

TEKS 4.13A Utilizar objetos concretos o dibujos para hacer generalizaciones que determinen todas las combinaciones posibles de un conjunto de datos u objetos en un problema.

Todas las combinaciones posibles

Objetivo Usar generalizaciones para resolver problemas con combinaciones.

★ Razonar y aprender

En la Lección 3 usaste diagramas de árbol para hallar todas las combinaciones posibles. En esta lección hallarás otra manera de determinar el número de combinaciones posibles que pueden tener dos o más grupos.

Ejemplo 1

1 Nell podía escoger dos juegos. El número total de opciones es 6.

Primer juego
Lanzamiento de aros

Segundo juego
→ Lanzamiento de pelotas
→ Lanzamiento al aro
→ Dardos

2 ¿Cómo se relaciona el número de opciones de juegos con el número total de opciones?

Juego de la herradura
→ Lanzamiento de pelotas
→ Lanzamiento al aro
→ Dardos

Primer Juego   **Segundo juego**
2 opciones × 3 opciones = 6 opciones

Ejemplo 2

Otis y Stacy están cenando en un restaurante. Pueden escoger entre 4 ensaladas, 2 tipos de pastas y 3 postres. ¿De cuántas maneras pueden Otis y Stacy escoger su cena?

1 Hay 4 opciones de ensalada, 2 de pastas y 3 de postre.

2 Para resolver el problema, puedes escribir una oración de multiplicación.

Ensalada   **Pastas**   **Postre**
4 opciones × 2 opciones × 3 opciones = ◯ opciones

Otis y Stacy pueden escoger la cena entre ◯ opciones diferentes.

Halla cuántas combinaciones puedes hacer.

1. pizza: 3 tipos de masa, 5 agregados

2. monedas: 3 de veinticinco centavos,
2 de diez centavos y 5 de cinco centavos

3. tarjetas de béisbol: 12 equipos, 9 posiciones

Piénsalo
- ¿Qué datos conozco?
- ¿Escribí una oración numérica correcta para representar todas las combinaciones posibles?

Resolver problemas con ayuda
Usa las preguntas para resolver el problema.

4. Darlene puede comprar una camiseta para la escuela en talle pequeño, mediano o grande. Puede escoger entre 5 colores y 2 diseños diferentes. ¿Cuántas camisetas diferentes hay?

a. Compréndelo/Planéalo ¿Cuántas primeras opciones hay? ¿Cuántas segundas opciones hay? ¿Cuántas terceras opciones hay?

b. Resuélvelo Escribe una oración numérica para resolver el problema.

c. Verifícalo ¿Cómo puedes comprobar tu respuesta?

5. En el problema 4, ¿qué sucedería si hubiera 8 colores? ¿Cuántas camisetas diferentes habría?

123 Hablar de matemáticas Ron compra 5 camisetas y 3 pantalones. Ron sabe que estas prendas alcanzarán para formar conjuntos diferentes para 2 semanas. Explica cómo lo sabe.

Halla cuántas combinaciones puedes hacer.

6. helado: 5 sabores, 4 agregados

7. conjuntos: 4 camisas, 4 pantalones, 5 pares de medias, 2 pares de zapatos

8. desayuno: 6 tipos de pan, 3 pastas para untar, 5 bebidas

Resuelve los siguientes problemas.

9. **Justifica** La familia de Jan planea hacer un viaje en dos etapas. Planean visitar un estado y luego otro. ¿De cuántas maneras pueden planear su viaje?

10. Una bolsa contiene tiras de papel con los números 1, 2, 3, 4 y 5. Otra bolsa contiene los números 6, 7, 8 y 9. ¿De cuántas maneras puedes seleccionar un número de cada bolsa?

11. **Reto** ¿Cuántas combinaciones de 5 letras puedes formar con las letras de la palabra *Texas*?

Estados para visitar	
Primer estado	**Segundo estado**
Texas	Louisiana
Oklahoma	Nuevo México
Arkansas	Tennessee
	Kansas

Conexión con las ciencias

Usa la tabla que muestra los primeros vuelos de los hermanos Wright para resolver los problemas 12 a 15.

12. Entre 1903 y 1905, los hermanos Wright construyeron tres aviones de propulsión a motor. Imagina que cada uno de los hermanos piloteó cada avión al menos una vez. ¿Cuál es el número mínimo de vuelos que pudieron haber hecho en total?

13. En total, ¿quién estuvo más tiempo en el aire: Wilbur u Orville? ¿Cuánto tiempo más?

14. Imagina que en su primer vuelo Orville recorrió la misma distancia por segundo. ¿Qué distancia habría recorrido en 1 segundo?

15. Redondea o usa números compatibles para estimar la distancia recorrida por segundo en los vuelos 2, 3 y 4. Describe el método que usaste.

Datos divertidos

En el invierno de 1903, los hermanos Wright volaron por primera vez un avión de propulsión a motor.

Primeros vuelos de los hermanos Wright			
Recorrido del vuelo	**Piloto**	**Distancia (en pies)**	**Tiempo (en segundos)**
1	Orville	120	12
2	Wilbur	175	12
3	Orville	200	15
4	Wilbur	852	59

Objetivos 1, 5, y 6 de **TAKS**
TEKS 4.1A, 4.3A, 4.4C, 4.13A, 4.14A, 4.3E de Ciencias

Ayudar a los clientes

Los cajeros de banco ayudan a los clientes a cobrar cheques, hacer depósitos o retirar dinero de sus cuentas. Además, venden bonos de ahorro para inversiones. Carolyn ayuda a los clientes del banco en el que trabaja.

Resuelve.

1. La primera clienta de Carolyn llegó al banco con una bolsa de monedas. La clienta quería cambiar sus monedas por monedas y billetes de mayor valor.

> 15 monedas de veinticinco centavos, 19 monedas de diez centavos, 14 monedas de cinco centavos y 75 monedas de un centavo

a. Usa el Recurso de enseñanza 21 para hallar los valores totales de cada tipo de moneda. ¿De qué tipo de moneda tiene menos cantidad de dinero?

b. ¿Cuál es el valor total de las monedas?

c. ¿Qué billetes y monedas debería darle Carolyn a la clienta a cambio de sus monedas?

2. La segunda clienta de Carolyn preguntó el saldo de su cuenta corriente. ¿Qué error encuentras?

NÚMERO	DESCRIPCIÓN	IMPORTE DEL CHEQUE	SALDO
800	CD para hacer un regalo de cumpleaños	44.97	301.64
801	Cena con amigos	56.82	244.82
802	Donación para obras de caridad	35.00	279.82
803	Cuenta de electricidad	24.63	255.19

Registro de cheques

3. ¿Cuál es la mayor cantidad de dinero que muestra la chequera?

Leer y escribir matemáticas

Vocabulario de TAKS

Halil puede escoger dos actividades por tarde del programa de actividades para después de clase. Éstas son las opciones que ofrece el programa:

3:00–4:00	4:00–5:00
Ajedrez	Cocina
Baloncesto	Pintura de murales
	Fútbol

Responde a las preguntas.

1. Haz un **diagrama de árbol** que muestre todas las **combinaciones** diferentes de actividades que Halil puede escoger.

2. ¿Cuántas combinaciones diferentes de actividades hay?

3. El programa decide incorporar origami como otra opción entre las 4:00 y las 5:00. ¿Cuántas combinaciones diferentes hay ahora?

A muchos estudiantes no los recogen de la escuela hasta las 6:00, por lo que el programa agrega una tercera actividad. Observa el nuevo cronograma.

3:00–4:00	4:00–5:00	5:00–6:00
Ajedrez	Cocina	Club de lectura
Baloncesto	Pintura de murales	Voleibol
	Fútbol	
	Origami	

4. ¿Cuántas combinaciones de actividades hay ahora?

Escribir Si el programa decidiera mover origami a la franja horaria de 5:00 a 6:00, ¿cambiaría el número de combinaciones? Explica tu respuesta.

Leer Busca libros relacionados con este concepto en tu biblioteca.

Objetivo 6 de TAKS
TEKS 4.15A Explicar y anotar observaciones utilizando objetos, palabras, dibujos, números y tecnología.

4.15B Relacionar el lenguaje informal con el lenguaje y los símbolos matemáticos.

★ Práctica adicional basada en los estándares

Conjunto A ———————————————— Objetivos 5 y 6 de **TAKS** TEKS 4.13A, 4.14A, 4.14B página 552

Haz un diagrama de árbol para mostrar todas las combinaciones posibles. Luego, escribe el número de combinaciones posibles.

1.

Gatitos	
Sexo	**Pelo**
Macho	Negro
Hembra	Atigrado
	Manchado

2.

Pantalones	
Color	**Modelo**
Oscuro	Recto
Desteñido	Ancho
Blanco	Acampanado

3.

Parque de atracciones	
Atracción acuática	**Atracción de miedo**
Montaña rusa de agua	Montaña rusa
Tobogán gigante	Casa del terror
Submarino	

Haz un diagrama de árbol para resolver los problemas.

4. Craig, Oanh y Alan llegan tarde a almorzar. Lo único que queda es una porción de pizza, un plato de palitos de pescado y un plato de estofado. ¿De cuántas maneras diferentes pueden almorzar los tres?

5. Alexis le va a regalar a su padre un pisapapeles para su cumpleaños. Puede escogerlo de plata o de oro, con letras de imprenta o de caligrafía, y grabar el nombre de su padre, las iniciales o la fecha de cumpleaños. ¿De cuántas maneras diferentes puede pedir el pisapapeles?

Conjunto B ———————————————— Objetivos 5 y 6 de **TAKS** TEKS 4.13A, 4.14A, 4.14B página 554

Halla de cuántas maneras diferentes se pueden combinar los siguientes objetos.

1. 3 reproductores de MP3, 6 tipos de audífonos

2. 8 tipos de sofá, 150 telas

3. 3 clases de matemáticas, 4 clases de ciencias, 6 clases de inglés

Resuelve los siguientes problemas.

4. En un juego de mesa, cada jugador tiene que escoger una de 8 fichas y una de 6 casillas. ¿Cuántas combinaciones diferentes hay?

5. Puedes pedir un batido con uno de 9 jugos diferentes, con yogur o leche de soja, y fresas, bananas o piñas. ¿De cuántas maneras diferentes se puede pedir un batido?

Education Place
Visita eduplace.com/txmap, donde encontrarás **consejos para tomar exámenes** y más **práctica para TAKS.**

Repaso/Examen del capítulo

Vocabulario y conceptos

Escoge el mejor término para completar las oraciones.

> **Banco de palabras**
>
> **combinaciones**
> **datos**
> **diagrama de árbol**

1. Las _____ son las maneras en que se puede agrupar un determinado número de objetos.

2. Un _____ muestra todas las combinaciones posibles de los objetos dados.

Cálculos

Escoge una opción de cada columna. Haz un diagrama de árbol para representar todas las opciones posibles.

3.

Reloj	
Tipo	**Malla**
Análogo	Cuero
Digital	Goma
	Acero

4.

Paquete de vacaciones	
Pasaje aéreo	**Hotel**
Clase turista	En la ciudad
Clase ejecutiva	Junto a un lago
Primera clase	Cabaña

Halla la cantidad de maneras en que puedes escoger los siguientes objetos.

5. 4 tamaños de monitores, 5 discos duros

6. 15 películas, 7 horarios

7. 3 tipos de carne, 5 tipos de queso, 6 tipos de pan

Resolver problemas y razonamiento

8. Ellen está jugando a un juego. Lanza un dado para ver cuántos casilleros debe avanzar. Hace girar un trompo para escoger uno de ocho senderos. ¿Cuántos movimientos diferentes se pueden hacer?

9. Shay va a comprar una camiseta de baloncesto. Puede escoger entre 12 colores, 8 colores de adorno y 6 estilos de letras. ¿De cuántas maneras diferentes puede pedir la camiseta?

10. En el restaurante de Sunny, puedes escoger el almuerzo entre 6 platos principales, 3 jugos y 3 clases de tostadas. El domingo pasado, el restaurante se quedó sin uno de los jugos. ¿Cuántos almuerzos diferentes se podían pedir el domingo pasado?

Diario de matemáticas

Escribir matemáticas ¿Qué tipo de contraseña de seguridad de cuatro dígitos será más difícil de descifrar: una compuesta por números o una formada por letras? Explica tu respuesta.

Preparación para TAKS y repaso frecuente

1 El siguiente modelo está sombreado para representar $1\frac{7}{10}$.

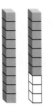

¿Qué decimal representa el modelo?

A 0.17

B 0.7

C 1.07

D 1.7

Objetivo 1 de TAKS   TEKS 4.2D página 376

2 Usa una regla para medir los lados de la siguiente figura.

F 11 cm²

G 12 cm²

H 13 cm²

J 14 cm²

Objetivo 4 de TAKS   TEKS 4.11A página 472

3 Lydia fue a una ferretería. Compró un martillo por $4.50, una llave inglesa por $6 y 2 cajas de clavos. ¿Qué información se necesita para calcular la cantidad total que gastó Lydia en la tienda?

A el precio de una caja de clavos

B el número de clavos que hay en cada caja

C el número de martillos que hay en la tienda

D el precio de la llave inglesa

Objetivo 6 de TAKS   TEKS 4.14C

4 **Respuesta con cuadrícula** Una jarra contiene 56 onzas de agua. ¿Cuántas tazas de agua contiene la jarra?

Objetivo 4 de TAKS   TEKS 4.11B página 264

5 **Respuesta con cuadrícula** Stacey hornea panecillos en tandas. La tabla muestra cuántos panecillos hay en 5, 10 y 15 tandas.

Tandas	Panecillos
5	60
7	84
9	108

¿Cuántos panecillos hay en 12 tandas?

Objetivo 2 de TAKS   TEKS 4.6B página 172

Education Place
Visita eduplace.com/txmap, donde encontrarás **consejos para tomar exámenes** y más **práctica para TAKS**.

Examen de la Unidad 10

Vocabulario y conceptos ——————————— Objetivos 5 y 6 de *TAKS* TEKS 4.13A, 4.15A

Completa los espacios en blanco para terminar las oraciones.

1. Una _____ se usa para hacer preguntas y anotar las respuestas.

2. Una _____ un intento de hallar la posibilidad de que ocurra un evento.

3. Cuando agrupas un conjunto de objetos de una manera determinada, tienes una _____ de objetos.

4. La información que se reúne en una encuesta se llaman _____.

5. Puedes usar un _____ para hacer una lista con los resultados de un evento.

Resolver problemas y razonamiento ——————— Objetivos 2, 5 y 6 de *TAKS* TEKS 4.7, 4.13A, 4.13B, 4.14C

Usa la gráfica de barras para resolver los problemas 6 a 8. Se preguntó a un grupo de estudiantes cuál era su color favorito.

6. ¿Qué color prefieren la mayoría de los estudiantes de este grupo?

7. ¿Cuántos estudiantes participaron en la encuesta?

8. ¿Qué color escogieron aproximadamente la mitad de los estudiantes de los que escogieron el color favorito de la encuesta?

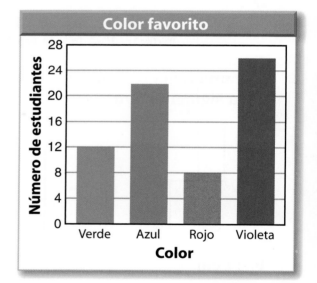

Resuelve.

9. Todas las semanas, la señora O'Donnel deposita dinero en su cuenta de ahorro. La tabla muestra cuánto dinero tiene en su cuenta al comenzar y al terminar cada semana. ¿Cuándo tendrá $1,095 en su cuenta?

Semana	Cantidad al inicio	Cantidad al final
1	$435	$545
2	$545	$655
3	$655	$765

Usa diagramas de árbol para resolver los problemas.

10. El servicio de computadoras de un banco requiere códigos formados por 1 número entre 7, 8 y 9 seguido de una letra entre A, H, E y P. ¿Cuántas combinaciones de códigos se pueden hacer?

11. Christoph se va de campamento. Necesita llevar un cuaderno y algo para escribir. ¿Cuántas combinaciones diferentes de un cuaderno y un elemento de escritura puede hacer?

Útiles escolares para escoger	
Cuadernos	**Elementos de escritura**
cuaderno rojo	lápiz marrón
cuaderno verde	
cuaderno azul	lapicera roja

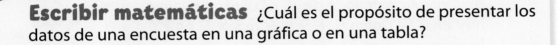

¡LAS GRANDES IDEAS!

Escribir matemáticas ¿Cuál es el propósito de presentar los datos de una encuesta en una gráfica o en una tabla?

Evaluar el rendimiento Objetivos 1 y 6 de *Taks* TEKS 4.3A, 4.14B, 4.14C, 4.14D, 4.15A

La encuesta dice...

Encuesta sobre el almuerzo

¿Cuál es tu comida favorita?

1. Trocitos de pollo

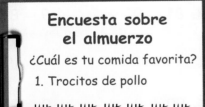

Encuesta sobre el almuerzo

2. Número total de encuestados:

203 estudiantes

Tarea	Información que necesitas
Eduardo está haciendo una encuesta para su escuela. Quiere saber cuáles son las comidas favoritas de los estudiantes. Ha perdido gran parte de la información. De todos modos, recuerda lo suficiente para hacer una gráfica de barras. Ayuda a Eduardo dibujando la gráfica de barras con la información de arriba y de la derecha.	El doble de los estudiantes que escogieron pizza escogieron tacos.
	El número de estudiantes a los que les gustan los sándwiches de queso es 13 menos que el número de los que prefieren macarrones con queso.
	Los trocitos de pollo les gustan a 6 estudiantes más que a los que les gustan los macarrones con queso.

Formar 9 grupos es tentador, pero con grupos de 9 es mucho mejor.

"Conozco una manera rápida de calcular 27 ÷ 9. En lugar de dividir 27 en 9 grupos, divido 27 en grupos de 9. ¿Cuántos nueves hay en 27? Como 9 + 9 + 9 ó 3 × 9 es 27, la respuesta es 3".

Divide entre 9

1. $27 \div 9 \rightarrow \boxed{3} \times 9 = 27$
¿Cuántos nueves?

2. $54 \div 9 \rightarrow \square \times 9 = 54$
¿Cuántos nueves?

3. $36 \div 9 \rightarrow \square \times 9 = 36$
¿Cuántos nueves?

4. $81 \div 9 \rightarrow \square \times 9 = 81$
¿Cuántos nueves?

¡Excelente! ¡Vas por buen camino!

5. $18 \div 9 \rightarrow \square \times 9 = 18$

6. $90 \div 9 \rightarrow \square \times 9 = 90$

7. $45 \div 9 \rightarrow \square \times 9 = 45$

8. $99 \div 9 \rightarrow \square \times 9 = 99$

¡Bravo!

¡Sigue adelante!

¡Ahora inténtalo siguiendo todos los pasos mentalmente!

9. $63 \div 9$

10. $180 \div 9$

11. $72 \div 9$

12. $270 \div 9$

ESTE AÑO aprendí a...

Lógica numérica y cálculos

- leer, escribir, comparar y ordenar números enteros, decimales y fracciones;
- sumar y restar para resolver problemas relevantes; y
- multiplicar y dividir para resolver problemas relevantes.

1. Joe ganó $45.78 y Beth ganó $45.87. ¿Quién ganó más?

2. Hay 16 lápices de colores en cada caja. El maestro de arte encargó 18 cajas de lápices de colores. ¿Cuántos lápices encargó?

3. Los lápices de colores se repartirán en cantidades iguales entre 12 clases. ¿Cuántos lápices de colores recibirá cada clase?

TEKS 4.1B, 4.4D

Geometría y medición

- usar traslaciones, reflexiones y rotaciones para verificar que dos figuras son congruentes; y
- hacer conversiones sencillas entre distintas unidades de longitud, capacidad y peso.

4. Calca la figura A. Usa tu dibujo para determinar si las otras figuras son congruentes con la figura A.

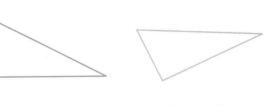

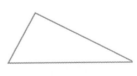

   Figura A   **Figura B**   **Figura C**   **Figura D**

5. Lisa mide 4 pies 3 pulgadas de estatura. ¿Cuántas pulgadas mide Lisa?

TEKS 4.9B, 4.11B

- reunir, organizar, representar e interpretar datos;
- interpretar gráficas de barras; y
- hallar todas las combinaciones posibles.

Sonia hizo una encuesta sobre las actividades favoritas al aire libre. La gráfica de barras muestra los resultados. Usa la gráfica para resolver los problemas 6 y 7.

6. ¿Cuál es la diferencia entre la actividad más popular y la menos popular?

7. Manuel escogió una de las dos actividades que recibieron el mismo número de votos. Para hacer su actividad no necesita usar una pelota. ¿Qué actividad escogió?

8. Debes escoger una camiseta y unos pantalones de entre los que se muestran a la derecha. Enumera todas las posibles combinaciones entre las que puedes escoger.

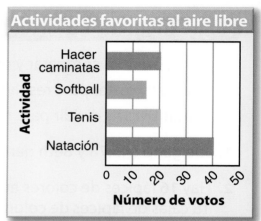

Actividades favoritas al aire libre

Actividad: Hacer caminatas, Softball, Tenis, Natación

Número de votos

TEKS 4.13A, 4.13B

EL AÑO QUE VIENE aprenderé más acerca de...

- comparar y contrastar longitudes, áreas y volúmenes de figuras geométricas;
- representar e interpretar datos en gráficas, diagramas y tablas; y
- aplicar operaciones con números enteros en diversos contextos.

Para prepararme para el año que viene puedo usar las hojas de Repasar/Preparar.

Más allá

Actividades

El año que viene aprenderás más acerca de resolver problemas con números enteros y fracciones, geometría y datos. Las actividades de Más allá te ayudarán a prepararte.

Grado 4
Tabla de matemáticas

Métrico

Longitud

1 kilómetro = 1000 metros
1 metro = 100 centímetros
1 centímetro = 10 milímetros

Capacidad y volumen

1 litro = 1000 mililitros

Masa y peso

1 kilogramo = 1000 gramos
1 gramo = 1000 miligramos

Inglés (usual)

1 milla = 1760 yardas
1 milla = 5280 pies
1 yarda = 3 pies
1 pie = 12 pulgadas

1 galón = 4 cuartos de galón
1 galón = 128 onzas
1 cuarto = 2 pintas
1 pinta = 2 tazas
1 taza = 8 onzas

1 tonelada = 2000 libras
1 libra = 16 onzas

Tiempo

1 año = 365 días
1 año = 12 meses
1 año = 52 semanas
1 semana = 7 días
1 día = 24 horas
1 hora = 60 minutos
1 minuto = 60 segundos

Grado 4 Tabla de matemáticas

Perímetro	cuadrado	$P = 4l$
	rectángulo	$P = 2l + 2a$ ó $P = 2(l + a)$
Área	rectángulo	$A = la$ ó $A = bh$

 **Glosario**

español-inglés para Texas

a.m. Horas entre la medianoche y el mediodía.

A.M. The hours between midnight and noon are A.M. hours.

ángulo Figura formada por dos semirrectas que tienen un mismo extremo.

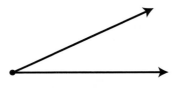

angle A figure that is formed by two rays that have the same endpoint.

ángulo agudo Ángulo menor que un ángulo recto.

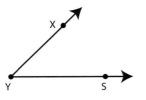

acute angle An acute angle is smaller than a right angle.

ángulo obtuso Ángulo mayor que un ángulo recto.

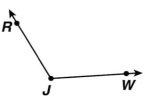

obtuse angle An obtuse angle is greater than a right angle.

ángulo recto Ángulo que se forma cuando dos segmentos de línea se encuentran y forman un vértice recto.

right angle An angle made when two line segments meet to form a square corner.

área Medida de cuántas unidades cuadradas cubre una figura.

area The measure of how many square units a figure covers.

arista Segmento de línea donde se encuentran dos caras de una figura de tres dimensiones.

arista

edge The line segment where two faces of a three-dimensional figure meet.

arreglo Agrupación de objetos o dibujos en filas y columnas iguales.

array An arrangement of objects or pictures in equal columns and rows.

B

base (de una figura geométrica) Lado inferior de un polígono o una de las dos caras paralelas y congruentes de un prisma o cilindro. La cara de un cono o pirámide opuesta al vértice.

base (of a geometric figure) A bottom side of a polygon or either of the two congruent parallel faces of a prism or cylinder. The face of a cone or a pyramid opposite the vertex.

C

capacidad Cantidad que puede contener un recipiente.

capacity The amount a container can hold.

cara Superficie plana de una figura de tres dimensiones.

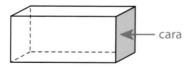

cara

face A flat surface of a three-dimensional figure.

Celsius Escala de temperatura del sistema métrico (SI) donde el punto de congelación del agua es 0 grados y el punto de ebullición es 100 grados.

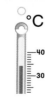

Celsius The SI (metric) temperature scale with the freezing point of water set to 0 degrees, and the boiling point set to 100 degrees.

centésimo Una de las 100 partes iguales de un entero.

un centésimo →

hundredth One of the 100 equal parts of a whole.

centímetro (cm) Unidad de longitud del sistema métrico (SI); 10 milímetros equivalen a 1 centímetro.

1 cm

centimeter (cm) A SI (metric) unit of length; 10 millimeters equal 1 centimeter.

cilindro Figura de tres dimensiones que tiene caras circulares paralelas y congruentes unidas por una superficie curva.

cylinder A three-dimensional figure that has parallel, congruent circular faces joined by a curved surface.

cociente Resultado de una división.

Ejemplo: $35 \div 7 = 5$

cociente

quotient The result of division.

combinación Agrupación de objetos en la que el orden no es importante.

combinations A grouping of objects in which order is not important.

comparar Decidir si un número es mayor, menor o igual que otro número.

compare To decide if one number is greater than, less than, or equal to another number.

congruentes Que tienen exactamente la misma forma y el mismo tamaño.

congruent Having exactly the same size and the same shape.

cono Figura de tres dimensiones que tiene una base circular y una superficie curva que termina en un punto llamado vértice.

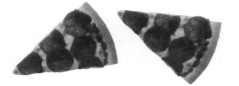

cone A three-dimensional figure that has a circular base and a curved surface that comes to a point called the vertex.

convertir Indicar una medida usando una unidad de medida diferente.

convert To name a measurement using a different unit of measure.

cuadrilátero Polígono que tiene cuatro lados y cuatro vértices.

quadrilateral A polygon with four sides and four vertices.

cuarto de galón (ct) Unidad de capacidad del sistema inglés (usual); 4 cuartos = 1 galón.

quart (qt) A customary unit of capacity; 4 quarts = 1 gallon.

cubo Figura de tres dimensiones que tiene seis caras cuadradas del mismo tamaño.

cube A three-dimensional figure that has six square faces of equal size.

D

datos Conjunto de números o información.

data A set of numbers or pieces of information.

decimal Número que usa el sistema de valor de posición y tiene un punto decimal. Otra manera de escribir fracciones con denominador 10, 100, etc. Ejemplos: 0.3 y 2.56.

decimal A number that uses the place-value system and a decimal point. Another way to write fractions with denominators of 10, 100, and so on. Examples: 0.3 and 2.56.

décimo Una de las 10 partes iguales de un entero o grupo.

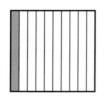

tenth One of the 10 equal parts of a whole or collection.

denominador Número que está debajo de la barra de una fracción. El denominador indica el número total de partes iguales.

denominator The number below the bar in a fraction. The denominator names the total number of equal parts.

diagrama de árbol Manera de presentar todas las combinaciones posibles de conjuntos de objetos.

tree diagram A way to display all the possible combinations of sets of objects.

dividendo Número que se divide en una división. En la oración numérica 30 ÷ 5 = 6, el dividendo es 30.

dividend The number being divided in division. In the number sentence 30 ÷ 5 = 6, the dividend is 30.

divisor Número entre el cual se divide al dividendo en una división. En la oración numérica 30 ÷ 5 = 6, el divisor es 5.

divisor The number that divides the dividend in division. In the number sentence 30 ÷ 5 = 6, the divisor is 5.

ecuación Oración matemática que tiene un signo de igual.

equation A mathematical sentence with an equal sign.

eje de simetría Línea sobre la que se puede reflejar una figura. La figura reflejada coincide exactamente con la figura original.

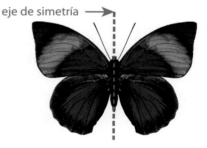

eje de simetría

line of symmetry A line over which a figure can be reflected. The reflected figure exactly matches the original figure.

encuesta Método para reunir información.

survey One method of collecting information.

escala (gráfica) Sistema de marcas distribuidas a intervalos iguales y en un orden específico. Se utiliza en gráficas para representar datos numéricos.

scale (graph) A system of marks at equal intervals and in a given order. Used on graphs to help display numerical data.

esfera Figura de tres dimensiones cuyos puntos están todos a la misma distancia del centro.

sphere A three-dimensional figure with each of its points the same distance from the center.

estimación; estimar Número cercano a una cantidad exacta; hallar una cantidad aproximada.

estimate A number close to an exact amount; to find about how many.

expresión Número, variable o una combinación de números, variables y signos de operación.

expression A number, variable, or any combination of numbers, variables, and operation signs.

extremo Punto ubicado en el punto inicial o final de un segmento de línea o donde comienza una semirrecta.

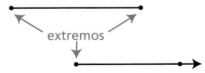
extremos

endpoint The point at either end of a line segment or the beginning point of a ray.

factores Números que al ser multiplicados dan como resultado un producto. Un factor indica el número de grupos. El otro indica el número que hay en cada grupo.

factors Numbers that when multiplied give a product. One factor tells the number of groups. The other tells the number in each group.

familia de operaciones Operaciones relacionadas que usan los mismos números. 3, 4 y 12 están en la misma familia de operaciones.

$$3 \times 4 = 12 \qquad 12 \div 4 = 3$$
$$4 \times 3 = 12 \qquad 12 \div 3 = 4$$

fact family Facts that are related, using the same numbers. 3, 4, and 12 are in the same fact family.

figura de tres dimensiones Figura que tiene longitud, ancho y altura.

three-dimensional figure A figure that has length, width, and height.

forma (o notación) extendida Número escrito para mostrar el valor de cada dígito. Ejemplo: La forma extendida de 2,345 es 2,000 + 300 + 40 + 5.

expanded form (or notation) A number written to show the value of each digit. Example: The expanded form of 2,345 is 2,000 + 300 + 40 + 5.

forma descriptiva Manera de escribir un número usando dígitos y palabras para describir los períodos del número. Ejemplo: La forma descriptiva de 2,345 es 2 mil 345.

short word form A way to write a number by using digits and words to describe the periods of the number. Example: The short word form of 2,345 is 2 thousand, 345.

forma normal La manera más simple de escribir un número usando dígitos. Ejemplo: La forma normal de doscientos veintisiete es 227.

standard form The simplest way to show a number using digits. Example: The standard form of two hundred twenty-seven is 227.

forma verbal Manera de escribir un número con palabras. Ejemplo: El número 12,345 en forma verbal es doce mil trescientos cuarenta y cinco.

word form A way of using words to write a number. Example: The number 12,345 in word form is twelve thousand, three hundred forty-five.

fracción Número que indica una parte de un entero, de un grupo o de una región.

fraction A number that names a part of a whole, a part of a collection, or a part of a region.

fracción impropia Fracción mayor o igual que 1. El numerador de una fracción impropia es mayor o igual que el denominador.

improper fraction A fraction that is greater than or equal to 1. The numerator in an improper fraction is greater than or equal to the denominator.

fracción propia Fracción que representa un número entre 0 y 1. El numerador es menor que el denominador.

Ejemplos: $\frac{1}{2}$, $\frac{3}{4}$ y $\frac{2}{3}$

proper fraction A fraction that names a number between 0 and 1. The numerator is less than the denominator.

fracciones equivalentes Fracciones diferentes que indican el mismo número.

equivalent fractions Different fractions that name the same number.

galón (gal) Unidad de capacidad del sistema inglés (usual); 1 galón equivale a 4 cuartos de galón.

gallon (gal) A customary unit of capacity; 1 gallon equals 4 quarts.

grados Fahrenheit (°F) Escala de temperatura del sistema inglés (usual).

degrees Fahrenheit (°F) The customary temperature scale.

gráfica de barras Gráfica en la que se muestran datos con barras de diferentes alturas o longitudes. Las gráficas de barras suelen usarse para comparar datos.

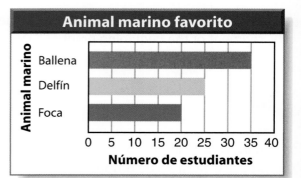

bar graph A graph that uses bars of different heights or lengths to show data. A bar graph is often used to compare data.

gramo (g) Unidad de masa del sistema métrico (SI).

gram (g) A unit of mass in the SI (metric) system.

hexágono Polígono que tiene 6 lados y 6 vértices.

hexagon A polygon having 6 sides and 6 vertices.

kilogramo (kg) Unidad básica de masa del sistema métrico (SI); 1 kilogramo equivale a 1,000 gramos.

kilogram (kg) The base unit of mass in the SI (metric) system; 1 kilogram equals 1,000 grams.

kilómetro (km) Unidad de longitud del sistema métrico (SI); 1 kilómetro equivale a 1,000 metros.

kilometer (km) A unit of length in the SI (metric) system; 1 kilometer equals 1,000 meters.

lado (de un polígono) Segmento de línea que es parte de un polígono.

lado de un polígono →

side (of a polygon) One of the line segments that make up a polygon.

libra (lb) Unidad de peso del sistema inglés (usual); 1 libra equivale a 16 onzas.

pound (lb) A customary unit of weight; 1 pound equals 16 ounces.

línea Línea recta y continua que se extiende en direcciones opuestas y no tiene extremos.

line A straight, continuous path that extends in opposite directions with no endpoints.

líneas intersecantes Líneas que se encuentran o cruzan en un punto en común.

intersecting lines Lines that meet or cross at a common point.

líneas paralelas Líneas que están en el mismo plano y que no se intersecan. En todos los puntos están separadas por la misma distancia.

parallel lines Lines that are in the same plane and do not intersect. Parallel lines are the same distance apart at all points.

líneas perpendiculares Dos líneas o segmentos de línea que se cruzan o encuentran y forman ángulos rectos.

perpendicular lines Two lines or line segments that cross or meet to form right angles.

litro (L) Unidad base de capacidad del sistema métrico (SI); 1 litro equivale a 1,000 mililitros.

liter (L) The base unit of capacity in the SI (metric) system; 1 liter equals 1,000 milliliters.

masa Cantidad de materia que hay en un objeto.

mass The amount of matter in an object.

metro (m) Unidad básica de longitud del sistema métrico (SI); 1 metro equivale a 100 centímetros.

meter (m) The base unit of length in the SI (metric) system; 1 meter equals 100 centimeters.

mililitro (mL) Unidad de capacidad del sistema métrico (SI); 1,000 mililitros equivalen a 1 litro.

milliliter (mL) A SI (metric) unit of capacity; 1,000 milliliters equal 1 liter.

milímetro (mm) Unidad de longitud del sistema métrico (SI); 1,000 milímetros equivalen a 1 metro.

millimeter (mm) A SI (metric) unit of length; 1,000 millimeters equal 1 meter.

milla (mi) Unidad de longitud del sistema inglés (usual); 1 milla equivale a 5,280 pies.

mile (mi) A customary unit of length; 1 mile equals 5,280 feet.

numerador Número que está en la parte de arriba de una fracción. El numerador indica el número de partes iguales.

Ejemplo: $\dfrac{1}{3}$ ⟵ numerador

numerator The top number of the fraction. The numerator names the number of equal parts.

número mixto Número que contiene una parte entera y una parte fraccionaria.

mixed number A number containing a whole number part and a fraction part.

números compatibles Números con los que es fácil hacer cálculos mentales.

compatible numbers Numbers that are easy to work with mentally.

octágono Polígono que tiene 8 lados y 8 vértices.

octagon A polygon having 8 sides and 8 vertices.

onza (oz) Medida de peso del sistema inglés (usual); 16 onzas equivalen a 1 libra.

ounce (oz) A customary measure of weight; 16 ounces equal 1 pound.

oración numérica Oración matemática escrita con números y símbolos matemáticos. Las oraciones numéricas siempre contienen un signo de mayor, de menor o de igual.

number sentence A mathematical sentence written in numerals and mathematical symbols. A number sentence always includes an equal sign, greater than sign, or less than sign.

ordenar Agrupar números de mayor a menor o de menor a mayor.

order Arrange numbers from greatest to least or least to greatest.

P

p.m. Horas entre el mediodía y la medianoche.

P.M. The time between 12:00 noon and 12:00 midnight are P.M. hours.

par de factores Dos números cuyo producto es un número dado.

factor pair Two numbers whose product is a given number.

paralelogramo Cuadrilátero cuyos dos pares de lados opuestos son paralelos.

parallelogram A quadrilateral in which both pairs of opposite sides are parallel.

pentágono Polígono que tiene 5 lados y 5 vértices.

pentagon A polygon having 5 sides and 5 vertices.

perímetro Suma de las longitudes de los lados de un polígono.

perimeter The sum of the lengths of the sides of a polygon.

período Cada grupo de 3 dígitos de un número, separado por una coma.

period Each group of 3 digits in a number separated by a comma.

peso Fuerza de gravedad que ejerce la Tierra u otro cuerpo celeste sobre un objeto. Es la medida de cuán pesado es un objeto.

weight The force of gravity on an object, applied by Earth or another celestial body. It is a measure of how heavy an object is.

pie Unidad de longitud del sistema inglés (usual); 1 pie equivale a 12 pulgadas.

foot/feet (ft) A customary unit of length; 1 foot equals 12 inches.

pinta (pt) Unidad de capacidad del sistema inglés (usual); 2 pintas equivalen a 1 cuarto de galón.

pint (pt) A customary unit of capacity; 2 pints equal 1 quart.

pirámide Figura de tres dimensiones cuya base es un polígono y cuyas caras son triángulos con un vértice en común.

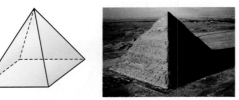

pyramid A three-dimensional figure whose base is any polygon and whose other faces are triangles with a common vertex.

pirámide cuadrangular Pirámide cuya base es cuadrada.

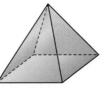

square pyramid A pyramid that has a square base.

pirámide rectangular Figura de tres dimensiones cuya base es un rectángulo y cuyas caras son triángulos.

rectangular pyramid A three-dimensional figure whose base is a rectangle and whose faces are triangles.

polígono Figura de dos dimensiones simple y cerrada formada por tres o más segmentos de línea.

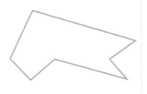

polygon A simple closed two-dimensional figure made up of three or more line segments.

prisma Figura de tres dimensiones que tiene dos bases paralelas y congruentes que son polígonos. Las otras caras son paralelogramos.

prism A three-dimensional figure that has two parallel congruent bases that are polygons. All other faces are parallelograms.

prisma cuadrangular Prisma que tiene bases cuadradas.

square prism A prism that has square bases.

prisma rectangular Prisma cuyas seis caras son rectángulos.

rectangular prism A prism with six faces that are rectangles.

prisma triangular Prisma cuyas bases son triángulos.

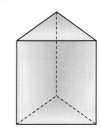

triangular prism A prism that has triangles as bases.

producto Resultado de una multiplicación.

product The result of multiplication.

punto Ubicación en el espacio, representada por un punto.

point A location in space, represented by a dot.

punto decimal (.) Símbolo que se usa para separar dólares y centavos en las cantidades de dinero o para separar unidades y décimos en los decimales.

decimal point (.) A symbol used to separate dollars and cents in money amounts or to separate ones and tenths in decimals.

reagrupar Usar el valor de posición para intercambiar cantidades iguales al convertir un número.

regroup To use place value to exchange equal amounts when renaming a number.

redondear Hallar una cantidad aproximando el número a la decena, centena, millar, etc., más cercano.

round To find about how many or how much by expressing a number to the nearest ten, hundred, thousand, and so on.

reflexión Transformación en la que se invierte una figura sobre una línea.

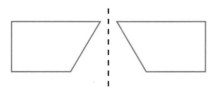

reflection A transformation that flips a figure over a line.

residuo Número que sobra luego de dividir un número entero entre otro.

remainder The number that is left after one whole number is divided by another.

rombo Paralelogramo cuyos cuatro lados tienen la misma longitud.

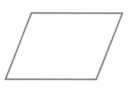

rhombus A parallelogram with all four sides the same length.

rotación Movimiento en el que se gira una figura alrededor de un punto.

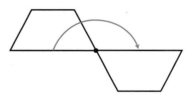

rotation A move that turns a figure around a point.

segmento de línea Parte de una línea que tiene dos extremos.

●━━━━━━━●

line segment A part of a line that has two endpoints.

semirrecta Parte de una línea que comienza en un extremo y sigue infinitamente en una dirección.

●━━━━━━━➤

ray Part of a line that starts at an endpoint and goes on forever in one direction.

simetría Una figura tiene simetría lineal cuando puede reflejarse sobre una línea dibujada sobre la cara y la figura nueva coincide exactamente con la figura original.

symmetry A figure has line symmetry when it can be reflected over a line drawn across its face and the new figure exactly matches the original figure.

simetría lineal Figura que tiene al menos un eje de simetría. La mariposa tiene simetría lineal.

line symmetry A figure that has at least one line of symmetry. The butterfly above has line symmetry.

sistema métrico (SI) Sistema Internacional de Unidades. Sistema de medidas en el que las unidades básicas de longitud, masa y capacidad son el metro, el kilogramo y el litro.

SI (metric) system The International System of Units. A system of measurement in which the base units of length, mass, and capacity are the meter, kilogram, and liter. Also known as metric system.

T

taza (tz) Unidad de capacidad del sistema usual (inglés); 2 tazas equivalen a 1 pinta.

cup (c) A customary unit of capacity; 2 cups equal 1 pint.

termómetro Instrumento para medir la temperatura.

thermometer An instrument that measures temperature.

teselado Cubrir una figura plana con figuras de dos dimensiones.

tessellation Covering a flat surface with two-dimensional figures.

tiempo trascurrido Tiempo que pasa entre el comienzo y el final de una actividad o entre dos eventos.

elapsed time The time that passes between the beginning and the end of an activity or between two events.

tonelada (T) Unidad de peso del sistema inglés (usual); 1 tonelada equivale a 2,000 libras.

ton (T) A customary unit of weight; 1 ton equals 2,000 pounds.

transformación Manera de cambiar la posición de una figura, entre ellas la rotación, la reflexión y la traslación.

transformation Way of changing the position of a figure including rotation, reflection, and translation.

trapecio Cuadrilátero que tiene exactamente un par de lados paralelos.

trapezoid A quadrilateral with exactly one pair of parallel sides.

traslación Transformación en la que se desliza una figura en línea recta.

translation A transformation that slides a figure in a straight line.

triángulo acutángulo Triángulo en el que los tres ángulos son agudos.

acute triangle A triangle in which each of the three angles is acute.

triángulo equilátero Triángulo que tiene tres lados congruentes.

CEDA EL PASO

equilateral triangle A triangle that has three congruent sides.

triángulo escaleno Triángulo cuyos lados tienen distintas longitudes.

scalene triangle A triangle with all sides of different length.

triángulo isósceles Triángulo que tiene dos lados congruentes y dos ángulos congruentes.

isosceles triangle A triangle that has two congruent sides and two congruent angles.

triángulo obtusángulo Triángulo que tiene un ángulo obtuso.

obtuse triangle A triangle that has one obtuse angle.

triángulo rectángulo Triángulo que tiene un ángulo recto.

right triangle A triangle that has one right angle.

U

unidad cuadrada Cuadrado que se usa para medir el área; cada lado mide una unidad de largo.

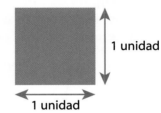

1 unidad

1 unidad

square unit A square used to measure area; each side is one unit in length.

unidad cúbica Unidad que se usa para medir el volumen. Cubo con lados que miden una unidad de largo.

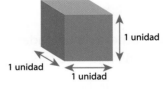

1 unidad

1 unidad

1 unidad

cubic unit A unit for measuring volume. A cube with sides one unit long.

V

vértice de un ángulo Punto común de los dos lados de un ángulo.

vertex of an angle (vertices) A point common to the two sides of an angle.

vértice de un polígono Punto donde se encuentran los lados o las aristas de una figura.

vértice de un polígono ⟶

vertex of a polygon (vertices) A point at which sides or edges of a figure meet.

vértice de una figura de tres dimensiones Punto donde se encuentran los lados o las aristas de una figura.

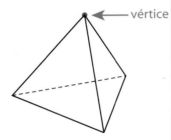

⟵ vértice

vertex of a three-dimensional figure (vertices) A point at which sides or edges of a figure meet.

volumen Número de unidades cúbicas que entran en una figura de tres dimensiones.

volume The number of cubic units that can fit inside a three-dimensional figure.

yarda (yd) Unidad de longitud del sistema inglés (usual); 1 yarda equivale a 3 pies.

yard (yd) A customary unit of length; 1 yard equals 3 feet.

Índice

Índice

Índice

Reconocimientos

Reconocimientos *(side tab)*